グローバル時代における
監査の質の探究

仙場胡丹 著
Semba, HU Dan

千倉書房

は じ め に

　本書『グローバル時代における監査の質の探究』は，グローバル時代に対応した「監査の質」を総合的に探究しようとするものである。周知のように，監査（audit; auditing）はビジネス活動における会計情報の信頼性を保証するために重要な過程（プロセス）である。そのため，「監査の質（audit quality）」は，会計情報の信頼性の水準に貢献する重要な要素と言えよう。信頼できる会計情報は投資者の投資意思決定に役立ち，経済の円滑な活動にとって必要であることから，高質な監査（quality audit）は，経済活動の重要なサポーターとして考えることができる。

　しかしながら，高質な監査ができていなかった証拠として，近年のグローバルに発生している各国の大規模な会計・監査不祥事がある。枚挙に暇がないが，エンロン事件（2001年），リーマン・ブラザーズ事件（2008年），日本のカネボウ事件（2005年）やオリンパス事件（2011年）が挙げられる。経済活動の円滑な運営を目指す規制当局や，経済・社会問題の解決（不祥事の未然防止など）に貢献したい会計・監査研究者にとって，企業の会計情報の信頼性を高め，会計情報の信頼性をサポートする「監査の質」を向上させることは，学術的・政策的に喫緊の課題となっている。

　そうした中，各国において，「監査の質」の概念や評価方法に関わる取り組みが進展している。具体的には，近年において，英国財務報告評議会（Financial Reporting Council: FRC），国際監査・保証基準審議会（The International Auditing and Assurance Standards Board: IAASB）や米国公開会社会計監督委員会（Public Company Accounting Oversight Board: PCAOB）が規制当局や基準設定主体として当該概念の評価フレームワークの提示などに積極的に取り組んでいる（本書第3～5章を参照）。日本では，2015年5月に，IAASBが公表した2014年の「監査の質のフレームワーク」をモデルに修正編入という形で，監査基準委員会研究報告第4号「監査品質の枠組み」が公表された。

学界では，DeAngelo（1981）を嚆矢に，特に近年において「監査の質」に関わる研究が行われてきている（第2章，第7章および第Ⅱ部を参照）。しかしながら，（理論・制度・実態・実証という）総合的視点での研究や，特に日本における実証的な研究の余地は大いに残されているように思われる。

　そこで本書は，（グローバル経済やグローバル社会の意味を含んだ）グローバル時代における「監査の質」に関する総合研究に挑むことを目的とする。より具体的には，理論・制度・実態・実証の研究アプローチを用いて，「監査の質」に関わる概念的検討，評価フレームワークや実証的測定，ならびに「監査の質」を提供する側のインセンティブや能力についての研究（第1章の図表1-3を参照）を行い，当該テーマに関する議論に資することができればと考えている。なお，本書における具体的な研究課題と分析の構成については，第1章で詳しく述べる。

　本書は，上記に掲げた目的の下で構想した構成に基づき，筆者が過去数年に行ってきた「監査の質」に関する研究を全面的に加筆・修正し，新しい内容を踏まえて再構成したものである（＜初出一覧＞参照）。とはいえ，筆者の非力と怠慢ゆえに，必ずしも納得できないまま上梓せざるを得ない点も少なくない。不十分であることを自覚しつつも，敢えて本書を公刊した理由は，ほかならぬ「研究課題の緊急性」にある。上述の通り近年，会計・監査不祥事が相次ぐ中，会計情報の信頼性を担保する「高質な監査」の重要性が再び注目されてきている。いかにして「監査の質」の向上につながるかについては，社会・政府・実務界・学界から強い要望があり，緊急に取り込まなければならないテーマであると考える。実際，社会情勢の要望に応える形でここ10年ほどの間，「監査の質」をテーマとする論文が多く見られるようになっている。当該テーマに関する研究成果を早期に公開し，微力ながらその議論に貢献したいと筆者は考えている。

　また，筆者は，「監査の質」に関する従来の研究に対して，次の2点において特徴をもたせようと努めてきた。

(1) 本書の第1の特色は，「研究アプローチや研究内容の総合性」が挙げられ

る。理論・制度・実態・実証の総合的研究アプローチを用いている（図表1-3を参照）。また，会計学領域のみならず，哲学および社会学といった隣接諸科学の研究内容や既存の研究アプローチを援用しながら，分析を行おうとしている（第2章〜第5章）。さらに，研究内容については，5つの具体的な研究課題（第1章を参照）を取り上げ，総合的に研究を進めようとしている。

(2)「高度の実証研究に裏付けられている」点に本書の第2の特色がある。本書は3部立てで，第Ⅲ部が結論である。第Ⅱ部は本書の重要な位置を占め，日本市場における「監査の質」に関わる実証分析を行っている。本書では単に各国の理論研究と制度の分析に留まることなく，計量分析に基づいた実証的証拠の提示に重点をおこうとしている。

しかしながら，浅学非才の筆者にとって，本書で取り扱う研究の領域はあまりにも広大かつ深遠であり，いかほどに解明し得たかは心もとない限りである。論理の飛躍や誤解その他思わぬ誤りのないことを祈るのみである。ともあれ，本書は体系的かつ精緻な「監査の質」の総合研究の第1歩を踏み出したに過ぎない。

本書は，筆者にとって初めての単著となる研究書であるが，近年の数年間の研究成果をベースにしている。これまで，筆者が会計学の基礎を学んだ大学・大学院時代から，研究者となった今日まで，多くの先生方にお世話になった。また本書をまとめるにあたり，多くの先生方から様々な形での御指導と御支援をいただいた。この機会を借りて，感謝申し上げたい。ただし，本書におけるあり得べき誤謬などについて，すべての責任は筆者にある。

まず，神戸大学名誉教授・東海学園大学教授の古賀智敏先生には，大学院在籍時から本日に至るまで，指導教官として，少しも変わることなく暖かく，常に親身なご指導を賜ってきた。本書の作成過程においても，ある時は，研究会の席で，そして，またある時は，お電話で貴重な御指導と御示唆を賜った。先生の御指導とお力添えがなければ，本書を上梓することは叶わなかった。ここで心からの感謝をお伝えしたい。

広島県立大学（現　県立広島大学）の経営学部在学中（1995年〜1999年）には，

五百竹宏明先生，木村幾也先生，西脇廣治先生，岐山幸繁先生，南川和充先生から多くのことを教えていただいた。そして神戸大学大学院経営学研究科の在学中（1999年～2004年）には，音川和久先生，國部克彦先生，桜井久勝先生，清水泰洋先生，鈴木一水先生，須田一幸先生（故人），岡部孝好先生，後藤雅敏先生，内藤文雄先生，中野常男先生，山地秀俊先生を始め多くの先生方にお世話になった。

最初の就職先である早稲田大学アジア太平洋研究センターの助手在職中（2004～2005年）には，須田一幸先生（故人），松田修一先生（早稲田大学名誉教授），花堂靖仁先生（國學院大学名誉教授），薄井彰先生，内野里美先生（専修大学），梅澤俊浩先生（北九州市立大学），海老原崇先生（武蔵大学），大鹿智基先生，奥村雅史先生，加古宜士先生（故人），川村義則先生，竹原均先生，田中建二先生（明治大学），辻正雄先生（名古屋商科大学），辻山栄子先生，河榮德先生，潘健民先生（國立政治大學商學院），山内暁先生のお名前を逸することはできない。また，事業創造大学院大学在職中（2006年）では，池田弘総長を始め多くの先生方にお世話になった。松田修一先生には粉飾やガバナンスをテーマとする研究機会を与えていただき，監査に関する研究領域の扉を開けるきっかけを作っていただいた。また特に，博士学位請求論文（神戸大学）の副審査の先生を務めていただいた須田一幸先生には，神戸大学の大学院時代からお世話になり，ここに改めて御礼を申し上げたい。

現在の職場（2007年以降）である名古屋大学経済学研究科の会計エリアの小沢浩先生，木村彰吾先生，佐藤倫正先生（名古屋大学名誉教授・愛知学院大学教授），角ヶ谷典幸先生，野口晃弘先生，山本達司先生（大阪大学）には，日頃より，御配慮と御指導をいただいており，ここに記して感謝申し上げる。また，筆者は日本学術振興会の「頭脳循環を加速する若手研究者戦略的海外派遣プログラム」の支援により，2012年から2013年にかけて，イリノイ大学（University of Illinois at Urbana-Champaign）での在外研究の機会に恵まれた。この派遣期間中，本書の第Ⅱ部の内容に対し有益なコメントをいただいたProf. Rashad Abdel-khalik, Associate Prof. Clara Xiaoling Chen, Assistant Prof. Anne M.

はじめに

Thompson, Dr. Jeff Wang にも感謝したい。

　本書は，日本会計研究学会，国際会計研究学会，日本監査研究学会および The International Conference on Business, Economics and Information Technology (ICBEIT) において行った研究報告がベースとなっている。司会として，五十嵐則夫先生（横浜国立大学），岩崎勇先生（九州大学），堀江正之先生（日本大学），松本祥尚先生（関西大学），向伊知郎先生（愛知学院大学）には貴重なアドバイスを頂戴した。特に五十嵐先生には，当時の発表論文（本書の第Ⅰ部の内容の一部）に加え，本書の第 2 章の最初のバージョンについて丁寧に目を通していただき，貴重な御教示を賜った。また，同じセッションで発表の先生方や来場の先生方，伊藤公一先生（甲南大学），古賀健太郎先生（早稲田大学），佐久間義浩先生（東北学院大学），髙田知美先生（神戸大学），鳥羽至英先生（早稲田大学），友杉芳正先生（名古屋大学名誉教授・東海学園大学），内藤文雄先生（甲南大学），野口倫央先生（東海学園大学），町田祥弘先生（青山学院大学），矢澤憲一先生（青山学院大学）および吉田周邦先生（福知山公立大学）からもコメントを賜った。特に，内藤文雄先生には，神戸大学の博士学位請求論文の副審査の先生をも務めてくださったご恩があり，いつも暖かい励ましの言葉を頂戴しており，感謝申し上げたい。また矢澤憲一先生には，本書の草稿の一部について丁寧に目を通していただき，貴重なコメントを賜った。

　また，研究会やセミナー等において，本書の内容の一部分の発表ならびに議論を行う機会があった。名古屋大学での発表機会（AUDITING RESEARCH WORKSHOP）では，Prof. Dan A. Simunic (University of British Columbia) からは本書第 9 章の内容に関して詳細なコメントをいただいた。また，別の機会（Journal of Contemporary Accounting and Economics Symposium 2014）において，Prof. Dan A. Simunic がディスカサントとして，第 11 章の内容について詳細なコメントをいただいた。ここに記して感謝申し上げる。

　鳥羽至英先生が主宰される監査理論研究会において本書の内容を発表する機会をいただき，多くの有益なコメントを頂戴した。特に鳥羽至英先生からは常に暖かい励ましの言葉を頂戴しており，ここに厚く謝意を申し上げる。それか

ら，山本達司先生が主宰する PATW（Positive Accounting Theory Workshop）からは，ディスカッションを通じて，研究上の刺激を受けている。すべての先生方にお礼を申し上げることはできないが，浅野信博先生（大阪市立大学），石川博行先生（大阪市立大学），上村浩先生（高知工科大学），梅原秀継先生（明治大学），榎本正博先生（神戸大学），太田浩司先生（関西大学），奥西康宏先生（専修大学），音川和久先生（神戸大学），乙政正太先生（関西大学），笠井直樹先生（滋賀大学），木村史彦先生（東北大学），首藤昭信先生（東京大学），永見尊先生（慶應義塾大学），林隆敏先生（関西学院大学），福川裕徳先生（一橋大学），前山政之先生（横浜国立大学），八重倉孝先生（早稲田大学），山崎秀彦先生（専修大学），若林公美先生（甲南大学）には，特に感謝申し上げる。

また古賀智敏先生が主宰される合同財務会計研究会においても数回にわたり，本書の内容を発表する機会を頂戴し，コメントやサジェスチョンをいただいた。すべての先生のお名前を挙げることはできないが，瀧田輝己先生（同志社大学名誉教授），河﨑照行先生（甲南大学），本田良巳先生（大阪経済大学），浦崎直浩先生（近畿大学），池田公司先生（甲南大学），田口聡志先生（同志社大学），安井一浩先生（神戸学院大学），山口峰男先生（PwC あらた有限責任監査法人 PwC あらた基礎研究所所長），與三野禎倫先生（神戸大学）には，特に感謝申し上げる。

同研究会では，神戸大学大学院の古賀ゼミ出身者である島永和幸先生（神戸学院大学），伏見康子先生（京都経済短期大学），岡本紀明先生（立教大学），戸田統久先生（近畿大学），付馨先生（鳥取環境大学），姚俊先生（明治大学），島田佳憲先生（東京理科大学），嶋津邦洋先生（立正大学），近藤汐美先生（愛知学泉大学）から，ディスカッションを通じて研究上の刺激を受けている。加えて，本書の実証的分析で用いられているデータの整理において，名古屋大学大学院生の顧俊堅君および Frendy 君，そして加藤諒君（現　慶應義塾大学大学院）の協力をいただいた。記して感謝申し上げる。

浅学非才の筆者にとっては，多くの先生方から賜った御指導を十分に生かすことができているか甚だ自信がない。本書において，議論すべき課題に対して

はじめに

　不十分な分析にとどまっていたり，推測の域を出ない解釈や思わぬ独断に陥っている箇所があるかもしれない。読者諸賢のご叱咤とご批判をいただき，今後の研究の向上に努める所存である。

　また厳しい出版事情にも関わらず本書の出版を引き受けてくださった千倉書房にお礼を述べなければならない。特に，筆の進まない著者を励まし，忍耐強くお待ちいただいた川口理恵取締役に厚くお礼を申し上げる。

　本書における研究は，日本学術振興会科学研究補助金（若手研究(B)：課題番号：24730385 および基盤研究(C)：課題番号：15K03768）による援助を受けている。また，本書の出版にあたっては，名古屋大学学術図書出版助成金による助成を受けている。ここに記して，感謝申し上げる。

　最後に，筆者を支えてくれている家族に感謝を述べたい。母親を亡くして以来，中国の西南部にある故郷の成都に住む年老いた父（胡順才）は，常に娘である私の無事と成長を信じ，応援してきてくれた。日頃の不孝の許しを乞うとともに，ここに記して心より感謝する。夫　淳彦はいつも献身的に私の研究生活を支えてくれている。また，息子　星（しん）と娘　力麗（りり）の笑顔からは常に元気をもらっている。ママが積極的に仕事をしている姿を見せることが彼らにとってプラスになるとしたら嬉しい。家族はいつも私の活力の源であり，この場を借りて，深く感謝したい。

2016 年 11 月
名古屋大学　東山キャンパスにて
仙場胡丹

目　次

はじめに　i
初出一覧　xvi
略語一覧　xvii
図表一覧　xviii

序　本書の背景・目的・構成……………………………………… 1

第1章　本書の背景・研究目的・研究課題・構成 ……… 3

第1節　はじめに ………………………………………………… 3
第2節　本書の背景 ……………………………………………… 4
1. グローバル時代と「監査の質」　4
2. 「監査の質」に関わる日本の実務・制度の現状の概略　8
3. 本書の学術的背景の概述　10
第3節　本書の研究目的・研究課題・構成 …………………………11

第Ⅰ部　理論的・制度的・実践的探究
　　　　──グローバル社会における監査の質〜概念・評価・測定──…15

第2章　監査の質の概念的探究 ……………………………………17

第1節　はじめに〜「監査」とは？「質（クオリティー）」とは？………17
1. 「監査」概念　17
2. 「質（クオリティー）」概念：考察の糸口　20
第2節　「質（クオリティー）」の概念
　　　　〜哲学的視点：アリストテレスからジョン・ロック ……………21
第3節　「質（クオリティー）」の概念〜TQMからISO……………28
第4節　「監査の質」の概念〜日本における先行研究 ………………32

第5節　「監査の質」の概念～欧米における先行研究 ……………………40
　第6節　小括・考察 ……………………………………………………………52
　　　1. 小括　52
　　　2. 考察　53
　　　3. 本章における調査の限界と今後の課題　58

第3章　英国FRCによる監査の質の探究 ………………………………75

　第1節　はじめに ………………………………………………………………75
　第2節　規制当局と監査の質における制度論的分析視角 …………………76
　　　1. Barley and Tolbert（1997）分析フレームワーク　77
　　　2. Tolbert and Zucker（1996）分析フレームワーク　79
　第3節　規制当局としての英国FRCと監査の質 ……………………………81
　第4節　2006年FRC監査の質フレームワーク ………………………………87
　第5節　2008年FRC監査の質フレームワーク ………………………………94
　　　1. FRC2006DPへのコメントとFRCの対応　94
　　　2. FRC2008FWの内容と特徴　102
　第6節　小括・考察 …………………………………………………………106
　　　1. 小括　106
　　　2. FRCによる監査の質の探究プロセスへの考察：
　　　　　制度論的分析視角から　107
　　　3. 監査の質フレームワーク（2006；2008）の後のFRCの動向　109

第4章　IAASBによる監査の質の探究 ……………………………… 113

　第1節　はじめに ……………………………………………………………113
　第2節　IAASBと監査の質～2011年の背景と2014年までのプロセス … 115
　　　1. 2011年の背景　115
　　　2. 2014年までのプロセス　120
　第3節　IAASB監査の質の2011・2013年フレームワークの
　　　　　特徴と同異点 ……………………………………………………… 121
　　　1. 2011年フレームワークとその特徴　121

         2. 2013年フレームワークとその特徴　122
　　第4節　IAASB監査の質の2014年フレームワークの概要・特徴と
　　　　　　形成プロセス ………………………………………………… 124
         1. 2014年フレームワークの概要と特徴　124
         2. 2014年フレームワーク形成プロセス：コメント・レターの状況と
            IAASBの対応　128
　　第5節　小括・考察 ……………………………………………………… 133
         1. 小括　133
         2. 考察　135

第5章　米国PCAOBによる監査の質の探究 ……………… 141

　　第1節　はじめに〜規制当局PCAOBの責任と監査の質について …… 141
　　第2節　AQIプロジェクト〜歴史的経緯とスタッフによる
　　　　　　DP（2013）の詳細 ……………………………………………… 143
         1. AQIプロジェクトの歴史的経緯　143
         2. ORAスタッフによるDP（2013）の具体的な内容　144
　　第3節　AQIプロジェクト
　　　　　　〜「監査の質のインジケーターのコンセプト・リリース」（2015）151
　　第4節　おわりに〜PCAOBの視点と監査の質 ……………………… 156

第6章　監査の質の評価フレームワークと
　　　　　監査領域における重要概念との関係 ……………… 161

　　第1節　はじめに ………………………………………………………… 161
　　第2節　監査の質の評価フレームワーク ……………………………… 161
         1. FRC（2008）評価フレームワーク　161
         2. Francis（2011）およびKnechel et al.（2013）評価フレームワーク　164
         3. IAASB（2014）評価フレームワーク　166
         4. DeFond and Zhang（2014）「監査の質」評価フレームワーク　168
         5. PCAOB（2015）評価フレームワーク　168
         6. 本書における監査の質の評価フレームワークの表示　171

第3節　監査の質のインプット・プロセス側面の評価と
　　　　 監査証拠論・監査判断論 ………………………………………… 172
　第4節　監査の質のアウトプット側面の評価と
　　　　 監査コミュニケーション ………………………………………… 175
　第5節　監査の質のコンテクスト側面の評価と
　　　　 監査主体論＆リスク・アプローチ ……………………………… 177
　第6節　おわりに ……………………………………………………………… 179

第7章　監査の質のアカデミック実践的測定
〜評価フレームワークを当てはめた既存文献とその理論的限界〜
　……………………………………………………………………………………… 183

　第1節　はじめに ……………………………………………………………… 183
　第2節　監査の質の実践的測定〜評価フレームワークを
　　　　 当てはめた既存文献から〜 …………………………………… 183
　　　1．「インプット・プロセス」の測定方法　186
　　　2．「アウトプット」の測定方法　187
　　　3．「コンテクスト」の測定方法　188
　第3節　監査の質の実践的測定における既存文献の
　　　　 理論的限界と将来の研究の可能性 ……………………………… 189
　第4節　おわりに ……………………………………………………………… 192

第Ⅱ部　実証的探究
―監査の質を提供する側の側面からの分析― ………… 195

第8章　監査の質の提供側のインセンティブ・能力と
監査の質 ……………………………………………………………… 197
　第1節　実証的探究の分析視角 ……………………………………………… 197
　第2節　実証の背景〜日本の監査市場と日本企業の特徴〜 …………… 199

　　　　1. 日本の監査市場の特徴　199
　　　　2. 日本企業の特徴の考察〜監査の質との関係を視野に入れながら〜　204
　第3節　方法論〜IPW & PSM法〜 …………………………………………… 207

第9章　監査の質の提供側のインセンティブ・能力である監査法人の規模と監査の質 …………………………… 213

　第1節　はじめに ………………………………………………………… 213
　第2節　先行研究レビュー
　　　　　〜「監査の質と監査法人の規模」をキーワードとして〜 ……… 218
　第3節　「監査の質と監査法人の規模」に関する仮説の設定 ………… 224
　第4節　監査の質の6つの測定変数,「監査の質と監査法人の規模」
　　　　　検証モデルおよびコントロール変数 ……………………………… 229
　　　　1. 監査の質の6つの測定変数　229
　　　　2.「監査の質と監査法人の規模」検証モデルとコントロール変数等　234
　第5節　6つの監査の質の測定変数における
　　　　　サンプル選択と記述統計量 ……………………………………… 238
　　　　1. サンプル選択　238
　　　　2. 記述統計量と相関係数　241
　第6節　6つの監査の質の測定変数におけるそれぞれの分析結果 ……… 252
　　　　1. 傾向スコア計算（(1)式）における係数の差の検定結果　252
　　　　2. 傾向スコアの推定結果　254
　　　　3.「6つの監査の質の測定変数と監査法人規模」の分析結果（仮説1）　258
　　　　4. 2007年前後の監査の質の差の変化に関する検証結果（仮説2）　261
　第7節　6つの監査の質の測定変数におけるそれぞれの頑健性検証 …… 262
　　　　1. PSM法による頑健性検証　262
　　　　2. 裁量的発生高に関わる頑健性検証　262
　　　　3. 利益ベンチマークに関わる頑健性検証　264
　　　　4. GC注記の分析に関わる頑健性検証　264
　　　　5. 異常監査報酬に関わる頑健性検証　266
　　　　6. 仮説2に関わる頑健性検証　268

第 8 節　「監査の質と監査法人の規模」実証研究の発見事項の要約と
　　　　　考察 ……………………………………………………………… 269
　　　1．仮説通りの実証結果とその解釈　270
　　　2．仮説と異なった実証結果とその解釈　273
　　　3．実証結果の解釈に対する注意と今後の課題　275

第 10 章　監査の質の提供側の能力である業種特化と
　　　　　監査の質 ……………………………………………………… 277

　第 1 節　はじめに ……………………………………………………………… 277
　第 2 節　先行研究レビューと仮説の設定 …………………………………… 282
　　　1．なぜ監査法人は業種特化をするのか　283
　　　2．なぜクライアントが業種特化した監査法人を需要するのか　283
　　　3．監査法人の業種特化と監査の質の関係　284
　第 3 節　リサーチ・デザインとサンプル選択 ……………………………… 290
　　　1．監査法人の業種特化の測定方法　290
　　　2．監査の質の測定方法　292
　　　3．回帰式の設定　293
　　　4．サンプル　295
　第 4 節　分析結果 ……………………………………………………………… 296
　　　1．記述統計量と相関関係数　296
　　　2．裁量的発生高モデル　297
　第 5 節　頑健性検証 …………………………………………………………… 300
　第 6 節　発見事項の要約・考察および今後の課題 ………………………… 304

第 11 章　監査の質の提供側のインセンティブと
　　　　　市場の反応：オリンパス事件からの証拠 ……………… 309

　第 1 節　はじめに ……………………………………………………………… 309
　第 2 節　先行研究レビューと仮説の設定 …………………………………… 310
　　　1．監査の価値：レピュテーション仮説と保険仮説　310
　　　2．ニュースの発表やマスコミ報道の市場効果　311

　　　　3. 監査人レピュテーションの毀損（auditors' reputation loss）の
　　　　　　市場効果　312
　　　　4. 日本市場の特徴：監査人のレピュテーションに関わるニュースの発表に
　　　　　　対する市場反応の視点から　314
　　　　5. オリンパス不正の概要　315
　　　　6. 仮説の設定　316
　　第3節　リサーチ・デザインとサンプル選択 ……………………………… 318
　　　　1. イベント・ディーとサンプル選択　318
　　　　2. イベント・スタディーの方法　322
　　　　3. クロース・セクション回帰モデル　327
　　第4節　分析結果 …………………………………………………………… 329
　　　　1. 基本統計量　329
　　　　2. イベント・スタディーの分析結果　331
　　　　3. 重複上場企業とそうでない企業との市場反応の比較　335
　　　　4. クロース・セクション回帰モデルの分析結果　339
　　第5節　実証結果に対する解釈・ディスカッション ……………………… 342
　　第6節　結論 ………………………………………………………………… 346

補章　監査の質の提供側のインセンティブ・能力である
　　　　監査報酬と監査の質：訴訟リスクを踏まえて …… 349

　　第1節　はじめに …………………………………………………………… 349
　　第2節　先行研究レビューと仮説の設定 ………………………………… 351
　　　　1. 先行研究とその限界　351
　　　　2. 仮説の設定　353
　　第3節　リサーチ・デザイン ……………………………………………… 355
　　　　1. サンプル・マッチングのプロセス　355
　　　　2. 重回帰モデル　356
　　　　3. 裁量的発生高の推定のために使う ROA 修正 Jones モデル　357
　　　　4. サンプルの選択　358
　　　　5. 基本統計量と各変数の相関係数　358
　　第4節　分析結果 …………………………………………………………… 362

第5節	頑健性検証	364
第6節	発見事項の要約と今後の課題	367

第Ⅲ部　総括と展望 …………………………………………… 369

第12章　総括と展望 …………………………………………… 371

第1節　第Ⅰ部の小括 ………………………………………………… 371
 1. 本書における「グローバル時代」という背景の学問的確認　372
 2. グローバル時代における「監査の質」概念　373
 3. グローバル時代における「監査の質」評価フレームワーク　375
 4. 「監査の質」における実践可能な測定方法　376
 5. 英国FRC，IAASBおよび米国PCAOBにおける
   監査の質の探究プロセス：制度論的分析視角から　377

第2節　第Ⅱ部の小括 ………………………………………………… 378
第3節　残された課題 ………………………………………………… 384
 1. 第Ⅰ部の研究における残された課題　384
 2. 第Ⅱ部の研究における残された課題　385

第4節　グローバル時代における監査の質の向上 ……………… 386
 1. 他国や国際的な規制当局・基準設定主体による検討結果の活用　386
 2. 日本の監査の質に関わる環境的要素を含む実態の確認と
   監査の質の向上　387
 3. 「監査の質」に関わる環境的要素と人的要素の重要性　392

参考文献　396
主要索引　421

<初出一覧>

第1章　書き下ろし
第2章　書き下ろし
　　　　（ただし，早期の研究成果の一部は，日本会計研究学会第73回大会（2014年9月5日）で発表済み。）
第3章　書き下ろし
第4章　胡丹（2014b）をベースに，大幅に加筆修正。
第5章　仙場胡丹（2016）をベースに，大幅に加筆修正。
第6章　書き下ろし
　　　　（ただし，早期の研究成果の一部は，国際会計研究学会第31回研究大会（2014年8月26日）で発表済み。
第7章　Hu（2015a）をベースに，大幅に加筆修正。
第8章　書き下ろし
第9章　Hu and Kato（2014）ワーキングペーパー，Hu（2015b）および Hu and Kato（2015）をベースに，大幅に加筆修正。
　　　　（また，早期の研究成果の一部は，日本会計研究学会第72回大会（2013年9月5日）で発表済み，加えて，研究成果の一部は，日本監査研究学会第38回全国大会（2016年9月9日）で発表済み。）
第10章　書き下ろし
　　　　（ただし，加藤・仙場（2016）ワーキングペーパーをベースに，加筆修正。また，当該研究成果の一部は，日本会計研究学会第75回大会（2016年9月14日）で発表済み。）
第11章　Frendy and Hu（2014）をベースに，加筆修正。
補　章　Gu and Hu（2015）をベースに，加筆修正。
　　　　（また，当該研究成果の一部は，日本会計研究学会第74回大会（2015年9月8日）で発表済み（筆者ではなく，Gu氏による発表）。）
第12章　書き下ろし

注：①ここでいう「書き下ろし」とは，雑誌での公表を経ず，本に掲載することを意味する。②共著論文の場合，共著者の同意を得ている。③筆者が2015年までは胡丹（Hu, Dan）という氏名になっている。

＜略語一覧＞

AQI	audit quality indicator（監査の質のインジケーター）
FRC	Financial Reporting Council（英国財務報告評議会）
GC	Going Concern（ゴーイング・コンサーン；継続企業の前提）
IAASB	The International Auditing and Assurance Standards Board（国際監査・保証基準審議会）
IPW	Inverse Probability Weighting
ISO	International Organization for Standardization（国際標準化機構）
ORA	The Office of Research and Analysis（研究と分析のオフィス）
PCAOB	Public Company Accounting Oversight Board（米国公開会社会計監督委員会）
PSM	propensity score matching（傾向スコア・マッチング）
SOX 法	Public Company Accounting Reform and Investor Protection Act of 2002（上場企業会計改革および投資家保護法）
TQM	Total Quality Management（総合的品質管理）

＜図表一覧＞

図表 1-1　グローバル時代と「監査の質」
図表 1-2　日本の大手監査法人の品質管理の流れの例示
図表 1-3　本書の研究目的・構成
図表 1-4　本書の具体的な研究課題・構成
図表 2-1　哲学者によるクオリティー概念
図表 2-2　品質管理を念頭とする「質（クオリティー）」概念
図表 2-3　日本の「監査の質」先行研究調査の選定状況
図表 2-4　日本の「監査の質」先行研究の年代別状況
図表 2-5　日本の先行研究（1969-2016）における「監査の質」定義
図表 2-6　「監査の質」をキーワードとする主要欧米雑誌における論文の公表状況（1980-2016）
図表 2-7　「監査の質」をキーワードとする主要欧米雑誌における記述型論文リスト（1980-2016）
図表 2-8　主要欧米雑誌に掲載された記述型論文における「監査の質」概念
図表 2-9　「監査の質」の概念：日欧米先行研究
図表 2-10　2つの側面から考察する「監査の質」概念
Appendix 2-1　日本における「監査の質」をキーワードとする先行研究（1969-2016）
Appendix 2-2　欧米における「監査の質」をキーワードとする先行研究（1981-2016）
図表 3-1　Barley and Tolbert（1997）分析フレームワーク：制度化の連続的モデル（A Sequential Model of Institutionalization）
図表 3-2　Tolbert and Zucker（1996）分析フレームワーク：制度化の構成プロセス（Component Process of Institutionalization）
図表 3-3　FRC の組織に関わる歴史と監査
図表 3-4　英国会計・監査基準設定体制の変遷
図表 3-5　FRC2006 年ディスカッション・ペーパー「監査の質の促進」
図表 3-6　FRC2006DP へのコメントと FRC の対応
図表 3-7　FRC2008 年「監査の質のフレームワーク」
図表 3-8　FRC の監査の質の探究のプロセス：Barley and Tolbert（1997）分析フレームワークを用いた場合

図表一覧

図表 3-9	FRC の監査の質の探究のプロセス：Tolbert and Zucker（1996）分析フレームワークを用いた場合
図表 4-1	「監査の質」プロジェクトに関わる IAASB の活動（会合）
図表 4-2	2011 年 IAASB の監査の質（フレームワーク）
図表 4-3	2013 年 IAASB 監査の質のフレームワーク
図表 4-4	2014 年 IAASB 監査の質のフレームワーク
図表 4-5	2014 年フレームワークの形成・特徴：コメント・レターの内容と IAASB の対応
図表 4-6	IAASB の監査の質プロジェクトのプロセス：Barley and Tolbert（1997）分析フレームワークを用いた場合
図表 4-7	IAASB の監査の質プロジェクトのプロセス：Tolbert and Zucker（1996）分析フレームワークを用いた場合
図表 5-1	DP（2013）における監査の質のフレームワークと詳細なインジケーターの内容
図表 5-2	コンセプト・リリース（2015）の 28 個の潜在的な監査の質のインジケーター
図表 5-3	28 個の潜在的な監査の質のインジケーターの例示的詳細
図表 5-4	PCAOB の AQI プロジェクトの展開：Barley and Tolbert（1997）分析フレームワークを用いた場合
図表 5-5	PCAOB の AQI プロジェクトの展開：Tolbert and Zucker（1996）分析フレームワークを用いた場合
図表 6-1	FRC（2008）における「監査の質」評価フレームワーク
図表 6-2	Francis（2011）および Knechel et al.（2013）における「監査の質」評価フレームワーク
図表 6-3	IAASB（2014）における「監査の質」評価フレームワーク
図表 6-4	DeFond and Zhang（2014）における「監査の質」評価フレームワーク
図表 6-5	PCAOB（2015）における「監査の質」評価フレームワーク
図表 6-6	「監査の質」の評価フレームワーク
図表 6-7	監査証拠論における要証命題から証拠への転化と監査の質のインプット・プロセス側面
図表 6-8	監査判断・心証の累積と監査の質のインプット・プロセスの側面

図表 6-9	監査コミュニケーションと監査の質のアウトプット側面
図表 7-1	実践可能な実証的「監査の質」の測定方法
図表 8-1	本書における実証的探求の分析視角
図表 8-2	2012年における日本の監査市場とその他監査市場の比較
図表 8-3	日本の監査市場の歴史的成長状況
図表 8-4	日本の監査法人の変遷の歴史
図表 8-5	日本における各監査法人の市場シェア(担当企業数ベース)
図表 9-1-1	「監査法人の規模と監査の質」との関連性に関する欧米の先行研究
図表 9-1-2	「監査法人の規模と監査の質」との関連性に関する日本の先行研究
図表 9-2	検証のために使用する変数と根拠
図表 9-3-1	裁量的発生高(ADA)に関わるサンプル選択
図表 9-3-2	利益ベンチマーク($BENCHMARK$)に関わるサンプル選択
図表 9-3-3	事前的資本コスト($RPEG$)に関わるサンプル選択
図表 9-3-4	アナリストによる利益予想の正確性($ACCY$)に関わるサンプル選択
図表 9-3-5	継続企業の前提に関する注記情報(GC)に関わるサンプル選択
図表 9-3-6	異常監査報酬($ABAFEE$)に関わるサンプル選択
図表 9-4-1	裁量的発生高(ADA)データの記述統計量と差の検定
図表 9-4-2	利益ベンチマーク($BENCHMARK$)データの記述統計量と差の検定
図表 9-4-3	事前的資本コスト($RPEG$)データの記述統計量と差の検定
図表 9-4-4	アナリストによる利益予想の正確性($ACCY$)データの記述統計量と差の検定
図表 9-4-5	継続企業の前提に関する注記情報(GC)データの記述統計量と差の検定
図表 9-4-6	異常監査報酬($ABAFEE$)データの記述統計量と差の検定
図表 9-5	裁量的発生高(ADA)データの相関係数
図表 9-6	裁量的発生高(ADA)データによる大監査法人 vs 中小監査法人の(1)式の係数の差の検定
図表 9-7-1	裁量的発生高(ADA)データによる傾向スコア推定のためのロジスティック回帰の結果
図表 9-7-2	利益ベンチマーク($BENCHMARK$)データによる傾向スコア推定のためのロジスティック回帰の結果

図表9-7-3 事前的資本コスト（$RPEG$）データによる傾向スコア推定のためのロジスティック回帰の結果
図表9-7-4 アナリストによる利益予想の正確性（$ACCY$）データによる傾向スコア推定のためのロジスティック回帰の結果
図表9-7-5 継続企業の前提に関する注記情報（GC）データによる傾向スコア推定のためのロジスティック回帰の結果
図表9-7-6 異常監査報酬（$ABAFEE$）データによる傾向スコア推定のためのロジスティック回帰の結果
図表9-8 仮説1に関わる主分析結果（(2)式による）
図表9-9 仮説2に関する主たる分析結果（(2)式による）
図表9-10 大監査法人対中小監査法人の監査の質の差の検証結果：全サンプルとPSMサンプル
図表9-11 裁量的発生高に関わる頑健性検証：監査法人の規模と監査の質
図表9-12 異常監査報酬に関わる頑健性検証：監査法人の規模と監査の質
図表9-13 仮説2に関わる頑健性検証の結果
図表10-1-1 各業種における第1位と第2位の監査法人シェアの平均の推移（クライアント数ベース）
図表10-1-2 各業種における第1位と第2位の監査法人シェアの平均の推移（クライアントの売上高ベース）
図表10-1-3 各業種における第1位と第2位の監査法人シェアの平均の推移（クライアントの総資産ベース）
図表10-2-1 「監査の質と監査法人の業種特化」に関する欧米の先行研究
図表10-2-2 「監査の質と監査法人の業種特化」に関する日本の先行研究
図表10-3 第10章で使用する変数の定義
図表10-4 サンプル選択
図表10-5 記述統計量と平均値の差の検定
図表10-6 Pearsonの積率相関係数（左下）とSpearmanの順位相関係数（右上）
図表10-7 分析結果
図表10-8 IPWの推定結果
図表11-1 オリンパス監査人のレピュテーションに影響を与えるニュース発表
図表11-2 サンプルの選択と詳細

図表 11-3　オリンパスを監査する監査法人が監査するクライアント企業の業種分類
図表 11-4　各変数の基本統計量とグループ間の平均の差の検定結果
図表 11-5　イベント・スタディー GRANK テストの分析結果（オリンパス監査人の監査する企業とそうでない企業）
図表 11-6　重複上場の状況ごとにおける各変数の基本統計量とその差の検定
図表 11-7　イベントに対する株式市場の反応：企業の上場市場の状況ごとに
図表 11-8　クロース・セクション回帰モデルの分析結果
図表 Sub-1　分析に使用する各変量の定義
図表 Sub-2　サンプル選択と詳細
図表 Sub-3　基本統計量
図表 Sub-4　各分析に利用する変数の相関係数
図表 Sub-5　傾向スコアの推定回帰モデル（式（1））の結果
図表 Sub-6　監査報酬，利益調整リスクおよび訴訟リスクに関わる分析結果：重回帰モデル（式（2））の推定結果
図表 Sub-7　頑健性検証結果：CEM 法の場合
図表 12-1　第Ⅰ部の小括：グローバル時代における監査の質の概念，評価フレームワークと実証的測定
図表 12-2　「監査の質」概念の考察における 2 つの側面
図表 12-3　第Ⅱ部における実証的探究の分析視角と第Ⅱ部の章との関係
図表 12-4　第Ⅱ部における研究内容の要約
図表 12-5　監査報酬の自然対数の 2005～2013 年度の経年変化

序

本書の背景・目的・構成

第1章　本書の背景・研究目的・研究課題・構成

第1節　はじめに

　21世紀初頭，グローバル資本・金融市場に大きな影響を及ぼす会計スキャンダルが続出した。エンロン（Enron），ワールドコム（Worldcom）のような有名なグローバル企業の会計スキャンダルである。その結果として，トップ企業の経営者や監査人の信頼性に対して社会から疑問が投げかけられた。驚くことに，これらの企業は，経営破綻に至る直前まで監査人から無限定適正意見（unqualified opinion）を受け続けていた。この事実は，会計報告の正確性や完全性を保証する監査人（監査法人）のパフォーマンスや会計報告の全体的な質について新たな議論を呼んでいる。それを受けて研究者，規制当局や職業専門家機関は，監査人のパフォーマンスの「質」の分析に注力し始めた。

　また2008年から2009年にかけての金融危機において，経営者や監査人への不信任が最高潮に達した。リーマン・ブラザーズ（Lehman Brothers）の倒産は，当時世界規模での銀行業界の崩壊につながる可能性さえ指摘され，金融危機の連鎖の引き金を引いた（Tritschler 2014）。その後，幾度にわたり，金融危機の発生の原因について議論と調査が行われ，「だれが早い段階においてリスクをみつけ，報告できるか」という質問が提起され，議論されてきた（たとえば，PCAOB 2011）。それを受け，銀行の経営者や監督者と共に，監査人の役割は注目され，監査人の提供する監査のサービスの質，すなわち「監査の質（audit quality）[1]」の重要性が再認識された。

　そこで，本書は，グローバルな連鎖を引き起こした近年の金融危機や会計・

序　本書の背景・目的・構成

監査不祥事を背景として，この「だれが早い段階において（企業の財務上の）リスクをみつけ，報告できるか」という政策的・実務的ニーズに対応して，監査の質に関する総合的な研究を行った。具体的には，理論・制度・実態・実証の各側面に留意し，監査の質に関わる概念的検討，評価フレームワークや実証的測定および監査の質を提供する側のインセンティブや能力について，多方面から研究を行うことを目的とする。

本書の書名を『グローバル時代における監査の質の探究』と設定したのは，監査の質に関する総合的研究をグローバル規模で連鎖的に生じた会計・監査不祥事という世界的な状況を背景にしているからにほかならないが，まずはグローバル時代の内実について簡単に学問的に確認する必要があると考えられる。

そこで，本章において，第2節では，本書の書名ともなっている「グローバル時代と監査の質」について検討し，日本における監査の質に関わる実務的現状の概略を整理しながら，本書における学術的背景の概要を述べる。次に，第3節では上掲の研究目的から，具体的な本書の研究課題を設定し，それを達成するための本書の構成を示す。

第2節　本書の背景

1．グローバル時代と「監査の質」

グローバル時代とは何かという問題を考えるに当たり，まずは，グローバル化またはグローバリゼーション（globalization）とは何かを定義しなければならない。「グローバリゼーション」という言葉は，実はさほど歴史が古いものではなく，オックスフォード英語辞書に最初にこの言葉が登場したのは1962年であった（益田 2011, 249）。また，社会学者のRobertson（1992, 8）によれば，1980年代の初頭あるいは中期までは，その学術的意義が認識されていなかっ

---

(1) "audit quality"は，「監査品質」と翻訳される場合もある（たとえば，日本公認会計士協会 2013C, 1）。

第 1 章　本書の背景・研究目的・研究課題・構成

た概念でもあった。しかしながら 21 世紀になると，グローバリゼーションという言葉は人口に膾炙し，今日に至っている[2]。

日本においては，さまざまな分野の学者がグローバル時代を意識して学術的な論考を展開してきた経緯がある（たとえば，西川 2013；木下 2013；北爪 2013）。また会計・監査の分野では特にそれを会計の統一化や経済のグローバル化に結びつけた論文の展開が多くみられる（たとえば，浦崎 2007；德賀 2009；古賀 2011；猪熊 2015）。本書では，社会学や政治学的においてグローバリゼーションを論じた政治学者の Giddens（1990），社会学者の Robertson（1992），社会学者の Waters（2001），グローバル研究学者の Steger（2009）の 4 つの著書に着目して，当該概念を検討する。

Robertson は社会学の論文でグローバリゼーションという言葉を初めて使った人物として知られている（たとえば，Waters 2001, 2）。グローバリゼーション概念の火付け役と見られている彼は，グローバリゼーション概念は「"世界の縮小（compression）" と "一つの全体としての世界（the world as a whole）" という意識の深まりを意味する（Robertson 1992, 8）」と定義している[3]。

また，Robertson とほぼ同時期に，政治学の分野の著書 *The Consequences of Modernity*[4] において，Robertson の概念と類似したグローバリゼーション概念を提示したのが Giddens（1990）である。Giddens（1990, 64）によれば，グローバリゼーションとは，「何マイルも離れた場所で起きた出来事によってローカルな出来事が形成され，逆にローカルな出来事が遠く離れた場所の出来

---

[2]　1987 年までに米国の国会図書館において，タイトルに「グローバル」やその類似語が入っている書物はなく，また 1994 年 2 月でも 34 冊のみであったが，2000 年 2 月には 284 冊に達した（Waters 2001, 2）。

[3]　Robertson（1992）の邦訳本『グローバリゼーション：地球文化の社会理論』（阿部訳 1997）を参照した。

[4]　Giddens（1990）の邦訳本は『近代とはいかなる時代か？―モダニティの帰結』（松尾・小幡訳 1993）である。以下における Giddens（1990）の内容について，松尾・小幡訳（1993）を参照したことがある。

序　本書の背景・目的・構成

事を形成するというように，遠く隔たった地方同士を結び付けていく世界規模の社会関係の強化」である。さらに彼は，ローカルな変化はグローバリゼーションの一部分だと指摘し，ローカルとグローバルの関係について矛盾のないことを説いて見せた。

　さらに，Robertsonと同様に，1つの単語である「グローバリゼーション」のみをタイトルとした書籍を書いて注目を集めたのがWatersとStegerである。WatersはTaylor & Francis Group社が90年代から出版している「Key Ideas」シリーズを，また，StegerはOXFORD社の21世紀初期の「A Very Short Introduction」シリーズの『グローバリゼーション』をそれぞれ執筆し，それらは版を重ねており，執筆された内容は高く評価されている。WatersはRobertsonとGiddensの両氏の影響を受けて，グローバリゼーションを「経済，政治，社会そして文化のアレンジメントにおける地理的制限が後退する，また，その中で人々がその後退に気付き対応して行動してゆく社会的プロセス」（Waters 2001, 5）と定義している。

　一方，Stegerは非常に簡潔なグローバリゼーションの定義を提示している。それは，「グローバリゼーションとは，世界時間と世界空間を横断する社会関係および意識の拡大・強化を意味する」（Steger 2009, 15）というものである。Steger（2009, 9）によれば，グローバリゼーションは一連の社会的過程（a set of social process）として捉えられる。それは第1に，18世紀以降徐々に進展してきた近代のナショナリティの状態からゆっくりと離れつつあること，また第2に，現在は新たなポスト近代的な状態に向けて移行しつつあること，さらに第3に，ポスト近代的な状態にはまだ到達していないことを意味している。

　また彼は，この「社会的過程」を意味するところに，グローバリゼーションの多次元性があることに注意しなければならないと示唆しており，さらにグローバリゼーション概念のもつ政治，文化，環境，経済，宗教およびイデオロギー的な側面を比喩混じりながら説明している。

　グローバリゼーション概念の初期の論者の社会学者Robertsonおよび政治学者Giddens，さらに，最近10年ほどグローバリゼーションに関する書籍を

第 1 章　本書の背景・研究目的・研究課題・構成

図表 1-1　グローバル時代と「監査の質」

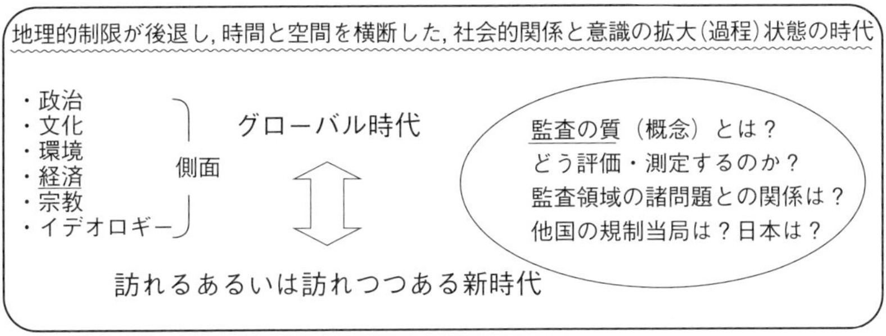

```
┌─────────────────────────────────────────────────────┐
│ 地理的制限が後退し，時間と空間を横断した，社会的関係と意識の拡大（過程）状態の時代 │
│                                                     │
│ ・政治                                               │
│ ・文化      ┐                  ┌ 監査の質（概念）とは？    ┐│
│ ・環境      │ 側面  グローバル時代  │ どう評価・測定するのか？   ││
│ ・経済      │        ⇕         │ 監査領域の諸問題との関係は？ ││
│ ・宗教      ┘                  └ 他国の規制当局は？日本は？  ┘│
│ ・イデオロギー                                        │
│                                                     │
│          訪れるあるいは訪れつつある新時代                │
└─────────────────────────────────────────────────────┘
```

出所：筆者作成。

世に出している社会学者 Waters とグローバル研究学者 Steger の諸論考から，グローバリゼーションに関する概念を並べてみると，「世界の縮小」，「一つの全体としての世界」，「ローカル」，「地理的制限の後退」，「社会意識」，「過程」，「時間と空間の横断」のようなキーワードが浮かんでくる。そこで，本書においては，便宜上，これらの言葉を結びつけ，グローバル時代を「地理的制限が後退し，時間と空間を横断した，社会的関係と意識の拡大過程あるいは拡大状態の時代である」として捉えたい（**図表 1-1**）。

加えて，上記 4 名の論者の主張には差異があるにせよ，グローバリゼーションが時代を反映（予言）する重要な概念であり，これからの世界は，「グローバル時代」をキーワードの 1 つとする時代であるという主張には異論がないと考えられる。そこで，「グローバル時代」という言葉は今後私たちを取り巻く時代であると言い換えることができる。監査の質との関係を考えるときに，「すでに訪れたあるいは訪れつつある新時代に対応する監査の質の探究」に本書の論題を言い換えることができよう。このように，グローバル時代は，目下のモダリティー（Modernity）時代の延長であるというのが大方の学者の共通認識であると言える（たとえば，Giddens 1990）。また，グローバル時代における経済，政治や文化などのグローバル時代の多面性に取り囲まれている諸所の論点を考察するのが重要であるが（たとえば，猪熊（2015）では税制や監査人の

序　本書の背景・目的・構成

行動などを論点として取り上げている），本書では，本章の第1節の「はじめに」で述べた理由もあり，監査の質をテーマとして取り上げる（**図表1-1**）。

　もちろん，グローバル時代の多次元性における各側面を考えるときに，経済的な側面，いわゆるグローバル経済がもっとも「監査」と関係が深いことはいうまでもない。グローバル経済の概念はさしあたり以下のように理解できる（**図表1-1**）。グローバル経済とは物・金・人のみならず，制度（たとえば，市場経済，民主主義，企業組織，金融システム，パソコンのOS，大学教育）までもが，国境を越えて移動することであり，さらにそれが地球規模での競争を通じて，世界標準に収斂することである（岩本他 2012, 3）。

2.「監査の質」に関わる日本の実務・制度の現状の概略

　まず，日本の監査の現場では，具体的にどのようなプロセスで「監査の質」を維持しようとしているのかを確認する必要があり，それを例示的に表したのが**図表1-2**である。これは，筆者による，ある監査法人への2014年のインタビューで説明された品質管理の仕組みを図表化したものである。廣川（2012）もあらた監査法人の品質管理の例を取り上げて説明しており，本書での某監査法人とは異なる監査法人であるが，内部における3つのレベルでの品質レビューとしてまとめられる点は同じである。

　このように，日本の大手監査法人にとって，内部では3つのレベルでの品質レビューを行わなければならない。①監査チームレベル：（監査チームひとつにつき，監査報告書の氏名欄には出てこない審理担当者がつく），②全国レベル，③世界レベルの監査レビューである。加えて，公認会計士・監査審査会（Certified Public Accountants and Auditing Oversight Board: CPAAOB）と公認会計士協会の外部からの品質レビューを受けなければならない。

　また制度的には，財務諸表監査に関して企業会計審議会が「監査に関する品質管理基準」（2005年10月28日），日本公認会計士協会が品質管理基準の実務適用上の指針として品質管理基準委員会報告書第1号「監査事務所における品質管理」および監査基準委員会報告書第220号「監査業務における品質管理」

図表1-2　日本の大手監査法人の品質管理の流れの例示

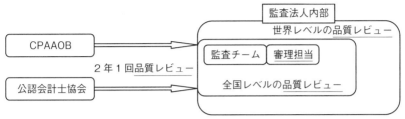

出所：筆者による2014年のインタビュー内容および廣川（2012）の説明を図表化した。

を作成している（直近版：2013年3月29日改正案）。また，内部監査に関して，日本内部監査協会が「内部監査の質評価ガイド」を作成している（2010年3月）[5]。そして，2015年5月，IAASBが公表した2014年の「監査の質のフレームワーク」をモデルに修正編入という形で，監査基準委員会研究報告第4号「監査品質の枠組み」を公表した。

さらに，本書の第6章でも詳しく述べるが，グローバル時代における監査の質を評価する際に，財務諸表利用者の保護という視点のみでなく，他の関係者すなわち企業の経営者，ガバナンスを担う者，監査基準設定主体や規制当局等の視点から評価する監査の質も重要である。しかし，日本では企業財務報告の一環として監査の品質管理基準が定められ，財務諸表利用者の保護のための監査の質の確保が指向され，それ以外の関係者への配慮が欠けているように受け止められていることが問題であると考えられる。

加えて，本書の第6～7章で詳述するが，監査の質の評価における1つの側面として，監査時間が挙げられている。日本では監査時間の少なさに起因する監査の質の低下の可能性に対する憂慮の声が日増しに聞こえてくる。たとえば，町田（2012）は，監査時間が十分に日本市場に投入されていないことを明らかにし，さらに監査時間の少なさの原因の1つとして，品質管理のために充てる

---

[5] 内部監査について，吉見（2010）が詳しい。

序　本書の背景・目的・構成

時間の少なさを挙げることで，問題提起した。これは伊藤（2004, 59）の調査結果（海外の監査時間数が日本のおおむね1.1～2.8倍）とも一致している。

このように，日本においては監査の質の管理という視点からの規則などが整備されている。また，「監査の質」概念・評価・測定に関する検討は，2015年の監査基準委員会研究報告第4号「監査品質の枠組み」をもって整備されつつある。本書の第3章～第5章からでもわかるように，特に「監査の質」概念・評価・測定に関する諸外国の取り組みがFRC（Financial Reporting Council：英国財務報告評議会）の2006年にさかのぼることができ，こうした諸外国における監査の質における取り組みを整理し，考究することが日本の実務界や学界にとって重要であると考えられる。

3. 本書の学術的背景の概述

本研究の学術的背景のさらに背後には，2008年の金融危機やカネボウ事件・オリンパス事件に代表される度重なる会計・監査不祥事により，信頼できる質の高い財務報告と外部監査の重要性が再認識されたという社会的・学術的状況がある。このような学術的・政策的「監査の質」についての検討への需要の高まりに呼応する形で，各国の規制当局や学界において，当該テーマに対する検討も重ねられてきている。たとえば，規制当局としてのFRCの2006年のディスカッション・ペーパーを皮切りに，FRC（2008），IOSCO（International Organization of Securities Commissions：証券監督者国際機構）（2009），IAASB（The International Auditing and Assurance Standards Board：国際監査・保証基準審議会）（2011；2013；2014），PCAOB（Public Company Accounting Oversight Board：公開会社会計監督委員会）（2013；2015）がそれぞれ監査の質に関する見解を示す冊子やレポートを世に送り出している。欧米学界において，DeAngelo（1981）はもちろんのこと，近年のFrancis（2011）およびKnechel, et al.（2013）による監査の質を主題とするレビュー論文の同一雑誌への相次ぐ発表は，欧米社会における当該概念への関心の高さを示唆している。他方，日本の学界においても，監査の質に関する論文が数多く存在する（すべて列挙でき

ないが，たとえば，富田 1995；薄井 2007；矢澤 2010；堀江 2011；蟹江 2012；中村 2012；廣川 2012；町田 2012；松浦 2012；結城 2012；浅野 2013）。

しかしながら，直近においても「監査の質についての議論は多いが，判明したことは少ない」という指摘もある（Knechel et al. 2013, 385）。それは，監査の質という概念についての認識は，多様なステークホルダーのそれぞれの視点により異なる可能性があること（IOSCO 2009；IAASB 2011；中村 2012；結城 2012；Knechel et al. 2013）から生じたものと考えられ，実際，監査の質という概念については，コンセンサスに到達することが難しい状況にある。監査の質という概念は，実に複雑で多面的である（IAASB 2011, 3）。

第3節　本書の研究目的・研究課題・構成

第1節や本書の「序」でも述べたように，本書は監査の質に対する学術的・政策的研究への需要の高まりの下で，監査の質の総合研究を探求するため，監査の質に関する概念的検討，評価フレームワークや実証的測定および監査人のインセンティブや能力について，各方面からの研究を目的としている（**図表1-3**）。

上記の研究目的のもと，本書における具体的な研究課題として，次の5つを設定する（**図表1-4**）。

【具体的研究課題】①：「監査の質に関する理論的研究」：監査の質の定義から測定方法まで多岐にわたる理論的枠組みについて，先行研究を精査し，その本質的解明を図る（第2章）。

【具体的研究課題】②：「監査の質に関わる各国の取り組み：理論的・制度的・実態的研究」：監査の質に関わる議論や取り組みについての各国の状況を確認するためにも，監査の質に対する取り組みの温度差が生じた背景について，実態を調べ，制度の歴史的な流れについて把握した上で，理論的に検討する（第3～5章）。

【具体的研究課題】③：「監査の質に関わる評価・測定：理論的・実態的研

序　本書の背景・目的・構成

図表1-3　本書の研究目的・構成

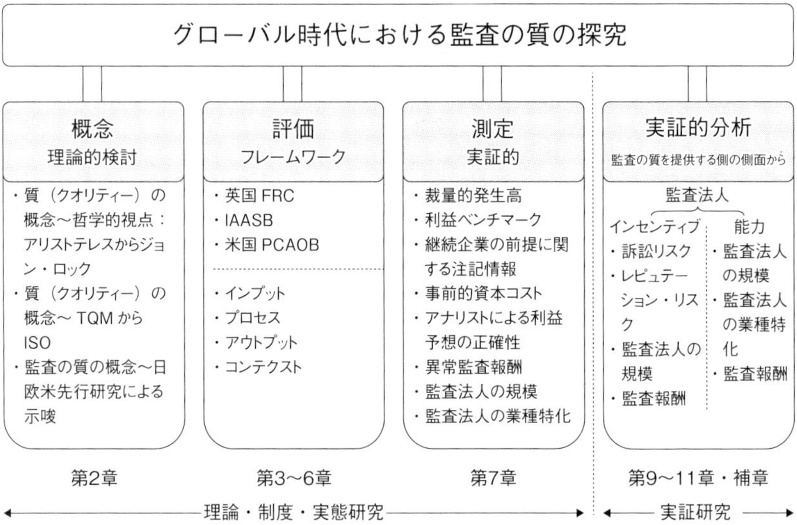

グローバル時代における監査の質の探究

概念
理論的検討
- 質（クオリティー）の概念〜哲学的視点：アリストテレスからジョン・ロック
- 質（クオリティー）の概念〜TQMからISO
- 監査の質の概念〜日欧米先行研究による示唆

第2章

評価
フレームワーク
- 英国 FRC
- IAASB
- 米国 PCAOB

- インプット
- プロセス
- アウトプット
- コンテクスト

第3〜6章

測定
実証的
- 裁量的発生高
- 利益ベンチマーク
- 継続企業の前提に関する注記情報
- 事前的資本コスト
- アナリストによる利益予想の正確性
- 異常監査報酬
- 監査法人の規模
- 監査法人の業種特化

第7章

実証的分析
監査の質を提供する側の側面から

監査法人
インセンティブ
- 訴訟リスク
- レピュテーション・リスク
- 監査法人の規模
- 監査報酬

能力
- 監査法人の規模
- 監査法人の業種特化
- 監査報酬

第9〜11章・補章

──理論・制度・実態研究── ──実証研究──

出所：筆者作成。

究」：各国の規制当局や基準設定主体の担当者・実務家，研究者から提示された評価のフレームワークを考察し，監査の質に関わる評価のフレームワークのあるべき姿についての理論的な分析を行い（第6章），監査の質を実証的に測定することのできる方法をまとめ，将来の研究の可能性を検討する（第7章）。

　【具体的研究課題】④：「日本監査市場と監査の質に関する研究：制度的・実態的・実証的研究」：本書の中核的な内容のひとつになる。日本の監査市場の特徴を制度的・実態的に分析し，それらの特徴をコントロールする上での監査の質に関する実証的研究を進める（第Ⅱ部）。この研究課題は，具体的研究課題②，③と密接な関係にある（**図表1-4**）。

　【具体的研究課題】⑤：「監査の質に関わる理論・制度・実態・実証研究の総括・提言・発信」：上記①〜④の研究成果を踏まえ，総括をし，また必要に応じて日本監査市場における監査の質のあり方について，提言を試みる（第Ⅲ部）。

第1章　本書の背景・研究目的・研究課題・構成

図表 1-4　本書の具体的な研究課題・構成

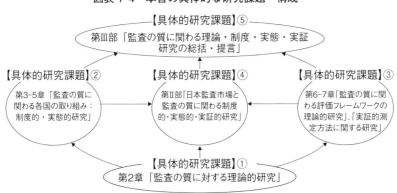

出所：筆者作成。

　上記の【具体的研究課題】を受け，本書においては，12章の構成で展開する。具体的には，本章においては本書の背景・研究目的・研究課題・構成を述べているが，第2章は，監査の質の概念について，質（クオリティー）の検討から始まり，哲学者による見解を取り入れながら日米欧の先行研究や規制当局・基準設定主体の視点を参考にし，筆者に調査可能な範囲の文献を渉猟した上で，グローバル時代における監査の質の概念的考察を試みる。

　また，監査の質を向上させるインセンティブが規制当局・基準設定主体からは強いと推測できることから，監査の質の概念や評価フレームワークをいままでに公表した規制当局・基準設定主体の視点に注目し，その内容を時には制度論的分析手法を用いながら考察するのが第3～5章である。監査の質の概念や評価方法に関わる議論をし始めた順として，FRC，IAASBおよびPCAOBの順であることから，同順序で当該規制当局・基準設定主体による視点と監査の質についてそれぞれ考察する。

　第6～7章では，規制当局・基準設定主体の視点や学界における研究の蓄積を踏まえ，監査の質の評価フレームワークを「インプット・プロセス」，「アウトプット」および「コンテクスト」側面から分析できるものと提案し，加えて，

序　本書の背景・目的・構成

実際に実証分析に使用可能な監査の質の測定方法の例示を試みる。

　さらに，第Ⅱ部では，監査の質を提供する監査人（監査法人）のインセンティブあるいは適性（能力）に注目し，提供側のインセンティブあるいは適性が監査の質に与える影響という視点から実証的分析を行う。具体的には，監査の質を提供する監査人（監査法人）のインセンティブや適性（能力）に対して影響する監査法人の規模や監査法人の業種特化などが取り上げられ，またインセンティブにはリスクに対する反応である市場の反応があることから，それぞれ「監査法人の規模と監査の質」（第9章），「監査法人の業種特化と監査の質」（第10章），「監査人のインセンティブと市場の反応」（第11章）および「監査の質の提供側のインセンティブ・能力である監査報酬と監査の質：訴訟リスクを踏まえて」（補章）の作成を進める。なお，第Ⅱ部の全体像を確認するためには，第8章第1節を参照されたい。

第 I 部

理論的・制度的・実践的探究
―グローバル社会における監査の質〜概念・評価・測定―

第2章　監査の質の概念的探究

第1節　はじめに〜「監査」とは？「質（クオリティー）」とは？

「監査の質（audit quality）」を概念的に探究する場合，まず当該用語を「監査（audit; auditing）」と「質（quality）」に分けて検討することが有益であると考える。

1.「監査」概念

「監査」[1]の定義については，日本ではすでに多くの先達が日本国内外の先行研究を踏まえて十分に議論されてきていると理解できる。たとえば，内藤（1995, 44）は，特にドイツの先行研究を参考に，まず「監査」の概念について，それと「監督」，「検査」，「統制」の諸概念との区画を念頭にして，「監督」はこれら諸概念の上位概念であり，「検査」と「監査」は同義語で，「監査」と「統制」とは区別する必要があるとし，監査を「過程独立性[2]を有する自然人

---

[1] 「監査」という日本語は，明治14年（1981）公布の会計検査院章程第3条で初めて使用され，その後，明治23年公布の旧商法において導入された「監査役」で定着したものとされる（山浦 2008；友杉 2009）。徳川幕府の「監査役」に相当する言葉として「勘定吟味役」があり，その職務は，査覈（さかく）（厳しく調べる意味），検鑒（けんかん）（面と向かって調べる意味），検覈，簿冊点検とされ，「監査」という用語が使われていなかった（野本 1952）。

[2] 過程独立性とは，企業の業務実施職分とその監督職分とが，同一人または同一集団によって担当されるという過程従属性の状況にないことを意味する（内藤 1995, 78）。

によって実行される，現実対象とそれに対応する規範対象との<u>比較</u>，および，現実対象の<u>規範準拠性</u>についての<u>判断形成</u>から構成される<u>行為</u>（筆者強調）」であると定義する。そのうえ，内藤（1995）は，監査の構成要素として，次の3つのメルクマールを指摘し，①と②は監査の行為を規定するメルクマールであり，③は監査行為の主体を規定するメルクマールであるとしている。ここでいう3つのメルクマールとは，①特定の現実対象と規範対象との比較，②比較結果についての判断形成，③過程独立的な自然人による経済的行為の枠内での①および②の実行である。

一方，内外の多くの監査研究領域の学術書や教科書において，1973年に公表されたアメリカ会計学会（American Accounting Association: AAA）の基礎的監査概念委員会のステートメント（A Statement of Basic Auditing Concepts: ASOBAC）における定義を用いることで，「監査」概念についての共通の理解がなされている（山浦 2008；友杉 2009；伊豫田・松本・林 2015；鳥羽他 2015）[3]。ASOBAC（1973）によれば，「監査とは，経済活動と経済事象についての主張（assertions）と確立した規準（criteria）との合致の程度（degree of correspondence）を確かめるために，これらの主張に関する証拠（evidence）を客観的に収集・評価するとともに，その結果を利害関係をもつ利用者に伝達する体系的な過程（systematic process）である」（鳥羽至英訳『アメリカ会計学会—基礎的監査概念』）。

上記のASOBAC（1973）における監査の定義から，5つのポイントについては，監査の概念を考える上で，注意する必要があると考えられる[4]。

第1に，監査は，「証拠の収集・評価」と「その結果の伝達」からなる「体系的な過程（システマティックなプロセス）」であることである。「プロセス」と

---

[3] たとえば，鳥羽他（2015, 11）によれば，1973年のASOBACにおける監査の定義は，内外の監査文献において最も広く受け入れられているものであり，少なくとも欧米においては，監査概念について共通の理解がなされているように思われるとしている。

[4] 以下のASOBAC（1973）における監査の定義に関する注意点については，山浦（2008），伊豫田・松本・林（2015）および鳥羽他（2015）を参考にしている。

いう用語は，証拠の入手・評価や結果の伝達が人間（監査人）の判断を伴う行動であることを，また「システマティック」という表現は，それらの監査人の行動が相互に関係を持ち，全体として有機的に結びつきながら，かつ，計画→実施→見直し→是正という作業の流れの中で実施されるものであることを強調している（鳥羽他 2015, 12）。

　第2に，監査の対象は「経済活動と経済事象についての主張（アサーション）」であることである。主張という言葉が用いられていることからも明らかなように，監査の対象には，情報作成者の主観的判断や恣意的解釈の介在する余地があることから，必ずしも客観的な事実のみが含まれているわけではない（伊豫田・松本・林 2015, 2）。また，「経済活動と経済事象」は多様であることから，それに対する監査も多様に存在すると理解できよう。

　第3に，監査を行うに当たっては，「確立した規準」の存在が不可欠であり（伊豫田・松本・林 2015），「主張と確立した規準との合致の程度を確かめる」ことから，監査を「規準に照らしての評価」（鳥羽他 2015）と捉えられよう。ここでも，「確立した規準」が多様であることから，それに対応する監査も多様であると考えられる[5]。

　第4に，監査のプロセスの中において，主張に関する証拠を「客観的に」収集・評価するとしており，監査を実施する主体の独立的な立場の保持が求められている（伊豫田・松本・林 2015）。

　第5に，ASOBAC（1973）の「結果を利害関係をもつ利用者に伝達する」という表現からわかるように，監査は，利害関係を有する者に伝達するというプロセスを含んでいる（伊豫田・松本・林 2015）。監査が「主張（アサーション）」の信頼性を高めるために実施されるものであることを考えれば，監査結果のわかりやすい形での伝達も重要であり，また，監査が利害関係をもつ利用者に彼

---

[5] たとえば，財務諸表監査の場合は，各国のGAAP（Generally Accepted Accounting Principles：一般に認められた会計原則）がその「確立された規準」であり，また，内部監査の場合は，各種関連法令や企業内部の各種規定やマニュアルなどがその「確立された規準」として考えられる（鳥羽他 2015）。

第Ⅰ部　理論的・制度的・実践的探究

らの情報（主張）に対する需要を満足させる過程でありサービス財であるとも考えられる。

　内藤（1995）とASOBAC（1973）は矛盾していないと考えられるが[6]，本書では，ASOBAC（1973）における監査定義を本書の監査に対する定義とする。

2.「質（クオリティー）」概念：考察の糸口

　上記のように「監査」に関する定義は，国内外の監査書において，その考えの基礎はASOBAC（1973）をベースとしている。一方，「監査の質」という用語を検討するために，「監査」を除く「質（クオリティー）」概念について，検討する必要があると考えられる。「質（クオリティー）」概念の上位概念や歴史的源流を探るためには，先達のドイツの代表的文豪であり，自然科学者，政治家，法律家でもあるゲーテの言葉が有用である。

　ゲーテによれば，

　　生まれが同時代，仕事が同業，といった身近な人から学ぶ必要はない。何世紀も不変の価値，不変の名声を保ってきた作品を持つ過去の偉大な人物にこそ学ぶことだ。…(中略)…モリエールに学ぶのもいい。シェークスピアに学ぶのもいい。けれども，何よりもまず，古代ギリシャ人に，一にも二にもギリシャ人に学ぶべきだよ。

　　　　　　　　　　　　　　　　　　　　　　（『ゲーテとの対話（下巻）』129頁）

　そこで，本章では，ゲーテの言葉にしたがい，まず，「質（クオリティー）」の概念について，古代ギリシャの哲学者アリストテレスを初めとする哲学的視

---

(6)　たとえば，すでに記述した内藤（1995）における監査の定義の中においては，「判断形成」と「行為」がASOBAC（1973）定義のポイント1，「現実対象」がポイント2，「比較」と「規準準拠性」がポイント3，「過程独立性」がポイント4と対応しているように考察できる。ただし，ASOBAC（1973）定義のポイント5と対応する内藤（1995）の内容がないようにみえる。

点からの内容を第2節で確認し，ASOBAC（1973）の「経済活動や経済事象」から一歩引いた観点から，考察を試みる。なお，「質（クオリティー）」という言葉が使われた歴史を辿ると，古代ギリシャにまで遡る。

また，上記のASOBAC（1973）のポイント5にも記述されているが，ASOBAC（1973）監査定義から，監査は利害関係をもつ利用者に彼らの情報（主張）に対する需要を満足させる過程でありサービス財であるとも考えられる。加えて，DeAngelo（1981）が監査の質の概念や議論に関する嚆矢となる欧米における先行研究であるが（詳細は第5節を参照），DeAngelo（1981）における監査の質の定義において，監査を監査サービス，つまり一種のサービス財（商品）として捉えている。そこで，本章では，サービス財の「質（クオリティー）」の概念が利用される領域であるQC（Quality Control：品質管理），TQM（Total Quality Management：総合的品質管理）や品質保証（quality assurance）の研究領域から知見を借用し，「質（クオリティー）」の概念について第3節で考察する。

そして，第4節および第5節では，それぞれ日本国内外の先行研究から「監査の質」概念についての記述を抽出し，分析を行い，第6節では第5節までの分析結果を踏まえて，「監査の質」概念に関わる考察を行う。

第2節　「質（クオリティー）」の概念～哲学的視点：アリストテレスからジョン・ロック

クオリティー（quality）という言葉が使われた歴史は古代ギリシャにまで遡れる。哲学者のアリストテレス（古代ギリシャ語：*Αριστοτέλης*；ラテン語：Aristotelēs；英語：Aristotle）（前384年～前322年）は著書の『カテゴリー論（古代ギリシャ語：*Κατηγορίαι*）[7]』の中で，何かを一般的に語られるものとして，

---

(7) カテゴリー論（*Κατηγορίαι*）の意味は，予測（prediction）である（たとえば，Smith 2000）。また『カテゴリー論』はアリストテレスの著作集のなかで古来からもっともよく読まれた書物である（牛田1991, 203）。

第Ⅰ部　理論的・制度的・実践的探究

実体（本質存在），量，関係，場所，時などと共にクオリティー（古代ギリシャ語：*ποιότης*）を挙げている[8]。

アリストテレスは，クオリティー（古代ギリシャ語：*ποιότης*）[9]を次のように定義する。

> それにもとづいて人々が「どのようか（古代ギリシャ語：*ποιός*）[10]」が語られるものである[11]。
>
> 　　　　　　　　　　　（『アリストテレス全集 1　カテゴリー論・命題論』53 頁）

クオリティーとその定義の中の「どのようか」の古代ギリシャ語を確認すると，それぞれ *ποιότης* と *ποιός* であり，クオリティーは「どのようか」から造られた名詞であることが分かる。つまり，クオリティー（古代ギリシャ語：

---

[8] 具体的には，たとえば，『アリストテレス全集 1　カテゴリー論・命題論』18 頁あるいは『アリストテレス全集 1　カテゴリー論・命題論・分析論前書・分析論後書』6 頁を参照されたい。

[9] 古代ギリシャ語：*ποιότης* について，1971 年および 2013 年に岩波書店から発行されたそれぞれの『アリストテレス全集 1』において，「性質」や「質」と翻訳されている。一方，英語によるアリストテレスのカテゴリーの翻訳書（たとえば，Ackrill 1963, 24）や日本語の訳本の脚注（『アリストテレス全集 12　形而上学』562 頁）によれば，古代ギリシャ語：*ποιότης* は，英語の Quality と翻訳され，実際，それは定訳であったと見受けられる（たとえば，Bealer 1982, 177）。

[10] 「どのようか（古代ギリシャ語：*ποιός*）」（不定形容詞）と翻訳されたが，「これこれのよう」などと直訳することもできる（『アリストテレス全集 1　カテゴリー論・命題論』53 頁，脚注 1）。

[11] 1971 年の『アリストテレス全集 1』では，「それに基づいて何か或るものが「これこれ様の」と言われるところのものである。」（32 頁）と翻訳されている。また，オックスフォード大学出版社から 1963 年に初めて出版された J. L. Ackrill の英訳によれば，"By a quality I mean that in virtue of which things are said to be qualified somehow. But quality is one of the things spoken of in a number of ways" としている（Ackrill 1963, 24）。

第 2 章　監査の質の概念的探究

ποιότης）は，「それにもとづいて「どのようか（古代ギリシャ語：ποιός）」が語られる」として，「どのようか」を語る根拠となるような存在であり，抽象名詞である（『アリストテレス全集 1　カテゴリー論・命題論』53 頁，脚注 1）と理解できる。

　また，アリストテレスは，クオリティーが「多くの意味で語られるもののひとつである」（53-54 頁）とし，クオリティーがさまざまな意味を含んでいるとした[12]。実際，アリストテレスは，『カテゴリー論』において，相互に排他的でない 4 種類のクオリティーを挙げ，「どのようか」を語る根拠となるような存在を説明した[13]。それは，具体的には，(1)性向（古代ギリシャ語：ἕξις）と状態（古代ギリシャ語：διάθεσις），(2)自然本性的（生得的）な能力あるいは無能力，(3)受動的なクオリティー，(4)形や形態である。

　アリストテレスによれば，性向と状態との違いは，「性向」はより安定し，より長時間続くもので，たとえば知識や徳（たとえば正義や節度）である。「状態」は容易に動かされすぐに変化するものであり，たとえば，熱さと冷たさ，病や健康である。性向は状態でもあるが，状態は必ずしも性向ではない。

---

(12)　アリストテレスは『形而上学』第Δ巻第 14 章において，別の視点からクオリティーを分析し，その様々な意味を説明している。『形而上学』によれば，クオリティーは，実体の差別性（種差）（たとえば，馬はと問えば 4 つの足と答える。），実体（本質存在）に属するもののうち量でないもの，転化する実体の諸属性（たとえば熱さや寒さ，白さや黒さ），徳や罪過である（『アリストテレス全集 12　形而上学』167-168 頁）。しかしながら，クオリティーの本質的な意味が「どのようか」というところについては，『形而上学』と『カテゴリー論』が同一的な見解を示しており，本章においては，『カテゴリー論』におけるクオリティーに関する記述を取り上げている。たとえば，Bealer も彼の著書『クオリティーとコンセプト』（Bealer 1982, 177）に『カテゴリー論』におけるクオリティーの定義を使っている。

(13)　4 種類のクオリティーに関する翻訳の仕方や記述は主に『アリストテレス全集 1　カテゴリー論・命題論』54-60 頁を参照に，『アリストテレス全集 1　カテゴリー論・命題論・分析論前書・分析論後書』や Ackrill（1963）との整合性を考慮しながら分析した。

次に，自然本性的（生得的）な能力あるいは無能力とは，なんらかの状態に置かれることによるものでなく，自然本性的な能力あるいは無能力（たとえば，硬いと軟らかい）を指す。第3に，クオリティーの様々な意味のうち，受動的なクオリティーが存在する。たとえば，熱さと冷たさや甘さと苦さのようなことは，それぞれが諸感覚（触覚や味覚など）において受動を作り出すことができるということによるのである。第4に，形（たとえば幾何学的な図形）やそれぞれの事物に成立する形態（たとえば羊の外観）もクオリティーとして考えられる。アリストテレスは，上記の4種類のクオリティーは主要なクオリティーとして語られるものとするが，他のあり方を否定していない（『アリストテレス全集1　カテゴリー論・命題論』60頁）[14]。

イギリスの哲学者，イギリス古典経験論の父[15]と呼ばれるジョン・ロック（John Locke）(1632～1704年)は著書『人間知性論（An Essay Concerning Human Understanding)』において，クオリティーについて詳しく説明している。

Whatsoever the Mind perceives in itself, or is the immediate object of Perception, Thought, or Understanding, that I call Idea; and the Power to produce any Idea in our mind, I call Quality of the Subject wherein that power is.

(*An Essay Concerning Human Understanding*, BookⅡ, Chapter Ⅷ, §8)

---

(14) アリストテレスは，さらに，「どのようにか」ということについて，反対性（たとえば白いと黒い），「より多く」と「より少なく」という程度の差，「似ている」と「似ていない」について語られるとしている（『アリストテレス全集1　カテゴリー論・命題論』61-64頁）。また，クオリティーについて論ずることに，関係的なものに属するもの（たとえば，性向や状態）を合わせていると指摘している（『アリストテレス全集1　カテゴリー論・命題論』64頁）。

(15) たとえば，『人間知性論』(一) 236頁に彼のイギリス古典経験論の創始者に関する記述がある。ロック生誕の年は，哲学史上においてはスピノザの誕生と同じ年であり，デカルトの『方法論』の出版5年前である。

彼は，まず「心が自分自身のうち知覚（perceive）するもの」を「アイデア（idea）」と呼び，また「心になにかの概念を生む力能（the power to produce）を，この力能が存する主体のクオリティーと呼ぶ」（『人間知性論』（一）186頁）とした。さらに，彼はその文章に続き例を挙げて説明した。「たとえば雪の球は白いとか冷たいとかまるいとかの概念を私たちのうちに生む力能を，私はクオリティーと呼ぶ」（『人間知性論』（一）186頁）。つまり，ジョン・ロックがいうクオリティーとは，知覚するものを生む力能であると要約することができ，知覚・パーセプション（perception）のアイデアであると理解できよう。

また，ジョン・ロックは，クオリティーをプライマリー・クオリティーとセカンダリー・クオリティーに分けて論じている[16]。プライマリー・クオリティーは，ものあるいは人という対象の本源的な（original）ものであるに対して，セカンダリー・クオリティーは，主観的な説明や存在の状況に依存するものであると理解できる。

ジョン・ロックは，プライマリー・クオリティーについて具体的には，

　　物体がどんな状態であれ，物体からまったく分離できないようなもの，物体がどんな変更・変化を受けようと，どんな力が物体に加えられようと，それらを通じて物体が不断に保有するようなもの，知覚するにじゅうぶんなかさの物質分子のすべてに感官が不断に見いだし，また，たとえ単独で感官が

---

(16) ロックの感覚の概念の2分類は，自然学的発想に基づくものである。感覚の概念は，外部世界と身体的感官との交渉によって生まれる。ここに，本来は知性の直接対象であって，とくに内観の立場では外部世界と一応絶縁される概念が，自然学的な物性的考察の導入によって，外的事物事象と関連をもち，それとの関係が問われるようになる。プライマリー・クオリティーとセカンダリー・クオリティーの区別は，イギリス古典経験論の進行のうちに批判され，解消されたが，哲学の歴史では名高い。内観の立場に沿って経験論を発展させる古典経験論の歩みからいえば，この区別が姿を消すのは当然と言えるかもしれない（『人間知性論』（一）325頁）。なお，こうした区別は，ジョン・ロックの『人間知性論』の重要な論点であると指摘されている（『人間悟性論』（上巻）7頁）。

第Ⅰ部　理論的・制度的・実践的探究

知覚するのに小さすぎる物質であっても，すべての物質分子から分離できないと心が見いだすようなもの，そうしたものである。

(『人間知性論』(一) 186-187 頁)

と述べており，例として，物体の固性ある部分のかさ (bulk)・形 (figure)・数 (number)・位置 (situation)・運動 (motion) もしくは制止 (rest) を挙げた。

次に，ジョン・ロックはセカンダリー・クオリティーをさらに2つに分けて説明している (たとえば，『人間知性論』(一) 196-200 頁)。具体的には，第1に，「ある物体にあり，その物体の感知できないプライマリー・クオリティーによって，ある特定の仕方で私たちの感官のどれかに作用し，これによって私たちのうちにいろいろな色・音・匂い・味などのさまざまなアイデアを生む力能」(『人間知性論』(一) 196 頁) である。

第2に，「ある物体にあり，その物体のプライマリー・クオリティーの特定構造によって他の物体のかさ・形・組織 (texture)・運動を変えて，私たちの感官へのこの物体の作用を前と違わせる力能」(『人間知性論』(一) 197 頁) である。例として，「たとえば太陽はろうを白くする力能をもち，火は鉛を溶かす力能をもつ」(『人間知性論』(一) 197 頁) のである。

主体のクオリティーにプライマリー・クオリティーとセカンダリー・クオリティーの区別を認めることは古くから行われており，デカルトもガッサンディもそのように説いているが，ロックに直接の影響を与えたのはガリレオ・ガリレイの弟子のロバート・ボルトであったと思われる (『人間知性論』(一) 324 頁)。アリストテレス派のように冷，温，色をクオリティーとして考える傾向にあるのでなく，ボトルとロックは，より根柢的な物質の大きさ，構造，運動からクオリティーを説明しようとする傾向があると考えられる (たとえば，『ボイル』Ⅸ)。しかし，上記の説明の詳細からもわかるように，ロックがいうセカンダリー・クオリティーはアリストテレスがいう受動的クオリティーに類似しており，クオリティーにおける両説は完全に矛盾しているとは言い難いように見受けられる。

26

図表 2-1　哲学者によるクオリティー概念

- それにもとづいて人々が「どのようか」が語られるものである。
　　　　　　　　　　　　　　　　　アリストテレス『カテゴリー論』紀元前, 8b26.
- アイデアを生むパワーを，このパワーが存する主体のクオリティーと呼ぶ。
　　　　　　　　　　　　ジョン・ロック『人間知性論』1672, Book Ⅱ, Chapter Ⅷ, §8.
- クオリティーは万能的（universals）であり，人によってクオリティーの認識をしなければ，経験上のすべてのものが名づけられなくあるいは全く理解されないのである。
　　　　　　　　C. I. Lewis, *Mind and the World Order: Outline of a Theory of Knowledge*, 1929.
- クオリティーは，世界の現象的・原因的・ロジカル順序の決定要因である。
　　　　　　　　　　　　　　　　　　　　　George Bealer, *Quality and Concept*, 1982.
- クオリティーは，単なる実在（reality）の一部でなく，その全体であった。
　　Robert M. Pirsig, *Zen and the Art of Motorcycle Maintenance: An Inquiry into Values*, 1984.

出所：筆者作成。

　このように，哲学的な論説のうち，クオリティーを「どのようか」が語られるものと捉えるアリストテレス説も，パーセプションのアイデアを生むパワーと捉えるジョン・ロック説も，その価値を決定することなく，中性的な観点からの分析に留めている。また，客観的感覚あるいは主観的事実との関連からクオリティーをみる傾向があるようにみえる。さらに，両者には細かい差異がもちろん存在するが，「どのようか」やパーセプションを表す集まりのようなものとして「クオリティー」を哲学的に理解できよう。なお，**図表 2-1** は，哲学者によるクオリティーに対する定義や言及をまとめたものである。

　ASOBAC（1973）の監査概念と哲学的論点から考える「質（クオリティー）」と結びつき，「監査の質」概念を考えると，監査の質とは，「経済活動と経済事象についての主張と確立した規準との合致の程度…（中略）…体系的な過程」が「どのようか」，あるいは，どのように（市場・利害関係者に）「パーセプション」されるのかについてのものであると理解され得る。

第 I 部　理論的・制度的・実践的探究

第 3 節　「質（クオリティー）」の概念〜TQM から ISO

　第 1 節にも記述したが，ASOBAC（1973）における監査概念，あるいは DeAngelo（1981）における監査に対する理解によれば，監査をサービス財として考えられる。そこで，サービス財の品質と深く関わり合いがあると思われる QC（Quality Control：品質管理），TQM（Total Quality Management：総合的品質管理）[17]や品質保証（quality assurance）の研究領域からは，「監査の質」に関わる「質（クオリティー）」の概念におけるヒントが得られると考えられる[18]。

　TQM の起源は，1949 年に日本科学技術連盟（JUSE）が日本の生産性や戦後の生活の質の改善のため，学者・技術者・政府関係者で構成される委員会を組織したことに遡る（Walton 1986; Powell 1995）[19]。その後，日本製品の品質改善と日本経済の発展を背景に，1970 年代後半から海外に注目され，その内容

---

(17)　類似的な意味で，同じく「総合的品質管理」として翻訳される TQC（Total Quality Control）がある。A. V. Feigenbaum が 1956 年に Harvard Business Review で "Total Quality Control" をタイトルとする論文を発表し，TQC を初めて提唱した。1956 年の論文によれば，本当に効果を上げるためには，製品の設計から始まり，消費者の手にわたって満足を得るまで管理されなければならないことが，TQC である。また，Feigenbaum（1983）によれば，TQC は，トップ・マネジメントから現場第一線作業者に至るまで，企業の全員が参画するもので，製品の着想から生産，顧客サービスに至る製品およびサービスのライフサイクルの全範囲をカバーするので，TQM と呼んでもよいと示された（由井 2011, 6）。そのため，本章において，TQC と TQM とを同義語として取り扱う。

(18)　クオリティー・オブ・ライフの研究領域からクオリティー概念に対する検討も考えられるが，その領域において，一般的にクオリティー・オブ・ライフを一つの言葉として検討しているものが多いように見受けられる。たとえば，デイヴィッド・フィリップス著・新田功訳（2011）。

(19)　QC や SQC（statistical quality control；統計的品質管理）の出現は，1924 年ベル電話研究所の W. A. シューハートによる品質管理図の提唱から始まったと言われている（Walton 1986; 北原・能見 1991）。

が1990年代前半まで充実されてきたのである（由井 2011, 1-4）。

　TQMの意味について，たとえば，久米（2005a iii）では，次のように定義されている。「経営者・従業員・その他の関係者が品質を重視するという共通の意識のもとに，一体となって顧客の要求に合った製品・サービスを経済的に供給していくことに重点を置いて行う経営で，方針管理，機能別管理，QCサークル活動などを活動の中核として，顧客指向，継続的改善，全員参加によって行われる。」

　TQMについての定義は多くの学者などによって提示されているが（Tobin 1990; Bank 1992; Ross 1993），共通するところは，製品・サービスを提供するすべての主体が当事者であること，多くの品質管理方法（たとえば，方針管理，機能別管理，改善，顧客指向など）を総括していることと理解できる。また，TQMを背景とする「質（クオリティー）」の意味は，"conformance to requirement"（Crosby 1979）（「要求に対する合致度」（久米 2005b, 19））と要約できよう。

　TQMの発展とは別に，ISO（International Organization for Standardization：国際標準化機構）[20]は1987年からISO9000シリーズと呼ばれる品質管理に関する国際規格を制定し始めた。一方，ISO9000はTQMの発展内容の影響を受けて制定されており，TQMの実現に必要な基礎であると認識されている（Taylor 1995; McAdam 2004）。また，ISOの規格は，「その分野における専門家間の国際的コンセンサスにもとづき，…（中略）…そして，科学および技術に関する最新の状態を"反映したもの（state of the art）"」（ISO2009）と特徴づけられ

---

[20] ISOは，万国規格統一協会（International Federation of National Standardizing Association: ISA）と国際連合企画調整委員会（United Nations Standards Coordinating Committee: UNSCC）との統合によって1946年に誕生した。ISOの標準化は当初主にねじ山，玉軸受け，連結器，伝動といった機械工学の基本的問題にかかわるものを対象にしていた。1960年代後半に始まった健康や安全基準を求める消費者運動の高まりを背景に，品質管理（ISO9000シリーズ）や環境管理（ISO14000シリーズ）といった広範な新領域に対象を拡大した（ブーテェ・マットリ著・小形訳 2013, 129-131）。

る。そこで，TQM の考えを踏まえた ISO9000 シリーズにおける「質（クオリティー）」概念の「専門家間の国際的コンセンサス」を確認することが有意義であると考えられる。

ISO シリーズによれば，「質（クオリティー）」とは，

Degree to which a set of inherent characteristics fulfils requirements
（固有の特性の集まりが要求を満たしている程度）

(ISO 9000 3.1.1)

であるが，TQM を背景とする "conformance to requirement"（Crosby 1979）の定義とは類似的である。ここでいう固有（inherent）は，割り当てられた（assigned）ものと対照的であり，特に永久的（permanent）特性として存在するものを意味する（ISO 9000 3.1.1, Note2）。またここでいう要求（requirement）とは，（一般に暗示されたあるいは義務的な）明言されたニーズや期待（need or expectation that is stated, generally implied or obligatory）（ISO 9000 3.1.2）である。

さらにここでいう特性（characteristics）は，固有のあるいは割り当てられたもの，質的あるいは量的，物理的・知覚的（sensory）・行為的（behavioral）・一時的（temporal）・人間工学的（ergonomic）・機能的（functional）である（ISO 9000 3.5.1）。

加えて，この定義には明示的ではないが，その「固有の特性」に関する主体が存在する。それは，個別に記述され考慮され得るもので，たとえば，活動またはプロセス，製品（product），組織（organization），システムまたは人（person），これらの組み合わせである（ISO 8402, 1.1）。つまり，ISO 視点でのクオリティーは，「固有の特性の集まりが要求を満たしている程度」であり，その主体は活動やプロセス・プロダクトなどを含め多様である。なお，品質管理を念頭とする「質（クオリティー）」概念の諸説は**図表 2-2** にまとめられる。

以上のように，（TQM の視点を踏まえた）ISO の視点での「質（クオリティ

図表 2-2　品質管理を念頭とする「質（クオリティー）」概念

・要求に対する合致度（conformance to requirement）
　　　　　　　　　　　　　　　　　　　P.B. Crosby, *Quality is free*, 1979.
・クオリティーはサプライヤーがプロダクトやサービスの中に加えたものではない。これは，カスタマーが引き出し（get out），それに対してペイしようとするなにかである（It is what the customer gets out and is willing to pay for）
　　　　　　　　　　　　Peter Drucker, *Innovation and entrepreneurship*, 1985.
・利用への適合性（fitness for use）
　　　　　　　　　　　　Juran and Gryna, *Quality Planning and Analysis*, 1988.
・顧客の要求に合致するプロダクトやサービスの程度（extent to which products and services produced conform to customer requirements）
　　　　　　　V. D. Hunt, Managing for quality: integrating quality and business strategy, 1993.
・固有の特性の集まりが要求を満たしている程度
　　　　　　　　　　　　　　　　　　　　　　ISO 9000: 2000 3.1.1.
・クオリティーは，人のパワーとプロセスのパワーを兼ね備える（combine）。
S. Chowdhury, *The Ice Cream Maker: An Inspiring Tale About Making Quality The Key Ingredient in Everything You Do*, 2005.

出所：筆者作成。

ー）」は，活動やプロセス，製品などの主体を意識した上，ニーズや要求を満たす程度を「質（クオリティー）」として捉えていると理解できよう。また，本書の中心的概念である「audit quality（監査の「質（クオリティー）」）」を考察するときに，audit の活動やプロセス，サービス製品などにおける主体を意識しなければならないことを考慮すれば，ISO 視点の「質（クオリティー）」概念を用いた audit quality に対する検討が有用であると考えられる。実際，後述の堀江（2011）および PCAOB（2013）における「監査の質」概念において，ISO 視点の要素が読み取れる[21]。

　ASOBAC（1973）の「監査」概念を所与として，ISO における「質（クオリティー）」の概念の内容をプラスして，「監査の質」概念を導出しようとすれば，

---

(21)　具体的には，堀江（2011）および PCAOB（2013）について第4節および第5節をそれぞれ参照されたい。

「「ASOBAC（1973）における監査」に関わる活動，プロセス，プロダクト，システム，参加者あるいはそれらの組み合わせという主体に存在している固有の特性の集まりが要求を満たしている程度」と定義できる。

第4節　「監査の質」の概念～日本における先行研究

　日本においては，監査の質に関する研究が蓄積されている（たとえば，**Appendix 2-1** を参照されたい）。監査の質をキーワードとする日本の実証研究等については，本書第7章および第Ⅱ部も参照されたいが，本節において，網羅的に，日本の先行研究における「監査の質」概念を確認するため，**図表 2-3** に示した選定プロセスを用いて，「監査の質」に関わる文献を選定する（当該選定作業は，2016年6月に実施した）。次に，選定した先行研究における「監査の質」概念の内容について検討を行う。

　図表 2-3 に示すように，筆者は CiNii[22] と呼ばれる邦文の文献検索サイトを用いて，論文検索および著書検索を実施した[23]。その際，本書で使う「監査の質」と同義であると思われる「監査の品質」および「監査品質」も検索のキーワードとして使用し，入手不可能な先行研究，医療業界など監査研究分野との距離が大きい先行研究，および重複ヒットされた先行研究を除き，最終的に筆者が確認できる先行研究件数は 105 件であった。なお，**Appendix 2-1** では，

---

(22)　CiNii（サイニィ）は，国立情報学研究所（NII）の学術情報ナビゲータであり，論文，図書・雑誌や博士論文などの学術情報で検索できるデータベース・サービスである。詳細は，https://support.nii.ac.jp/ja/cinii/cinii_outline を参照されたい。

(23)　日本監査研究学会の機関誌である『現代監査』誌において，2008年以降毎年「〇〇監査研究の動向」というタイトルの下，2006～2013年度の監査研究領域における論文や著作等の一覧表が提供され，「監査の質」に関わる文献調査にも有用であると考えられる。一方，筆者による確認作業では，CiNii の 2006年度以降の「監査の質」に関わる文献の検索結果が『現代監査』誌における 2006年度以降の当該テーマの論文・著作情報を概ねカバーしていると確認できている。

図表 2-3 日本の「監査の質」先行研究調査の選定状況

	単位：件数
＜実施状況：CiNii 文献検索サイトを利用。2016 年 6 月実施。＞	
論文検索：キーワード「監査の質」	35
「監査の品質」	91
「監査品質」	39
著書検索：キーワード「監査の質」	0
「監査の品質」	4
「監査品質」	2
	171
（除外）入手不可能，医療業界など監査研究分野との距離が大きい，重複ヒット	-66
最終的に確認できる先行研究件数	105

注：最終的に筆者が確認できる先行研究の 105 件の一覧表は Appendix2-1 である。
出所：筆者作成。

当該 105 件の先行研究の情報を一覧表にしている。

図表 2-4 は，**図表 2-3** で選定した先行研究の著者と年代別の状況を示している。それによれば，1979 年まで，あるいは 1980 年代は「監査の質」先行研究がそれぞれ 2 件であったが，1990 年代から増え始め，2000 年以降は「監査の質」の先行研究が多く公表されるようになっていることがわかる。

図表 2-5 は，**図表 2-3** で選定した先行研究 105 件（**Appendix 2-1** を参照）のうち，「監査の質」の「定義」を明示的に言及したと思われる先行研究等および当該先行研究における「監査の質」定義についての一覧表である。

以下において，時間順・著者ごとに，「監査の質」概念を明示的に言及したと思われる日本国内の先行研究をレビューする。なお，本書における「監査の質」と同義語である「監査品質」あるいは「監査の品質」が先行研究において使用された場合，当該先行研究に対するレビュー時において，当該先行研究で使用された用語を用いることがある。また，今回のレビューの目的は，「監査の質」概念に関する先行研究における検討状況およびその内容の確認であることから，必ずしも当該研究の全体像や特徴を明白にしていないケースがあることにも留意されたい。

第Ⅰ部　理論的・制度的・実践的探究

図表 2-4　日本の「監査の質」先行研究の年代別状況

年代	著者名・年	件数
1960-1979 年	『財経詳報』(1969)；川口(1978)	2
1980-1989 年	秋山(1980)；鈴木(1986)	2
1990-1999 年	富田(1995)；小野・鈴木・大杉(1997)；『JICPA ジャーナル』(1997)；『企業会計』(1997)；『旬刊商事法務』(1997)；日本公認会計士協会(1997a)；日本公認会計士協会(1997b)；日本公認会計士協会(1997c)；日本公認会計士協会(1997d)；滝田(1999)；松本・井奥・伊藤(1999)；松本・森本・伊藤(1999)	12
2000-2009 年	長吉(2000)；堀江(2000)；日本監査役協会監査品質向上委員会(2001)；飯野(2002)；友永，日本公認会計士協会(2002)；加藤(2003)；松井(2003)；『金融財政事情』(2004)；石川(2004)；加藤(2004)；毛利(2004a)；毛利(2004b)；松井(2005)；及川(2006)；商事法務研究会(2006)；内部監査人協会，IA フォーラム研究会 No.5 AC(2006)；日本内部監査協会(2006)；松井(2006)；三宅(2006)；宮本(2006)；薄井(2007)；加藤(2007)；山浦・藤沼・手塚(2007)；『月刊監査役』(2008a)；『月刊監査役』(2008b)；公認会計士監査審査会(2008)；清水・森田(2008)；吉見(2008)；榎本(2009)；上司(2009)；小出(2009)；公認会計士監査審査会(2009)；松本(2009)；毛利・西中(2009)；保川・石井(2009)	35
2010-2016 年	小出(2010)；公認会計士監査審査会(2010)；寺本・河村・髙木(2010)；日本内部監査協会不動産部会総合不動産分科会(2010)；毛利・角田・清水(2010)；脇田(2010)；矢澤(2010)；吉見(2010)；Schilder Arnold(2011a)；Schilder Arnold(2011b)；『経営経理研究』(2011)；伊藤(2011)；倉持・岩城(2011)；金融情報システムセンター監査安全部(2011)；公認会計士監査審査会(2011)；CIA フォーラム研究会 No.5-C(内部監査の品質評価)(2011)；清水(2011)；野口(2011)；堀江(2011)；森田(2011)；矢澤(2011)；伊藤(2012)；岡部(2012)；奥田・佐々木・中島・中村(2012)；蟹江(2012)；中村(2012)；野口(2012)；町田(2012)；松浦(2012)；廣川(2012)；矢澤(2012)；結城(2012)；浅野(2013)；町田(2013)，丸井(2013)；浅野(2014)；伊藤(2014)；内山(2014)；及川(2014)；胡丹(2014)；『会計・監査ジャーナル』(2015a)；『会計・監査ジャーナル』(2015b)；浅野(2015)；伊藤(2015)；斉藤・千代田・森公(2015)；住田(2015)；林(2015)；米国公開企業会計監視委員会(2015a)；米国公開企業会計監視委員会(2015b)；甲斐(2016)；仙場(2016)；住田・甲斐(2016)；町田(2016a)；町田(2016b)	54
合計		105

注：①各先行研究の詳細情報は，Appendix2-1 を参照されたい。②著者が不明な場合は，雑誌名を記載している。
出所：筆者作成。

第 2 章　監査の質の概念的探究

図表 2-5　日本の先行研究（1969-2016）における「監査の質」定義

整理番号	日本における「監査の質」定義を明示的に示したと思われる先行研究等（1969-2016）	「監査の質」定義
5	富田知嗣．1995．「＜実証研究＞監査人・被監査会社の規模と監査品質の逓減」『オイコノミカ』31(2)：135-154．	DeAngelo（1981）定義を利用。
22	加藤達彦．2003．「監査人の損害賠償責任と監査の品質」『明大商學論叢』85(4)：623-646．	Schwartz（1997）に依拠。
38	加藤達彦．2007．「監査の品質と監査人の独立性―資本主義のガバナンス機能の観点から」『明大商学論叢』89(2)：339-357．	Lu（2006）に依拠。
58	矢澤憲一．2010．「Big4 と監査の質：監査コスト仮説と保守的会計選好仮説の検証」『青山経営論集』44(4)：165-181．	Watts and Zimmerman（1986）の定義を利用。
63	伊藤公一．2011．「ステークホルダー別監査品質モデル」『甲南経営研究』52(3)：81-104．	DeAngelo（1981）と IAASB（2011）における「監査品質モデル」の比較をしたが，監査の質に関する定義は明示されていない。
70	堀江正之．2011．「監査品質の意義と構造―外部監査と内部監査との比較検討を通じて」『會計』180(2)：179-191．	「quality」を「要求事項への適合度または期待の満足度」と定義。サービスの品質には「最低品質」と「魅力品質」の 2 種類があり，監査に対する「最低品質」を「法令や監査基準の要求事項への適合度」，また「魅力品質」を「ユーザーの期待の満足度」としている。
72	矢澤憲一．2011．「Big4 と監査の質：モラル・ハザード仮説の検証」『青山経営論集』46(1)：159-179．	Watts and Zimmerman（1986）の定義を利用。
73	伊藤公一．2012．「監査品質の構成要素と統治責任者の役割」『甲南経営研究』53(3)：97-119．	監査品質の定義の困難性について IAASB（2012）を利用して説明したが，監査の質に関する定義は明示されていない。
75	奥田真也・佐々木隆志・中島真澄・中村亮介．2012．「内部統制システムと監査の質の決定要因」『企業会計』64(10)：102-108．	監査の質を規模，売上分散などの企業特性変数の関数として捉えるが，「監査の質」概念は明示されていない。
76	蟹江章．2012．「解題深書　監査の品質と懐疑主義」『企業会計』64(10)：89-93．	監査の品質は，監査対象の品質（財務情報であればその信頼性）をいかに高めたかという観点から評価される。
77	中村輝夫．2012．「監査の品質とは何か（特集 監査の品質向上）」『経理研究』．	監査結果の報告であり，その真実性である。
79	町田祥弘．2012．「監査時間の国際比較に基づく監査の品質の分析」『會計』181(3)：354-367．	監査の品質を示す指標としての監査時間の国際比較を行ったが，「監査の質」定義は明示されていない。

第Ⅰ部　理論的・制度的・実践的探究

80	松浦康雄．2012．「監査の品質向上への取り組み：監査人として（特集 監査の品質向上）」『経理研究』．	監査人の立場から，監査の質は会計基準や監査基準に準拠しているかどうかで判断するのみならず，社会の信頼に応えているかどうかも判断要素とする。
81	廣川朝海．2012．「監査法人における監査の品質向上への取組み（特集 監査の品質向上）」『経理研究』．	IAASB（2011）の定義を利用。
83	結城秀彦．2012．「監査人の取り組む監査の品質：誰にとっての監査の品質か，監査の利用者の視点から（特集 監査の品質向上）」『経理研究』．	監査の質は単に品質管理基準等にとどまらないものとして捉えられる。
84	浅野信博．2013．「監査情報利用の理論と実際：会計利益の品質と監査の品質の関係に注目して」『會計』183（4）：452-465．	DeAngelo（1981）定義を利用。
85	町田祥弘．2013．「会計監査の質：不正への対応の視点から」『會計』183（3）：333-347．	会計監査の領域における「質」は，「監査が不正を発見・摘発できているのか」という監査の有効性をもって監査の質と捉えるとし，一般的に監査の品質は外部から捕捉できないが，代理変数による測定が試みられている。
87	浅野信博．2014．「会計利益とキャッシュ・フローの相対的情報内容：監査の品質に注目した分析」『會計』186（2）：233-246．	監査の品質は非常に難解な概念である。
91	胡丹．2014．「IAASB 監査品質のフレームワーク（2014）の概要と形成：高質な監査品質に向けて」『経済科学』62（2）：1-7．	IAASB（2014）における監査品質を捕捉するフレームワークについて説明したが，「監査の質」概念は明示されていない。
92	「監査基準委員会研究報告第4号「監査品質の枠組み」の公表について」『会計・監査ジャーナル：日本公認会計士協会機関誌』27（9）：137-158，2015．	IAASB（2014）見解を利用。
94	浅野信博．2015．「監査の品質は会計発生高のプライシングに影響を与えるか」『會計』188（4）：457-469．	監査の品質は非常に難解な概念である。
97	住田清芽．2015．「社会の期待に応える「監査品質」とは何か（特集 会計監査の心得）」『企業会計』67（6）：812-819．	IAASB（2014）見解を支持。
98	林琢也．2015．「監査品質に影響を及ぼす要因とは？ 監基研「監査品質の枠組み」（案）の概要（連続特集 改正会社法の要点詳解【会計監査編】）」『旬刊経理情報』1412：18-21．	IAASB（2014）見解を支持。
102	仙場胡丹．2016．「PCAOBと監査の質：AQIプロジェクトを中心に（瀧田輝己教授退職記念号）」『同志社商学』67（4）：333-348．	PCAOB（2013）に依拠。
104	町田祥弘．2016．「質を高めろとはいうけれど…じっくり語ろう監査のはなし（第1回）監査の品質って何ですか？：連載の開始にあたって」『企業会計』68（4）：508-511．	一般に監査の品質は，外部から捕捉できず，代理変数を使う。

注：最左のカラムの「整理番号」は，Appendix2-1の番号と対応している。
出所：筆者作成。

富田（1995）は「監査の質」をキーワードとし，監査人・被監査会社の規模と監査の質との関係を題材とする実証研究を行っており，「監査の質」定義については，DeAngelo（1981）定義（本章第5節を参照）を利用した。

　加藤（2003）は，Dye（1993），Schwartz（1997）およびPae and Yoo（2001）のモデルを主に検討しながら，監査人の損害賠償責任と監査の質の問題を分析した。加藤（2003, 26）において，明示された監査の質の定義は，Schwartz（1997）に依拠したものであり，またそれが加藤（2007）の定義に類似しているとも理解でき，「実際に事業の状況が悪い場合に，誤りなく悪いと報告 $\hat{B}$ [24]できる証拠を発見できる確率である」としている。加藤（2007）は，Lu（2006）における監査の質の定義を利用している。加藤（2007）によれば，DeAngelo（1981）とWatts and Zimmerman（1986）に従えば，監査の質について単純に専門能力と独立性の結合確率として考えられる（加藤 2006）が，Lu（2006）は，監査人の独立性と監査の質を，監査判断の基礎となる監査証拠と結びつけて議論しているところに特徴がある。また，加藤（2007）では，Lu（2006）に依拠して，企業の収益性に関わる決定的な決め手を持つ監査証拠が得られる確率 q は，監査の質そのものであり，誤った報告をしない確率でもあるとしている。加えて，監査の品質 q は，コスト $C(q)$ をかければ上昇するが，その上昇は逓減するとしている。

　矢澤（2010：2011）は，Watts and Zimmerman（1986）における監査の質の定義を利用し，「監査の質は，監査人が被監査企業の財務報告に内在する虚偽記載を発見し，報告する確率として示すことができる」としている。また，発見確率は，監査人の専門性（監査能力と監査に費やされるエネルギーの投下量）に関係し，また報告確率は，クライアントに対する監査人の独立性に関連しているとしている。

　伊藤（2011）は，DeAngelo（1981）の監査品質モデルを踏まえ，IAASB（2011）[25]における監査品質に関する観点と比較検討し，IAASBの視点は，

---

[24]　監査報告が悪い状況を「$\hat{B}$」状況と設定されている（加藤 2003, 26）。

様々なステークホルダーの立場から監査品質を捉えているとしている。また，伊藤（2012；2014；2015）はそれぞれ，監査品質の定義の困難性，信用財としての監査の品質，監査品質の中核の内容について検討しているが，いずれも，「監査の質」に対する定義は明示されていない。

堀江（2011）は，まず一般的にモノやサービスなどの品質を前提とする先行研究の内容を踏まえ，「品質（quality）」を「要求事項への適合度または期待の満足度」と定義する。次に，サービスの品質には「最低品質」と「魅力品質」の2種類があるとし，監査に対する「最低品質」を「法令や監査基準の要求事項への適合度」（外部監査で求められる品質），また「魅力品質」を「ユーザの期待の満足度」（内部監査で求められる品質）としている。

蟹江（2012）は堀江（2011）の議論を取り上げながら，監査の品質は，監査対象の品質（財務情報であればその信頼性）をいかに高めたかという観点から評価されるとしている（蟹江 2012, 93）。また監査の品質の維持・向上は，監査対象の品質の維持・向上を目的としていることから，監査の品質と監査対象の品質との関係にさらに目を向けるべきであると指摘している（蟹江 2012；堀江 2011）。

奥田他（2012）は，アンケート調査を用いて，内部統制システムと監査の質の決定要因を計量的に分析しようとしている。奥田他（2012）では，計量的に，監査の質を企業の規模，売上分散，棚卸資産比率などの企業特性変数の集合関数として捉えるが，「監査の質」概念は明示されていない。

町田（2012）は監査の品質を示す指標としての監査時間の国際比較を行ったが，「監査の質」定義は明示されていない。町田（2013；2016）は，会計監査の領域における「質」は，「監査が不正を発見・摘発できているのか」という監査の有効性をもって監査の質と捉えるとし，一般的に監査の品質は外部から捕捉できないが，代理変数による測定が試みられているとしている。

中村，廣川，松浦および結城は，それぞれ実務家，監査人や監査法人の品質

---

(25) IAASBにおける「監査の質」に関わる議論や動向等は，第4章を参照されたい。

管理者の立場から，監査の質についての定義を述べている。中村（2012）は，監査の品質とは監査結果の報告であり，その真実性であるとし，廣川（2012）は，IAASB（2011）の定義を利用している。また松浦（2012）は，監査人の立場から，監査の質は会計基準や監査基準に準拠しているかどうかで判断するのみならず，社会の信頼に応えているかどうかも判断要素とし，そして結城（2012）も松浦（2012）に近い論調で，監査の質は単に品質管理基準等にとどまらないものとして捉えられるとしている。

　浅野（2013）では，会計利益の品質および監査の品質の概念を明確にしたうえ，先行研究レビューを行い，監査の品質の代理変数として，（会計利益の品質の上位概念である）財務報告の品質の代理変数をベンチマークに用いていることが判明している。浅野（2013）における監査の品質の概念は，DeAngelo（1981）のものを利用している。浅野（2014；2015）では，監査の品質は非常に難解な概念であるとFRC（2007）の見解を示し，浅野（2013）を参照されたいとしている。

　筆者の論文（胡丹 2014）は，IAASB（2014a）における監査品質を捕捉するフレームワークについて説明したが，「監査の質」概念は明示されていない。また，筆者の論文（仙場 2016）は，PCAOB（2013）の定義に依拠しているが，「①関連する開示を含む財務諸表，②内部統制の保証および③ゴーイング・コンサーン問題の前兆という3点に関わる，独立し信頼できる監査および健全な監査委員会のコミュニケーションに対する投資者のニーズを満たすことを「監査の質」と定義する（PCAOB 2013, 3-4）」としている。

　実務界では，2015年2月の日本公認会計士協会監査基準委員会研究報告「監査品質の枠組み」（公開草案）が公表されたことを背景にして，住田（2015）や林（2015）はIAASB（2014a）における監査品質の枠組みについて紹介し，それに加えて，住田（2015）は英国と米国の取り組みも紹介している。なお，**Appendix 2-1** からも確認できるが，日本の会計・監査規則レベルでの「監査の質」概念については，上記の「監査品質の枠組み」（公開草案）の修正版である「日本公認会計士協会監査基準委員会研究報告第4号「監査品質の枠組

第Ⅰ部　理論的・制度的・実践的探究

み」(2015年5月29日)」におけるIAASB (2014) の概念の転用という立場をとっているようである。

　日本における先行研究では，「監査の質」概念の定義の困難性を主張するもの（伊藤2012；浅野2014；住田2015）もあるが，提示された「監査の質」概念は多様である。たとえば，堀江（2011）は，「quality」の定義を提示した上，監査の質について，法令や監査基準の要求事項への適合度という「最低品質」，およびクライアント企業の期待の満足度という「魅力品質」があると提示している。共通項を敢えて挙げるとすれば，DeAngelo (1981)，Watts and Zimmerman (1986)，IAASB (2014)[26]であると考えられる。

第5節　「監査の質」の概念～欧米における先行研究

　欧米においても，監査の質に関する研究（特に実証研究）が蓄積されてきている（すべて列挙できないが，たとえば，Becker et al. 1998; Ghosh and Moon 2005; Carey and Simnett 2006）。監査の質をキーワードとする欧米の実証研究については，本書第7章，第Ⅱ部（特に第9章）を参照されたい。

　本節では網羅的に，DeAngelo (1981) 以降の欧米先行研究における「監査の質」概念を確認するため，まず，下記の3つの選定プロセスを用いて，「監査の質」に関わる文献を選定する（当該選定作業は，2016年6月に実施した）。次に，選定した先行研究における「監査の質」概念の内容について検討を行う。

　第1に，ABDC (the Australian Business Deans Council：オーストラリアのビジネス分野の大学・学部校長等審議会)[27]の最新の雑誌ランキング（ABDC Journal Quality List）(2013) におけるA*，Aの雑誌（会計分野）を選定する[28]。こ

---

(26)　IAASB (2014) については，本章の第5節および第4章を参照されたい。
(27)　ABDCは，オーストラリアにあるビジネス分野の大学・学部の副総長，学部長などによって組織されている。メンバー大学は40校あり，その卒業生はオーストラリアの大学における卒業生の34%を占める。http://www.abdc.edu.au/show_members.php あるいは http://www.abdc.edu.au/pages/presidents-welcome.html を参照。

こで ABDC の雑誌ランキングを利用したのは，当該雑誌ランキング（雑誌リスト）が広く利用されている（Sangster 2015）からである。

　第2に，それらの雑誌を対象に，"audit quality" が「タイトル」や「要約」に含まれている論文を抽出し，一覧表にした。その結果は，**Appendix 2-2** および**図表 2-6** に示したように 162 本の論文が提示された。

　第3に，この 162 本の論文のうち，記述型の論文（主にレビュー論文）のみを選定し，その結果，**図表 2-7** にも示しているように，記述型の論文（主にレビュー論文）は 7 本であった。なお，第3の選定プロセスを設け，記述型論文のみを選定した理由については，下記の 2 点が挙げられる。① ABDC の雑誌

---

(28) 具体的には，ABDC（2013）における会計分野の A* ランクにある雑誌は，Accounting, Organizations and Society; Auditing: A Journal of Practice and Theory; Contemporary Accounting Research; Journal of Accounting and Economics; Journal of Accounting Research; Management Accounting Research; Review of Accounting Studies; The Accounting Review; The European Accounting Review の 9 誌である。また，ABDC（2013）における会計分野の A ランクにある雑誌は，Abacus: a journal of accounting, finance and business studies; Accounting and Business Research; Accounting and Finance; Accounting Auditing and Accountability Journal; Accounting Horizons; Behavioral Research in Accounting; British Accounting Review; Critical Perspectives on Accounting; Financial Accountability and Management; Foundations and Trends in Accounting; International Journal of Accounting Information Systems; International Journal of Auditing; Issues in Accounting Education; Journal of Accounting and Public Policy; Journal of Accounting Auditing and Finance; Journal of Accounting Literature; Journal of Business Finance and Accounting; Journal of Contemporary Accounting and Economics; Journal of International Accounting Research; Journal of Management Accounting Research; The International Journal of Accounting の 21 誌である。したがって，ABDC（2013）における会計分野の A* や A ランクにある雑誌数は 30 誌である（図表 2-5 を参照）。なお，ABDC 雑誌ランキング（2013）では全体的に，2,767 誌の雑誌を 4 つのカテゴリー（A*: 6.9%; A: 20.8%; B: 28.4%; and C: 43.9%）に分類している。http://www.abdc.edu.au/pages/abdc-journal-quality-list-2013.html を参照されたい。また，ABDC 雑誌ランキング（2013）において，雑誌名が含まれていない雑誌については，ランク外とみなされる。

ランキングの A*，A の雑誌（会計分野）は国際的に名の知れている雑誌であるが，研究アプローチが実証研究に偏重している欧米学界の現状を背景に，それらの雑誌にレビュー論文あるいは記述型論文が載せられる著者は，ある専門分野（たとえば，監査の質に関わる研究専門分野）の公認のエキスパート・学識者やそれまでにあるキーワード（たとえば，監査の質というキーワード）の下で研究を重ねてきた方であると推測される。したがって，当該専門家がそれまで蓄積した見識を彼（彼女）による記述型論文（レビュー論文）から確認できると推測できる。②また，記述型論文（レビュー論文）であるなら，当該論文の中心的テーマについて，それまでの先行研究をまず十分に踏まえた上，概念的整理・検討が行われると推測されることから，当該論文の作成者のみならず，それまでの研究成果も同時に確認できるとも考えられる。

図表 2-6 は，「監査の質」をキーワードとする（"audit quality" が「タイトル」や「要約」に含まれている）主要欧米雑誌における論文の公表状況（1980-2016）を表している。**図表 2-6** からは主に下記の 2 点が読み取れる。

まず，雑誌別の論文の「総数」（最右コラム）に注目すると，上位 6 位の雑誌と当該雑誌にある論文数は，それぞれ，Auditing: A Journal of Practice and Theory（AJPT）誌に 29 本，The Accounting Review（TAR）誌に 27 本，International Journal of Auditing（IJA）誌に 14 本，Journal of Accounting and Public Policy（JAPP）誌に 14 本，The European Accounting Review（EAR）誌に 13 本，および Contemporary Accounting Research（CAR）誌に 12 本である。監査領域の研究に特化する雑誌（AJPT；IJA），米国・欧州・カナダの会計研究学会の機関誌（TAR；AJPT；EAR；CAR），および「会計」と「社会政策（public policy）」の研究領域が交差するところの研究を重視する雑誌（JAPP）において，「監査の質」をキーワードとする論文が多く載せられている状態がわかる。

次に，**図表 2-6** の最後の行に注目すると，時間の推移とともに，特に近年において「監査の質」をキーワードとする研究が多く出版されるようになり（1981-1990 年：5 本；1991-2000 年：27 本；2001-2010 年：54 本；2011-2016 年：76

本），当該テーマにおける研究の隆盛の度合いや当該研究への関心度の高まりを示していると理解できよう。

図表2-7は，「監査の質」をキーワードとする主要欧米雑誌における記述型論文（主にレビュー論文）（1980-2016）の一覧表である（1980-2016年の主要欧米雑誌にある「監査の質」をキーワードとする論文リストは**Appendix2-2**を参照されたい）。**図表2-7**に示したように，記述型論文（主にレビュー論文）は7本（うち，AJPTに2本，Journal of Accounting and Economics（JAE）に2本）である。**図表2-6**からもすでに確認できたが，時間の推移とともにまた特に近年において「監査の質」をキーワードとする研究が多く出版されることが**図表2-7**からも確認できる。加えて，当該論文らが多くの学術論文等に引用されていることも**図表2-7**の最右カラムから確認できる。

図表2-7で一覧表になった記述型論文における「監査の質」概念をまとめたのが**図表2-8**である。以下において，**図表2-8**の内容を中心にしながら（**図表2-7**の内容も踏まえて），時間順で7本の記述型論文における「監査の質」概念を確認し，また必要に応じてその周辺の情報も確認する。

(1) DeAngelo (1981) と「監査の質」概念

Linda E. DeAngelo が1981年のJAEに載せた "Auditor Size and Audit Quality"（DeAngelo 1981）は，「監査の質」に関する学術研究の領域において，先駆的な研究であることが多くの学者に認められている。たとえば，Google Scholar で "audit quality" をキーワードとする検索では，DeAngelo（1981）の引用件数は4,563件であり[29]，群を抜いてトップを飾っている。実際日本の学界においても，たとえば富田（1995），薄井（2007），伊藤（2011）や浅野（2013）は監査の質に関する論理を展開するときに，真っ先に用いたのがDeAngelo（1981）である。

DeAngelo（1981, 186）によれば，監査サービスの質は，市場が評価する，特定の監査人が①クライアント企業の会計システムの法律違反（breach）を発

---

[29] 検索実施日は2016年7月14日である。

第Ⅰ部　理論的・制度的・実践的探究

図表2-6　「監査の質」をキーワードとする主要欧米雑誌における論文の公表状況（1980-2016）

雑誌数	雑誌名	ISSN	使用したデータベース	1981-1990年	1991-2000年	2001-2010年	2011-2016年	総数
1	Abacus: a journal of accounting, finance and business studies	0001-3072	Wiley Online Library	0	0	0	0	0
2	Accounting and Business Research	0001-4788	ProQuest	0	0	1	3	4
3	Accounting and Finance	0810-5391	ProQuest	0	0	1	1	2
4	Accounting Auditing and Accountability Journal	0951-3574	EmeraldInsight	0	0	0	1	1
5	Accounting Horizons	0888-7993	ProQuest	0	3	0	2	5
6	Accounting, Organizations and Society	0361-3682	ProQuest	0	0	1	2	3
7	Auditing: A Journal of Practice and Theory	0278-0380	ProQuest	1	4	8	16	29
8	Behavioral Research in Accounting	1050-4753	ProQuest	0	1	0	0	1
9	British Accounting Review	0890-8389	ProQuest	0	2	1	2	5
10	Contemporary Accounting Research	0823-9150	ProQuest	0	2	5	5	12
11	Critical Perspectives on Accounting	1045-2354	ScienceDirect	0	0	0	0	0
12	Financial Accountability and Management	1468-0408	Wiley Online Library	0	0	0	0	0
13	Foundations and Trends in Accounting	1554-0642	×	-	-	-	-	-
14	International Journal of Accounting Information Systems	1467-0895	×	-	-	-	-	-
15	International Journal of Auditing	1090-6738	ProQuest	0	1	4	9	14
16	Issues in Accounting Education	0739-3172	ProQuest	0	0	0	0	0
17	Journal of Accounting and Economics	0165-4101	ProQuest	1	2	1	2	6
18	Journal of Accounting and Public Policy	0278-4254	ProQuest	1	4	5	4	14
19	Journal of Accounting Auditing and Finance	0148-558X	ProQuest	1	2	3	3	9
20	Journal of Accounting Literature	0737-4607	ProQuest	0	0	1	0	1
21	Journal of Accounting Research	0021-8456	ProQuest	0	0	3	3	6

	雑誌名	ISSN	使用したデータベース				
22	Journal of Business Finance and Accounting	0306-686X	Wiley Online Library	0	1	0	1	2
23	Journal of Contemporary Accounting and Economics	1815-5669	ProQuest	0	0	1	1	2
24	Journal of International Accounting Research	1542-6297	ProQuest	0	0	0	0	0
25	Journal of Management Accounting Research	1049-2127	ProQuest	0	0	0	0	0
26	Management Accounting Research	1044-5005	ScienceDirect	0	0	0	0	0
27	Review of Accounting Studies	1380-6653	ProQuest	0	0	1	0	1
28	The Accounting Review	0001-4826	ProQuest	0	4	10	13	27
29	The European Accounting Review	0963-8180	ProQuest	0	0	7	6	13
30	The International Journal of Accounting	1094-4060	ProQuest	1	1	1	2	5
	小計（総計）			5	27	54	76	162

注：①ここでいう「「監査の質」をキーワードとする」論文とは，"audit quality" が「タイトル」や「要約」に含まれている論文である。②ここでいう主要欧米雑誌とは，ABDC（2013）における A* や A ランクにある 30 誌の雑誌である。③雑誌はアルファベット順で並んでいる。④「使用したデータベース」における「×」は筆者が入手不可能という状態を表している。⑤この調査は 2016 年 6 月に実施したものである。
出所：筆者作成。

見し，②それを報告することの総合的可能性を指すものであるとしている。DeAngelo（1981）が提示した監査の質の概念は上記の 2 つの側面で構成されているが，特定の監査人が法律違反を発見する可能性は，監査人の技術力，監査対象に対する監査手続きやサンプリングの範囲等についての監査人の努力に依存するであろう。また発見した法律違反を報告する可能性は，特定のクライアント企業からの監査人の客観性，職業的懐疑心および独立性の測定尺度でもあると考えられる。しかし，Knechel et al.（2013, 388）は，DeAngelo（1981）の定義について，時には（真の監査の質とは別に）市場参加者の評価が間違っている可能性があるという問題点を指摘している。

(2) Francis（2004；2011）；Watkins et al.（2004）と「監査の質」概念

Jere R. Francis（University of Missouri）は監査の質に関する実証研究を数多く世に出している（たとえば，Francis et al. 1999; Francis and Yu 2009; Francis

第Ⅰ部　理論的・制度的・実践的探究

図表2-7 「監査の質」をキーワードとする主要欧米雑誌における記述型論文リスト（1980-2016）

作者・論文の出版年	論文のタイトル	雑誌名等	Google Scholarでの引用件数
Tepalagul, Nopmanee and Lin, Ling (2015)	Auditor Independence and Audit Quality: A Literature Review	Journal of Accounting, Auditing and Finance 30(1)	29
DeFond, Mark and Zhang, Jieying (2014)	A Review of Archival Auditing Research	Journal of Accounting and Economics 58(2)	226
Knechel, W. Robert et al. (2013)	Audit Quality: Insights from the Academic Literature	Auditing: A Journal of Practice and Theory 32	128
Francis, Jere R. (2011)	A Framework for Understanding and Researching Audit Quality	Auditing: A Journal of Practice and Theory 30(2)	297
Francis, Jere R. (2004)	What do we know about audit quality	The British Accounting Review 36(4)	839
Watkins, Ann L. et al. (2004)	Audit quality: A synthesis of theory and empirical evidence	Journal of Accounting Literature 23	239
DeAngelo, Linda Elizabeth (1981)	Auditor Size and Audit Quality	Journal of Accounting and Economics 3(3)	4,563

注：①この図表は，Appendix2-2（「監査の質」をキーワードとする主要欧米雑誌における論文リスト）における記述型論文（主にレビュー論文）のリスト部分をベースにしたものである。②リストアップされた論文は出版年の新しい順で並んでいる。③最右カラムの「Google Scholarでの引用件数」は，当該論文が他の学術論文等に引用されている件数を示し，2016年7月14日に検索作業をし，表示された件数を示している。
出所：筆者作成。

et al. 2013）。Google Scholarで"audit quality"をキーワードとする検索の引用件数だけで見るときに，DeAngelo（1981）の次に来るのがBecker et al.（1998）であるが，Becker et al.（1998）は他の多くの監査の質に関する実証研究と同じように，監査の質の概念について検討していなかった。**図表2-8**において，Francisの2つのレビュー論文が選定されているが，Francis（2004）は監査の質に関するレビュー論文でGoogle Scholarで示した引用件数が839で[30]，記述型論文としては，DeAngelo（1981）に次ぐ注目論文となっている。しかしながら，Francis（2004）では，「監査の質」概念が明確的に提示されて

---

(30)　検索実施日は2016年7月14日である。

図表 2-8　主要欧米雑誌に掲載された記述型論文における「監査の質」概念

作者・論文の出版年	雑誌名	Google Scholarでの引用件数	「監査の質」概念等
DeAngelo (1981)	Journal of Accounting and Economics	4,563	監査サービスの質は，市場が評価する，特定の監査人が①クライアント企業の会計システムの法律違反 (breach) を発見し，②それを報告することの総合的可能性を指すものである。
Francis (2004)	The British Accounting Review	839	明確的に提示していない。監査の質は複雑な概念であり，単純な定義で導出されるものではない。
Watkins et al. (2004)	Journal of Accounting Literature	239	「監査の質」概念を提示せず，既存の先行研究の「監査の質」概念に踏まえて，「監査の質のコンポーネント」として，(1) 監査人のレピュテーション，(2) 監査人のモニタリングの強さ (auditor monitoring strength) を挙げ，市場や投資者などが認識している監査の質と実際の監査の質の両面から，監査の質を捕捉。
Francis (2011)	Auditing: A Journal of Practice and Theory	297	監査の質は，クライアント企業が一般に公正妥当と認められる会計基準に準拠しているかどうかに対して，「適切な」監査報告の発行を持って成し遂げられるものである。
Knechel et al. (2013)	Auditing: A Journal of Practice and Theory	128	良い監査は，監査の固有の不確実性を理解しクライアント企業のユニークな状況に適切に調整する，正しく動機づけ訓練された監査人によって，うまくデザインされた監査プロセスの実施が行われている状態である。
DeFond and Zhang (2014)	Journal of Accounting and Economics	226	高い監査の質は，高い財務報告の質のより良いアシュアランス（保証）である。
Tepalagul and Lin (2015)	Journal of Accounting, Auditing and Finance	29	DeAngelo (1981) における監査の定義を利用。

注：①図表 2-7 と内容的に対応している部分がある。②「Google Scholar での引用件数」は，当該論文が他の学術論文等に引用されている件数を示し，2016 年 7 月 14 日に検索作業をし，表示された件数を示している。
出所：筆者作成。

いない。

　Francis (2011, 127) によれば，監査の質は，クライアント企業が一般に公正妥当と認められる会計基準に準拠しているかどうかに対して，「適切な」監査報告の発行を以って成し遂げられるものであるとしている。また，監査の質は複雑な概念であり，単純な定義で導出されるものではなく，監査の質の程度

第Ⅰ部　理論的・制度的・実践的探究

には，高いか低いかという分け方ではなく，連続的にその程度を確認するものであると Francis（2004 ; 2011）が主張している。

　Journal of Accounting Literature（JAL）[31]に 2004 年レビュー論文"Audit quality: A synthesis of theory and empirical evidence"を載せたのが Watkins, Ann L. et al. である。彼女らは自らの「監査の質」概念を提示せず，既存の先行研究の「監査の質」概念に踏まえて，「監査の質のコンポーネント」として，（1）監査人のレピュテーション，（2）監査人のモニタリングの強さ（auditor monitoring strength）を挙げ，市場や投資者などが認識している監査の質の特性（perceived attributes of audit quality）と実際の監査の質の特性（actual attributes of audit quality）の両面から，監査の質を捕捉しようとしている。ここでいう監査人のレピュテーションは，市場や投資者などが認識している監査の質を表し，①（市場や投資者が）認識している（監査人の）能力・適性（perceived competence）および②独立性（perceived independence）に分けられ，また監査人のモニタリングの強さは，①監査人の能力・適性および②独立性そのものを表し，実際の監査の質を表している。

(3)　Knechel et al.（2013）と「監査の質」概念

　W. Robert Knechel は 2011〜2014 年において雑誌 Auditing: A Journal of Practice and Theory（AJPT）誌のシニア・エディターであった。Knechel et al.（2013）は，Knechel 氏が AJPT のシニア・エディター時代に書かれたもので，Francis（2011）とともに AJPT に載せた論文であるが，Francis（2011）を拡充することも目的として掲げている。

　Knechel et al.（2013, 407）によれば，「良い監査は，監査の固有の不確実性を理解しクライアント企業のユニークな状況に適切に調整する，正しく動機づ

---

[31]　Journal of Accounting Literature（JAL）は，ABDC（2013）A ランクの雑誌であるが，その目的は「会計現象に対する理解（understanding of accounting phenomena）にファンダメンタル的あるいは本質的な（substantial）貢献をする論文を公表する。」ことにあるという。http://www.journals.elsevier.com/journal-of-accounting-literature を参照されたい。

け訓練された監査人によって，うまくデザインされた監査プロセスの実施が行われている状態である」としている。彼らは，監査の質が高いか低いかを考える際に，監査に関わる5つの属性を考慮しなければならないという。それは，①「インセンティブ」：監査はリスクに対して経済的動機を持って対応するものである，②「不確実」：監査のアウトプットである監査報告がもたらす結果は不確実で観察不可能である，③「ユニーク」：クライアント企業や監査チーム，監査契約は個体性があるものになっている，④「プロセス」：監査はシステマティックな活動である，⑤「専門的判断」：監査プロセスの実施は，専門家の知識と技能を適切に利用されることに依存している，の5つの属性である。さらに監査の質は，直接観察されるものよりも認知されるものであると彼らは指摘する。

(4) DeFond and Zhang（2014）；Tepalagul and Lin（2015）と「監査の質」概念

すでに記述しているが，Google Scholarで"audit quality"をキーワードとする検索の引用件数だけで見ると，DeAngelo（1981）の次に来るのがBecker et al.（1998）（引用件数が3,192）[32]であるが，Becker et al.（1998）は他の多くの監査の質に関する実証研究と同じように，監査の質の概念については検討していなかった。このBecker et al.（1998）の著者のひとりは，DeFond and Zhang（2014）の著者のひとりでもあるMark DeFond（University of Southern California）である。彼もFrancisと同様に，多くの監査の質に関わる実証研究を実施してきた学者のひとりである（たとえば，Defond 1992; Defond et al. 2002）。

DeFond and Zhang（2014）では，監査の質を評価するためのフレームワークを提示しているが（具体的には，第6章第2節を参照），「監査の質」概念については，論文の冒頭に，"We define higher audit quality as greater assurance of high financial reporting quality"として，「高い監査の質は，高い財務報告の質のより良いアシュアランス（保証）である」としている。

---

[32] 検索実施日は2016年7月14日である。

第Ⅰ部 理論的・制度的・実践的探究

　Tepalagul and Lin（2015）は，"Auditor Independence and Audit Quality: A Literature Review"という題目の下，監査人の独立性と監査の質に関わる先行研究をレビューした。彼女らは1976～2013年における9つの主要な監査領域の雑誌で公表された論文を分析対象とし，監査人の独立性に関わる脅威4つ[33]の分類のもと，先行研究における検証結果をまとめた。また，彼女らは，DeAngelo（1981）における監査の定義を利用している。

　以上において，欧米先行研究における「監査の質」概念を主要雑誌に載せられた記述型論文（主にレビュー論文）の分析をもって行った。一方，諸主要規制当局や基準設定機関における「監査の質」概念に対する見解も確認しておくべきである。なお，諸主要規制当局や基準設定機関のFRC（Financial Reporting Council：英国財務報告評議会），IAASB（The International Auditing and Assurance Standards Board：国際監査・保証基準審議会）およびPCAOB（Public Company Accounting Oversight Board：米国の公開会社会計監査委員会）における「監査の質」評価フレームワーク等に関わる詳細については，第3～第5章を参照されたい。

　「監査の質」という概念については，多くの欧米の規制当局や基準設定機関学者に議論されてきたが，その定義に関するコンセンサスに到達するのが難しい状況にある。たとえば，FRCは，2006年のディスカッション・ペーパー「監査の質の促進」において，実際のパフォーマンスが査定されえるような「基準」として使える，監査の質の単一的に同意された定義が存在しないとしている。また，IOSCO（International Organization of Securities Commissions：証券監督者国際機構）は，2009年のコンサルテーション・レポートにおいて，監査の質については定義が難しく，ステークホルダーによって違う側面を持つ[34]としている。「監査の質」という概念は，実に複雑で多面的である（IAASB

---

(33) 具体的には，①顧客の重要性，②非監査業務（の提供），③監査人の継続監査期間（の長さ），④顧客の監査事務所との提携関係（client affiliation with audit firms）（たとえば，経営者との親密な関係がある場合。）の4つの脅威である。

2011, 3)。

　FRC の議論（第3章を参照）の中では「監査の質」概念の提示に至らなかったが，IAASB は2014年の「監査の質フレームワーク」において，「監査の質」概念の提示を「高質な監査（quality audit）」概念の提示をもって行っている。

　具体的には，IAASB（2014a）のパラ1と2は下記のように「監査の質」と「高質な監査」を定義している。「パラ1：監査の質は，首尾一貫性のある基礎の下，高質な監査が行われる可能性を最大限にする環境を作り出すキー・エレメントを含む」。「パラ2：（中略）高質な監査は，以下の状況において，監査チームによって成し遂げられていると考えられる。①適切な価値・倫理および態度の明示，②知識・技能および経験が豊富で，監査実行に配分された時間が十分，③法律，規則および適用可能な基準の下での，厳格な監査プロセスおよび質のコントロールの手続きの適用，④有用でタイムリーな報告書の提供，⑤関係ステークホルダー間の適切な相互作用の存在」。

　また PCAOB は Standing Advisory Group（SAG）会議で示された資料では，以下のように「監査の質」の定義の試案が示されている。「ディスカッションするため我々は，①関連する開示を含む財務諸表，②内部統制の保証および③ゴーイング・コンサーン問題の前兆に関わる，独立し信頼できる監査および健

---

(34) IAASB（2011）も IOSCO（2009）と同じ見解を示し，「監査の質」という概念に対する認識について多様なステークホルダーのそれぞれの視点によって，異なる可能性があると指摘している。Knechel et al.（2013, 386）は，下記のような記述をもって多様なステークホルダーにとっての監査の質の認識の差を論述した。「財務諸表の利用者は，重要なミス・ステートメントが存在しないことを，高い監査の質を表していることと信じているかもしれない。監査を実施する監査人は，クライアント企業に対する監査方法によって要求されているすべてのタスクを，満足にこなしたことを高い監査の質として定義するかもしれない。監査法人は，監察あるいは訴訟リスクに耐えられるような監査の質を高いものと評価するかもしれない。規制当局は，専門的基準をコンプライアンスすることを高い質の監査であるとみなすかもしれない。一方，地域社会は，個別企業や市場に経済的問題の発生を回避させることができる監査を高いものと考えるかもしれない。」

全な監査委員会のコミュニケーションに対する<u>投資者のニーズを満たす</u>ことを「監査の質」と定義する（PCAOB 2013, 3-4；筆者強調）」としている。

第6節　小括・考察

1．小括

　ここでは，本章で検討してきた「監査の質」概念の内容・議論を下記の3点にまとめる。

(1)　ASOBAC (1973)「監査」概念＋哲学的視点「質（クオリティー）」概念

　ASOBAC (1973) の監査概念と哲学的論点から考える「質（クオリティー）」と結びつき，「監査の質」概念を考えると，監査の質とは，「経済活動と経済事象についての主張と確立した規準との合致の程度…(中略)…体系的な過程」が「どのようか」，あるいは，どのように（市場・利害関係者に）「パーセプション」されるかについてのものであると理解され得る。

(2)　ASOBAC (1973)「監査」に関わる主体＋ISO 視点「質（クオリティー）」概念

　(TQM の視点を踏まえた) ISO の視点での「質（クオリティー）」は，活動やプロセス，製品などの主体を意識した上，ニーズや要求を満たす程度を「質（クオリティー）」として捉えている。本書の中心的概念である「audit quality（監査の「質（クオリティー）」）」を考察するときに，audit の活動やプロセス，サービス製品などにおける主体を意識しなければならないことを考慮すれば，ISO 視点の「質（クオリティー）」概念を用いた audit quality に対する検討が有用であると考えられる。実際，堀江 (2011) および PCAOB (2013) における「監査の質」概念において，ISO 視点の要素が読み取れる。

　ASOBAC (1973) の「監査」概念を所与として，ISO における「質（クオリティー）」の概念の内容をプラスして，「監査の質」概念を「「ASOBAC (1973) における監査」に関わる活動，プロセス，プロダクト，システム，参加者あるいはそれらの組み合わせという主体に存在している固有の特性の集まりが要求

を満たしている程度」と定義できる。

(3) 「監査の質」概念の言及：日本の国内外の先行研究の状況と内容

「監査の質」をキーワードとする研究は，1990年代から増え始め，2000年代，特に2010年以降多く公表されるようになっており，当該テーマに関する各界からの関心度の高まりを示している。

「監査の質」概念の定義の困難性を主張するもの（Francis 2004；FRC 2007；IOSCO 2009；IAASB 2011；伊藤 2012；Knechel et al. 2013；浅野 2014；住田 2015）もあるが，提示された「監査の質」概念は多様である。

日本の先行研究における「監査の質」概念の共通項を敢えてあげるとすれば，DeAngelo (1981)，Watts and Zimmerman (1986)，IAASB (2014a) であると考えられる。一方，欧米の先行研究における「監査の質」概念は概ね**図表 2-9**（右カラム）に示した内容が代表格として取り上げられよう。

「監査の質（audit quality）」定義の仕方については，直接定義することを避け，"good audit"，"higher audit quality" や「高質な監査（quality audit）」を定義することで，「監査の質」概念を間接的に定義する先行研究（Knechel et al. 2013；DeFond and Zhang 2014；IAASB 2014a）が存在し，あるいは「監査の質」を構成するエレメントやコンポーネントを挙げることで「監査の質」概念を間接的に定義する先行研究（Watkins et al. 2004；IAASB 2013b）も存在する。また，本章の第2，3節における「監査の質」定義の仕方，つまり先に「質」を定義し，その後「監査の質」の定義をする先行研究も存在する（堀江 2011）。

図表 2-9 は，第4，5節で取り上げた日本国内外の先行研究における「監査の質」概念の内容を簡潔に図表化したものである。詳しい内容については，第4，5節，**Appendix 2-1**，**Appendix 2-2** の内容，特に**図表 2-5** および**図表 2-8** を参照されたい。

2．考察

本章で分析を行ってきた「監査の質」概念の内容について，**図表 2-10** に示したような枠組みで考察を試みることができると考える。

第Ⅰ部　理論的・制度的・実践的探究

図表 2-9 「監査の質」の概念：日欧米先行研究

日本の先行研究 (「監査の質」概念を明示的に示したもののみ)	欧米の先行研究 (「監査の質」概念を検討し，記述・レビュー型のみ)
○学界より，実証研究等， 富田 1995; 加藤 2003; 2007; 矢澤 2010; 2011; 浅野 2013: DeAngelo (1981)（右カラム内容を参照）および Watts and Zimmerman (1986)（監査の質は，監査人が被監査企業の財務報告に内在する虚偽記載を発見し，報告する確率として示すことができる）を利用。 Schwartz (1997) および Lu (2006) に依拠：企業の収益性に関わる決定的な決め手を持つ監査証拠が得られる確率 q は，監査の質そのものであり，誤った報告をしない確率でもある。 ○学界・実務界より，IAASB の見解の支持： 伊藤 2011; 2012; 廣川 2012; 胡丹 2014; 住田 2015; 林 2015; 仙場 2016. ○学界より， 堀江 2011: 品質 (quality)」を「要求事項への適合度または期待の満足度」と定義。監査に対する「最低品質」を「法令や監査基準の要求事項への適合度」また「魅力品質」を「ユーザの期待の満足度」とする。 蟹江 2012: 監査の品質は，監査対象の品質（財務情報であればその信頼性）をいかに高めたかという観点から評価される。 町田 2013; 2016: 会計監査の領域における「質」は，「監査が不正を発見・摘発できているのか」という監査の有効性をもって監査の質と捉える。 ○実務界や監査人（法人）より， 中村；松浦；結城 2012: 監査の品質とは，監査結果の報告であり，その真実性である。監査の質は会計基準や監査基準に準拠しているかどうかで判断するのみならず，社会の信頼に応えていることも必要。	○ DeAngelo (1981): 監査サービスの質は，市場が評価する，特定の監査人が①クライアント企業の会計システムの法律違反 (breach) を発見し，②それを報告することの総合的可能性を指すものである。 ○ Watkins et al. (2004): 「監査の質」概念を提示せず，既存の先行研究の「監査の質」概念に踏まえて，「監査の質のコンポーネント」として，(1) 監査人のレビュテーション，(2) 監査人のモニタリングの強さ (auditor monitoring strength) を挙げ，市場や投資者などが認識している監査の質と実際の監査の質の両面から，監査の質を捕捉。 ○ Francis (2011): 監査の質は，クライアント企業が一般に公正妥当と認められる会計基準に準拠しているかどうかに対して，「適切な」監査報告の発行を以って成し遂げられるものである。 ○ Knechel et al. (2013): 良い監査は，監査の固有の不確実性を理解しクライアント企業のユニークな状況に適切に調整する，正しく動機づけ訓練された監査人によって，うまくデザインされた監査プロセスの実施が行われている状態である。 ○ DeFond and Zhang (2014): 高い監査の質は，高い財務報告の質のより良いアシュアランス（保証）である。 ○ Tepalagul and Lin (2015): DeAngelo (1981) 定義を利用。 ○ PCAOB (2013): ①関連する開示を含む財務諸表，②内部統制の保証および③ゴーイング・コンサーン問題の前兆に関わる，独立し信頼できる監査および健全な監査委員会のコミュニケーションに対する投資者のニーズを満たすことを「監査の質」と定義する。 ○ IAASB (2014a): 監査の質は，首尾一貫性のある基礎の下，高質な監査が行われる可能性を最大限にする環境を作り出すキー・エレメントを含む。

注：詳細は第 4，5 節，特に図表 2-5 および図表 2-8 を参照されたい。
出所：筆者作成。

第 2 章　監査の質の概念的探究

　具体的には，まず，哲学的視点で「質（クオリティー）」を「どのようか」（アリストテレス説）あるいは「パーセプションのアイデアを生むパワー」（ジョン・ロック説）と捉えることを所与とすれば，「「監査」の「質」」は，「どのようか」と「パーセプション（を生むパワー）」の両側面から捉えられる。

　次に，（TQM 視点を踏まえた）ISO 視点で「質（クオリティー）」を「固有特性の集まりが要求を満たしている程度」と捉えることを所与とすれば，「「監査」の「質」」は，「事実上の（actual）」「固有の特性の集まり」と「知覚上の（perceived）」「要求を満たしている程度」の両側面から捉えられる[35]。

　さらに，（図表 2-10 に示しているが）上記の「「どのようか」と「事実上の」」対「「パーセプション」と「知覚上の」」の流れの中で ASOBAC (1973) の「監査」概念を念頭に考察すると，「監査の質」概念をさらに「準拠の程度（level of compliance with standards）」と「保証の程度（level of assurance on financial statement）」の両側面から捉えられると考えられる[36]。

　ここで注意しておかなければならないのは，上記の 2 つの流れは相対的な見方であり，必ずしもお互いに相容れない関係になく，むしろお互いに影響しあっている関係にあることである。たとえば，「準拠の程度」が高ければ，「保証の程度」も高い可能性が高いと考えられる。また，上記の 2 つの流れを日欧米の先行研究における「監査の質」概念の内容と照らし合わせて分類すると，**図表 2-10** に示しているように，3 つのグループに分けることができる。つまり，「監査の質」概念を (1)「準拠の程度」寄りに定義したと分類できる先行研究群，(2)「保証の程度」寄りに定義したと分類できる先行研究群，(3) 上記の両面について言及した先行研究群である。なお，ここで言及する先行研究は本章の第 4，5 節で議論をしたもののみならず，筆者が上記の視点において知り得る先行研究を挙げている。

---

[35]　「監査の質」概念について，「事実上の」と「知覚上の」に分けて考えることについて，Watkins et al. (2004) および DeFond and Zhang (2014) からもヒントを得ている。

[36]　「監査の質」概念を「準拠の程度」と「保証の程度」に分けて考えることについて，Watkins et al. (2004) および Tritschler (2014) からもヒントを得ている。

第Ⅰ部 理論的・制度的・実践的探究

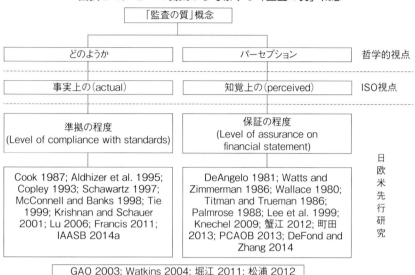

図表2-10 2つの側面から考察する「監査の質」概念

出所：筆者作成。

(1) 「監査の質」概念を「準拠の程度」側面から定義したと分類できる先行研究群

実務界において，「監査の質」概念を監査基準等の「準拠の程度」と関連付け，理解する先行研究が多く見られる（Cook 1987; Aldhizer et al. 1995; McConnell and Banks 1998; Tie 1999; Krishnan and Schauer 2001）。Copley（1993）は，監査の質と競争の状況の関係を検証したが，そこで利用する「監査の質」は，報告や実務に関わる専門的基準への準拠（compliance with professional standards for reporting and fieldwork）」である。また，Schawartz（1997）やLu（2006）は，「監査の質」を「監査証拠が得られる確率」として捉えて，「監査」の証拠集めのプロセスに重点を置くことから，(1) グループの先行研究として分類できると考えられる。さらに，Francis（2011）は，「監査の質は，クライアント企業が一般に公正妥当と認められる会計基準に準拠しているかどうかに

対して,「適切な」監査報告の発行を持って成し遂げられるものである」としていることから,(1)グループに分類する。加えて,IAASB(2014a)における「監査の質」概念は,「法律,規則および適用可能な基準の下での,厳格な監査プロセスおよび質のコントロールの手続きの適用」を重視する立場をとっていることから(1)グループに分類する。

(2)　「監査の質」概念を「保証の程度」側面から定義したと分類できる先行研究群

　DeAngelo(1981)の定義は,監査の質と財務報告の質と関係していることを示している。会計システムの法律違反(breach)がある財務報告が,監査人によって発見され,報告されたことは,高い監査の質を表しているからである。したがって,重要な虚偽表示が発見されず,報告されずという状態ではないことに対する保証の程度は,DeAngelo(1981)の監査の質の定義の測定基準(metric)である(Tritschler 2014)と考えられ,DeAngelo(1981)の定義は「保証の程度」側面から定義したと分類できる。また,DeAngelo(1981)の定義の内容と類似するWatts and Zimmerman(1986)「監査の質は,監査人が被監査企業の財務報告に内在する虚偽記載を発見し,報告する確率として示すことができる」も(2)群に分類する。

　(2)群に分類できるそのほかの先行研究を下記に列記する。Wallace(1980)「会計上の数値の適切性(fineness)を改善し,ノイズやバイアスを減少させる監査の力量の測定(measure of the audit's ability)」; Titman and Trueman(1986)「監査人が投資者に提供した情報の正確性」; Palmrose(1988)「監査人が虚偽表示を発見し報告する可能性」; Lee et al.(1999)「監査人が重要な虚偽表示がある財務諸表に無限定適正意見を発行しない確率」; Knechel(2009)「監査の質は達成した保証の程度(achieved assurance level)」; 蟹江(2012)「監査の品質は,監査対象の品質(財務情報であればその信頼性)をいかに高めたかという観点から評価される」; 町田(2013)「会計監査の領域における「質」は,「監査が不正を発見・摘発できているのか」という監査の有効性をもって監査の質と捉える」; PCAOB(2013)「(中略)独立し信頼できる監査お

および健全な監査委員会のコミュニケーションに対する投資者のニーズを満たすことを「監査の質」と定義する」；DeFond and Zhang（2014）「高い監査の質は，高い財務報告の質のより良いアシュアランス（保証）である」。

(3) 「監査の質」概念を「準拠の程度」および「保証の程度」の両側面から定義したと分類できる先行研究群

米国会計検査院（Government Accountability Office: GAO）の報告書（GAO 2003）では，高い質の監査は「GAAS（generally accepted auditing standards：一般に認められた監査基準）に従って，監査済みの財務諸表および関連する開示が①GAAP（generally accepted accounting principles：一般に認められた会計原則）に従っていること，②誤謬あるいは不正のため重要な虚偽表示がないことに対して合理的な保証を提供する」こととしている。Watkins et al.（2004）は，「監査の質のコンポーネント」として，①監査人のレピュテーション，②監査人のモニタリングの強さ（auditor monitoring strength）を挙げ，市場や投資者などが認識している監査の質の特性（perceived attributes of audit quality）と実際の監査の質の特性（actual attributes of audit quality）の両面から，監査の質を捕捉する。堀江（2011）は，「監査の質」には法令や監査基準の要求事項への適合度という「最低品質」，およびクライアント企業の期待の満足度という「魅力品質」があると提示している。松浦（2012）は，「監査の質」に対して，監査人の立場から，監査の質は会計基準や監査基準に準拠しているかどうかで判断するのみならず，社会の信頼に応えているかどうかも判断要素としている。

3. 本章における調査の限界と今後の課題

本章は，「監査の質」概念を探究するため，哲学的視点やISO視点を借用したり，日欧米先行研究を精査した。しかしながら，本章におけるロジックの下，先行研究の選定を行ったため，必ずしもすべての「監査の質」関係の学界および実務界（規制当局等を含む）の先行研究を網羅できなかった可能性がある。この点は今後の研究に委ねたい。

第 2 章 監査の質の概念的探究

Appendix 2-1 日本における「監査の質」をキーワードとする先行研究（1969-2016）

件数	日本における「監査の質」をキーワードとする先行研究 (1969-2016)	「監査の質」の定義
	1960-1979 年	
1	「公認会計士監査の質的向上について，証券会社の引受業務の適正な運営について（大蔵省証券局長通達 昭44.11.6)」『財経詳報』824：18，1969.	明示されていない。
2	川口順一．1978.「監査の質的水準管理の構想（監査制度の見直し＜特集＞)」『産業経理』38（10)：15-26.	明示されていない。
	1980-1989 年	
3	秋山純一．1980.「監査の品質管理強化の方策—アメリカのピア・レビューについて」『旬刊商事法務』864：331-335.	明示されていない。
4	鈴木豊．1986.「会計士監査論：監査の質的管理の研究」『中央経済社』	明示されていない。
	1990-1999 年	
5	富田知嗣．1995.「＜実証研究＞監査人・被監査会社の規模と監査品質の逓減」『オイコノミカ』31（2)：135-154.	DeAngelo（1981）定義を利用。
6	小野行雄・鈴木昌治・大杉秀雄．1997.「インタビュー監査基準委員会報告書第12号（中間報告)「監査の品質管理」をめぐって」『JIC-PA ジャーナル』9（11)：41-46.	明示されていない。
7	「「監査の品質管理」等の調査のための米国及びカナダ視察報告」『JICPA ジャーナル』9（11)：127-129，1997.	明示されていない。
8	「資料＝監査基準委員会報告書第12号（中間報告)「監査の品質管理」（平成9年7月23日 日本公認会計士協会)」『企業会計』49（10)：1497-1503，1997.	明示されていない。
9	「《資料》監査の品質管理（日本公認会計士協会・監査基準委員会報告書第12号)」『旬刊商事法務』（1465)：92-97，1997.	明示されていない。
10	日本公認会計士協会．1997.「重要資料：監査基準委員会報告書第12号（中間報告)「監査の品質管理」，監査基準委員会報告書第13号（中間報告)「会計上の見積りの監査」」『監査研究』23（10)：145-153.	明示されていない。
11	日本公認会計士協会．1997.「資料 監査基準委員会報告書第12号（中間報告)—監査の品質管理」『月刊監査役』385：1111-1118.	明示されていない。
12	日本公認会計士協会．1997.「資料《銀行等監査特別委員会報告第5号》銀行等金融機関監査の品質管理に関する実務指針」『月刊監査役』387：80-83.	明示されていない。
13	日本公認会計士協会．1997.「資料 銀行等監査特別委員会報告第5号「銀行等金融機関監査の品質管理に関する実務指針」（原文)」『企業会計』49（12)：1785-1787.	明示されていない。
14	滝田輝己．1999.「監査の品質向上と処方箋（特集 まかり通る粉飾決算)」『税経通信』54（15)：109-117.	明示されていない。
15	松本傳・井奥博之・伊藤邦雄．1999.「シンポジューム第3分科会（A 会議）テーマ「監査役と会計監査人との更なる連携・相互補完—監査役監査の品質向上のために」（第47回監査役全国会議シンポジューム特集I)」『月刊監査役』411：87-119.	明示されていない。

第Ⅰ部　理論的・制度的・実践的探究

16	松本傳・森本昌・伊藤邦雄．1999．「シンポジューム第3分科会（B会議）テーマ「監査役と会計監査人との更なる連携・相互補完―監査役監査の品質向上のために」（第47回監査役全国会議シンポジューム特集I）」『月刊監査役』411：120-156.	明示されていない。
	2000-2009年	
17	長吉眞一．2000．「＜論文＞組織的な監査と監査の品質管理」『經濟學研究』67（1）：95-116.	明示されていない。
18	堀江正之．2000．「内部監査の新しい潮流―CSAによる内部監査の質的転換」『会計』158（5）：690-701.	明示されていない。
19	日本監査役協会監査品質向上委員会．2001．「監査品質向上委員会報告 監査品質向上をめざして（平成12年12月14日）」『月刊監査役』439：54-61.	明示されていない。
20	飯野健一．2002．「監査上の重要性と監査の質の管理（改訂監査基準の詳解特集号）―（第3部 監査の現状，改訂監査基準と今後の対応）」『税経通信』57（6）：68-76.	明示されていない。
21	友永道子，日本公認会計士協会．2002．「資料 監査・会計「監査基準委員会報告書第8号（中間報告）「他の監査人の監査結果の利用」の改正について」及び「監査基準委員会報告書第12号（中間報告）「監査の品質管理」の改正について」の公表について」『JICPAジャーナル』14（3）：149-164.	明示されていない。
22	加藤達彦．2003．「監査人の損害賠償責任と監査の品質」『明大商學論叢』85（4）：623-646.	Schwartz（1997）に依拠
23	松井隆幸．2003．「学界論叢 内部監査の品質評価―その目的，方法及び財務諸表監査との関係」『JICPAジャーナル』15（7）：39-45.	明示されていない。
24	「債務者企業の再生を通じた資産劣化回避が当面の課題―金融庁は「監査の質」向上目指し8条委員会を設置へ（特集 足利銀破綻処理の論点）」『金融財政事情』55（1）：63-65，2004.	明示されていない。
25	石川重治．2004．「監査実務レポート 監査スキルマップをベースとした内部監査品質向上への取組み」『監査研究』30（13）：27-35.	明示されていない。
26	加藤達彦．2004．「監査人の損害賠償責任が監査の品質に及ぼす影響」『現代監査』2004（14）：61-69.	明示されていない。
27	毛利直広．2004．「第38回内部監査推進全国大会（3）全体研究会（2）内部監査の品質評価」『監査研究』30（13）：4-19.	明示されていない。
28	毛利直広．2004．「内部監査の品質評価―監査役と内部監査部門との連携の視点から」『月刊監査役』494：51-56.	明示されていない。
29	松井隆幸．2005．「内部監査の外部評価：近年の動向を中心として」『会計プロフェッション』1：157-171.	明示されていない。
30	及川拓也．2006．「学会レポート 日本監査研究学会・第28回全国大会報告―統一論題テーマ：不正な財務報告と監査の品質」『監査研究』32（1）：87-90.	明示されていない。
31	商事法務研究会．2006．「4大監査法人の監査の品質管理について 4大監査法人に対する検査結果に基づく勧告（平成18年6月30日 公認会計士・監査審査会）」『旬刊商事法務』1772：48-52.	明示されていない。

第 2 章　監査の質の概念的探究

32	内部監査人協会, IA フォーラム研究会 No.5AC. 2006.「CIA フォーラム研究会報告 内部監査の品質評価マニュアル（第 5 版）—品質評価ツール 1 〜 20（特集：内部監査の品質評価）」『監査研究』32（12）：27-120.	明示されていない。
33	日本内部監査協会. 2006.「特集：内部監査の品質評価」『監査研究』32（12）：1-11, 27-120.	明示されていない。
34	松井隆幸. 2006.「巻頭論文 内部監査の品質評価—最近の動向とこれからの課題（特集：内部監査の品質評価）」『監査研究』32（12）：1-11.	明示されていない。
35	三宅博人. 2006.「日本監査研究学会第 28 回全国大会リポート—統一論題—不正な財務報告と監査の品質」『JICPA ジャーナル』18（1）：94-96.	明示されていない。
36	宮本京子. 2006.「監査品質の低下に結びつく潜在的要因と監査人による機能不全行動」『上智経済論集』51：35-46.	明示されていない。
37	薄井彰. 2007.「監査の品質とコーポレート・ガバナンス」『現代監査』2007（17）：50-57.	明示されていない。
38	加藤達彦. 2007.「監査の品質と監査人の独立性—資本主義のガバナンス機能の観点から」『明大商学論叢』89（2）：339-357.	Lu（2006）に依拠
39	山浦久司・藤沼亜起・手塚仙夫. 2007.「座談会 公認会計士が歩んできた道, これから歩いていく道—監査の品質管理に焦点をあてて」『経理研究』(50)：1-21.	明示されていない。
40	「監査の品質管理に関する検査指摘事例集—公認会計士・監査審査会（平成 20 年 2 月）」『月刊監査役』(540)：37-42, 2008.	明示されていない。
41	「第 65 回監査役全国会議 主題 今, 問われる企業統治と監査役の責務—会社法下における監査品質の向上を求めて」『月刊監査役』539：3-199, 2008.	明示されていない。
42	公認会計士監査審査会. 2008.「「監査の品質管理に関する検査指摘事例集」の公表に当たって」『会計・監査ジャーナル』20（5）：15-21.	明示されていない。
43	清水武・森田卓哉. 2008.「内部監査の品質評価—IIA 国際本部の取り組みとわが国における今後の針路（(社) 日本内部監査協会・第 41 回内部監査推進全国大会 (2)）」『監査研究』34（1）：27-49.	明示されていない。
44	吉見宏. 2008.「不正事例と監査の品質管理」『經濟學研究』58（3）：99-203.	明示されていない。
45	榎本成一. 2009.「内部監査の品質評価の実務」『現代監査』2009（19）：0-56.	明示されていない。
46	上司正善. 2009.「個別研究会 内部監査の品質向上に向けて—マツダの取り組み（第 42 回内部監査推進全国大会 (3)）」『監査研究』35（1）：1-33.	明示されていない。
47	小出啓次. 2009.「「監査の品質管理に関する検査指摘事例集」の改訂・公表について」『月刊監査役』560：72-79.	明示されていない。
48	公認会計士監査審査会. 2009.「「監査の品質管理に関する検査指摘事例集」の改訂・公表について」『会計・監査ジャーナル』21（10）：23-28.	明示されていない。

第Ⅰ部 理論的・制度的・実践的探究

49	松本祥尚. 2009.「高リスク財務諸表項目の監査の品質管理」『現代社会と会計』3：23-34.	明示されていない。
50	毛利直広・西中間裕. 2009.「個別研究会 内部監査の品質評価―監査品質の向上を目指して―品質評価基準検討委員会活動状況報告（第42回内部監査推進全国大会（3））」『監査研究』35（1）：34-50.	明示されていない。
51	保川宏昭・石井光一. 2009.「第4分科会 監査役スタッフとしての会計監査人との連係―グループ討議と計算書類確認チェックの自己判断で監査品質の向上を！（第31回 監査役スタッフ全国会議報告）」『月刊監査役』563：72-74.	明示されていない。
	2010-2016年	
52	小出啓次. 2010.「『「監査の品質管理に関する検査指摘事例集」の改訂・公表について』『月刊監査役』574：86-95.	明示されていない。
53	公認会計士監査審査会. 2010.「『監査の品質管理に関する検査指摘事例集』の改訂・公表について」『会計・監査ジャーナル』22（10）：35-41.	明示されていない。
54	寺本一太・河村茂樹・高木諭子. 2010.「内部監査のプロフェッショナル―第一線で活躍するCIAに聞くCIA資格取得が監査部門の共通言語に―業務効率化と監査品質向上のためのグローバルスタンダード（第2回）アクサ生命保険株式会社」『監査研究』36（10）：33-35.	明示されていない。
55	日本内部監査協会不動産部会総合不動産分科会. 2010.「研究会報告「総合不動産業における内部監査の品質評価（内部評価）」について」『監査研究』36（6）：27-43.	明示されていない。
56	毛利直広・角田善弘・清水武. 2010.「個別研究会 内部監査品質評価ガイド―公開草案の発表（第43回内部監査推進全国大会（3））」『監査研究』36（1）：32-47.	明示されていない。
57	脇田良一. 2010.「特別講演 監査の品質管理と公的規制」『現代監査』20：3-17.	明示されていない。
58	矢澤憲一. 2010.「Big4と監査の質：監査コスト仮説と保守的会計選好仮説の検証」『青山経営論集』44（4）：165-181.	Watts and Zimmerman（1986）の定義を利用。
59	吉見宏. 2010.「監査の品質管理の構造と不正事例―財務諸表監査と内部監査の対比を中心として」『監査研究』36（8）：1-7.	明示されていない。
60	Schilder Arnold. 2011.「監査品質のさらなる向上にむけて」『会計・監査ジャーナル』23（4）：31-35.	明示されていない。
61	Schilder Arnold. 2011.「監査品質のさらなる向上にむけて［含 英語文］」『会計・監査ジャーナル』23（4）：2-5.	明示されていない。
62	「内部レビューと外部レビュー―「内部監査の品質保証…内部監査のためのレビュー・マニュアル」について」『経営経理研究』40：67-91, 2011.	明示されていない。
63	伊藤公一. 2011.「ステークホルダー別監査品質モデル」『甲南経営研究』52（3）：81-104.	DeAngelo（1981）とIAASB（2011）における「監査品質モデル」の比較をしたが、監査の質に関する定義は明示されていない。

第 2 章　監査の質の概念的探究

64	倉持保彦・岩城賢栄. 2011. 「内部監査のプロフェッショナル 第一線で活躍する CIA に聞く メンバー全員がオールマイティーに活躍, 監査の品質向上と効率化のためにも CIA を！（第 6 回）株式会社電通国際情報サービス」『監査研究』37（6）：45-47.	明示されていない。
65	金融情報システムセンター監査安全部. 2011. 「システム監査普及連絡協議会講演録 内部監査の品質評価―品質評価の枠組みと品質評価ガイド」『金融情報システム』313：210-221.	明示されていない。
66	公認会計士監査審査会. 2011. 「『監査の品質管理に関する検査指摘事例集』の改訂・公表について」『会計・監査ジャーナル』23（10）：27-34.	明示されていない。
67	CIA フォーラム研究会 No.5-C（内部監査の品質評価）. 2011. 「CIA フォーラム研究会報告 品質評価 IIA 基準への適合性評価―基礎資料としての内部監査基本規程雛形」『監査研究』37（4）：14-21.	明示されていない。
68	清水武. 2011. 「内部監査品質評価ガイド（システム監査普及連絡協議会講演録 内部監査の品質評価―品質評価の枠組みと品質評価ガイド）」『金融情報システム』313：216-221.	明示されていない。
69	野口徹郎. 2011. 「『監査の品質管理に関する検査指摘事例集』の改訂・公表について」『月刊監査役』589：54-65.	明示されていない。
70	堀江正之. 2011. 「監査品質の意義と構造―外部監査と内部監査との比較検討を通じて」『會計』180（2）：179-191.	「quality」を「要求事項への適合度または期待の満足度」と定義。サービスの品質には「最低品質」と「魅力品質」の 2 種類があり, 監査に対する「最低品質」を「法令や監査基準の要求事項への適合度」, また「魅力品質」を「ユーザの期待の満足度」としている。
71	森田卓哉. 2011. 「品質評価の枠組み（システム監査普及連絡協議会講演録 内部監査の品質評価―品質評価の枠組みと品質評価ガイド）」『金融情報システム』313：211-216.	明示されていない。
72	矢澤憲一. 2011. 「Big4 と監査の質：モラル・ハザード仮説の検証」『青山経営論集』46（1）：159-179.	Watts and Zimmerman（1986）の定義を利用。
73	伊藤公一. 2012. 「監査品質の構成要素と統治責任者の役割」『甲南経営研究』53（3）：97-119.	監査品質の定義の困難性について IAASB（2012）を利用して説明したが, 監査の質に関する定義は明示されていない。
74	岡部滋. 2012. 「監査の品質向上に向けて（特集 監査の品質向上）」『経理研究』	明示されていない。
75	奥田真也・佐々木隆志・中島真澄・中村亮介. 2012. 「内部統制システムと監査の質の決定要因」『企業会計』64（10）：102-108.	監査の質を規模, 売上分散などの企業特性変数の関数として捉えるが, 「監査の質」概念は明示されていない。
76	蟹江章. 2012. 「解題深書 監査の品質と懐疑主義」『企業会計』64（10）：89-93.	監査の品質は, 監査対象の品質（財務情報であればその信頼性）をいかに高めたかという観点から評価される。

第Ⅰ部　理論的・制度的・実践的探究

77	中村輝夫．2012.「監査の品質とは何か（特集 監査の品質向上）」『経理研究』	監査結果の報告であり，その真実性である。
78	野口徹郎．2012.「インタビュー監査事務所における監査の品質の確保・向上に向けて」『資本市場』（321）：36-39.	明示されていない。
79	町田祥弘．2012.「監査時間の国際比較に基づく監査の品質の分析」『會計』181（3）：354-367.	監査の品質を示す指標としての監査時間の国際比較を行ったが，「監査の質」定義は明示されていない。
80	松浦康雄．2012.「監査の品質向上への取り組み：監査人として（特集 監査の品質向上）」『経理研究』	監査人の立場から，監査の質は会計基準や監査基準に準拠しているかどうかで判断するのみならず，社会の信頼に応えているかどうかも判断要素とする。
81	廣川朝海．2012.「監査法人における監査の品質向上への取組み（特集 監査の品質向上）」『経理研究』	IAASB（2011）の定義を利用。
82	矢澤憲一．2012.「内部統制監査のコストと効果：監査の質の解明に向けたニューアプローチ（特集 コーポレートガバナンス）」『証券アナリストジャーナル』50（5）：39-48.	明示されていない。
83	結城秀彦．2012.「監査人の取り組む監査の品質：誰にとっての監査の品質か，監査の利用者の視点から（特集 監査の品質向上）」『経理研究』	監査の質は単に品質管理基準等にとどまらないものとして捉えられる。
84	浅野信博．2013.「監査情報利用の理論と実際：会計利益の品質と監査の品質の関係に注目して」『會計』183（4）：452-465.	DeAngelo（1981）定義を利用。
85	町田祥弘．2013.「会計監査の質：不正への対応の視点から」『會計』183（3）：333-347.	会計監査の領域における「質」は，「監査が不正を発見・摘発できているのか」という監査の有効性をもって監査の質と捉えるとし，一般的に監査の品質は外部から捕捉できないが，代理変数による測定が試みられている。
86	丸井高蔵．2013.「当社における内部監査の品質向上への取り組み：現状と今後の課題（優秀論文 第131期「内部監査士」認定講習会）」『監査研究』39（5）：41-46.	明示されていない。
87	浅野信博．2014.「会計利益とキャッシュ・フローの相対的情報内容：監査の品質に注目した分析」『會計』186（2）：233-246.	監査の品質は非常に難解な概念である。
88	伊藤公一．2014.「信用財としての監査の品質と監査人の戦略的行動」『甲南経営研究』54（3）：81-105.	明示されていない。
89	内山英世．2014.「監査の質と資本市場」『金融財政事情』65（10）：3.	明示されていない。
90	及川拓也．2014.「強制的な監査人の交代と監査の質：中央青山・みすずの元クライアントのケース」『千葉商大論叢』51（2）：27-40.	明示されていない。
91	胡丹．2014.「IAASB監査品質のフレームワーク（2014）の概要と形成：高質な監査品質に向けて」『経済科学』62（2）：1-7.	IAASB（2014）における監査品質を捕捉するフレームワークについて説明したが，「監査の質」概念は明示されていない。

第 2 章　監査の質の概念的探究

92	「監査基準委員会研究報告第 4 号「監査品質の枠組み」の公表について」『会計・監査ジャーナル』27（9）：137-158, 2015.	IAASB（2014）見解を利用。
93	「監査基準委員会研究報告「監査品質の枠組み」（公開草案）の公表に向けて」『会計・監査ジャーナル』27（3）：35-38, 2015.	明示されていない。
94	浅野信博．2015．「監査の品質は会計発生高のプライシングに影響を与えるか」『會計』188（4）：457-469.	監査の品質は非常に難解な概念である。
95	伊藤公一．2015．「監査品質と監査人の経営者に対する批判的態度」『甲南経営研究』55（3）：67-88.	明示されていない。
96	斉藤惇・千代田邦夫・森公高．2015．「鼎談 監査の質の向上及び日本公認会計士協会の自主規制機能の強化に向けて：日本公認会計士協会の取組み並びに公認会計士・監査審査会及び日本取引所グループとの連携」『会計・監査ジャーナル』27（5）：9-19.	明示されていない。
97	住田清芽．2015．「社会の期待に応える「監査品質」とは何か（特集 会計監査の心得）」『企業会計』67（6）：812-819.	IAASB（2014）見解を支持。
98	林琢也．2015．「監査品質に影響を及ぼす要因とは？監基研「監査品質の枠組み」（案）の概要（連続特集 改正会社法の要点詳解【会計監査編】）」『旬刊経理情報』(1412)：18-21.	IAASB（2014）見解を支持。
99	米国公開企業会計監視委員会．2015．「監査品質の指標に関するコンセプト・リリース」(1)『会計・監査ジャーナル』27（11）：25-30.	明示されていない。
100	米国公開企業会計監視委員会．2015．「監査品質の指標に関するコンセプト・リリース」(2)『会計・監査ジャーナル』27（12）：29-36.	明示されていない。
101	甲斐幸子．2016．「米国公開企業会計監視委員会「監査品質の指標に関するコンセプト・リリース」(3) コメントレターの概要と関連する議論の動向」『会計・監査ジャーナル』28（3）：36-43.	明示されていない。
102	仙場胡丹．2016．「PCAOBと監査の質：AQIプロジェクトを中心に（瀧田輝己教授退職記念号）」『同志社商学』67（4）：333-348.	PCAOB（2013）に依拠。
103	住田清芽・甲斐幸子．2016．「国際監査・保証基準審議会（IAASB）コメント募集文書「公共の利益を踏まえた監査品質の向上：職業的懐疑心，品質管理及びグループ監査」」『会計・監査ジャーナル』28（4）：23-27.	明示されていない。
104	町田祥弘．2016．「質を高めろとはいうけれど…じっくり語ろう監査のはなし（第1回）監査の品質って何ですか？：連載の開始にあたって」『企業会計』68（4）：508-511.	一般に監査の品質は，外部から捕捉できず，代理変数を使う。
105	町田祥弘．2016．「質を高めろとはいうけれど…じっくり語ろう監査のはなし（第2回）日本の監査の品質は低いのですか？：監査規範の観点から」『企業会計』68（5）：708-713.	明示されていない。

注：先行研究の選定プロセスについては図表 2-3 を参照されたい。
出所：筆者作成。

第Ⅰ部　理論的・制度的・実践的探究

Appendix 2-2　欧米における「監査の質」をキーワードとする先行研究 (1981-2016)

件数	作者・論文の出版年	論文のタイトル	雑誌名等	レビュー論文
1	Tepalagul, Nopmanee and Lin, Ling (2015)	Auditor Independence and Audit Quality: A Literature Review	Journal of Accounting, Auditing and Finance 30 (1)	○
2	DeFond, Mark and Zhang, Jieying (2014)	A Review of Archival Auditing Research	Journal of Accounting and Economics 58 (2)	○
3	Knechel, W. Robert et al. (2013)	Audit Quality: Insights from the Academic Literature	Auditing: A Journal of Practice and Theory 32	○
4	Francis, Jere R. (2004)	What do We Know about Audit Quality	The British Accounting Review 36 (4)	○
5	Francis, Jere R. (2011)	A Framework for Understanding and Researching Audit Quality	Auditing: A Journal of Practice and Theory 30 (2)	○
6	Watkins, Ann L. et al. (2004)	Audit Quality: A Synthesis of Theory and Empirical Evidence	Journal of Accounting Literature 23	○
7	DeAngelo, Linda Elizabeth (1981)	Auditor Size and Audit Quality	Journal of Accounting and Economics 3 (3)	○
8	Abbott, Lawrence J. et al. (2016)	Internal Audit Quality and Financial Reporting Quality: The Joint Importance of Independence and Competence	Journal of Accounting Research 54 (1)	×
9	Bills, Kenneth L. et al. (2016)	Growing Pains: Audit Quality and Office Growth	Contemporary Accounting Research 33 (1)	×
10	Bills, Kenneth L. et al. (2016)	Small Audit Firm Membership in Associations, Networks, and Alliances: Implications for Audit Quality and Audit Fees	The Accounting Review 91 (3)	×
11	Cameran, Mara et al. (2016)	Mandatory Audit Firm Rotation and Audit Quality	European Accounting Review 25 (1)	×
12	Gonthier-Besacier, Nathalie et al. (2016)	Audit Quality Perception: Beyond the 'Role-Perception Gap'	International Journal of Auditing 20 (2)	×
13	Goodwin, John and Wu, Donghui (2016)	What is the Relationship Between Audit Partner Busyness and Audit Quality?	Contemporary Accounting Research 33 (1)	×
14	Hardies, Kris et al. (2016)	Do (Fe)Male Auditors Impair Audit Quality? Evidence from Going-Concern Opinions	European Accounting Review 25 (1)	×
15	Huang, Ting-Chiao et al. (2016)	Audit Market Concentration, Audit Fees, and Audit Quality: Evidence from China	Auditing: A Journal of Practice and Theory 35 (2)	×
16	Liao, Pei-Cheng and Radhakrishnan, Suresh (2016)	The Effects of the Auditor's Insurance Role on Reporting Conservatism and Audit Quality	The Accounting Review 91 (2)	×
17	Moroney, Robyn (2016)	Editorial: Regulating Audit Quality - Ramifications and Research Opportunities	International Journal of Auditing 20 (2)	×
18	Su, Xijia (2016)	Client Following Former Audit Partners and Audit Quality: Evidence from Unforced Audit Firm Changes in China	The International Journal of Accounting 51 (1)	×
19	Wu, Yi and Wilson, Mark (2016)	Audit Quality and Analyst Forecast Accuracy: The Impact of Forecast Horizon and Other Modeling Choices	Auditing: A Journal of Practice and Theory 35 (2)	×

第 2 章　監査の質の概念的探究

20	Roussy, Melanie and Brivot, Marion (2016)	Internal Audit Quality: a Polysemous Notion?	Accounting Auditing and Accountability Journal 29 (5)	×
21	Ball, Fiona et al. (2015)	Is Audit Quality Impacted by Auditor Relationships?	Journal of Contemporary Accounting and Economics 11 (2)	×
22	Beisland, Leif Atle et al. (2015)	Audit Quality and Corporate Governance: Evidence from the Microfinance Industry	International Journal of Auditing 19 (3)	×
23	Bell, Timothy B. et al. (2015)	Audit Firm Tenure, Non-Audit Services, and Internal Assessments of Audit Quality	Journal of Accounting Research 53 (3)	×
24	Boone, Jeff P. et al. (2015)	Did the 2007 PCAOB Disciplinary Order against Deloitte Impose Actual Costs on the Firm or Improve Its Audit Quality?	The Accounting Review 90 (2)	×
25	Bowlin, Kendall O. et al. (2015)	The Effects of Auditor Rotation, Professional Skepticism, and Interactions with Managers on Audit Quality	The Accounting Review 90 (4)	×
26	Cahan, Steven F. and Sun, Jerry (2015)	The Effect of Audit Experience on Audit Fees and Audit Quality	Journal of Accounting, Auditing and Finance 30 (1)	×
27	Dee, Carol Callaway et al. (2015)	Who Did the Audit? Audit Quality and Disclosures of Other Audit Participants in PCAOB Filings	The Accounting Review 90 (5)	×
28	Huang, Hua-Wei et al. (2015)	Fee Discounting and Audit Quality Following Audit Firm and Audit Partner Changes: Chinese Evidence	The Accounting Review 90 (4)	×
29	Kim, Jeong-Bon et al. (2015)	Audit Quality and the Market Value of Cash Holdings: The Case of Office-Level Auditor Industry Specialization	Auditing: A Journal of Practice and Theory 34 (2)	×
30	Lamoreaux, Phillip T. et al. (2015)	Do Accounting and Audit Quality Affect World Bank Lending?	The Accounting Review 90 (2)	×
31	Mazza, Tatiana and Azzali, Stefano (2015)	Effects of Internal Audit Quality on the Severity and Persistence of Controls Deficiencies	International Journal of Auditing 19 (3)	×
32	Stanley, Jonathan D. et al. (2015)	Does Lowballing Impair Audit Quality? Evidence from Client Accruals Surrounding Analyst Forecasts	Journal of Accounting and Public Policy 34 (6)	×
33	Svanberg, Jan and Öhman, Peter (2015)	Auditors' Identification with Their Clients: Effects on Audit Quality	The British Accounting Review 47 (4)	×
34	Blay, Allen D. et al. (2014)	Audit Quality Effects of an Individual Audit Engagement Partner Signature Mandate	International Journal of Auditing 18 (3)	×
35	Causholli, Monika et al. (2014)	Future Nonaudit Service Fees and Audit Quality	Contemporary Accounting Research 31 (3)	×
36	Deng, Mingcherng et al. (2014)	Do Joint Audits Improve or Impair Audit Quality?	Journal of Accounting Research 52 (5)	×
37	Eshleman, John Daniel and Guo, Peng (2014)	Abnormal Audit Fees and Audit Quality: The Importance of Considering Managerial Incentives in Tests of Earnings Management	Auditing: A Journal of Practice and Theory 33 (1)	×
38	Eshleman, John Daniel and Guo, Peng (2014)	Do Big 4 Auditors Provide Higher Audit Quality after Controlling for the Endogenous Choice of Auditor?	Auditing: A Journal of Practice and Theory 33 (4)	×

第Ⅰ部　理論的・制度的・実践的探究

39	Ettredge, Michael et al. (2014)	Fee Pressure and Audit Quality	*Accounting, Organizations and Society* 39 (4)	×
40	Gaver, Jennifer J. and Paterson, Jeffrey S. (2014)	The Association between Actuarial Services and Audit Quality	*Auditing: A Journal of Practice and Theory* 33 (1)	×
41	Johnstone, Karla M. et al. (2014)	Client-Auditor Supply Chain Relationships, Audit Quality, and Audit Pricing	*Auditing: A Journal of Practice and Theory* 33 (4)	×
42	Kleinman, Gary et al. (2014)	Audit Quality: A Cross-National Comparison of Audit Regulatory Regimes	*Journal of Accounting, Auditing and Finance* 29 (1)	×
43	Krauss, Patrick et al. (2014)	Effects of Initial Audit Fee Discounts on Audit Quality: Evidence from Germany	*International Journal of Auditing* 18 (1)	×
44	Kwon, Soo Young et al. (2014)	The Effect of Mandatory Audit Firm Rotation on Audit Quality and Audit Fees: Empirical Evidence from the Korean Audit Market	*Auditing: A Journal of Practice and Theory* 33 (4)	×
45	Lennox, Clive S. et al. (2014)	Does Mandatory Rotation of Audit Partners Improve Audit Quality?	*The Accounting Review* 89 (5)	×
46	Maroun, Warren and Atkins, Jill (2014)	Section 45 of the Auditing Profession Act: Blowing the Whistle for Audit Quality?	*The British Accounting Review* 46 (3)	×
47	Beattie, Vivien et al. (2013)	Perceptions of Factors Affecting Audit Quality in the Post-SOX UK Regulatory Environment	*Accounting and Business Research* 43 (1)	×
48	Chi, Wuchun et al. (2013)	Do Regulations Limiting Management Influence Over Auditors Improve Audit Quality? Evidence from China	*Journal of Accounting and Public Policy* 32 (2)	×
49	Chu, Ling et al. (2013)	Audit Quality and Banks' Assessment of Disclosed Accounting Information	*European Accounting Review* 22 (4)	×
50	Gul, Ferdinand A. et al. (2013)	Do Individual Auditors Affect Audit Quality? Evidence from Archival Data	*The Accounting Review* 88 (6)	×
51	Gunny, Katherine A. and Zhang, Tracey Chunqi (2013)	PCAOB Inspection Reports and Audit Quality	*Journal of Accounting and Public Policy* 32 (2)	×
52	Hossain, Sarowar (2013)	Effect of Regulatory Changes on Auditor Independence and Audit Quality	*International Journal of Auditing* 17 (3)	×
53	Sundgren, Stefan and Svanström, Tobias (2013)	Audit Office Size, Audit Quality and Audit Pricing: Evidence from Small- and Medium-sized Enterprises	*Accounting and Business Research* 43 (1)	×
54	Svanström, Tobias (2013)	Non-audit Services and Audit Quality: Evidence from Private Firms	*European Accounting Review* 22 (2)	×
55	Sweeney, Breda et al. (2013)	The Impact of Perceived Ethical Intensity on Audit-quality-threatening behaviours	*Accounting and Business Research* 43 (2)	×
56	Asthana, Sharad C. and Boone, Jeff P. (2012)	Abnormal Audit Fee and Audit Quality	*Auditing: A Journal of Practice and Theory* 31 (3)	×
57	Burnett, Brian M. et al. (2012)	Audit Quality and the Trade-Off between Accretive Stock Repurchases and Accrual-Based Earnings Management	*The Accounting Review* 87 (6)	×
58	Choi, Jong-Hag et al. (2012)	Geographic Proximity between Auditor and Client: How Does It Impact Audit Quality?	*Auditing: A Journal of Practice and Theory* 31 (2)	×
59	Clinch, Greg et al. (2012)	Audit Quality and Information Asymmetry between Traders	*Accounting and Finance* 52 (3)	×

第2章　監査の質の概念的探究

60	Dao, Mai et al. (2012)	Shareholder Voting on Auditor Selection, Audit Fees, and Audit Quality	The Accounting Review 87 (1)	×
61	Daugherty, Brian E. et al. (2012)	An Examination of Partner Perceptions of Partner Rotation: Direct and Indirect Consequences to Audit Quality	Auditing: A Journal of Practice and Theory 31 (1)	×
62	Deumes, Rogier et al. (2012)	Audit Firm Governance: Do Transparency Reports Reveal Audit Quality?	Auditing: A Journal of Practice and Theory 31 (4)	×
63	Ding, Rong and Jia, Yuping (2012)	Auditor Mergers, Audit Quality and Audit Fees: Evidence from the Pricewaterhouse Coopers Merger in the UK	Journal of Accounting and Public Policy 31 (1)	×
64	Firth, Michael et al. (2012)	How Do Various Forms of Auditor Rotation Affect Audit Quality? Evidence from China	The International Journal of Accounting 47 (1)	×
65	Lòpez, Dennis M. and Peters, Gary F. (2012)	The Effect of Workload Compression on Audit Quality	Auditing: A Journal of Practice and Theory 31 (4)	×
66	Peel, M. J. and Makepeace, G. H. (2012)	Differential Audit Quality, Propensity Score Matching and Rosenbaum Bounds for Confounding Variables	Journal of Business Finance and Accounting 39 (5-6)	×
67	Skinner, Douglas J. and Srinivasan, Suraj (2012)	Audit Quality and Auditor Reputation: Evidence from Japan	The Accounting Review 87 (5)	×
68	Smith, Jason L. (2012)	Investors' Perceptions of Audit Quality: Effects of Regulatory Change	Auditing: A Journal of Practice and Theory 31 (1)	×
69	Wang, Dechun and Zhou, Jian (2012)	The Impact of PCAOB Auditing Standard No. 5 on Audit Fees and Audit Quality	Accounting Horizons 26 (3)	×
70	Zerni, Mikko et al. (2012)	Do Joint Audits Improve Audit Quality? Evidence from Voluntary Joint Audits	European Accounting Review 21 (4)	×
71	Cahan, Steven et al. (2011)	Did the Waste Management Audit Failures Signal Lower Firm-Wide Audit Quality at Arthur Andersen?	Contemporary Accounting Research 28 (3)	×
72	Chen, Hanwen et al. (2011)	Effects of Audit Quality on Earnings Management and Cost of Equity Capital: Evidence from China	Contemporary Accounting Research 28 (3)	×
73	Chi, Wuchun et al. (2011)	Is Enhanced Audit Quality Associated with Greater Real Earnings Management?	Accounting Horizons 25 (2)	×
74	DeFond, Mark L. and Lennox, Clive S. (2011)	The Effect of SOX on Small Auditor Exits and Audit Quality	Journal of Accounting and Economics 52 (1)	×
75	Jamal, Karim and Sunder, Shyam (2011)	Is Mandated Independence Necessary for Audit Quality?	Accounting, Organizations and Society 36 (4-5)	×
76	Karjalainen, Jukka (2011)	Audit Quality and Cost of Debt Capital for Private Firms: Evidence from Finland	International Journal of Auditing 15 (1)	×
77	Lawrence, Alastair et al. (2011)	Can Big 4 versus Non-Big 4 Differences in Audit-Quality Proxies Be Attributed to Client Characteristics?	The Accounting Review 86 (1)	×
78	Niskanen, Mervi et al. (2011)	Demand for Audit Quality in Private Firms: Evidence on Ownership Effects	International Journal of Auditing 15 (1)	×
79	Wang, Taychang et al. (2011)	CPA-Firm Merger: An Investigation of Audit Quality	European Accounting Review 20 (4)	×

第Ⅰ部　理論的・制度的・実践的探究

80	Allen, Arthur and Woodland, Angela (2010)	Education Requirements, Audit Fees, and Audit Quality	*Auditing: A Journal of Practice and Theory* 29 (2)	×
81	Chen, Shimin et al. (2010)	Client Importance, Institutional Improvements, and Audit Quality in China: An Office and Individual Auditor Level Analysis	*The Accounting Review* 85 (1)	×
82	Choi, Jong-Hag et al. (2010)	Audit Office Size, Audit Quality, and Audit Pricing	*Auditing: A Journal of Practice and Theory* 29 (1)	×
83	Choi, Jong-Hag et al. (2010)	Do Abnormally High Audit Fees Impair Audit Quality?	*Auditing: A Journal of Practice and Theory* 29 (2)	×
84	Lim, Chee-Yeow and Tan, Hun-Tong (2010)	Does Auditor Tenure Improve Audit Quality? Moderating Effects of Industry Specialization and Fee Dependence	*Contemporary Accounting Research* 27 (3)	×
85	Lin, Jerry W. and Hwang, Mark I. (2010)	Audit Quality, Corporate Governance, and Earnings Management: A Meta-Analysis	*International Journal of Auditing* 14 (1)	×
86	Reichelt, Kenneth J. and Wang, Dechun (2010)	National and Office-Specific Measures of Auditor Industry Expertise and Effects on Audit Quality	*Journal of Accounting Research* 48 (3)	×
87	Casterella, Jeffrey R. et al. (2009)	Is Self-Regulated Peer Review Effective at Signaling Audit Quality?	*The Accounting Review* 84 (3)	×
88	Chi, Wuchun et al. (2009)	Mandatory Audit Partner Rotation, Audit Quality, and Market Perception: Evidence from Taiwan	*Contemporary Accounting Research* 26 (2)	×
89	Francis, Jere R. and Yu, Michael D. (2009)	Big 4 Office Size and Audit Quality	*The Accounting Review* 84 (5)	×
90	Kim, Jeong-Bon and Yi, Cheong H. (2009)	Does Auditor Designation by the Regulatory Authority Improve Audit Quality? Evidence from Korea	*Journal of Accounting and Public Policy* 28 (3)	×
91	Lai, Kam-Wah (2009)	Does Audit Quality Matter More for Firms with High Investment Opportunities?	*Journal of Accounting and Public Policy* 28 (1)	×
92	Prawitt, Douglas F. et al. (2009)	Internal Audit Quality and Earnings Management	*The Accounting Review* 84 (4)	×
93	Sundgren, Stefan (2009)	Perceived Audit Quality, Modified Audit Opinions and the Likelihood of Liquidating Bankruptcy among Financially Weak Firms	*International Journal of Auditing* 13 (3)	×
94	Behn, Bruce K. et al. (2008)	Audit Quality and Properties of Analyst Earnings Forecasts	*The Accounting Review* 83 (2)	×
95	Brenda Van Tendeloo and Vanstraelen, Ann (2008)	Earnings Management and Audit Quality in Europe: Evidence from the Private Client Segment Market	*European Accounting Review* 17 (3)	×
96	Chang, Xin et al. (2008)	Audit Quality, Auditor Compensation and Initial Public Offering Underpricing	*Accounting and Finance* 48 (3)	×
97	Coram, Paul and Glavovic, Alma (2008)	The Moral Intensity of Reduced Audit Quality Acts	*Auditing: A Journal of Practice and Theory* 27 (1)	×
98	Lai, Kam-Wah and Gul, Ferdinand A. (2008)	Was Audit Quality of Laventhol and Horwath Poor?	*Journal of Accounting and Public Policy* 27 (3)	×
99	Lim, Chee-Yeow and Tan, Hun-Tong (2008)	Non-audit Service Fees and Audit Quality: The Impact of Auditor Specialization	*Journal of Accounting Research* 46 (1)	×

第2章 監査の質の概念的探究

100	Manry, David L. et al. (2008)	Does Increased Audit Partner Tenure Reduce Audit Quality?	Journal of Accounting, Auditing and Finance 23 (4)	×
101	Peecher, Mark E. and Piercey, M. David (2008)	Judging Audit Quality in Light of Adverse Outcomes: Evidence of Outcome Bias and Reverse Outcome Bias	Contemporary Accounting Research 25 (1)	×
102	Venkataraman, Ramgopal et al. (2008)	Litigation Risk, Audit Quality, and Audit Fees: Evidence from Initial Public Offerings	The Accounting Review 83 (5)	×
103	Abbott, Lawrence J. et al. (2007)	Corporate Governance, Audit Quality, and the Sarbanes-Oxley Act: Evidence from Internal Audit Outsourcing	The Accounting Review 82 (4)	×
104	Albring, Susan M. et al. (2007)	IPO Underpricing and Audit Quality Differentiation within Non-Big 5 Firms	International Journal of Auditing 11 (2)	×
105	Fischbacher, Urs and Stefani, Ulrike (2007)	Strategic Errors and Audit Quality: An Experimental Investigation	The Accounting Review 82 (3)	×
106	Knechel, W. Robert et al. (2007)	The Relationship between Auditor Tenure and Audit Quality Implied by Going Concern Opinions	Auditing: A Journal of Practice and Theory 26 (1)	×
107	Lowensohn, Suzanne et al. (2007)	Auditor Specialization, Perceived Audit Quality, and Audit Fees in the Local Government Audit Market	Journal of Accounting and Public Policy 26 (6)	×
108	Peecher, Mark E. et al. (2007)	It's All about Audit Quality: Perspectives on Strategic-systems Auditing	Accounting, Organizations and Society 32 (4/5)	×
109	Zhang, Ping (2007)	The Impact of the Public's Expectations of Auditors on Audit Quality and Auditing Standards Compliance	Contemporary Accounting Research 24 (2)	×
110	Beck, Paul J. and Wu, Martin G. H. (2006)	Learning by Doing and Audit Quality	Contemporary Accounting Research 23 (1)	×
111	Carey, Peter and Simnett, Roger (2006)	Audit Partner Tenure and Audit Quality	The Accounting Review 81 (3)	×
112	Lee, Philip J. et al. (2006)	Auditor Conservatism and Audit Quality: Evidence from IPO Earnings Forecasts	International Journal of Auditing 10 (3)	×
113	Lu, Tong (2006)	Does Opinion Shopping Impair Auditor Independence and Audit Quality?	Journal of Accounting Research 44 (3)	×
114	Chen, Ken Y. et al. (2005)	Auditor Independence, Audit Quality and Auditor-Client Negotiation Outcomes: Some Evidence from Taiwan	Journal of Contemporary Accounting and Economics 1 (2)	×
115	Ghosh, Aloke and Moon, Doocheol (2005)	Auditor Tenure and Perceptions of Audit Quality	The Accounting Review 80 (2)	×
116	Jensen, Kevan L. and Payne, Jeff L. (2005)	Audit Procurement: Managing Audit Quality and Audit Fees in Response to Agency Costs	Auditing: A Journal of Practice and Theory 24 (2)	×
117	Lennox, Clive (2005)	Audit Quality and Executive Officers' Affiliations with CPA Firms	Journal of Accounting and Economics 39 (2)	×
118	Coram, Paul et al. (2004)	The Effect of Risk of Misstatement on the Propensity to Commit Reduced Audit Quality Acts under Time Budget Pressure	Auditing: A Journal of Practice and Theory 23 (2)	×
119	Heidi Vander Bauwhede and Willekens, Marleen (2004)	Evidence on (the Lack of) Audit-quality Differentiation in the Private Client Segment of the Belgian Audit Market	European Accounting Review 13 (3)	×

第Ⅰ部　理論的・制度的・実践的探究

120	Pong, Chris (2004)	AUDITQUAL: Dimensions of Audit Quality	*Accounting and Business Research* 34 (4)	×
121	Ruiz-Barbadillo, Emiliano et al. (2004)	Audit Quality and the Going-concern Decision-making Process: Spanish Evidence	*European Accounting Review* 13 (4)	×
122	Seok Woo Jeong and Rho, Joonhwa (2004)	Big Six Auditors and Audit Quality: The Korean Evidence	*The International Journal of Accounting* 39 (2)	×
123	Tom Van Caneghem (2004)	The Impact of Audit Quality on Earnings Rounding-up Behaviour: Some UK Evidence	*European Accounting Review* 13 (4)	×
124	Gul, Ferdinand A. et al. (2003)	Tracks: Audit quality, Earnings, and the Shanghai Stock Market Reaction	*Journal of Accounting, Auditing and Finance* 18 (3)	×
125	Krishnan, Gopal V. (2003)	Audit Quality and the Pricing of Discretionary Accruals	*Auditing: A Journal of Practice and Theory* 22 (1)	×
126	Lee, Philip et al. (2003)	The Association between Audit Quality, Accounting Disclosures and Firm-specific Risk: Evidence from Initial Public Offerings	*Journal of Accounting and Public Policy* 22 (5)	×
127	Trombetta, Marco (2003)	International Regulation of Audit Quality: Full Harmonization or Mutual Recognition? An Economic Approach	*European Accounting Review* 12 (1)	×
128	Chan, Derek K. and Wong, Kit Pong (2002)	Scope of Auditors' Liability, Audit Quality, and Capital Investment	*Review of Accounting Studies* 7 (1)	×
129	Gul, Ferdinand A. et al. (2002)	Audit Quality, Management Ownership, and the Informativeness of Accounting Earnings	*Journal of Accounting, Auditing and Finance* 17 (1)	×
130	Herrbach, Olivier (2001)	Audit Quality, Auditor Behaviour and the Psychological Contract	*European Accounting Review* 10 (4)	×
131	Piot, Charles (2001)	Agency Costs and Audit Quality: Evidence from France	*European Accounting Review* 10 (3)	×
132	Favere-Marchesi, Michael (2000)	Audit quality in ASEAN	*The International Journal of Accounting* 35 (1)	×
133	Kadous, Kathryn (2000)	The Effects of Audit Quality and Consequence Severity on Juror Evaluation of Auditor Responsibility for Plaintiff Losses	*The Accounting Review* 75 (3)	×
134	O'Sullivan, Noel (2000)	The Impact of Board Composition and Ownership on Audit Quality: Evidence from Large UK Companies	*The British Accounting Review* 32 (4)	×
135	Reed, Brad J. et al. (2000)	Demand for Audit Quality: The Case of Laventhol and Horwath's Auditees	*Journal of Accounting, Auditing and Finance* 15 (2)	×
136	Frantz, Pascal (1999)	Auditor's Skill, Auditing Standards, Litigation, and Audit Quality	*The British Accounting Review* 31 (2)	×
137	King, Ronald R. and Schwartz, Rachel (1999)	Legal Penalties and Audit Quality: An Experimental Investigation	*Contemporary Accounting Research* 16 (4)	×
138	Lennox, C. S. (1999)	Audit Quality and Auditor Size: An Evaluation of Reputation and Deep Pockets Hypotheses	*Journal of Business Finance and Accounting* 26	×
139	Becker, Connie L et al. (1998)	The Effect of Audit Quality on Earnings Management	*Contemporary Accounting Research* 15 (1)	×
140	Brown, Clifford D. and Raghunandan, K. (1997)	Audit Quality in Audits of Federal Programs by Non-federal Auditors: A Reply	*Accounting Horizons* 11 (1)	×

第 2 章　監査の質の概念的探究

141	Elder, Randal J. (1997)	A Comment on "Audit quality in audits of federal programs by non-federal auditors"	Accounting Horizons 11 (1)	×
142	Hogan, Chris E. (1997)	Costs and Benefits of Audit Quality in the IPO Market: A Self-Selection Analysis	The Accounting Review 72 (1)	×
143	Hopkins, Robert Neil (1997)	The Nature of Audit Quality—a Conflict of Paradigms? An Empirical Study of Internal Audit Quality Throughout the United Kingdom Public Sector	International Journal of Auditing 1 (2)	×
144	Schwartz, Rachel (1997)	Legal Regimes, Audit Quality and Investment	The Accounting Review 72 (3)	×
145	Deis, Donald R., Jr and Giroux, Gary (1996)	The Effect of Auditor Changes on Audit Fees, Audit Hours, and Audit Quality	Journal of Accounting and Public Policy 15 (1)	×
146	Dopuch, Nicholas and King, Ronald R. (1996)	The Effects of Lowballing on Audit Quality: An Experimental Markets Study	Journal of Accounting, Auditing and Finance 11 (1)	×
147	Elitzur, Ramy and Falk, Haim (1996)	Planned Audit Quality	Journal of Accounting and Public Policy 15 (3)	×
148	Grant, Julia et al. (1996)	Audit Quality and Professional Self-Regulation: A Social Dilemma Perspective and Laboratory Investigation	Auditing: A Journal of Practice and Theory 15 (1)	×
149	Malone, Charles F. and Roberts, Robin W. (1996)	Factors Associated with the Incidence of Reduced Audit Quality Behaviors	Auditing: A Journal of Practice and Theory 15 (2)	×
150	Carcello, Joseph V. et al. (1996)	Partner Behavior and Audit Quality Reduction Acts: Vies of Partners and Senior Managers	British Accounting Review 8	×
151	Brown, Clifford D. and Raghunandan, K. (1995)	Audit Quality in Audits of Federal Programs by Non-federal Auditors	Accounting Horizons 9 (3)	×
152	Clarkson, Peter M. and Simunic, Dan A. (1994)	The Association between Audit Quality, Retained Ownership, and Firm-specific Risk in U.S. versus Canadian IPO Markets	Journal of Accounting and Economics 17 (1,2)	×
153	Jang, Hwee-Yong Jonathan and Lin, Chan-Jane (1993)	Audit Quality and Trading Volume Reaction: A study of Initial Public Offering of Stocks	Journal of Accounting and Public Policy 12 (3)	×
154	Carcello, Joseph V. et al. (1992)	Audit Quality Attributes: The Perceptions of Audit Partners, Preparers, and Financial Statement Users	Auditing: A Journal of Practice and Theory 11 (1)	×
155	Deis, Donald R., Jr and Giroux, Gary A. (1992)	Determinants of Audit Quality in the Public Sector	The Accounting Review 67 (3)	×
156	Copley, Paul A. (1991)	The Association Between Municipal Disclosure Practices and Audit Quality	Journal of Accounting and Public Policy 10 (4)	×
157	Datar, Srikant et al. (1991)	The Role of Audits and Audit Quality in Valuing New Issues	Journal of Accounting and Economics 14 (1)	×
158	Knapp, Michael C. (1991)	Factors That Audit Committee Members Use as Surrogates for Audit Quality	Auditing: A Journal of Practice and Theory 10 (1)	×
159	Francis, Jere R. et al. (1990)	Voluntary Peer Reviews, Audit Quality, and Proposals for Mandatory Peer Reviews	Journal of Accounting, Auditing and Finance 5 (3)	×
160	Park, Soong Hyun (1990)	Competition, Independence and Audit Quality: The Korean Experience	The International Journal of Accounting 25 (2)	×

第Ⅰ部 理論的・制度的・実践的探究

| 161 | Schroeder, Mary S. et al. (1986) | Audit Quality: the Perceptions of Audit-committee Chairpersons and Audit Partners | *Auditing: A Journal of Practice and Theory* 5 | × |
| 162 | DeJong, Douglas V. (1985) | Class-Action Privileges and Contingent Legal Fees: Investor and Lawyer Incentives to Litigate and the Effect on Audit Quality | *Journal of Accounting and Public Policy* 4（3） | × |

注：先行研究の選定プロセスについては，第5節を参照されたい。
出所：筆者作成。

第3章　英国FRCによる監査の質の探究

第1節　はじめに

　監査の質への探求は，第2章で述べたDeAngelo（1981）を嚆矢とする学界における議論があるのみならず，監査の質の企業活動・経済活動に対する重要性から，規制当局によるものも盛んである。規制当局のうち，英国財務報告評議会（Financial Reporting council: FRC，以下「FRC」と表す。）は，いち早く，2006年11月にディスカッション・ペーパー「監査の質の促進（Promoting Audit Quality）」を公表したことから，その動向が注目に値する。

　一方，本章の第2節で述べるが，社会学，政治学，経済学や組織論などにおいて，制度論（institutional theory）という理論が使われている（Scott 2014, 1-20）。制度論の系譜は広く，多くの論者がいるが，制度（institutions）を「規範（norm）」や「ルール」および「規則（regulation）」に結び付けて論じる論者が多い。たとえば，March and Olsen（1989, 21-26）によれば，制度は必ずしも公式構造ではなく，むしろ規範，ルール，理解の集まりとして捉えるほうがより理解できるとしている（強調筆者）。また，Scott（2014, 56）は，「制度は，関連したアクティビティとリソースとともに，規則的，規範的および文化認識的側面から成り，社会的生活に安定性（stability）と意義（meaning）を提供する」（強調筆者）としている。このように，制度は，ルールや規則・規範，そのルールや規則・規範の形成を導いたアクティビティやリソースを包含すると理解できよう。

　本書の第3～5章は，規制当局や基準設定主体（英国FRC，米国公開会社会計

第 I 部　理論的・制度的・実践的探究

監査委員会(Public Company Accounting Oversight Board: PCAOB；以下「PCAOB」と記す。)，国際監査・保証基準審議会（The International Auditing and Assurance Standards Board: IAASB；以下「IAASB」と記す。）における「監査の質」の概念の提示，評価の方法に関するルール作りの過程やその内容に関する分析を中心内容とする。FRC，IAASB および PCAOB における監査の質に関わるルール作りのアクティビティとその内容を制度論の中の「制度」として捉え，制度論的分析アプローチ（第 2 節）を用いて，その「制度」を分析できると考える。

そこで，本章では，まず第 2 節において，第 3〜5 章で共通する制度論的分析アプローチを説明し，次に第 3〜6 節ではその分析アプローチをも視野に入れながら，最も早くから監査の質への探求を手がけていた FRC によるその探求の軌跡・内容について検討する。また第 3〜6 節について，まずは，第 3 節では英国 FRC の規制当局としての監査の質との関係を整理し，第 4 節では 2006 年のディスカッション・ペーパー，第 5 節では 2008 年の冊子「監査の質のフレームワーク（The Audit Quality Framework）」の形成や特徴を中心に分析を行い，そして第 6 節では，（制度論的分析アプローチをも用いた）英国 FRC による監査の質への探求プロセスへの考察や今後の監査の質に関する議論における FRC の役割を考察する。

第 2 節　規制当局と監査の質における制度論的分析視角

制度論（institutional theory）は社会学，政治学，経済学などの分野に端を発し，組織論へも大きな影響を及ぼしている（たとえば，Scott 1995）。また制度論の系譜は広く，たとえば，Scott（1987）では，制度論のいくつかの変種（variant）を挙げている。

制度論を理解するのに，それを 2 つの学派に分けて理解することができる（たとえば，櫻田 2003；佐藤・山田 2004；Ribeiro and Scapens 2006）。いわゆる旧制度派経済学（old institutional economics: OIE）と新制度派社会学（new institutional sociology: NIS）である。OIE は NIS の出現によってそのように呼ばれるようになったという。

Ribeiro and Scapens（2006）によれば，OIE と NIS の共通点は，変化としての制度化をアウトプットとしてだけでなくプロセスとして捉えようとする点である。また両者の相違点は，OIE は特定の組織内における変化に焦点を当てる「ミクロ」的な視点を用いているのに対して，NIS は，組織のフィールド（業界など）やセクターに焦点を当てる「マクロ」的な視点を用いているということである。さらに，OIE と NIS の両方の視点を統合して分析を行う研究も近年において増加しているようである（たとえば，Modell 2006）。

本章を含む第3～5章は，OIE から Barley and Tolbert（1997）分析フレームワーク，また NIS から Tolbert and Zucker（1996）分析フレームワークを利用して，世界における主要な規制当局や基準設定主体である英国 FRC，米国 PCAOB と IAASB による監査の質に関する概念的検討の動向やその内容を分析する。

1. Barley and Tolbert（1997）分析フレームワーク

Barley and Tolbert（1997）分析フレームワークは，制度論者（たとえば，Berger and Luckmann 1967）のみならず，構造化理論（structuration theory）（たとえば，Giddens 1979）からも影響を受けている。Barley and Tolbert（1997, 96）は，まず，制度を「社会的行為者の分類と適切な行為や関係性を認識する共有されたルールや象徴」と定義する。また彼らは Giddens の構造化のモデルを参考に，「スクリプト（scripts）」を制度と行為をつなぐ要素とし，分析フレームワークを立てた（**図表3-1**）。彼らは，この「スクリプト」を「ある特定の状況において特徴的な，観察可能で再帰的な行為や相互作用のパターン」と定義し，スクリプトをメンタル的なモデルでなく行動の規則として捉えようとしている（Barley and Tolbert 1997, 98）。

図表3-1 からも確認できるように，Barley and Tolbert（1997）分析フレームワークは，行為と制度がスクリプトを媒介にして相互作用を繰り返しながら

第Ⅰ部 理論的・制度的・実践的探究

図表 3-1 Barley and Tolbert（1997）分析フレームワーク：
制度化の連続的モデル（A Sequential Model of Institutionalization）

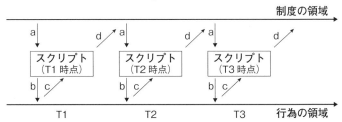

注：a：コード化；b：行為化（enact）；c：複製あるいは修正；
d：外在化および客観化（externalize and objectify）
出所：Barley and Tolbert（1997, 101）の図2を筆者が日本語に翻訳し，作成。

制度化プロセスを形成しているフレームワークである。当該フレームワークでは，制度の領域（Institutional Realm）と行為の領域（Realm of Action）の双方における右矢印が示すように，時間的な流れが明確に考慮されている。**図表3-1**にある垂直方向の矢印aとbは，制度が行為を制限していること，また斜め方向の矢印cとdは，行為が制度を維持あるいは修正することを示している（Barley and Tolbert 1997, 100）。矢印a（コード化）は制度のスクリプトへのコード化のモーメント（moment）を表し，また矢印b（行為化：enact）は制度的原則のコード化を受けたスクリプトを行動として演じるときに生じる。さらに，矢印c（複製あるいは修正）はスクリプトの複製あるいは修正を表し，矢印d（外在化および客観化：externalize and objectify）はスクリプトの外在化および客観化のモーメントを示している。

Barley and Tolbert（1997）分析フレームワーク：制度化の連続的モデル（**図表3-1**）における「制度の領域」に存在するものとして，世界主要な規制当局等 FRC，PCAOB，IAASB における「監査の質」の概念や評価方法などの規定（出版物）を想定すれば，諸規制当局等による「監査の質」に関わる制度化（institutionalization）を当該フレームワークを用いて分析することができると考えられる。

2. Tolbert and Zucker（1996）分析フレームワーク

　新制度派社会学（NIS）は，Meyer and Rowan（1977）を原点としている（佐藤・山田 2004, 184）。Tolbert and Zucker（1996, 169）は，Meyer and Rowan（1977）の研究の流れを汲み，制度論の中において，特に制度化プロセスの理論的枠組みを検討する。

　Tolbert and Zucker（1996, 180-181）は，Berger and Luckmann（1967）やZucker（1977）における習慣化（Habitualization），対象化（Objectification），沈殿化（Sedimentation）への検討を受け，当該3つの概念を制度化のプロセスとして捉える（**図表3-2**）。

　習慣化（Habitualization）のプロセスは，特定の問題に対応するための新しい（組織）構造の生成を必要とし，前制度化段階（pre-institutionalization stage）に位置づけられる（Tolbert and Zucker 1996, 181）。この組織内における新しい組織構造の生成は主として独立した活動である。それに対する模倣が発生するかもしれないが，イノベーション（**図表3-2**）に対する一般的な有用性にコンセンサスがないため，その模倣・アドプションが行われるのは，同様の問題に直面した，同種の，相互関係をもちうる数少ない組織群に限定される。

　対象化（Objectification）のプロセスは，習慣化プロセスで生成した新しい組織構造の普及（diffusion）を伴うもので，中制度化段階（semi-institutional stage）に位置づけられる。すでに出現した（組織）構造の価値について，組織の意思決定者たちの間において社会的なコンセンサスが形成され，当該構造を新規採用する組織が増加していく（Tolbert and Zucker 1996, 182）。

　対象化は部分的に，競争相手の組織のモニタリング（**図表3-2**），および競争力を増強するための努力の帰結である（Tolbert and Zucker 1996, 182）。組織の意思決定者たちは，他の組織の採用状況を見て，新しい（組織）構造のアドプションのコストとベネフィットを考える。他の組織の採用が多ければ，意思決定者たちはそのアドプションをより好意に考える。

　一方，対象化へは，他組織のモニタリングのほか，当該（組織）構造の擁護者（champion）による理論化（theorization）も必要である（**図表3-2**）。この理

第Ⅰ部 理論的・制度的・実践的探究

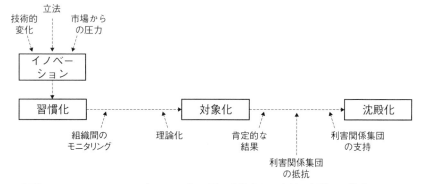

図表3-2 Tolbert and Zucker（1996）分析フレームワーク：制度化の構成プロセス（Component Process of Institutionalization）

出所：Tolbert and Zucker（1996, 182）の図1を筆者が日本語に翻訳し，作成。

論化は，現状の問題の認識および新（組織）構造が当該問題を解決できることをそれぞれ示す必要がある。当該理論化により，当該（組織）構造の一般的な認識および規範的正当性（general cognitive and normative legitimacy）がもたらされる。

沈殿化（Sedimentation）は，理論化された（組織）構造の（それに適する組織へ）の①完全普及と②長期間にわたる定着が特徴として挙げられ（Tolbert and Zucker 1996, 184），完全制度化段階（full-institutionalization stage）に位置づけられる。対象化から沈殿化へのプロセスは，①当該構造の有効性に意義を唱えるグループが比較的に少なく，②提唱グループによる文化的な支持を受け，さらに③当該構造の採用により良好な結果を得られることが明らかという3つのことに依存している（Tolbert and Zucker 1996, 184；**図表3-2**を参照）。

第3章の第1節で説明したが，監査の質に関わるFRC，PCAOB，IAASBの動向やその検討の結果（監査の質に関わる出版物など）は「制度」として捉えられる。これまでに説明したTolbert and Zucker（1996）分析フレームワーク：制度化の構成プロセス（Component Process of Institutionalization）（**図表3-2**）を用いて，監査の質に関わるFRC，PCAOB，IAASBの動向やその検討

の結果（監査の質に関わる出版物など）という「制度」（プロセス）が，Tolbert and Zucker（1996）分析フレームワークにおける習慣化，対象化，沈殿化のプロセスの流れの中のどの位置にあるかについて，分析できると考えられる。たとえば，監査の質に関わる諸規制当局等のアクティビティや規則等（出版物）が「対象化」のプロセスに該当すると結論しようとする場合，まず「習慣化」や「沈殿化」のプロセスに該当しない理由，そして「習慣化」から「対象化」に移行するための必要事項である「組織間のモニタリング」と「理論化」の内容を検討しなければならない（**図表 3-2**）。

第3節　規制当局としての英国 FRC と監査の質

英国の会計・監査基準は，FRC により開発，制定されている。FRC は 1990 年 7 月に設置され，独立の規制機関で，保証有限責任会社（company limited by guarantee）[1]の形態をとっている。FRC が設置される前は，英国の会計・監査に関して，コモン・ローの法体系の下で，会社法に必要最小限度の規定しかなく，その実務が取締役や職業的専門家の判断に委ねられていたとされる[2]。

図表 3-3 は FRC の組織に関わる大きな出来事と，その組織と監査や監査の質との関係を示したものである。また，**図表 3-4** は FRC の体制の変遷をまとめたものである。全体的に FRC の具体的な役割や組織構造が時間とともに変化していることがわかる。以下において 3 点を取り上げ，**図表 3-3；3-4** を説明する。

---

(1) 2006 年会社法によれば，イングランドおよびウェールズで会社の設立には，3 つの形態があり，株式会社（company limited by shares），保証有限責任会社（company limited by guarantee），無限責任会社（unlimited company）である。保証有限責任会社は通常，非営利活動のために設立される（JETRO 2011, 5）。

(2) 「CCAB-ABC 体制」時代と呼ばれ，田中（1993, 91-106）や齊野（2006, 7-20）に詳述されている。

第Ⅰ部　理論的・制度的・実践的探究

図表 3-3　FRC の組織に関わる歴史と監査

年	FRC の組織に関わる出来事	
1990	FRC が設置され，ASB（Accounting Standards Board: 会計基準審議会）と **FRRP**（Financial Reporting Review Panel: 財務報告違反審査会）もその下部組織として組成される。	FRC-ASB体制
2003	・**AIU**（Audit Inspection Unit: 監査監察ユニット）組成 ・FRC はコーポレート・ガバナンス・コード（the UK corporate Governance Code）に対して責任を持つ。	FRC-ASB体制
2004	FRC は 3 つの新しい下部機関を設置。 ・**APB**（Auditing Practices Board: 監査実務審議会） ・**POBA**（Professional Oversight Board for Accountancy: 会計専門家監視委員会，後に **POB**（Professional Oversight Board: 職業的専門家監視委員会）に組織替え） ・**AIDB**（Accountancy Investigation and Discipline Board: 会計調査・懲戒審議会）	FRC体制
2005	アクチュアリー基準とアクチュアリー専門職の監視に責任を持つ。BAS（Board for Actuarial Standards: アクチュアリー基準審議会）発足；POBA から POB に変更し，POB はアクチュアリー関係も監督。	FRC体制
2010	FRC はスチュワードシップ・コード（the UK Stewardship Code）に責任を持つ。	FRC体制
2012	FRC 改革：FRC の組織構造が変更され現在に至る。FRC ボードの下，**CSC**（Codes and Standards Committee: コードおよび基準委員会），EC（Executive Committee: 実行委員会），**CC**（Conduct Committee: 管理委員会）を設ける。	新FRC体制

注：FRC の組織のうち，監査や監査の質に関わる組織を太字・下線で強調している。
出所：FRC（2015a, 3）を参考に，筆者が加筆・作成。

(1)　FRC の構造変化：「FRC-ASB 体制」→「FRC 体制」→「新 FRC 体制」

1989 年会社法の法的な裏づけ（statutory backing）[3]を受け，1990 年 FRC が設置され，また会計基準の開発および制定を任務とした会計基準審議会（Accounting Standards Board: ASB），ならびに会計基準および 1985 年会社法の会計規定から離脱する事例を審査することを任務とする財務報告違反審査会（Fi-

---

(3)　具体的には，たとえば，田中（1993, 114-122）を参照されたい。

第3章　英国 FRC による監査の質の探究

図表 3-4　英国会計・監査基準設定体制の変遷

① 「FRC-ASB 体制」

出所：FRC（2015a, 3）の他，田中（1993, 123）や斎野（2006, 36）を参照し，筆者が作成。

② 「FRC 体制」

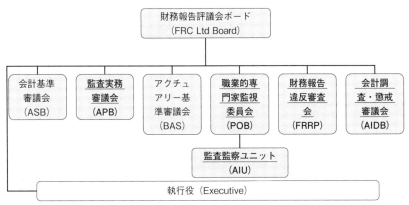

出所：FRC（2005, 72），FRC（2006, 71），FRC（2015a）を参照し，筆者が作成。
注：① POB は，2004 年 POBA から組織替えされた組織である。②「FRC 体制」時代では，FRC 組織の下には複数の組織が拡充され，毎年若干の相違が見られるが，いくつかの運営機関（Operating Bodies）と，それをサポートする執行役（Executive）が存在する。

nancial Reporting Review Panel: FRRP）が FRC の下部組織として設置され，いわゆる「FRC-ASB 体制」[4]が始まった（**図表 3-4 ①**）。

また，2004 年 4 月に FRC は，監査基準や指針などの制定をする監査実務審議会（Auditing Practices Board: APB），会計専門家や企業の監査の質への監視

第Ⅰ部　理論的・制度的・実践的探究

③　「新FRC体制」

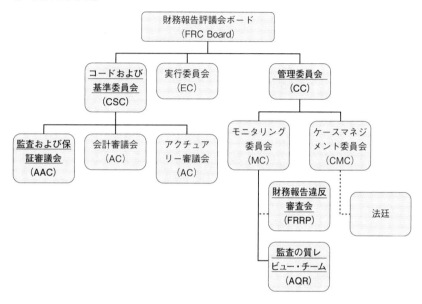

出所：FRC（2014, 5）を参照し，筆者が加筆・作成。

をする会計専門家監視委員会（Professional Oversight Board for Accountancy: POBA）および公益に反する事件を調査し，懲戒計画を立て実行する会計調査・懲戒審議会（Accountancy Investigation and Discipline Board: AIDB）の3つの新しい下部機関を設置する（FRC 2005, 36）ことで体制が大きく変わる。そして，2005年アクチュアリー基準を制定するアクチュアリー基準審議会（Board for Actuarial Standards: BAS）が設置され，アクチュアリーの専門家への監視の責任を加えることで，POBAは，POB（Professional Oversight Board: 職業的

---

(4) たとえば，田中（1993, 123）には，「FRC-ASB体制」という言葉を使っている。研究者によっては，「ASB体制」と呼ばれることもある（たとえば，齊野（2006, 36）を参照されたい）。

専門家監視委員会）に組織変えし「FRC 体制」（**図表3-4**②）が整ったといえる。加えて，「FRC 体制」の中のこれら ASB，APB，BAS，POB，FRRP および AIDB の運営機関（Operating Bodies）をサポートする執行役（Executive）が存在する（FRC 2008, cover）。

さらに，2012 年の FRC 改革により，現在の「新 FRC 体制」が形成されている。2012 年から開始された「新 FRC 体制」（**図表3-4**③）は以下のように概述することができる[5]。

FRC ボードは，コーポレート・ガバナンス，スチュワードシップ，会計，監査，保証サービスおよびアクチュアリーに関するコードまたは基準の発行や維持に，そして，2006 年会社法第 42 編の下での国務大臣（the Secretary of State）や独立監督機関（the Independent Supervisor）の機能[6]の執行に規制の力を持つ。FRC ボードは，指名・報酬・監査委員会（Nominations, Remuneration and Audit Committees）によってサポートされている。また，体制的に FRC ボードの下部組織として，実行委員会（Executive Committee: EC），コードおよび基準委員会（Codes and Standards Committee: CSC）ならびに管理委員会（Conduct Committee: CC）が設けられている[7]。

EC は，FRC ボードへの戦略の方向性の推薦，FRC の通常業務の監視，ならびに FRC の年度ビジネス・プランの実行をし，また FRC の予算に関してボードに助言する。CSC は主に，コーポレート・ガバナンス，スチュワードシップ，会計，監査および保証業務，ならびにアクチュアリー基準のコードや基準の有効なフレームワークの維持のために，FRC ボードに助言する。CC は，

---

(5) FRC（2014, 5-7）や FRC（2013, 6）を参照した。
(6) 2006 年会社法第 42 編は，会計監査役に関する規制を定めている。また，2006 年会社法第 42 編では，会計検査院長官（Auditors General）が，法定会計監査役（statutory auditors）に選任される資格があるとし，独立監督機関は，その規制と監督にあたると規定している。さらに，国務大臣が独立監督機関を選任するとしている。具体的には，たとえば，本間・中村（2010）を参照されたい。
(7) 具体的には，FRC（2013, cover）を参照されたい。

第Ⅰ部　理論的・制度的・実践的探究

企業報告のレビューに関わる法的執行力の執行に責任を持ち，また主に，企業報告へのレビュー，監査の質のレビュー，専門家の懲戒や専門家団体の規制への監視に責任を持つ。

(2)　FRC の役割の拡充

図表 3-3 からわかるように FRC は，2003 年コーポレート・ガバナンス・コード（the UK corporate Governance Code），また 2005 年，アクチュアリー基準やアクチュアリー専門職の監視，さらに 2010 年スチュワードシップ・コード（the UK Stewardship Code）に，それぞれ責任を持ちはじめた。FRC はもはや会計・監査基準の設定主体としてだけでなく，コーポレート・ガバナンスやアクチュアリー基準などを幅広く手がける「強力」な規制当局になっている。

なお，FRC の現在の役割は FRC2014 年公表の冊子「FRC とその規制アプローチ（The FRC and its Regulatory Approach）」のカバー・ページを引用することで総括できる。

　　FRC は，投資促進に高い質のコーポレート・ガバナンスの促進に責任を持ち，英国のコーポレート・ガバナンス・コード（the UK corporate Governance Code），スチュワードシップ・コード（the UK Stewardship Code），会計・監査基準とアクチュアリー基準（standards for actuarial practice）を制定する。われわれは国際的基準設定にあたり英国の利害を代表する。またわれわれは企業報告と監査の質の促進のため，モニタリングし，行動を起こす。加えて，われわれは会計士と保険数理士に独立した懲戒の取り決めを運営し，会計士団体とアクチュアリー専門団体の活動を監督する（FRC 2014, cover）。

(3)　FRC と監査や監査の質との関係

まず，前述した FRC の役割からもわかるように，FRC は，英国の監査基準の制定や監査の質の促進に責任を持っている。

また，FRC の役割を果たすべく，構造的に多くの FRC の下部組織が，監査や監査の質に関わっている（**図表 3-3** および **3-4** において，監査や監査の質に関

第3章　英国FRCによる監査の質の探究

わる組織を太字・下線で強調している）。

　これらの監査や監査の質に関わる下部組織は大きく，「監査基準の制定」と「会計・監査基準の準拠への監督」という2つの視点で分けることができる。たとえば，監査規準の制定に関わる下部組織として，APB，CSC，また会計・監査基準の準拠への監督に関わる下部組織として，FRRP，POBA（後にPOBに組織替え），POBの下部組織であるAIU（Audit Inspection Unit: 監査監察ユニット，後の「新FRC体制」ではAQR（Audit Quality Review (AQR) team: 監査の質レビュー・チーム）に組織替え），AIDB，CCが挙げられる（**図表3-3**）。

　実際の企業報告への監査をレビューする役割を果たす組織として，特に注目すべき組織として，AIU（後のAQR）が挙げられる。AIU/AQRは，英国の上場企業や主要な公開会社（public interest entities）の監査の質や，主要監査法人における監査の質をサポートする政策や手続きを監視する（FRC 2015b）。

　一方，FRCの全体の組織として，監査の質の定義や考え方については，2006年のディスカッション・ペーパーと2008年の冊子が重要であり，次節以降において，具体的に分析する。

　このように，歴史的に体制が変化し，役割が拡充されてきた英国FRCであるが（**図表3-3：3-4**），監査の基準の制定や監査の質の促進のための行動主体として，役割を果たし（FRC, 2014），監査の質と関わってきていると理解できる。

第4節　2006年FRC監査の質フレームワーク

　第2節で触れた「FRC体制」時代（**図表3-4**②）において，FRCは2006年11月に，「監査の質の促進」というディスカッション・ペーパー（以下「FRC2006DP」と呼ぶ。）を発行し，2007年3月を締め切りとして各界からコメントを求めた。

　FRC2006DPは，67ページにわたり，付録とイントロを除いて，7つのセッションがある。**図表3-5**は，FRC2006DPの主要な内容と構造をまとめたも

のである。

　まずイントロには，FRC2006DP の位置づけを示している。具体的には，たとえば，FRC2006DP は，FRC の目的[8]に関わるいくつかのディスカッション・ペーパーの内の最初のものであるとしている（FRC 2006, 5）。また FRC は，FRC2006DP に対する回答が，POB，AIU および APB に重要であると述べ，そして FRC2006DP の議論があくまでも英国の上場企業や公開会社における監査の質にフォーカスすると示した（FRC 2006, 6）。一方，FRC は，FRC2006DP が広い意味で監査の質への理解へ貢献できると考え，世界的に監査の質の議論にイニシアチブを取っていると理解しているようである（FRC 2006, 6）。

　また第 1 セッションは，直近の環境についてまとめ，第 2 セッションは監査の質を決定するための注意事項や FRC がとるアプローチについて述べ，さらに第 3〜7 セッションは，FRC が考える監査の質のドライバーにおける 5 つの領域についてそれぞれ分析を行っている（**図表 3-5**）。

　具体的には，直近の環境について，世界的不祥事であるエンロン事件やワールドコム事件に触れ，財務報告の質や監査のプロセスの有効性の分析・レビュー・改善の重要性を強調した。また英国において，財務報告の質や監査のプロセスの有効性について大きな問題がないとしつつ，監査の質の促進の方法を考える時期に来ていると見解を示した。さらに，上場企業の連結財務諸表への IFRS の適用や FRC の組織構造の変更と役割の拡充についても触れ，APB による監査人に関する倫理の基準や新監査基準の発行についても言及した。

　また，第 2 セッションは，監査の質に関する FRC の総括的な見解を示した。具体的に，FRC は，実際のパフォーマンスが査定され得るような「基準」として使える，監査の質の単一的に同意された定義が存在しないこと，また，有限な透明性が，それを頼りにしている人たちにとって，監査の質の評価を難しくさせているとの見解を示している。

---

(8) 第 3 章第 3 節で記述した FRC の役割を参照されたい。

第3章　英国FRCによる監査の質の探究

　第3〜7セッションでは，FRC2006DPが考える監査の質への5つのドライバー：①監査法人内の文化，②監査のパートナーとスタッフのスキルと個人的質，③監査プロセスの有効性，④監査報告書の信頼性と有用性ならびに⑤監査人のコントロール外で監査の質へ影響する要因について，それぞれ具体的に，その内容を検討した。また①〜④のドライバーについては，(1)その重要性・具体的な内容，そして(2)受ける可能性のある脅威という2つの側面で分析をした。

　具体的には，ドライバー①監査法人内の文化について，監査法人が監査の質を作る環境を提供していると認識し，監査法人の専門的リーダーシップの強調や組織としてのインフラ整備や資源の提供が監査の質へプラスに働いたことを強調した。一方，監査法人が組織としての顧客獲得やコストに対する過度な意識，訓練への不十分なインプットなどは脅威としてリストアップされた（**図表3-5**, 3.）。

　ドライバー②監査のパートナーとスタッフのスキルと個人的質について，パートナーとスタッフの個人のスキルや彼らへの評価システム，メータリングを含む訓練の重要性を強調し，逆にメータリングや訓練の失敗がこの側面から監査の質への脅威として考えられた（**図表3-5**, 4.）。

　ドライバー③監査プロセスの有効性について，監査契約，監査手法，監査チームへのサポート体制，監査の質へのモニタリングといった監査のプロセスにおける有効性が監査の質へのプラス側面を示し，また脅威として，監査プロセスにかかる技術問題に対応する時間ロスや顧客との癒着が取り上げられた（**図表3-5**, 5.）。

　ドライバー④監査報告書の信頼性と有用性について，監査報告書の形式の標準化や監査委員会との良好なコミュニケーションを監査の質へのプラス側面として捉え，また逆に，監査報告書における情報の不十分さに関する利用者の懸念を示すことで，監査の質へのマイナス側面を述べた（**図表3-5**, 6.）。

　ドライバー⑤監査人のコントロール外で監査の質へ影響する要因について，それまでの監査の質へのプラス・マイナス側面での捕捉をしないで，経営者・監査委員会・株主や論評者（commentators）・訴訟・規制当局の5者からその

要因を分析した（**図表 3-5, 7.**）。

FRC2006DP に関する具体的な内容は**図表 3-5** で確認できるが，FRC2006DP の内容の特徴として，3 点が挙げられる。

第 1 に，FRC2006DP は，FRC が自身の役割に関わるいくつかのディスカッション・ペーパーのうち，最初に発行されたものであり，FRC の下部組織などにとって重要であるという位置づけで世に出されたものである。特に，FRC2006DP を通じて，FRC は，「監査の質」議論への世界的な主導的な役割を果たしていることも認識していることに注目すべきである。

第 2 に，FRC2006DP は監査の質への定義を避け，実際のパフォーマンスが査定され得るような「基準」として使える，監査の質の単一的に同意された定義が存在しないとした。一方，監査の質を描写するときに，「真実かつ公正的（true and fair）」[9]や「有限な透明性（limited transparency）」[10]など英国の会計・監査に関わる基本概念を用いたことに特徴が出ていると考えられる。

第 3 に，FRC2006DP は監査の質を捉えるアプローチとして，5 つのドライバーを取り上げ，監査の質へプラスとマイナスの側面からそれぞれのドライバ

---

(9) 英国の会社法では，会社が作成すべき財務諸表の内容について，「真実かつ公正な概観（true and fair view）（TFV）」という最優先概念を掲げ，取締役（または取締役会）に対してそれを満たす内容で財務諸表の作成が義務付けられている。TFV と深く関わっているのは，「離脱規定（departure)」や「遵守もしくは説明（comply or explain）」である。正当な理由があれば会計基準から離脱しなければならなく，また基本的に規制に遵守しなければならないが，遵守しなかった場合，説明しなければならないとされている。これは，英国の会計の最高規範が TFV にあることを裏付けるものでもある。さらに，TFV の考え方は，取引の記録時における経済的実質を優先することも意味するため，「原則主義（principles based）」の理念とも整合する。詳しくは，たとえば，田中（1993, 65-89)，加藤（2011, 6; 2012, 33-35）や江澤（2014, 36-37）を参照されたい。

(10) たとえば，FRC の年度報告書の中において，透明性という言葉は良く用いられている。実際，英国では，一部分の監査法人は，透明性に関するレポート（Transparency Reports）を出すように要求されている（FRC 2008b, 2; 2015c, 68）。

図表 3-5 FRC2006 年ディスカッション・ペーパー「監査の質の促進」

イントロ：FRC2006DP の位置づけ

1. 直近の環境
・エンロン事件後，財務報告の質と監査のプロセスの有効性は，分析・レビュー・改善され，英国においてそれに関する状況は悪くないが，監査の質の促進の方法を考える必要がある。
・APB は監査人に関する倫理の基準や新監査基準を発行した。

2. 監査の質（総括）
◯監査の質を決定するのに
・実際のパフォーマンスが査定され得るような「基準」として使える，監査の質の単一的に同意された定義が存在しない。
・財務諸表が「真実かつ公正的（true and fair）」であるかどうかに関する監査人の意見は，主観的である。意見をサポートするのに要求された監査証拠の範囲と性質に関して，異なる考え方がもたらされるかもしれない。
・有限な透明性（limited transparency）は，それを頼りにしている人たちにとって，監査の質の評価を難しくさせている。監査報告書は，監査の根本的な質を評価するための情報を利用者に提供していない。利用者は，監査人の任命などに関わる事項に対して，限られた役割しか果たせない。
◯ FRC がとったアプローチ
監査の質のドライバーを識別し，またこれらのドライバーの脅威を考える。

ドライバー	重要性（内容，「監査の質」へプラスに働く事項）	脅威（「監査の質」へマイナスに働く事項）
3. 監査法人内の文化	◯監査の質は，高い質の達成が評価され，投資され，そして報いられる環境を監査法人が創造することによって作り出されえる。 ◯監査の質の増強に関わる監査法人の文化のインジケーターは，下記のようなものである。 ・監査人の専門的責任の遂行の重要性を強調する監査法人のリーダーシップ ・監査基準と倫理の基準の根幹を成す原則への重視 ・高質な監査に必要な個人の特徴を促進するパートナーとスタッフへの開発システム（の存在） ・監査の質に負の影響を及ぼす財政的な考慮による決定の不容認 ・困難な事項に対する相談への促進，事項が発生するときにおける十分な資源の提供 ・監査の機能をサポートする情報インフラの開発	・企業の経営判断に不十分なインプットをする監査のリーダーシップ（audit leadership） ・監査（の任命）の獲得と維持への過度な強調 ・非監査業務への過度な強調 ・経済の停滞の時期における過度のコスト削減 ・テクニカル訓練に対する不十分な重要視

第Ⅰ部　理論的・制度的・実践的探究

4. 監査のパートナーとスタッフのスキルと個人的質	○パートナーとスタッフのスキル ・監査チームは，未経験のスタッフによって詳細な「現場」監査業務の多くをこなす「ピラミッド構造」を典型的にもつ。 ○監査する個人への訓練 ・訓練は，適切に監査業務と同等扱いにする必要がある。 ・あらゆるレベルでの訓練は，広い範囲での事項に対応する必要がある。 ・マネジャーとパートナーは，メンタリングや職場内訓練を提供する必要がある。 ・事後資格審査に関わる訓練は，監査関連の事項に適切にフォーカスする必要がある。 ○パートナーとスタッフの評価へのアプローチ ・監査の質は，監査の質を促進する要因に適切な強調があった場合，増強されえる。	・有効なメータリングを通じて，必要な個人的特徴の開発への失敗 ・スタッフに必要な経験と専門性の維持への失敗 ・監査リスクよりも，クライアントの名声に関わるものに有能なスタッフのより多くの配置 ・不十分と非有効な訓練
5. 監査プロセスの有効性	監査のプロセスが下記のような状況において，高質な監査にとって有効的であるといえる。 ○監査契約に必要な監査チームの構造，経験と知識は適切であり，また，生じえる事項に熟慮の上での回答を可能にできる資源は十分である。 ○監査チームが慣れない状況に遭遇するとき，高い質のテクニカル・サポートが利用可能である。 ○監査手法（audit methodology）は，よく組み立てられ，かつ下記の条件を満たす： ・有効にかつ効率的に十分な適切な監査証拠の入手のため，フレームワークと手続きを提供している。 ・判断を抑制することなく，監査基準への準拠を提供している。 ・適切な監査（内容）の書類化を要求している。 ・監査業務の有効なレビューを保証している。 ○監査人の誠実性，主観性および独立性へ信頼を提供し，倫理基準の目的が達成されている。 ○監査の質のコントロールの手続きは有効で，監査法人内および国際的ネットワーク内において，理解され，適用され，そしてモニタリングされている。	○コンピューターによる監査手法の利用の増加は，被監査企業から監査人を遠ざけ，柔軟性を減少させ，その結果，証拠の収集時に，技術（問題）に対応するのに時間がかかるかもしれない。 ○過度な監査基準，規則および監査手法は，下記のような逆のインパクトを持つ。 ・特定な環境に監査手続きを適合させるのに不十分な強調 ・判断の執行の抑制 ・監査手続きを正確に遂行するための文書の作成へ（過度に）フォーカス ○クライアントとの関係が親密すぎて，客観性が損なわれた場合に起こる「顧客癒着（client capture）」

第3章　英国FRCによる監査の質の探究

6. 監査報告書の信頼性と有用性	○監査報告書の形式は非常に成文化され標準化されている。 ・法規や監査基準によって重要な要素が特定されている。 ・不適正意見監査報告書は，新しい情報源よりもシグナルとして働く。 ・監査報告書への信頼は，監査プロセスの推定された質への信頼と密にリンクされている。 ○監査委員会との良いコミュニケーションは，監査の高い質の結果への重要な貢献をしているようである。そのベネフィットは下記のものを含む： ・監査の範囲に関する会話の促進 ・確認された重要なリスクや監査意見を形成する判断への議論の場の提供 ・(事業)主体の会計と報告の質的側面や財務報告の改善のための潜在的方法への議論	○FRCはいくつかの利用者と論評者が下記の懸念を持っていることに気がついている。 ・「真実または公正的」の意味の範囲は，IFRSの導入部(の含意)に厳密に含まれているか。これは，2006年の英国会社法(The Companies Act 2006)によって触れられている。 ・監査人は，企業の会計記帳の正確さへの思慮において，かれらの法的責任を正しく履行しているか。 ・監査報告書には，重要な監査論点に関して更なる情報を出すべきか。
7. 監査人のコントロール外で監査の質へ影響する要因	■ 経営者によって取られるアプローチ 　○良いコーポレート・ガバナンスは，企業が財務報告や企業報告と監査プロセスに適切に重要視することへの確保において，重要な役割を果たす。 　○経営者がいくつかの環境の中，監査プロセスを妨害する動機を持つかもしれないリスクは常に存在する。 ■ 監査委員会による貢献 　○監査人が監査の計画および範囲に責任をもつが，監査委員会は下記のような場合に，重要であると考えられる。 　　・監査リスクと主要リスクの領域の範囲への思慮 　　・監査計画と監査資源の妥当性への得心 ■ 株主(shareholder)と論評者(commentators)の役割 　○監査人をサポートして，取締役や経営者が信頼できる財務諸表の準備と関連するかれらの義務を遂行する可能性を増加する。 ■ 監査の質のドライバーとしての訴訟の役割 　○英国における責任体制は，訴訟にさらすことが監査の質への刺激となることを確保するようにデザインされている。 ■ 規制当局のアプローチ 　○規制当局は，監査法人が専門的基準の原則に従い高い質の監査を行っているかについて，査定できる高い質のスタッフを必要とする。これが実現するため，監査法人はまた原則を固守しなければならない。 ■ 報告の体制によって引き起こす圧力 　○厳しい報告の期限(設定)は，(会計)報告期間後の監査人による詳細な仕事への機会を制限し，その結果として，(会計)報告期間末の前における仕事のパフォーマンスに過度に依存することになる。	
付録：英国の財務報告への規制変化や学界における監査の質の研究のまとめ		

出所：FRC2006DPの内容をまとめ，筆者が作成。

ーを描写することで監査の質を捕捉しようとした。監査をする主体(パートナーとスタッフ)(ドライバー②)やその組織(監査法人)(ドライバー①)、監査をするプロセス(ドライバー③)、監査のアウトプットである監査報告書(ドライバー④)、さらにその他経営者、株主、規制当局などの外部要因(ドライバー⑤)から監査の質を見た。

第4に、FRC2006DPは分量が67ページあり、FRCがFRC2006DPの内容に注力したことが伺える。監査の質への理解を促すため、**図表3-5**から確認できるように、それに関わる直近の環境や監査の質の概念へのFRCがとったアプローチ、監査の質に関するドライバーへの分析に加えて、付録では英国の財務報告への規制変化や学界における監査の質の研究のまとめ[11]まである念の入れようである。

第5節 2008年FRC監査の質フレームワーク

1. FRC2006DPへのコメントとFRCの対応

FRC2006DPに対して2007年3月を締め切りとしてコメントが求められた。その結果、39の回答が得られ、回答者の内訳は、会計事務所8、専門団体10、投資者9、会社2、その他10である[12]。FRC2006DPへのコメントの主な内容とFRCの対応をまとめたのが**図表3-6**である。以下において、**図表3-6**に示すように、総括的なコメントや監査の質のドライバー別のコメントとそれに対するFRCの対応に関する内容として、6点について記述する。

(1) FRC2006DPへの総括的なコメントとFRCの対応

大多数の回答者は、英国における財務報告が有効に運営され、監査が正常に

---

(11) 学界における監査の質の研究のまとめ方としては、監査の質が①市場の需要、②監査法人の行動、③監査の質への脅威、④監査人の責任、⑤規制、⑥コーポレート・ガバナンスなどその他の側面とのリンクから分析が進められている。具体的には、FRC2006DPの付録を参照されたい。

(12) 詳しい回答者の中身について、FRC(2007, 30)を参照されたい。

第3章　英国FRCによる監査の質の探究

図表3-6　FRC2006DPへのコメントとFRCの対応

FRC2006DPへのコメントの内容	FRCの対応
(1)　総括的なコメント ・監査の質への議論におけるイニシアチブを歓迎。 ・監査の質の信頼のサポートにFRCが重要な役割を果たしていることを認識。 ・FRC監査の質のドライバーのフレームワークを支持。 ・FRC2006DPに記載されている脅威に証拠がないなら，行動を取るべきでない。 ・FRC2006DPは，FRCの他の業務と相互作用がある。 ・監査委員会の活動に関する報告はもっと積極的であるべきとするコメントがある一方，既存のもので十分であるとするコメントもある。	・ドライバーのサマリーの公表をする。 ・追加的な規則を提案しない。 ・監査委員会の活動に関する報告の内容と量について，MPGの最終推薦を考慮しながら，コーポレート・ガバナンス・コードに関する仕事に活かす。
(2)　ドライバー①監査法人内の文化に関するコメント ・ドライバー①は監査の質のドライバーの内，最も重要。 ・ステークホルダーは，監査法人の組織内に関する更なる情報を要求している。 ・監査法人側や個々の監査人が公衆のために「正しいことへの行い（doing the right thing）」の重要性について，十分な記述がない。	・主要な監査法人が発行する「透明性に関するレポート（Transparency Reports）」がその情報を提供しているとも理解できる。 ・「正しいことへの行い」の重要性を認め，フレームワークを修正。
(3)　ドライバー②監査のパートナーとスタッフのスキルと個人的質に関するコメント ・監査の実施現場に疑念がある。たとえば，現場のスタッフが複雑な取引の監査に対応する十分な経験を持っていない。現場での指導やモニタリングが有効でない。 ・監査法人で働いたことのある方々が監査法人から離職してもビジネスや商業に彼らの技能を使うことができることから，英国の経済にベネフィットをもたらす可能性があり，監査に関する現在のスタッフ・モデルが有益であると認識。 ・監査のパートナーのローテーション期間が短すぎる。	・監査の実施現場での問題への疑念は，複雑で非常に重要であると認識する。会計団体と一緒に考え，合意すべきとしている。 ・パートナーのローテーション期間について，引き続きの議論が必要としている。
(4)　ドライバー③監査プロセスの有効性に関するコメント ・「原則主義（principles based）」監査基準への支持と国際的な監査基準における過度な規範化への懸念。 ・財務諸表の準備と監査における「真実かつ公正な概観」の重要性は，強く支持されている。 ・法的規則，会計基準や監査規則の変化の度合いが大きく，一定期間の（制度の）安定が必要と広く認識されている。 ・多くの回答者は，提供された監査の質に関するグローバルな一貫性の欠落に疑念をもつ。いくつかの回答者は，これは，グローバル企業の国際的なネットワークのアレンジメントの透明性の欠落によって悪化されていると考えている。	・原則主義の基準の促進に継続努力。 ・「真実かつ公正な概観」の重要性を認め，これからの規則づくりにもそれを盛り込むとしている。 ・一定期間における制度の安定の必要性を念頭に将来の業務に取り組む。 ・国際的な関係機関を通じて，監査の質へのグローバル的な一貫性の促進に努力し続ける。特に，第3国での法定監査に関する指令（the Statutory Audit Directive on Third Country）の条文にこの懸念への対応を考慮する。

第Ⅰ部　理論的・制度的・実践的探究

(5)　ドライバー④監査報告書の信頼性と有用性に関するコメント ・監査人の監査報告書の現在の形式と中身についての変更を要求している。 ・報告書における監査法人のレピュテーションが，監査意見への信頼を利用者に提供するものであり，また，監査報告書の実際の形式や内容は比較的重要でないとしている。	・APB が，主体となり，専門調査委員会を組み，監査報告書における内容などを検討する。
(6)　ドライバー⑤監査人のコントロール外で監査の質へ影響する要因に関するコメント ・投資者は，監査委員会から監査契約（audit arrangement）についてより叙述的なレポートを期待する。 ・監査人の任命に関連する決定に投資者がより関わることを希望する。 ・監査人の辞任の理由について，改善されたコミュニケーションが望まれる。 ・機関投資家は，監査人の責任へのエクスポージャーを続けることは，監査の質への重要な刺激であるとみている。 ・12月31日への監査の集中が監査の質への脅威になっていることを危惧している。	・MPG の最終推薦を考慮しながら，コーポレート・ガバナンス・コードに関する仕事に活かす。 ・「競争と選択のプロジェクト（project on competition and choice）」の論点として考える。 ・会社法 2006 における修正点や法定監査に関する指令（the Statutory Audit Directive）の関連条文を確認しながら，再吟味していく。 ・回答者の観点は，責任の限定の合意書（liability limitation agreement）に関係する FRC のワーキング・グループによって，利用される。 ・状況を確認したが，現段階において，行動を提案しない。

出所：FRC（2007）を参考に，筆者がまとめ・作成。

役割を果たしているという認識を示しているが，FRC の FRC2006DP 発行におけるイニシアチブを歓迎した（FRC 2007, 2.1）。

多くの回答者は，英国における監査の質の信頼のサポートに FRC が重要な役割を果たし，また FRC の行動が専門家の実行可能性に影響することを認めている（FRC 2007, 2.2）。たとえば，イングランド・ウェールズ勅許会計士協会（ICAEW）は，「FRC が，監査意見の価値と質における市場の信頼の構築を助ける監査の原則や適切な規則の促進に重要な役割を果たしている」としている。

また，多くの回答者は，FRC2006DP は監査の質への主なドライバーと脅威を取り上げていると考えており（FRC 2007, 2.3），またそのフレームワークに対して支持をしている（FRC 2007, 3.1a）。FRC は，これらのコメントを受け，監査の質のドライバーのサマリーの公表をするとしている（FRC 2007, 3.1a）。

しかしながら，監査法人の一部は，脅威のいくつかが理論的であると指摘し，

また，特定の脅威が英国の監査に不利に影響する明確な証拠がない限りFRCが行動を取るべきでないとしている。彼らは，監査の専門家に対して意図せず有害な帰結をもたらす行動を危惧している（FRC 2007, 2.3）。たとえば，プライスウォータハウス（PwC）は，「われわれは，追加的あるいは拡張的な監査の規則または関連するイニシアチブが必要と考えない」としている。

一方，監査法人によるコメントでは，FRCの監査の規則を増やすのであれば，重要な論点のみに焦点を絞り，コスト・ベネフィットを考慮すべき，小さい主体への監査やパブリック・セクターの監査にも対応するものであるべきとしている（FRC 2007, 2.5）。上記のコメントを受け，FRCは自らの哲学「情報流通が良い市場は最高な監督者である（a well-informed market is the best regulator）」を踏まえ，追加的な規則を提案していないとしている（FRC 2007, 2.6）。

さらに多くの回答者は，FRC2006DPとFRCのその他の仕事，たとえば，監査への監督，競争と選択のプロジェクト（project on competition and choice），監査法人による透明性に関するレポート（Transparency Reports）との相互作用についても指摘している（FRC 2007, 2.4）。

加えて，いくつかの回答者は，監査委員会が外部監査の有効性に対する彼らの評価にもっと積極的であるべきとし，年度報告において監査委員会の活動に関する報告を提案している。一方，そのほかの回答者は，監査委員会の仕事量がすでに十分であり，監査委員会の活動に関する報告を増幅させるのが有益でないとしている。この部分について，FRCは，MPG（the Market Participants Group: 市場参加者グループ）[13]の推薦内容を考慮しながら，コーポレート・ガバナンス・コード[14]に関する業務に活かすとしている（FRC2007, 3.1c）。

---

(13) MPGは，英国において監査市場における競争と選択を考える組織であり，（FRC 2007, 4），投資者，企業および監査法人で構成されている（FRC 2015d）。2007年10月，MPGは最終レポートを公表した。その中に，監査市場の機能の効率化や最適化，監査に関わる選択の増加のための15の推薦事項を掲げた。具体的には，FRC（2015d）を参照されたい。

(2) ドライバー①監査法人内の文化に関するコメントとFRCの対応

回答者のコンセンサスとしては，監査法人の文化が監査の質に対して非常に重要であるとしており（FRC 2007, 4.1），また，多くの監査法人の回答者は，彼らの文化が彼らにとって最重要であり，その文化が監査の質を形成するのに重要度が最も高いとしている（FRC 2007, 4.2）。一般的に，投資者と監査法人の回答者は，FRCのAIUが文化的側面をレビューするのに重要な役割を果たしていると認識している。いくつかの監査法人はAIUが監査の質の「正」の側面の公表に役に立っているとしている（FRC 2007, 4.3）。

また投資者の回答者は，監査法人のガバナンスと政策における透明性の向上が監査の質にプラスに働き（FRC 2007, 4.6），監査法人の組織内における監査の質に関する情報をさらに欲しいとしている（FRC 2007, 8）。FRCは，監査法人の政策や行動についての年次別のコミュニケーションの構築に，高い質の監査が行われていることを確証するため，監査の質のドライバーのフレームワークの活用を望む。このようなコミュニケーションの内容は，主要な監査法人が発行される「透明性に関するレポート（Transparency Reports）」の一部分としてなりえると考えている（FRC 2007, 9）。

さらに，多くの監査法人や専門家団体が，ステークホルダーや一般の人のために「正しいことへの行い（doing the right thing）」の重要性について，十分な記述がないと指摘し，その指摘に対して，FRCはドライバー①の中身にそのような記述を加えた（FRC 2007, 9）。

(3) ドライバー②監査のパートナーとスタッフのスキルと個人的質に関するコメントとFRCの対応

いくつかの企業や投資者の回答者が監査の実施現場での方法に疑念をもっていることを示唆している（FRC 2007, 5; 10）。これらの疑念は，監査の仕事の包括性かつ首尾一貫性を保つため，監査法人は，比較的経験の少ないスタッフに

---

(14) FRC（2007, 3.1c）では，the Combined Codeという言葉を使ったが，これは，後のコーポレート・ガバナンス・コードである（FRC 2015a, 3）ことから，ここでは，「コーポレート・ガバナンス・コード」と記述している。

厳格な方法の適用を要求する状況にあるという認識から生じたものである。上記のことと関連して回答者たちは，具体的な懸念を下記のように示している。たとえば，現場のスタッフは，現代のグローバルビジネスで行う複雑性が増した取引を監査できる十分な経験を持っていないかもしれない。そのため意欲を失った監査実施になる恐れがあり，また現場での指導やモニタリングから経験不足のスタッフが有効な監査技能を十分に身につけられないかもしれない。

一方，監査法人の回答者は，チームの下位（若い）メンバーがシニア・スタッフやパートナーによって監督されることから，彼らの訓練や方法論に対する投資をベースとする現存のアプローチを支持する（FRC 2007, 10）。

FRC は，監査の実施現場での問題への疑念が複雑で非常に重要な論点として認識し，監査法人や専門家団体やその他のステークホルダーと一緒に考え，合意すべきとしている（FRC 2007, 12）。

いくつかの回答者は，監査法人で働いたことのある人々が監査法人から離職してもビジネスや商業に彼ら離職者の技能を使うことができることから，英国の経済にベネフィットをもたらすと考え，監査に関する現在のスタッフ・モデルが有益であると認識している（FRC 2007, 13）。

いくつかの回答者は，監査のパートナーのローテーション期間が短すぎると考えている（FRC 2007, 12）。FRC は，APB の倫理基準の一部分として，これについて考慮するとしている。

(4) ドライバー③監査プロセスの有効性に関するコメントと FRC の対応

回答者は，「原則主義（principles based）」監査基準への支持と国際的な監査基準における過度な規範化への懸念を表明しており（FRC 2007, 15），それに対応して FRC は，原則主義の基準の促進のため努力し続けると表明している（FRC 2007, 16）。

また財務諸表の準備と監査における「真実かつ公正な概観」の重要性は，多くの回答者によって強く支持されているようである（FRC 2007, 16），それに対応して FRC は，会社法 2006 を含む関連箇所のアップデートを計画している（FRC 2007, 17）。

第Ⅰ部　理論的・制度的・実践的探究

　さらに，回答者は，法的規則，会計基準や監査規則の変化の度合いが大きく，一定期間の制度の安定が必要と広く認識しているようで，FRCは，このことを念頭に入れながら，将来の業務に取り組むとしている（FRC 2007, 17）。
　加えて，多くの回答者は，提供された監査の質に関するグローバル的な一貫性の欠落に疑念をもち，これは，グローバル企業の国際的なネットワークのアレンジメントの透明性の欠落によって悪化されていると考えている。上記のコメントに対応して，FRCは，国際的な関係機関を通じて，監査の質へのグローバル的な一貫性の促進に努力し続けると表明し，また特に，第3国での法定監査に関する指令（the Statutory Audit Directive on Third Country）の条文にこの懸念への対応を反映するという（FRC 2007, 18）。

(5)　ドライバー④監査報告書の信頼性と有用性に関するコメントとFRCの対応

　39の回答者の内，実に16の回答者は，監査人の監査報告書の現行の形式と中身についての変更を要求している（FRC 2007, 19）。彼らは，監査人の監査報告書の現行の形式と中身は監査報告書の有用性を制限し，また但し書きを多く含みすぎて，過剰に法律を尊重する立場をとっていると考える。これに対応してFRCのAPBが主体となり，専門調査委員会を組み，監査報告書における内容などを検討するとしている（FRC 2007, 20）。
　いくつかの回答者は，報告書における監査法人のレピュテーションが，監査意見への信頼を利用者に提供するものであり，監査報告書の実際の形式や内容は比較的重要でないとコメントする。11の回答者（4社の監査法人を含む）は監査意見における利用者の信頼を得るため，監査法人のレピュテーションが十分であるべきとしているが，FRCは上記のコメントに対するアクションを提案しないとしている（FRC 2007, 21）。

(6)　ドライバー⑤監査人のコントロール外で監査の質へ影響する要因に関するコメントとFRCの対応

　大多数の回答者は監査委員会の導入により，財務報告プロセスが信頼性を増してきていると認識しており，いくつかの回答者は外部監査の有効性の評価に

監査委員会の役割を期待する（FRC 2007, 22）。いくつかの回答者は，投資者が監査委員会から監査契約（audit arrangement）についてより叙述的なレポートを期待するという認識を示している（FRC 2007, 23）。上記のコメントに対応してFRCは，監査委員会関連の事案についてMPGの推薦内容を考慮しながら，コーポレート・ガバナンス・コードに関する業務に活かしたいとしている（FRC 2007, 23）。

いくつかの回答者は，監査人の任命に関連する決定に投資者がより関わることを希望し，対してFRCは，「競争と選択のプロジェクト（project on competition and choice）」の論点として考えているとしている（FRC 2007, 24）。

また，いくつかの回答者は，監査人の辞任の理由について，改善されたコミュニケーションが望まれるとしているが，FRCは，会社法2006における修正点や法定監査に関する指令（the Statutory Audit Directive）の関連条文を確認しながら，再吟味していくとしている（FRC 2007, 24）。

機関投資家の回答者，たとえばABI（Association of British Insurers）は，監査人の責任へのエクスポージャーを続けることは，監査の質への重要な刺激であるとみている（FRC 2007, 24）。これらの回答者の観点は，責任の限定の合意書（liability limitation agreement）に関係するFRCのワーキング・グループによって，利用されるという（FRC 2007, 25）。

一部の回答者は，12月31日への監査の集中が監査の質への脅威になっていることを危惧している。彼らは，この集中の事態は，後に監査法人に監査報告書の締め切りに追われるプレッシャーを増幅させ得るとしている。実際，FTSE100[15]とFTSE 250の企業（合わせて350社）に関する調査によれば，

---

(15) FTSEは，ロンドン証券取引所の子会社で，グローバルなインデックスと分析的ソリューションを提供する企業である。FTSE100インデックスとFTSE250インデックスはFTSEが提供する有名な指数である。具体的には，FTSE100インデックスは，ロンドン証券取引所に上場する銘柄のうち時価総額上位100銘柄で構成される，時価総額加重平均型株価指数であり，またFTSE250インデックスは，FTSE100インデックスの構成企業に次ぐ中型株250銘柄で構成される時価総額加重平均型株価指数である。

187社（53%）が12月31日，71社（20%）が3月31日に集中し，そのほかの企業は各月にある程度均等に分散していることがわかる。FRCは，上記の調査の結果を確認したが，現段階において，行動を提案しないとしている（FRC 2007, 25）。

このように，FRC2006DPに対して，39の投資者・監査法人・企業・専門団体から多様なコメントが寄せられたが，基本的に，FRCの監査の質のドライバーのフレームワークの大枠に賛成するものだった。その上，具体的な内容の拡充や懸念を示し，FRCに当該フレームワークの更なる更新を促した。

2. FRC2008FWの内容と特徴

FRCは2008年2月に冊子「監査の質のフレームワーク（The Audit Quality Framework）（以下，「FRC2008FW」という）」を発行した。当該フレームワークは，FRC2006DPを基に，各界の39の回答者によるコメントを踏まえながら，作成したものである。FRC2008FWは，表紙を除いてわずか8ページしかなく，その多くがフレームワークの中身を示している。**図表3-7**は，FRC2008FWの主要な内容をまとめたものである。

FRC2008FWのイントロには，フレームワークの位置づけを示している。たとえば，当該フレームワークは，監査人，監査委員会，投資者およびその他のステークホルダーの間での監査の質における有効なコミュニケーションのサポートのため，デザインされているとし，また，その公開を通じて，下記の関係者とその活動への助けとなることを期待するという。つまりそれは，監査の提案（audit proposals）を評価する際の企業，外部監査の有効性の定期評価を着手する際の監査委員会，イギリスあるいはイギリスにとっての海外での高質な監査の実行を保証する監査法人の政策や活動を評価する際のすべてのステークホルダー，監査専門家のモニタリングを行い報告する際の規制当局である。

そしてFRCは，一部の監査法人による「透明性に関するレポート」とFRC2008FWの関係を以下のように指摘している。監査法人がFRC2008FWを参照し監査の質を獲得するステップを記述することで，自身の特徴を明確にでき

第3章　英国FRCによる監査の質の探究

図表3-7　FRC2008年「監査の質のフレームワーク」

1. イントロ：FRC2008FWの位置づけ	
2. 監査の質のフレームワーク	
ドライバー	インジケーター
(1)　監査法人内の文化	監査法人は下記のようなことができれば監査の質に対してポジティブに働く。 ・高い質の獲得が有意義で努力すべきで報われると思われる環境づくり。 ・公益のための「正しい行い」の重要性，監査法人および個々の監査人のレピュテーションに「正しい行い」の影響を強調する。 ・パートナーとスタッフが困難な課題が生じた時にそれに対処する豊富な時間と資源を保証する。 ・監査の質に負の影響を及ぼすような行動および決定に至らないための財政的思量を保証する。 ・パートナーに対して彼らの個人的決定の遂行をサポートすること，困難な課題を相談することを評価する。 ・クライアントへの受け入れや継続業務のための首尾一貫した制度を保証する。 ・パートナーとスタッフが個人の特質を監査の質の向上へ貢献する場合，それを奨励する評価報酬制度を育成する。 ・監査の質が企業間および国際的なネットワークにおいてモニターされること，適切な間接的行動が取られることを保証する。
(2)　監査のパートナーとスタッフのスキルと個人の質（personal qualities）	監査を行うパートナーとスタッフのスキルと個人の質が下記の場合にはポジティブに働く。 ・パートナーとスタッフがクライアントのビジネスを理解し，監査および論理基準を固守する。 ・パートナーとスタッフが彼らの仕事において職業的懐疑心を示し，監査業務中において確認された課題を取り扱うのに首尾一貫している。 ・現場の監査業務に携わるスタッフが豊富な経験を持ち，パートナーとマネジャーに適切に監督されている。 ・パートナーとマネジャーは下位スタッフに適切な「モニタリング」と「実地訓練」を提供している。 ・監査，会計と産業スペシャリストに関連する論点に関して，監査業務を行う個々人に豊富な訓練が与えられている。
(3)　監査プロセスの有効性	監査のプロセスは，監査の質に下記に場合にポジティブに働く。 ・監査の方法がよく練られ，そして，①パートナーとマネジャーが監査計画に積極的に関わることを促進する，②豊富な適切な監査証拠を有効に効率的に取得されるためのフレームワークおよび手続きを提供する，③適切な監査調書を要求する，④判断の遂行を抑制することなく監査基準のコンプライアンスを提供する，⑤監査の仕事に対する有効なレビューを保証する，⑥監査の質をコントロールするための手続きが有効で理解可能，適用可能である。 ・監査チームが高質なテクニカル・サポートを要求するとき，または監査チームが不慣れな状況に遭遇したときに，高質なテクニカル・サポートが利用可能である。 ・監査人の誠実さ，中立性および独立性に対する信頼を提供する倫理的基準の目標が達成されている。 ・豊富な監査証拠の収集は，財政的プレッシャーに不適切に制限されていない。

第 I 部　理論的・制度的・実践的探究

(4)　監査報告書の信頼性と有用性	監査報告書は下記の場合，監査の質にポジティブに働く。 ・法律や規定の適用に関する財務諸表の利用者のニーズに対応し，財務諸表に対する監査人の意見が明確に書かれている。 ・財務諸表の真実さと公平さに関して，監査人が適切に結論をしている。 ・監査委員会に下記の点を含むコミュニケーションをしている：①監査の範囲，②監査人の中立性に対する脅威，③認識された主たるリスクおよび監査意見に達するのに形成された監査判断，④クライアントの会計と報告の質的側面および財務報告を改善するための潜在的な方法。
(5)　監査人のコントロール外の要素	監査人のコントロール外の要素で下記の場合，ポジティブに働く。 ・財務報告等や監査のプロセスに関する重要性に言及している部分が含まれるコーポレート・ガバナンスへのアプローチを提示している。 ・監査委員会はアクティブ，専門的で，さらに監査中に認識された事項に対処するのにロバストである。 ・ディレクターやマネジメントが信頼できる財務諸表の準備に適切に働く可能性が増加できるよう，監査人をサポートする株主は存在する。 ・期末の仕事に過度に依存することなく，監査を実施できるような報告書の締め切りが設定されている。 ・責任の制限に関する適切な合意が存在する。 ・監査の質にかかわるドライバーに，フォーカスするような監査の規制的環境がある。
3.　連絡先	

出所：FRC（2008b）を参照し筆者作成。

る機会として「透明性に関するレポート」があるとしている。FRCはまた，監査の質がダイナミックな概念であり，監査の質のインジケーターとドライバーが時と共に変化するかもしれないことを認識しているとしている。FRCはさらに，FRC2008FWが，FRCとその運営団体によって公表してきたステートメント，基準やガイダンス・ディスカッション・ペーパーを含む公表物によって，サポートされているとしている。

具体的なフレームワークは，FRC2006DPのときの5つのドライバーの側面から，監査の質にポジティブに働く具体的なインジケーターを詳述した（**図表3-7**）。たとえば，監査法人の環境づくりとして，そこで働くパートナーやスタッフに時間と資源が保証され高質な監査が奨励され，また彼らの報酬に高質な監査への貢献と結びつけ，さらに企業間や国際的なネットワークのモニタリングによって，高質な監査を確保しようとすることは，監査の質にポジティブに働くとしている。

また，個々のパートナーやスタッフの個人の質（personal qualities）として，職業的懐疑心を持ち，監査・倫理基準を固守し，適切に監督・訓練される機会が提供されていることは，監査の質にポジティブに働くとしている。そして，監査のプロセスにおいて，財政的プレッシャーを受けることなく，監査計画・証拠・調書・判断などが適切に行われ，高質なテクニカル・サポートが存在することは，監査の質にポジティブに働くとしている。さらに，監査報告書の側面において，監査委員会と適切にコミュニケーションをしたのち，監査意見が適切で明確に提示されることは，監査の質にポジティブに働くとしている。最後に，監査人のコントロール外の要素として，クライアント側の株主，コーポレート・ガバナンスや監査委員会の要素があり，監査の質に関わる監査の規制的環境が監査の質に対して，影響を及ぼすと指摘している。

　FRC2006DPとFRC2008FWと比較し，FRC2006DPへのコメントへの対応の内容を確認すると，FRC2008FWの特徴は，5つにまとめられる。

　第1に，FRC2008FWの全体の分量の少なさおよび重点の明確さである。全体の分量については，FRC2008FWは表紙を除いてわずか8ページしかないが，FRC2006DPは67ページである。また，中心的内容であるフレームワークについては，FRC2008FWが5ページであるのに対して，FRC2006DPは39ページである。これは，FRC2006DPがディスカッション・ペーパーであることから，多くの情報を提示することで議論を促すのに対して，FRC2008FWが主にフレームワークのサマリーであることに起因すると考えられる。

　第2に，FRC2008FWにおける監査の質を確認するためのドライバーについては，FRC2006DPのものから変更がないが，FRC2006DPにおいては，各ドライバーの内容について，重要性と脅威の2つの側面からの分析の枠組みを取っているのに対して，FRC2008FWでは，各ドライバーについてポジティブに働く具体的なインジケーターを挙げている。

　第3に，FRC2006DPへのコメントへの対応でできたFRC2008FWの部分は，限定的ではあるが，内容の拡充に一定の効果がある。たとえば，FRC2006DPへのコメントの中で，「透明性に関するレポート」との相互作用を指摘する声

があった (FRC 2007, 2.4)。そのため，FRC2008FW では，イントロの部で，監査の質のフレームワークと透明性に関するレポートとの関係について明示した。また，FRC2006DP へのコメントの中で，「正しいことへの行い」の重要性について記述必要とする指摘があったが，FRC2008FW では，それを1つのインジケーターとしてドライバー「監査法人内の文化」に入れた (FRC 2007, 9)。

このように，第4節では FRC2006DP および第5節では FRC2008FW の特徴をまとめた。これらの特徴は，第1節で述べた監査の質に関わる FRC の視点での「制度」：「FRC，IAASB および PCAOB における監査の質に関わるルール作りのアクティビティとその内容」の内容の一部としても考えられる。

第6節　小括・考察

1．小括

これまでの節で分析してきた内容でわかるように，今日の FRC は，英国において，会計・監査基準の設定主体としてだけでなく，コーポレート・ガバナンスやアクチュアリー基準なども手がける規制当局である。FRC は，監査の質との関わりという視点から考えると，「監査基準の作成」を通じてのみならず，「監査基準の準拠への監督機能」をも担っている。FRC は，監査の質の定義や考え方について，国際的・主導的に FRC の見解を2006年のディスカッション・ペーパーに載せて，コメントを募集した。その後 FRC は，内容的に修正を加えて，簡潔に図表式で5つのドライバーの下でのインジケーターを端的に示す監査の質のフレームワークを2008年に世に出した。

2008年の監査の質のフレームワークは，FRC の立場と見解および各界からの知恵を集約したものであり，監査の質をフレームワーク形式で理解するのに，役に立っている。フレームワークにおける監査の質のドライバーは，①監査法人内の文化，②監査のパートナーとスタッフのスキルと個人的質，③監査プロセスの有効性，④監査報告書の信頼性と有用性，および⑤監査人のコントロール外で監査の質へ影響する要因である。そのうち，各界からのコメントで特に

強調したのが「監査法人内の文化」ドライバーである。

2. FRC による監査の質の探究プロセスへの考察：制度論的分析視角から

また，第1節で詳述した制度論的分析視角である Barley and Tolbert (1997) 分析フレームワークおよび Tolbert and Zucker (1996) 分析フレームワークを FRC による監査の質の探求のプロセスに当てはめると，**図表 3-8** および**図表 3-9** に示すような分析ができると考える。

たとえば，**図表 3-8** からは，Barley and Tolbert (1997) 分析フレームワークに基づき，時間の流れの中における FRC の監査の質の探究のプロセスは，「制度の領域」において，FRC の監査の質フレームワーク (2006；2008) があると確認できる。また，当該制度の生成は，FRC による多様な利害関係者との議論という「行動の領域」との間において，多くの組織内のミーティングを介して，相互作用を繰り返しながら行われた。なお，組織内のミーティングは，Barley and Tolbert (1997) 分析フレームワークの中の「ある特定の状況において特徴的な，観察可能で再帰的な行為や相互作用のパターン」である「スクリプト」として捉えられる。

**図表 3-8　FRC の監査の質の探究のプロセス：
Barley and Tolbert (1997) 分析フレームワークを用いた場合**

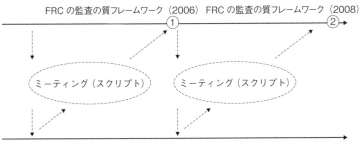

出所：筆者作成。

第Ⅰ部　理論的・制度的・実践的探究

また，**図表 3-9** は，Tolbert and Zucker (1996) 分析フレームワークにおける FRC の監査の質の探究のプロセスの位置づけを示している。第1節で既述したように，Tolbert and Zucker (1996) 分析フレームワークには，制度の生成に関して，(1)「イノベーション」を受けて発生した特定の問題に対応する新しい組織構造の生成を必要とする初期段階の「習慣化」，(2)「習慣化」により生成した組織構造の価値に関する社会的なコンセンサスの形成および他の組織における新規採用の増加を特徴とする「対象化」，および完全普及・定着を特徴とする「沈殿化」がステップとして考えられる。FRC による監査の質との関わり合い（プロセス）を考察すると，世界的な会計・監査不祥事という市場からの圧力といった「イノベーション」を受け，FRC が監査の質に関する評価フレームワークという「組織構造」を生成したことで，Tolbert and Zucker (1996) の「習慣化」が完了したと理解できる。また，FRC 監査の質フレームワークに対して，社会的なコンセンサスが形成され，他の組織における新規採用の増加まで確認できていないことから，「対象化」までに至っていないと分析できる。したがって，FRC による監査の質との関わり合い（プロセス）は，「習慣化」から「対象化」に向かっている途中のプロセスにあることがわかった（**図表 3-9**）。

図表 3-9　FRC の監査の質の探究のプロセス：
Tolbert and Zucker (1996) 分析フレームワークを用いた場合

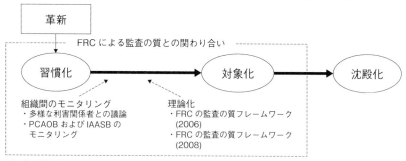

出所：筆者作成。

第3章　英国FRCによる監査の質の探究

　また，**図表 3-2** にも示したが，Tolbert and Zucker（1996）によれば，「習慣化」から「対象化」に向かう途中において，競争相手の「組織のモニタリング」および「当該組織構造の擁護者（champion）」による「理論化（theorization）」も必要である。競争相手としては，第4～5章で取り上げる IAASB や PCAOB があると想定でき，また「理論化」については，FRC の監査の質フレームワーク（2006；2008）をもって実現しようとしていると理解できる。加えて FRC は，監査の質への概念的理解や評価の方法について，独自の立場や考え方を踏まえた「監査の質」フレームワークを出す（Tolbert and Zucker（1996）のいう）「擁護者（champion）」（提唱者）であると考えられる。

3. 監査の質フレームワーク（2006；2008）の後の FRC の動向

　さらに，FRC による監査の質に関わることについて，2006 と 2008 の監査の質フレームワーク後の動きとして，FRC に対する筆者のインタビューによれば，下記3点のような進展が挙げられる[16]。ただし，いずれも，監査の質をどのように捉えるかについて概念的なものではないことに留意されたい。

(1)　FRC の監査の質フレームワーク（2008）に対して，FRC は 11 通のコメント・レターを受け取った[17]。銀行3，保険会社1，監査法人5，関係機関2という内訳である。

(2)　FRC は，倫理および監査基準やガイダンスの設定を通じて，「監査の質」

---

(16)　具体的には，筆者が FRC の総合質問デスクに対して，2016 年2月に E-mail によるインタビューを行った。総合デスクが選んだ回答者は，FRC の監査に関する政策デスクのディレクター代理の Mark Babington 氏である。

(17)　具体的に，以下の 11 の団体からコメントがあった。Bradford & Bingley, Brit Insurance, Deloitte, Ernst & Young, Grant Thornton, ICAEW, ICAEW Audit and Assurance Faculty Committee, KPMG, Pricewaterhouse Coopers, Royal Bank of Scotland, Standard Chartered Bank. https://www.frc.org.uk/Our-Work/Publications/FRC-Board/The-Audit-Quality-Framework-(1)/Responses-to-the-Audit-Quality-Framework.aspx

への探究をし続けているという(18)。後述のように，この継続的な探究は，2012年の監査基準の変更やコーポレート・ガバナンス・コードの制定に対する対応でもあると理解できる。

具体的には，2012年の監査基準の変更では，従来の監査報告書の内容に，重要な虚偽表示のリスク，重要性の適用および監査の目的の記載を加えた"extended auditor's reports"（拡張監査報告書）の提出が義務付けられた。FRCは，当該拡張監査報告書の実施状況について，2回調査を行い，その調査結果としてそれぞれ2015年3月2日に「Extended Auditor's Reports: A Review of Experience in the First Year（拡張監査報告書の利用に関する初年度の調査結果）」，2016年1月に「Extended Auditor's Reports: A Further Review of Experience（拡張監査報告書の利用に関する更なる調査結果）」を公表した。調査の結果によれば，イギリスにおける実務として，監査人が監査をするに当たり，法令的に要求されているレベルに止まらず，より広範の要求レベルをクリアしようとしていることが判明した。

また，2012年に導入されたコーポレート・ガバナンス・コードの制定後（第3節を参照），監査委員会がどのように外部の監査プロセスの効率性を評価するかについて記述しなければならないことになった。それに対応するため，2015年5月29日にFRCは，ガイダンス「Audit Quality Practice Aid for Audit Committees（監査委員会に対する監査の質の実務に対する指針）」を公表した。(3) FRCは現在（2016年6月），大監査法人の質に関する監査事務所のガバナンス・コード（Audit Firm Governance Code）の改定のための意見募集を行っている(19)。また，FRCによる監査の質に関わることについて，AQR（Audit Quality Review (AQR) team；監査の質レビュー・チーム）（第3節；**図表3-3**）の

---

(18) 以下のHPを参照されたい。https://www.frc.org.uk/Promoting-audit-quality.aspx
(19) 以下のHPを参照されたい。https://www.frc.org.uk/Our-Work/Codes-Standards/Audit-and-assurance/Audit-Firm-Governance-Code.aspx
https://www.frc.org.uk/Our-Work/Publications/FRC-Board/Review-of-the-UK-Audit-Firm-Governance-Code-Feedba.pdf

活動も重要である。AQRは毎年，大監査法人によって行われた監査や特定のテーマ（たとえば，監査チームにおける質のレビューアー）に対して質のレビューを行っている[20]。

このように，2008年FRC監査の質フレームワーク以降，FRCは，監査の質の概念について，次なる検討を行っていないが，多方面から（たとえば，2012年の監査基準の変更やコーポレート・ガバナンス・コードの制定に対する対応；大監査法人の質に関する監査事務所のガバナンス・コード（Audit Firm Governance Code）の改定；AQRの活動），監査の質の向上のための活動を行っているようである。

---

[20] 直近の例をFRCのHPより確認できる。https://www.frc.org.uk/Our-Work/Publications/Audit-Quality-Review/Audit-Quality-Inspections-Annual-Report-2014-15.pdf
https://www.frc.org.uk/Our-Work/Publications/Audit-Quality-Review/Audit-Quality-Thematic-Review-Firms-audit-qualit.pdf
https://www.frc.org.uk/Our-Work/Publications/Audit-Quality-Review/Audit-Quality-Thematic-Review-Engagement-Quality.pdf

第4章　IAASBによる監査の質の探究

第1節　はじめに

　監査の質については，DeAngelo（1981）を嚆矢に，学術的に検討され[1]，また近年の各国の大規模な会計不祥事や2008年の世界金融危機を背景に，実務的に規制当局の関心を集めた。

　「監査の質」という概念に対しては，多くの各国の規制当局や学者に議論されてきたが，その定義[2]に対してはコンセンサスに到達するのが難しい状況にある。第3章でも述べたように，FRCは，2006年のディスカッション・ペーパー「監査の質の促進」において，実際のパフォーマンスが査定され得るような「基準」として使える，監査の質の単一的に同意された定義が存在しないとしている。また，IOSCO（International Organization of Securities Commissions:

---

[1] 多く存在することからすべて列挙できない。欧文誌の研究はたとえば，Becker et al.（1998），Ghosh and Moon（2005），Carey and Simnett（2006），Francis（2011），および Knechel et al.（2013）がある。また，邦文誌の研究は，たとえば，富田（1995），薄井（2007），矢澤（2010），堀江（2011），蟹江（2012）および浅野（2013）がある。具体的には，第2章や第7章を参照されたい。

[2] 多くの定義が存在していることから，すべて列挙できないが，ここでは学問的研究の嚆矢である DeAngelo（1981）の定義を以下に示す。DeAngelo（1981）の定義は学界において最も広範に引用され，使われている定義であると考えられる。「監査サービスの質とは，ある所与の監査人が顧客の会計システムおよびそのアウトプットにおける不正を発見し，その不正を報告するであろうということについて市場が評価した確率」（DeAngelo 1981, 186；伊豫田 2003, 137）である。

第Ⅰ部　理論的・制度的・実践的探究

証券監督者国際機構）は，2009年のコンサルテーション・レポートにおいて，監査の質の定義が難しく，ステークホルダーによって認識されるものが違う側面を持つとしている。このように，監査の質という概念は，実に複雑で多面的である（IAASB 2011, 3）。

そうした中，IFAC（The International Federation of Accountants: 国際会計士連盟）に設置されている基準設定主体で，ISA（International Standards on Auditing: 国際監査基準）等を策定するIAASB[3]（The International Auditing and Assurance Standards Board: 国際監査・保証基準審議会）も，監査の質に対する考察に貢献すべく，活発な動きを見せた[4]。具体的にIAASBは，2011年に冊子「監査の質：IAASBの視点」，2013年にコンサルテーション・ペーパー「監査の質のフレームワーク」，さらに2014年に「監査の質のフレームワーク：監査の質の環境を創出したキー・エレメント」を公表し，国際的な基準設定主体としての役割を根ざした視点を盛り込みながら，監査の質に関して見解を示した。

IAASBは自身の表明に厳格なデュー・プロセスに従って基準設定などを行い，IAASBのCAG（Consultative Advisory Group: 諮問助言グループ）[5]や，

---

(3) IAASBの組織の仕組みや活動の責任・範囲についてたとえば，IAASB組織についての公式ホームページ（http://www.ifac.org/auditing-assurance/about-iaasb）や日本公認会計士協会国際委員会訳（2003）が詳しい。

(4) 日本でもIAASBの活動が紹介され，たとえば，『会計・監査ジャーナル』においてその活動の概要を紹介する原稿がいくつかある。また，第1章第2節にも述べたように，日本では，2015年5月に，IAASBが公表した2014年の「監査の質のフレームワーク」をモデルに修正編入という形で，監査基準委員会研究報告第4号「監査品質の枠組み」を公表した経緯があり，IAASBの活動内容は，日本の実務に一定の影響を与えていると理解できる。さらに，諸外国，たとえば米国においても，IAASBの動向が紹介されている（たとえば，Hamilton 2011）。

(5) CAGの目的は，IAASBが別の構成グループを代表する組織からの代表と協議することにより，その活動プログラムや，プロジェクトの優先順位，主要な技術的問題についての承認手続，その活動についての反応についての助言を得るフォーラムを提供することである（日本公認会計士協会国際委員会訳 2003, 2）。CAGはIAASBの基準や実務ステートメントについての投票はしない。

各国国内基準設定主体，その他からの幅広い見解をインプットとして扱う。また PIOB（Public Interest Oversight Board: 公益監視委員会）は，IAASB と CAG の仕事を監督し，IAASB の活動がデュー・プロセスに従っているか，公益に責任ある対応をしているか確認する。

IAASB は，国際的な基準設定主体として，ISA などの作成を通じて，監査の質の向上に直接的なサポートを行っているが，高質な監査基準のみでは，監査の質は向上しないとし，財務報告の利用者，監査人，規制当局やビジネス環境など複数の側面が監査の質へ影響を与えることをも検討する必要がある（IAASB 2011, 1）としている。

本章は，監査の質（への議論）をキーワードとする IAASB の動向を中心に，監査の質について考察するものである。IAASB の国際的基準設定の役割を念頭におけば，監査の質に関する IAASB の動向をフォローし，その内容の詳細を理解することは，学界と実務界にとって有意義であると考えられる。

具体的には，まず，なぜ IAASB が 2011 年に監査の質に関する最初の冊子を出版したのか，その背景を探り，その後のプロセスについて分析する。また，2011・2013・2014 年フレームワークの特徴と同異点を明らかにし，外部からのコメント・レターの内容を確認しながら，その形成のプロセスを考察する。さらに，2014 年フレームワークについて，特に重点的に分析し，その内容や特質について検討する。最後に，IAASB の監査の質の議論に関する動向からの示唆を考察する。併せて，第 3 章の第 2 節で記述した制度論的分析視角を用いた場合の IAASB による監査の質のプロジェクトのプロセスについても分析する。

第 2 節　IAASB と監査の質～2011 年の背景と 2014 年までのプロセス

1．2011 年の背景

IAASB は，2009 年クラリティ・プロジェクト（Clarity Project）[6] が終了することもあり，監査の質の改善に関わるプロジェクトを開始した（IAASB

第Ⅰ部 理論的・制度的・実践的探究

2010; Hamilton 2011)。IAASB は 2009 年アニュアル・レポートにおいて，当該プロジェクトを始めた背景を次のように記述している（IAASB 2010, 4)。

> 将来において，資本市場などからの新しく出現しつつある情報ニーズに対応するため，IAASB は伝統的なサービスが継続的に，高い質・関連性および信頼性のある情報への利害関係者の需要を満足させることを保証する，革新的方法や新しいサービスを促進するプロジェクトに焦点を絞る必要がある。

また，実は，IAASB は 2008 年 7 月に PIOB に提出するための「2009〜2011 年に関わる戦略提案書（*Strategy and Work Program, 2009-2011*)」の中で，すでに，監査の質プロジェクトの立ち上げについて言及している（IAASB 2008, 11)[7]。IAASB (2008) は，監査の質という用語がすでに IAASB とその利害関係者のコミュニケーションに広く利用されているとし，ISA が監査の質への重要な貢献をなしているが，IAASB は財務報告のサプライ・チェーン[8]という視点から監査の質について考えるべきであると指摘している。加えて，IAASB (2008) では，監査の質に関するコンサルテーション・ペーパーの作

---

(6) クラリティ・プロジェクトは 2003 年から開始し 2009 年には主要な部分が終了しているプロジェクトであり，ISA に対する理解の促進を目的とし，ISA の見直しなどを進めた。具体的には，たとえば，http://www.ifac.org/auditing-assurance/projects/clarity-iaasb-standards-completed を参照されたい。

(7) IAASB (2008) では，2009〜2011 年において計画されている複数のプロジェクトを①基準の開発，②基準の導入，③基準執行および④コミュニケーションの 4 部に分類しているが，監査の質プロジェクトは，コミュニケーションの部に分類されている（IAASB 2008, 7-18)。

(8) 財務報告のサプライ・チェーン（Financial Reporting Supply Chain）は，IFAC が 2008 年のレポート「財務報告のサプライ・チェーン：現在の見方と方向」において，初めて提示した重要な概念である。そこで，財務報告のサプライ・チェーンを「準備，承認，監査，分析および財務報告の利用に関わるすべての人とプロセス」（IFAC 2008, 1) と定義している。実際，IFAC に関わる機関，たとえば，IAASB はその概念の下で，理論構築をしているように見受けられる。

第4章　IAASBによる監査の質の探究

成を計画していることも表明している。

　さらに，IAASBの議長でArnold Schilder氏[9]は，2008年の金融危機やそれと関連して，監査人に対する社会の期待を次のように2009年アニュアル・レポートで述べ，監査の質プロジェクトの背景について補足している（IAASB 2010, 2）。

　　監査人は，広く会計専門家の一員として，この非確実的な状況（2008年の金融危機）に対応する新しい挑戦を経験している。これらの挑戦は，一般的に市場への信頼の悪化の結果としての財務報告のサプライ・チェーン全体におけるより高い非確実性，およびその結果としての財務報告や監査・保証と関連サービスへの疑問視から起因する。

　こうして，2009年12月，監査の質に関わる初めての会合が開かれ，財務諸表の利用者の側面から，監査の質の追求が強調された（IAASB 2010, 4）。IAASBは，他者による当該トピックスへの研究がすでに進められていることを認識しながら，特にモニターと検査のようなフィード・バックへの需要や利害関係者の間の対話の重要性について議論した（IAASB 2010, 4）。

　加えて，IAASBの2009年アニュアル・レポートにおける注目点として，基準設定主体による監査の基準づくりと監査の質との関係について見解を示したことが挙げられる。IAASBは，監査の基準が単に監査の質への一つのインプットであると見解を示し，また，監査の質にとって，監査の基準のほか，専門家の判断と規制当局・ガバナンス責任者（regulators and those charged with governance）の役割との相互作用が同様に重要であると認識している（IAASB 2010, 5）ようである。

---

(9)　Arnold Schilder氏は，オランダ出身で，IAASBの議長になる前にオランダ銀行のマネージング・ボードのメンバーで（銀行規制と監督の分野を担当），すでにIAASBの議長を2期務め，現在，3期目の議長を務めている（IAASB 2013a；『会計・監査ジャーナル』2013）。

第I部 理論的・制度的・実践的探究

　以上のように，IAASBが2011年1月に理念を表明する冊子を世に送り出すに至った背景についてまとめた。その背景とは，2008年の金融危機とそれに関わる監査人への社会的な期待の高まりを背景として，IAASBが大きな仕事であるクラリティ・プロジェクトを終了させ，監査の質プロジェクトを次に取り組む重要な仕事として据えたことである。また，今までの基準設定の立場のみからの監査の質へのアプローチは不十分であり，包括的な検討が必要であることをIAASBが認識し，2009年にプロジェクトを立ち上げ，その最初のアウトプット（成果）が，2011年1月の冊子であったと理解できる。

　ただし，その作業は2008年のIAASB将来戦略提案書の中で，2009年から開始し，2010年に議論を重ね，2011年にコンサルテーション・ペーパーを出す予定であったこと（IAASB 2008, 21）を想起すれば，実際のところ，2011年1月に8ページの分量の理念表明にとどまっていることは，当初のスケジュールよりやや遅れているといえよう。

　さらに，2012年6月に発行されたIAASBの2012～2014年度への戦略提案書からは，監査の質プロジェクトに関連するものについて，財務諸表のディスクロージャーに関わる基準やISA 720[10]をも挙げられており（IAASB 2012, 4），監査の質に関連するものは，いくつかの基準に関係していることが明らかにされた。

　本章では，直接「監査の質」の概念などに，検討を重ねた2011・2013・2014年の監査の質のフレームワークに関わるドキュメントに注目し，それぞれのフレームワークの内容と形成について分析を行うこととする。実際のところ，当該3つのフレームワークが各年度のIAASBのアニュアル・レポートにおける監査の質に関わる唯一な活動として開示されている。

---

(10) ISA 720：監査報告書を含むドキュメントにおける監査人のその他の情報に対する責任（The Auditor's Responsibilities Relating to Other Information in Documents Containing Audited Financial Statements）。

第4章　IAASBによる監査の質の探究

図表4-1　「監査の質」プロジェクトに関わるIAASBの活動（会合）[11]

日付・場所	IAASB活動（CAGの活動を含む）	対外的アウトプット
2009年12月7〜11日，サンフランシスコ	(1) IAASBの権限と仕事に矛盾しない監査の質へのアプローチや見方；(2)「監査の質」の利用者のパーセプション；(3)「監査の質」のプロジェクトの目的と範囲について検討．	
2010年6月14〜18日，マインツ（ドイツ）	「監査の質」に関わる国際的議論に有効に貢献するための手段を検討．	
2010年9月14〜15日，ロンドン（UK）	CAGは「監査の質」について，初めて検討．	
2010年12月6〜10日，オーランド，フロリダ	国際的「監査の質」に関するコンサルテーション・ペーパーの開発への提案．また，IAASBは利害関係者間の当該トピックスへの更なる思慮および議論を促進するため，理念の表明のフレームワークの発行に合意．	冊子「監査の質：IAASBの視点」（2011年1月）
2011年3月8〜9日，ニューヨーク	CAGは，「監査の質」についての2度目の検討．	
2011年3月14〜18日，パリ（フランス）	(1) 国際的な「監査の質」フレームワークの開発へのプロジェクトの目的と範囲；(2) このフレームワークのコンサルテーション・ドラフトの開発のための提案とスケジュールのことを検討し・同意．	
2011年6月20〜23日，ニューヨーク	提案された国際的な「監査の質」のフレームワークのコンサルテーション・ペーパーの予備的ドラフトについて検討．また，(1) 提案されたフレームワークへの理解；(2) フレームワークに多様な要素を入れるための構造；(3) これらの要素の記述の詳細の語調とレベル；(4) 小さい主体やパブリック・セクターとの関連への思慮；(5) 利害関係者とのコンサルテーションへのプランについて議論．	

---

(11) IAASBの内部で作られた監査の質プロジェクトのメンバーは，IAASB所属4名，他の国の関係機関所属2名およびIFAC関係機関所属2名で構成されている．メンバーについては，http://www.ifac.org/auditing-assurance/projects/audit-quality が詳しい．また，会合については，http://www.ifac.org/auditing-assurance/meetings が詳しい．

第Ⅰ部　理論的・制度的・実践的探究

2011年12月5〜9日，ロス，カリフォルニア	ドラフトに対する利害関係者のコメント，およびタスク・フォースによるそれらへの対応について検討した。また，(1) 代替的なフレームワークの構造；(2) 提案されたフレームワークの総括のレベル；(3) フレームワークの導入部分の修正ドラフト；(4) 適用可能な財務報告フレームワークの要求へのインパクトについて議論。	
2012年9月11日，ニューヨーク	CAGは，3回目の議論。	
2012年9月17〜21日，ニューヨーク	コンサルテーション・ペーパーのドラフトへの検討。また，ペーパーの構造，語調およびバランス；「監査の質」の増強のため利害関係者が取れる行動エリアへの探究；「監査の質」を影響する環境的要素；IAASBドキュメントとしてのフレームワークのステータスについて議論。	
2012年12月10〜13日，ニューヨーク	コンサルテーション・ペーパーの発行への承認。当該フレームワークは，一貫的に実行された「監査の質」の向上に貢献できるいくつかの要素を記述し，監査法人やその他の利害関係者が彼らの特定した環境の中，「監査の質」を増加できることがあるかについての挑戦を促進する。フレームワークの目的は，「監査の質」のキー・エレメントへの意識を向上し，「監査の質」の改善の方法への探究へ利害関係者を鼓舞し，利害関係者の当該トピックにおけるより多くの対話を促進することである。	コンサルテーション・ペーパー「監査の質のフレームワーク」(2013年1月)
2013年9月16〜20日，ニューヨーク	コンサルテーション・ペーパーへのコメント・レターから生じた事項を議論。特に，当該フレームワークのステータス，長さ，「監査の質」の定義を開発されるべきか，コメント・レターへ対応するための言葉の変更について検討。	
2013年12月9〜13日，ニューヨーク	変更版のフレームワークへの承認；当該フレームワークの利用の促進および広範囲に監査の質の増強のサポートのためのIAASBの方針の確認。	「監査の質のフレームワーク：監査の質の環境を創出したキー・エレメント」(2014年2月)

出所：IAASB公式ホームページにより，筆者が関係情報（タスク・フォース内のミーティングを除く）を抽出・作成。

2. 2014年までのプロセス

　2009年12月の初会合から，IAASBがどのように当該プロジェクトに関わる活動に取り組んできたのかについて，アニュアル・レポートや公式ホームページなどから整理したものが**図表4-1**で示されている。**図表4-1**から分かる

ように、いわゆる2011年の理念表明の冊子の公表までには1年しかなく、CAG活動を含む3回の会合で理念表明にたどりついている。それに対して、2013年フレームワークまでには、2年の月日が過ぎ、CAG 2回の活動を含む7回の会合でようやく2013年フレームワークの公表に至っている。その間、目的・範囲の明確化やスケジューリングの承認までが2ヵ月、54ページに及ぶ予備的ドラフト[12]作成が半年というスケジュールで完成したが、その後、慎重に議論を重ねたようである。さらに、2014年フレームワークまでは1年間しかなく、その対応も、コメント・レターの対応とそれに応じたフレームワークの修正に終始した感がある。ただし、(第3節で詳しく述べるが) 実際、2013年と2014年フレームワークに相当な相違があることから、コメント・レターへの対応により、フレームワークの内容が顕著に修正されたといえる。

第3節　IAASB監査の質の2011・2013年フレームワークの特徴と同異点

1. 2011年フレームワークとその特徴

　第2節でも触れたように、2011年1月に、IAASBは2009年12月以来の成果として、ひとまず、理念表明 (thought piece) として、「監査の質：IAASBの視点 (Audit Quality: An IAASB Perspective)」を発行した。当該理念表明は、表紙、議長のメッセージ、ISAの監査の質への貢献や今後の展望などを含めても8ページしかなく、コンパクトにIAASBの考え方を伝えた。2011年の理念表明における監査の質のフレームワークを端的に図表で表すと、**図表4-2**のようになる。

　2011年フレームワークに関して、3点の特徴が挙げられる。第1に、IAASBは、監査の質が複雑で多面的なものであり、利害関係者の立場からの監査の質への受け止め方がそれぞれ異なる (IAASB 2011, 3) としている。第2に、監査の質をインプット (監査基準や監査人の属性)、アウトプット (監査人

---

(12) http://www.ifac.org/sites/default/files/meetings/files/6198_1.pdf

第 I 部　理論的・制度的・実践的探究

図表 4-2　2011 年 IAASB の監査の質（フレームワーク）

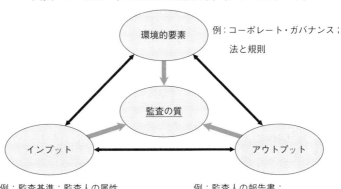

出所：IAASB（2011, 4）の図表「監査の質における重要な影響」を参考に，筆者が作成。

の報告書やコミュニケーション）および環境的要素（コーポレート・ガバナンスや法と規則）の側面からみることができる（IAASB 2011, 4）としている。第 3 に，それぞれの要素が互いに影響し合い，監査の質に影響を及ぼす（IAASB 2011, 4）としている。

2. 2013 年フレームワークとその特徴

第 2 節の**図表 4-1** からも確認できるように，2011 年フレームワーク公表後，IAASB は慎重な議論を重ね，2013 年 1 月に，72 ページに及ぶ長作：コンサルテーション・ペーパー「監査の質のフレームワーク（A Framework for Audit Quality）」を世に送り出し，すべての利害関係者にコメントを求めた。IAASB（2013）のフレームワークは**図表 4-3** のようにまとめられる。

2013 年フレームワークに関して，2011 年フレームワークと比較した場合，4 点の相違点が挙げられる。第 1 に，まず分量の差が歴然としており，当然ながら中身の充実度も違ってくると考えられる（**図表 4-3**）。2011 年のものは正

第4章　IAASB による監査の質の探究

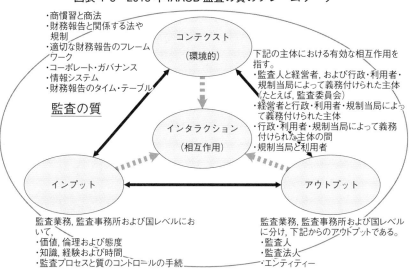

図表 4-3　2013 年 IAASB 監査の質のフレームワーク

出所：IAASB（2013）の内容を参照し、筆者が作成。

味 2 ページに対して、2013 年フレームワークのコア的なものは、6 ページに渡り（IAASB 2013, 18-23）、またそれぞれ個別要素について 38 ページに渡っており（IAASB 2013, 24-61）、内容的に 2011 年より拡充し、さらに詳細に説明されている。第 2 に、2013 年フレームワークには、その作成目的が明確に掲げられている[13]。具体的には、監査の質のキー・エレメントに対する意識を確立させる；主要なステークホルダーに監査の質を改善する方法への探究を鼓舞する；主要なステークホルダー間における当該トピックスへの対話を促進する、ことの 3 つである（IAASB 2013, パラ 20）。

第 3 に、2013 年フレームワークには、インプット、アウトプット、環境的

---

[13]　図表 4-1 における 2012 年 12 月 10～13 日のニューヨークの会合の中身からも、当該目的の記載の重要性が窺える。

第Ⅰ部　理論的・制度的・実践的探究

要素に加えて，新たに明示的に相互作用（インタラクション）要素を加えている（**図表 4-3**）。IAASB（2011, 4）フレームワークにも，文章的に利害関係者における相互作用についての説明があったが，IAASB（2013, 19）にはさらにそれを図表に明示的に入れ，内容も拡充され（IAASB 2013, 50-54），財務報告サプライ・チェーンにおける各利害関係者の相互作用の様子を図表で表す（IAASB 2013, 50）等の工夫が凝らされている。第 4 に，監査業務，監査事務所と国レベルに分けて，監査の質に影響を及ぼすインプット，アウトプット要素について記述している（**図表 4-3**）。2011 年フレームワーク公表後，2011 年 6 月の会合で出されたフレームワークドラフト（54 ページ分量）にはまだこのようなレベル分けが提案されなかったが，2012 年 9 月の会合では，それまでの議論の結果，ドラフト（74 ページ分量）では，レベル分けにした分析が行われている（**図表 4-1**）[14]。

第 4 節　IAASB 監査の質の 2014 年フレームワークの概要・特徴と形成プロセス

1. 2014 年フレームワークの概要と特徴

2014 年 2 月，IAASB は「監査の質のフレームワーク：監査の質の環境を創出したキー・エレメント」（A Framework for Audit Quality: Key Elements that create an Environment for Audit Quality）を公表した。当該フレームワークは，前述したように 2009 年 12 月の初会合から 4 年間の歳月の議論を重ねた成果である。目的は，2013 年のものと同様に，監査の質のキー・エレメントへの意

---

(14) 2011 年 12 月の会合では，初めて監査契約レベルでの監査の質の要素への検討が行われ（http://www.ifac.org/sites/default/files/meetings/files/20111205-IAASB-Agenda_Item_6-B-Illustrative_Engagement_Level_Part-V1.pdf），その後，2012 年 9 月の会合では，監査業務，監査事務所と国レベルに分けての提案（http://www.ifac.org/sites/default/files/meetings/files/20120917-IAASB-Agenda_Item_4B-Draft_AQ_Framework-V1.pdf）がされたようである。

識の確立，監査の質の改善方法への探究や主要なステークホルダーの間の対話の促進を掲げている（IAASB 2014a, 1）。また，利用者は，監査法人など専門的な会計士組織，ガバナンス責任者，パブリック・セクター組織，規制当局，監督機関，国内基準設定機関ならびに学者を想定している（IAASB 2014b, 2）。

図表 4-4 は，IAASB が提示した，監査の質のフレームワーク 2014 図表（IAASB 2014a, 5）を日本語にしたものである。このフレームワークは，(1)インプット，(2)プロセス，(3)アウトプット，(4)インタラクション（相互作用），(5)コンテクスト・ファクター（環境的要素）という，「高質な監査（quality audit）」が首尾一貫的に行われる可能性を最大限とする環境を作り出す主要なエレメントを包含するものである（IAASB 2014b, 3）。

ここでは，IAASB 2014 年フレームワークに掲げている 5 つの主要なエレメントの中身について確認しながら，**図表 4-4** に示されているそれらのエレメント間の相互関係等について考察していく。

具体的に，第 1 に監査の質を囲む三角形の三要素およびその相互関係について考えたい（**図表 4-4**）。まずインプット（要素）として①（監査法人内に浸透している文化によって影響される）監査人の価値・倫理および態度；②監査人の知識・技能・経験および監査実行に配分された時間に分けられ（IAASB 2014a, パラ 9），また監査業務，監査事務所および国レベルからインプット要素の質的属性を考える（IAASB 2014a, パラ 11）としている。そして，プロセス（要素）も，監査業務，監査事務所および国レベルからプロセス要素の質的属性を考え（IAASB 2014a, パラ 13），また高質な監査は，監査人が，法律，規則および適用可能な基準の下での，厳格な監査プロセスおよび質のコントロールの手続を適用することを必要とする（IAASB 2014b, 4）としている。

さらにアウトプット（要素）は，監査された組織の外部から一般的には見えない監査プロセスより生じるもののみならず，1 つの主体からもう 1 つの主体へ正式に準備・提出された報告書や情報を含む（IAASB 2014a, パラ 14）。高質な監査は，有用でタイムリーなアウトプットをし，またアウトプットはすべての報告のサプライ・チェーンとの関係の中，描かれ，監査人・監査法人・エン

第Ⅰ部　理論的・制度的・実践的探究

図表 4-4　2014 年 IAASB 監査の質のフレームワーク

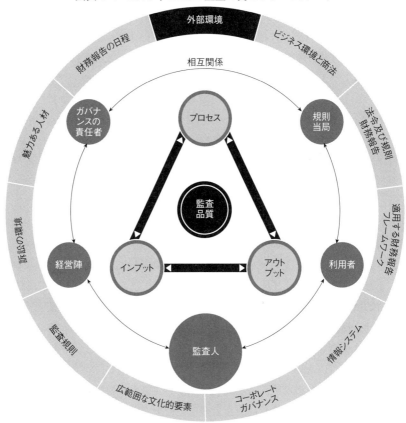

出所：IAASB（2014a, 5）のフレームワーク図表を日本語に翻訳した五十嵐（2014, 55）より。

ティティー・監査の規制当局からのアウトプットを含む（IAASB 2014b, 4）。

加えて，2014 年フレームワークのドキュメントには明示的ではないが，**図表 4-4** におけるインプット⇔プロセス⇔アウトプットの相互関係は IAASB（2011, 4）から理解できる。たとえば，監査人の知識や技能の高低と言ったイ

第4章　IAASBによる監査の質の探究

ンプット要素と，プロセス要素である監査プロセスの質の高さと，そしてアウトプット要素である監査報告書の質の高低と相互に関係し，それらの相互関係がさらに監査の質の高低に貢献すると考えられる。

第2に，インタラクション（相互作用）について考察する。相互作用（関係）として取り上げた①監査人・②経営者・③ガバナンスの責任者・④利用者・⑤規制当局の5つのステークホルダーは，IFAC（2008）レポートにおける財務報告のサプライ・チェーンにおけるステークホルダーである（IAASB 2014a, パラ43）。インタラクションは上記の5つのステークホルダーの間の公式的と非公式的なコミュニケーションを含み（IAASB 2014a, パラ45），また（**図表4-4**からは読み取れないが）インプットとアウトプットの間に存在するダイナミックな関係を可能にしている（IAASB 2014b, 5）。そして，それぞれのステークホルダーが財務報告のサプライ・チェーンにおいて質の高い財務報告をサポートするのに重要な役割を果たしているが，ステークホルダーの相互作用のやり方は，監査の質に特別な影響を及ぼせる（IAASB 2014a, パラ16）。さらに，**図表4-4**では読み取れにくいが，5つのステークホルダーの相互関係はそれぞれ互いに（one-to-one）影響を及ぼすものである。つまり，任意の1つのステークホルダーはその他の4つのステークホルダーと相互作用を及ぼしていることになっている（IAASB 2014a, パラ47）。加えてIAASB（2014b, 3）は，高質な監査の実現にとって主要な責任は監査人にあるが，高質な監査は，財務報告のサプライ・チェーンにおけるその他の参加者のサポートがある環境の中に得られやすいと主張している。

最後に，**図表4-4**の外側のサークル：コンテクスト・ファクター（環境的要素）については，ビジネス実務と商法・財務報告に関わる法律と規則・実行可能な財務報告のフレームワーク・情報システム・コーポレート・ガバナンス・財務報告に関わるタイム・テーブル・広範な文化的要因・監査規則・訴訟に関わる環境・魅力ある人材を含む（**図表4-4**；IAASB 2014b, 4）。IAASBはこれらの環境的要素を羅列しており，その相互関係の有無について言及していない（たとえば，IAASB 2014a, パラ82）。また，**図表4-4**から読み取れないが，

127

IAASB（2014a, パラ 17）によれば，環境的要素は，財務報告の特徴と質に潜在的に影響し，監査の質に直接的にあるいは間接的に影響するとしている。さらに高質な監査は，環境的要素に適切に反応する監査人を必要とする（IAASB 2014b, 4）ともしている。

　2014 年フレームワークに関して，2013 年フレームワークと比較した場合，3 点の特徴が挙げられる（**図表 4-5**）。第 1 に，フレームワークそのものに関するコア的な分量が 6 ページから 4 ページ（総分量 72 ページから 59 ページ）に縮小されていることである。それは，後でも分析するように日本公認会計士協会などからの分量が多すぎるというコメントに応えた結果である。第 2 に，プロセス（要素）を監査の質への独立した要素として取り扱っていることである。2011・2013 年フレームワークには，プロセスをインプットの一部として取り扱っていたが，監査のプロセスに関しては，より強調すべきというコメントを受けて，対応した結果である。第 3 に，環境的要素の新たな視点の追加や監査人とその他のステークホルダーの相互作用の概念図への明示などの加筆があった。

　このように，2014 年フレームワークと 2013 年のものを比較することにより，両者は実質的に異なるというわけでなく，2014 年フレームワークは，むしろ，2013 年フレームワーク後のコメント・レターの指摘ポイントへの対応により，形作られたと理解されうる。そこで，以下において，2013 年フレームワークに対するコメント・レターの状況と IAASB の対応について，検討することとする。

2．2014 年フレームワーク形成プロセス：コメント・レターの状況と IAASB の対応

　2013 年フレームワークは，コンサルテーション・ペーパーであり，その中において，2013 年 5 月 15 日までに，コメントを募集した[15]。その結果，日本公認会計士協会からのものを含む 76 の回答が寄せられた[16]。

　その内訳は，投資者とアナリスト 5，規制当局と監督機関 12，各国会計基準

第4章 IAASBによる監査の質の探究

**図表 4-5　2014 年フレームワークの形成・特徴：
コメント・レターの内容と IAASB の対応**

2013 年フレームワークに対するコメント・レターの内容	2014 年フレームワーク形成への IAASB の対応	2014 年フレームワーク（対 2013 年）の特徴
(1) 対象と範囲		
・「高質な監査」のベネフィットをもっと明確に表現すべき。	・序文にそのベネフィットに関する新しい段落を設けた。	
(2) 「監査の質」の定義		
・「監査の質」あるいは「高質な監査」を定義しなかった。	・1 条と 2 条において，「監査の質」と「高質な監査」の単語を詳述。	
(3) フレームワークの地位の明確化		
・ISA と国際品質管理基準 1 との関係を明確にする必要がある。 ・既存 IAASB の保証フレームワークと国際会計基準審議会の概念的フレームワークに混同されやすい。	・6 条において，ISA と国際品質管理基準 1 との関係を明示。 ・サブ・タイトル「監査の質を取り巻く環境を創出したキー・エレメント」を追加。	
(4) フレームワークの長さ		
・長すぎる。	・インプットとアウトプット要素の詳細な記述をアペンディックスへ移動；メーン・ボディーに対する実質的な削減。	・分量の削減とメーン・ボディーのスリム化。
(5) フレームワークに強調されたトピックス		
・たとえば，職業的懐疑心の確保，監査のプロセスや監査人と利用者の間の有効な契約の重要性などに関しては，より強調すべき。 ・加えて，環境的要素として，訴訟リスクやコーポレート・ガバナンスなどが挙げられた。	すべてに対応し，フレームワークの拡充に努めた。 ・特に，プロセス要素をインプット要素から独立させ，フレームワークを総括する図も対応的に修正された。 ・たとえば，環境的要素と関連してフレームワークに，コーポレート・ガバナンス，監査規則，訴訟環境および魅力ある人材という追加的なものを取り入れた。	・プロセス要素の独立 ・環境的要素の拡充。
(6) フレームワークのバランス		
・フレームワークの構造を支持。 ・フレームワーク内において多様なステークホルダーの責任が定義されるべき。	・フレームワークの構造を変更せず。 ・監査人でないステークホルダーを強調させるため，概念図にも監査人やその他のステークホルダーの相互作用を明示。	・相互作用の主体を概念図に明示。

第Ⅰ部　理論的・制度的・実践的探究

(7)　小さい主体とパブリック・セクター監査		
・すべての監査に対するその適用可能性に疑問を提示。	・長期的に，IAASBなどにとって，小さい主体あるいはパブリック・セクター主体の監査のための特別なユーザー・ガイドを開発するのが適切かもしれないと認めた。	
(8)　探究領域		
・いくつかの領域がIAASBの範囲を超えていることを指摘。	・そのいくつかは直接にIAASBの権限の下になっていないことを認め，他の母体がこれらの領域における作業を開始し，国際的なコンセンサスの樹立を探ってほしいと期待。	

出所：IAASB（2014c）の内容を踏まえて，筆者が分析・作成。

設定機関8，監査法人12，IFACのメンバー団体とその他専門的機関27，パブリック・セクター7，学者1，個人とその他4である。

　ここでは，2014年フレームワークと同時に公表されたIAASBのスタッフによる公表物「フィードバック・ステートメント」を中心に，2013年フレームワークから2014年フレームワークの形成プロセスを探る。つまり，ここでは，コメント・レターの意見により，IAASB2014年フレームワークの形作ったプロセスにのみ焦点を絞り，IAASBのコメント・レターの意見に対する異議の提起・ディフェンスあるいは将来の展望については重点を置かない。なお，

---

(15)　具体的には，下記の視点からのコメント募集であった（IAASB 2013a, 4）。(1)ドラフト・フレームワークは期待されるすべての監査の質の領域をカバーしているかどうか。(2)ドラフト・フレームワークは，監査人（監査チームと監査法人），エンティティー（経営者とガバナンス責任者）およびその他のステークホルダーの間の監査の質への責任を適切に反映しているかどうか。(3)回答者たちがどのようにフレームワークを利用しようとしているのか，フレームワークの価値を最大化するためその形式あるいはコンテンツへの変更が必要であるかどうか。(4)記載されている「探究対象領域」についてどのような見解があるか。優先的に取り組むべき項目があるとすればそれはどれか，また，誰が取り組むべきか。他にもフレームワークに織り込むべき探究対象領域があるか。

(16)　詳細は，http://www.ifac.org/publications-resources/framework-audit-quality を参照されたい。

IAASBのスタッフは，76件の回答内容を8つに分け，対応したため，ここでもその分類に従い，検討する。
(1) 対象と範囲
　高質な監査のベネフィットをもっと明確に表現すべきとのコメントがいくつかあった（IAASB 2014c, パラ 13）ことから，IAASBは序文にその効果に関する新しい段落を設けた（IAASB 2014a, 1；2014c パラ 21）。
(2) 監査の質の定義
　「監査の質」あるいは「高質な監査」を定義しなかったという指摘があったが（IAASB 2014c, パラ 22），IAASBは，IAASBの考えに対するフレームワークの利用者の理解を手助けするため，「監査の質」と「高質な監査」の定義を詳述した（IAASB 2014a, パラ 1; 2；2014c, パラ 21）。
(3) フレームワークの地位の明確化
　フレームワークの地位が明確でなく，ISAと国際品質管理基準1（International Standard on Quality Control: ISQC1）との関係を明確にする必要があると多数のコメントが寄せられたが（IAASB 2014c, パラ 26），IAASBは，フレームワークが基準などのように権威的なものでないことを明確にするものを盛り込んだ（IAASB 2014c, パラ 29）[17]。
　また，フレームワークは，すでに存在するIAASBの保証フレームワーク（保証契約のための国際的フレームワーク）と国際会計基準審議会の概念的フレームワークと混同されやすいと指摘され（IAASB 2014c, パラ 27），IAASBは，サブ・タイトル「監査の質を取り巻く環境を創出したキー・エレメント」を追加した（IAASB 2014c, パラ 28）。

---

(17)　具体的には，IAASB（2014a, パラ 6）を追加した。「監査人には，倫理やその他の規則にのみならず，関連する監査基準や監査法人のための品質管理の基準の適用が要求されている。特に，ISQC1は監査の品質管理のシステムに対する企業の責任を扱っている。フレームワークはそのような基準の代替物ではなく，追加的基準の設定や監査契約のパフォーマンスのための手続きの要求の提供でもない」。

(4) フレームワークの長さ

日本公認会計士協会を含むコメントの大多数は，ドラフト・フレームワークが長すぎると指摘したが（IAASB 2014c, パラ 31），IAASB は，インプットとアウトプット要素の詳細な記述をアペンディックスへ移動したり，フレームワークのメーン・ボディーに対する実質的な削減で対応した（IAASB 2014c, パラ 32）。

(5) フレームワークに強調されたトピックス

コメント・レターからは，もっと強調すべきトピックスに関する示唆のみならず，フレームワークに追加的な要素のいくつかも示唆された。たとえば，職業的懐疑心の確保，監査のプロセスや監査人と利用者の間の有効な契約の重要性などに関しては，より強調すべきであると主張された[18]。加えて，追加すべき環境的要素として，訴訟リスクやコーポレート・ガバナンスなどが挙げられた。

IAASB は，そのすべてに対応し，フレームワークの拡充を努めた。たとえば，環境的要素と関連してフレームワークに，コーポレート・ガバナンス，監査規則，訴訟環境および魅力ある人材という追加的なものを取り入れた（IAASB 2014c, パラ 42）。また特に，プロセス要素をインプット要素から独立させ，フレームワークを総括する図も対応的に修正された（IAASB 2014a, パラ 8; 13；セクション 2）。

(6) フレームワークのバランス

コメントが実に多様であり，またその多くが提案されたフレームワークの構造を支持していることもあり，IAASB は，それを変更しないことにした（IAASB 2014c, パラ 40）。またフレームワーク内において多様なステークホルダーの責任が定義されるべきとの意見が寄せられ（IAASB 2014c, パラ 38），IAASB は，監査人でないステークホルダーをさらに強調させるため，2014 フレームワークにおける概念図にも監査人やその他のステークホルダーの相互作

---

[18] 詳細は，IAASB（2014c, 8-9）を参照されたい。

用を明示した（IAASB 2014a, パラ 8；2014c, パラ 41）。
(7)　小さい主体とパブリック・セクター監査

　長期的に，IAASB などにとって，小さい主体あるいはパブリック・セクター主体の監査のための特別なユーザー・ガイドを開発するのが適切かもしれないと認めた（IAASB 2014c, パラ 47）。
(8)　探究領域

　IAASB は，探究領域のいくつかは直接に IAASB の権限の下になっていないことを認め，他の母体がこれらの領域における作業を開始し，国際的なコンセンサスの確立を探ってほしいと期待した（IAASB 2014c, パラ 51）。

　このように，IAASB 2013 年フレームワークを上述のコメント・レターの内容に踏まえて，修正した結果，2014 年フレームワークが 2 月に公表された。上記の内容やその結果としての 2014 年（対 2013 年）フレームワークの特徴をまとめると，**図表 4-5** のようになる。

第 5 節　小括・考察

1．小括

　本章は，監査の質に関わる IAASB の動向を中心にしながら，その主たるアウトプットである IAASB 監査の質 2011・2013・2014 年フレームワークの内容や特徴と形成プロセスを精査した。本節では，まず第 1 節から第 4 節までの検討内容を下記の 4 点にまとめる。
(1)　IAASB が 2009 年監査の質プロジェクトを開始した背景としては，公表されたアニュアル・レポートなどの文書から，大きく 2 点が挙げられる。それは，第 1 に社会的背景として，2008 年の金融危機とそれに関わる監査人への社会の期待の増幅であり，また第 2 に実務的背景として，足元では ISA の見直しのクラリティ・プロジェクトを終了させたことである。
(2)　監査の質プロジェクトを次に取り組むべき重要な仕事として据えた IAASB は，その後，実績として，公衆に監査の質 2011・2013・2014 年フレ

ームワークを公表した。2009年監査の質プロジェクトの開始から，プロジェクトメンバー内部の会議を除く13回の大きな会合と4年の歳月を費やした（**図表4-1**）。また2013年コンサルテーション・ペーパーの公表までに，実に7回の会合を重ね，2年の歳月を経て，さらに2014年のものは特にコメント・レターの対応とその結果で形作られた。

(3) 2011・2013・2014年フレームワーク（**図表4-2，3，4**）の比較を本節で総括してみると，4点まとめられる。①まずコア的な内容の部分に関しては，2013年のものが一番分量的に長く（6ページ），2011年のもの（2ページ）がもっとも簡略的である。②また，2013年フレームワークから作成目的が明確に掲げられるようになった。③そして，監査の質を囲む要素として，2011年の基本要素はインプット・アウトプットと環境的要素だったが，2013年には明示的にインタラクション（相互作用）要素を入れ，さらに，2014年にはインプット要素の中に組み入れたプロセス要素を独立させ，環境的要素や相互作用要素などへの内容的充実も図られた。④さらに，2013年以降は，各要素の分析にあたって，必要に応じて，監査業務，監査事務所および国レベルのレベル別の検討を行うようになった。

(4) 2014年フレームワーク（**図表4-4**）を重点的にまとめると，監査の質を囲む基本的要素をまずインプット・プロセスとアウトプットに分けられ，これらの基本的要素は相互に影響を及ぼす。次に高質な監査の実現には主な責任者が監査人であるが，監査人・経営者・ガバナンスの責任者などのコミュニケーション，相互作用が重要である。さらに，監査の質を大きく囲む環境的要素として，ビジネス実務や文化的要素，訴訟，魅力的人材まで幅広くあった。また，2014年フレームワークの中身を確定させたのは，2013年フレームワークに対するコメント・レターの内容とその対応による修正であった。具体的に日本公認会計士協会を含む76の団体や機関などからコメントが寄せられ，多くの修正が行われた。その結果，2013年のものと比べると，①分量の削減，②（インプット要素からの）プロセス要素の独立，③環境的要素の拡充や④相互作用の内容の概念図への明示ができた（**図表4-5**）。

2. 考察
(1) 制度論的分析視角からの考察

　IAASBによる監査の質に関わる動向とその内容について，制度論的分析視角からの考察を以下において行う。ここで想起しておきたいのは，第3章第1節で述べた内容である。

　すなわち，制度論における「制度」は，ルールや規則・規範，そのルールや規則・規範の形成を導いたアクティビティやリソースを包含すると理解できること，またその理解によって，本書の第3～5章の規制当局や基準設定主体（FRC，PCAOBおよびIAASB）における監査の質に関わるルール作りのアクティビティとその内容を制度論の中の「制度」として捉え，制度論的分析アプローチ（第3章第2節を参照）を用いて，その「制度」を分析できると考えることである。またここでいう制度論的分析アプローチについては，本書は制度論理論のOIEおよびNISの流れをそれぞれ汲んだBarley and Tolbert (1997) 分析フレームワークおよびTolbert and Zucker (1996) 分析フレームワークを採用している。

　IAASBによる監査の質に関わる動向とその内容は，制度論における「制度」そのものとして捉えられる。またBarley and Tolbert (1997) 分析フレームワークおよびTolbert and Zucker (1996) 分析フレームワークに当該「制度」を当てはめ，IAASBによる監査の質に関わる動向とその内容は，下記のように整理できる（**図表4-6**および**図表4-7**）。

　図表4-6で示しているように，まずBarley and Tolbert (1997) 分析フレームワークの下で，IAASBが行われた「会議の束」（**図表4-1**を参照）を「ある特定の状況において特徴的な，観察可能で再帰的な行為や相互作用のパターン」である「スクリプト」として捉えることができる。また，「制度の領域」において，時系列的に，IAASBの監査の質の2011・2013・2014フレームワークが生成されたことが確認できる。さらに，その生成過程は，「行動の領域」における多様な利害関係者との議論を重ね，会議の束のスクリプトを繰り返しながら，行われていることとして捉えることができる。なお，ここでいう多様

第Ⅰ部　理論的・制度的・実践的探究

**図表4-6　IAASBの監査の質プロジェクトのプロセス：
Barley and Tolbert（1997）分析フレームワークを用いた場合**

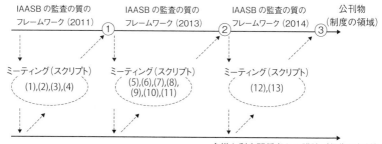

注：ミーティングの番号は図表4-1と対応している。
出所：筆者作成。

**図表4-7　IAASBの監査の質プロジェクトのプロセス：
Tolbert and Zucker（1996）分析フレームワークを用いた場合**

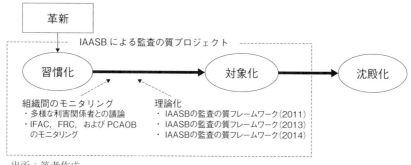

出所：筆者作成。

な利害関係者との議論は、具体的にはIAASBと多様な利害関係者とのコメント・レターとその対応として捉えることができる。

一方、Tolbert and Zucker（1996）分析フレームワークの下、IAASBによる監査の質プロジェクトは「習慣化」から「対象化」へ向かうプロセスにあることが主張され得る（**図表4-7**）。その理由については下記の2点が挙げられる。

第4章　IAASBによる監査の質の探究

　第1に，IAASBによる監査の質プロジェクト（その展開）は，「沈殿化」の状態にないからである。まず，回想しておくべきは，第3章第2節で詳述したTolbert and Zucker (1996) 分析フレームワークの制度化のプロセスの中，制度の「習慣化」，「対象化」，「沈殿化」の3つのステップのそれぞれの内容である。それは，端的にいうと，特定の問題に対応するための新しい構造の生成を必要とする「習慣化」，また習慣化プロセスで生成した新しい構造の普及が開始し始めた「対象化」，および①完全普及と②長期間にわたる定着を特徴とする「沈殿化」である。今回のケースであるIAASBによる監査の質プロジェクトのプロセスは，監査の質に関する概念や評価方法について，いまだに定説がなく，完全普及である「沈殿化」の状況にない。

　第2に，当該IAASBによる監査の質プロジェクト（その展開）は，「対象化」から「沈殿化」へ向かうプロセスにもないからである。また，第3章第2節で詳述したが，「対象化」から「沈殿化」へ向かう状況であれば，①当該構造の有効性に意義を唱えるグループが比較的に少なく，②提唱グループによる文化的な支持を受け，さらに③当該構造の採用により良好な結果を得られることが明らかという3つの要素を満たさなければならない。今回のケースであるIAASBによる監査の質プロジェクトのプロセスは，まだ世界的にみて，監査の質に関わる概念や評価方法について考え方が収束している状況にあるとは言いがたいことから，「対象化」から「沈殿化」へ向かうプロセスにもないといえる。

　また，Tolbert and Zucker (1996) 分析フレームワークによれば，「習慣化」から「対象化」へ向かうプロセスの中，①競争相手の組織のモニタリング，および②当該構造（このケースではIAASBのフレームワーク）の擁護者（champion）（このケースではIAASB）による理論化（theorization）も必要である（図表3-2；図表4-7）。今回のケースであるIAASBによる監査の質プロジェクトのプロセスについては，①競争相手の組織のモニタリングについて，コメント・レターなどによる多様な利害関係者との議論やIFAC，FRCやPCAOBによるモニタリングがその役割を果たしていると考えられる。また②の理論化につ

いては，IAASB の 2011，2013，2014 年のフレームワークがその役割を果たしていると考えられる。
(2) IAASB と監査の質

第 3～5 章において，規制当局や基準設定主体の FRC，IAASB および PCAOB における監査の質に関わる動向やその監査の質を評価するフレームワークの内容を確認している。FRC，IAASB および PCAOB のうち，IAASB の動向と内容は，重要な意味を持っている。以下，その理由となる 2 つの側面からの考察を述べ，本章の結びと代えたい。

第 1 に，いうまでもないが，特定の国の規制当局である FRC と PCAOB と違い，IAASB が国際的な基準設定主体であることから，IAASB によって提唱された監査の質のフレームワークは編入などの形で各国の規則などに採り入れられ，各国における監査の質に関わる規則作りや実務的対応に直接影響を及ぼす可能性があると考えられる。

実際，たとえば，IAASB の動向を見て，米国における監査法人の監督機関 PCAOB は重い腰を上げ，2012 年 11 月に，ようやく監査の質の測定を発展させるプロジェクトを立ち上げ，2013 年 5 月のミーティング資料として，「ディスカッション：監査の質のインジケーター」を公表している。当該ミーティング資料の中からも，IAASB の影響を随所に確認することができる（たとえば，PCAOB 2013, 4）。

また，たとえば，日本公認会計士協会も，2013 年の IAASB のコンサルテーション・ペーパーに対するコメント・レターの中において，IAASB のフレームワークについて，「監査人のみならず経営者，統治責任者，規制当局及び利用者を含む広範囲な利害関係者を対象に，監査品質を検討したり，協議したりする際の共通の基盤を提供することを意図して最終化するものであると理解している。したがって，本フレームワークが最終化された場合，当協会は，それを啓蒙的な文書として利用することになると想定している」（日本公認会計士協会 2013c, 2）としている。その後，2015 年 5 月に，IAASB が公表した 2014 年の「監査の質のフレームワーク」をモデルに修正編入という形で，監査基準委

第 4 章　IAASB による監査の質の探究

員会研究報告第 4 号「監査品質の枠組み」を公表した。

　第 2 に，IAASB の 4 年の歳月と莫大なエネルギーをかけた監査の質フレームワークなどの検討成果の中身は学界や実務界において援用されることが予想される。

　たとえば，2014 年フレームワークにおいて，監査の質の構成エレメントとして①インプット，②プロセス，③アウトプット，④インタラクション（相互作用），⑤コンテクスト・ファクター（環境的要素）の 5 つを取り上げた。このような多面的構成要素的な分析手法（内容）は，今後の監査の質に関わる議論の多面化，および更なる分析時における考え方のヒントを提供しているものとして理解されうる。

　また，たとえば，監査の質の定義をするにあたり，まず，高質な監査（quality audit）を先に定義してから監査の質を定義することは[19]，学界における「監査の質」概念の展開に大きく貢献するものと理解される。

　さらに，IAASB の検討成果は監査人が果たしている監査の質への貢献を構成エレメントの側面から際立てた。たとえば，インプットとプロセス側面から捉える監査の質の作り手が，すべて監査人であり，また監査人の価値・倫理・態度・知識・技能・経験および監査時間がインプット要素であり，さらに監査

---

[19]　具体的には，IAASB（2014a）のパラ 1 と 2 は下記のように「監査の質」と「高質な監査」を定義している。「パラ 1 ：監査の質は，首尾一貫性のある基礎の下，高質な監査が行われる可能性を最大限にする環境を作り出すキー・エレメントを含む」。「パラ 2 ：（中略）高質な監査は，以下の状況において，監査チームによって成し遂げられていると考えられる。①適切な価値・倫理および態度の明示，②知識・技能および経験が豊富で，監査実行に配分された時間が十分，③法律，規則および適用可能な基準の下での，厳格な監査プロセスおよび質のコントロールの手続きの適用，④有用でタイムリーな報告書の提供，⑤関係ステークホルダー間の適切な相互作用の存在」。また，高質な監査が達成できる上記の 5 つの状況は，実は，インプット，プロセス，アウトプットおよびインタラクションのそれぞれのエレメントが達成している状態を示していることも IAASB（2014a, パラ 2）から読み取れる。実際，①〜⑤に使われた文章も，後に続く諸エレメントの具体的な内容と酷似（同じ）している。

人が行う監査プロセスと質のコントロールの手続がプロセス要素である。加えて監査人のアウトプットは監査の質のアウトプット要素の大きな部分を占め，相互作用要素においては，監査人が主要な参加者である。環境的要素に至っては，魅力ある人材である監査人が求められる。

　加えて，IAASBの「監査の質」フレームワークにおける環境的要素の重要性およびその範囲の広さは，各国が独自に監査の質の評価などを考えるときに，各国の事情に応じて，援用される可能性を秘めていると想定される。たとえば，日本の監査基準委員会研究報告第4号「監査品質の枠組み」の公表前に，コメント募集をしていた。応募されたコメントの中，「監査人に対する指導的機能の発揮への期待は，監査品質に影響を及ぼす要因のうち，背景的要因を構成し，文化的要因を構成するものであると考えられる。」とあり，日本における「監査品質の枠組み」の環境的要素の中身の追加を求めた。

第 5 章　米国 PCAOB による監査の質の探究

第 1 節　はじめに〜規制当局 PCAOB の責任と監査の質について

　米国の公開会社会計監査委員会（Public Company Accounting Oversight Board: 以下「PCAOB」と記す。）は，エンロン事件後の上場企業会計改革および投資家保護法（Public Company Accounting Reform and Investor Protection Act of 2002: 以下「SOX 法」と記す。）に基づき 2002 年に設立された非営利組織である。直近の PCAOB のトップ・ホームページにおいて，PCAOB は自身のことについて，次のように定義している。

　　PCAOB は，情報量があり正確的でかつ独立した監査報告書の準備に関わる投資者の利益や社会の利益を保護するため，国会によって設立した公開企業の監査に対する監督を行う非営利組織である。PCAOB はまた，投資者保護を促進するため，連邦証券関連法に依拠したコンプライアンス・レポートを含むブローカー・ディーラーの監査をも監督する（PCAOB 2015a）。

　PCAOB は，米国の政府機関である証券取引委員会（Securities and Exchange Commission: SEC）の監督下にある。また，PCAOB の設立は，米国にとって歴史上初めて，会計専門家が直接的に政府規制を受けることになったことを意味し（たとえば，DeFond and Zhang 2014），歴史的に意義のある出来事である。というのは，それまで，米国の会計専門家が準拠する監査基準を作成していたのがプライベート・セクターである米国公認会計士協会（American Institute of Certified Public Accountants: AICPA）であり，PCAOB の設立は，監査基準の作成者の一端がパブリック・セクターとなり，監査に対する規制を政府主導で

第Ⅰ部　理論的・制度的・実践的探究

も行うことになったことを象徴しているからである。

　PCAOBの所掌事務は，(1)上場会社を監査する監査事務所の登録；(2)監査基準，品質管理基準，倫理・独立性規則等の策定；(3)監査事務所に対する検査（inspection）（大手監査事務所：毎年，その他：少なくとも3年に1回）；(4)監査事務所等に対する調査（investigation）および懲戒処分；(5)SOX法，PCAOB規則の遵守に関する執行の5つである。また，組織として，まず，ボード（委員長および4名の常勤委員から構成）があり，その下に，主たる部門として，(1)執行（enforcement）・調査（investigation）部門（監査事務所等に対する調査および懲戒処分，法執行：専門職（弁護士，会計士）約25名）；(2)登録・検査（inspection）部門（監査事務所の登録，検査：検査官約225名）；(3)主任監査官室（監査基準等の設定：会計士約25名）で構成されている（金融庁2006）。

　このように，PCAOBの定義（監査に対する監督を行う非営利組織）や設立の経緯・目的（投資者保護のため，エンロン事件後のSOX法に基づき，史上初の監査に対する規制を政府主導で行うパブリック・セクター）および所掌事務や組織構成（多くの専門職で構成され，監査実務に対する検査などを行う）から，PCAOBと監査の質（audit quality）とは重要な係わり合いがあることが想定できる。実際，PCAOB（2015b, 2）にその責任と監査の質との関係を下記のような記述で描写している。

　　PCAOBの責任は，2002年のSOX法に基づいて，最終的に，監査の質を向上させ，それによって投資者にメリットを与えることである（PCAOB 2015b, 2；筆者強調）。

　また，PCAOB（2015b, 2）は，上記のPCAOBの責任を説明した後，下記のように監査の質のインジケーターのプロジェクト（audit quality indicator（"AQI"）project：以下「AQIプロジェクト」と記す。詳細は後述。）について，その目的と重要性を述べている。

　　2013年から最優先（事項）として確認された委員会のAQIプロジェクトは，（PCAOBの責任を果たすための）重要な努力の部分となることができる。AQIプロジェクトの目標は簡単に述べられる：継続的な利用が監査と監査

第 5 章　米国 PCAOB による監査の質の探究

の質の評価方法についての対話および理解を促進すること，公開企業監査の<u>定量的測定（インジケーターと呼ぶ）のポートフォリオを確認することであり，またインジケーターのポートフォリオが誰によってどのように最大限に使われるかを探究することである。最終的に，このような努力は高い監査の質を導くことができるかもしれない</u>（PCAOB 2015b, 2；筆者強調）。

　そこで，本章では，当該監査の質の AQI プロジェクトの概要を説明し，PCAOB の監査の質を促進するための努力の一端を明らかにすることで，「監査の質」に関する議論に資することを目的とする。

　本章は，まず第 1 節で，上述の PCAOB の定義や設立の経緯などを説明することで，その責任と監査の質との関係を述べ，また第 2, 3 節では，PCAOB と監査の質を考える上で現在中心的話題になっている AQI プロジェクトの 2 つの出版物について時系列的に分析する。さらに第 4 節で上記の 2 つの出版物の特徴を考察しながら，まとめを行い，加えて，制度論的分析視角による PCAOB による監査の質の探究の軌跡について分析する。

第 2 節　AQI プロジェクト
～歴史的経緯とスタッフによる DP（2013）の詳細

1．AQI プロジェクトの歴史的経緯

　2008 年 10 月に，米国財務省（the U.S. Treasury Department）の「監査専門家に関わるアドバイザリー委員会の最終報告書（Final Report of the Advisory Committee on the Auditing Profession）」において，PCAOB が他の関係者と協議して，監査の質のキー・インジケーターの開発の実行可能性，およびこれらのインジケーターの開示の監査法人への要求の実行可能性を決定すべきとしている（the U.S. Treasury Department 2008, VIII: 14）。

　上記の財務省の決定を受け，PCAOB は，2012～2016 年の戦略計画（*Public Company Accounting Oversight Board Strategic Plan: Improving the Relevance and Quality of the Audit for the Protection and Benefit of Investors 2012-2016*）

(PCAOB 2012）において示されたAQIプロジェクトを2013年において，優先的に取り組むとしている。また，PCAOBは，2012-2016の戦略計画の中で，財務省の最終報告書の推薦事項を引用する形で，AQIプロジェクトについて，「国内のグローバル・ネットワーク監査法人に関する測定手法とこれらの測定手法の時系列的な報告を近い将来のゴールとする（the U.S. Treasury Department 2008, VIII: 14)。」としている。さらに，そのゴールの詳細について，(1)監査の質の状態と傾向に追加的な洞察をもって，PCAOBの規制当局としてのプロセスや政策策定に役に立つ；(2)監査委員会，投資者，経営者，監査法人，規制当局，AQIを公開する主体に，彼らの意思決定や政策策定における監査の質への洞察を提供することができる；(3)監査の質をよりよくする追加的な動機を企業に提供するとしている（PCAOB 2015b, 4)。

　PCAOBの2012～2016年の戦略計画を実行すべく，2013年5月に，研究と分析のオフィス（The Office of Research and Analysis: ORA）のスタッフは，基準アドバイザリー・グループ（Standing Advisory Group: SAG）に対して，議論を促進させるための「ディスカッション：監査の質インジケーター（Discussion – Audit Quality Indicators)」を公表した。当該ディスカッション・ペーパー（DP）は，上述のようにORAのスタッフによる原案であり，PCAOBの正式なステートメントではなく，それゆえPCAOBのメンバーの観点を必ずしも反映していないこともあると明記されているが（PCAOB 2013, 1)，PCAOBによるAQIプロジェクトの最初の重要な一歩であることは間違いがないであろう。

2. ORAスタッフによるDP（2013）の具体的な内容

　ディスカッション・ペーパー（DP）では，まず，AQIプロジェクトの概略について，記述し，その後，議論の前提になる監査の質の定義や，監査の質を考えるためのフレームワークとインジケーターについて記述した。

　監査の質の定義について，ディスカッション・ペーパーのスタンスは，新しい概念的基礎を作るというよりも，広く受け入れられているコンセプトをベー

スにしている（PCAOB 2013, 4）。特徴的なのは，監査の質の定義に関わり，投資者のニーズを全面的に強調したところにある。ディスカッション・ペーパーでは，「ディスカッションするため我々は，①関連する開示を含む財務諸表，②内部統制の保証および③ゴーイング・コンサーン問題の前兆に関わる，独立し信頼できる監査および健全な監査委員会のコミュニケーションに対する投資家のニーズを満たすように，監査の質を定義する（PCAOB 2013, 3-4；筆者強調）」としている。

また，なぜこのように投資家のニーズを満たすのが大事なのかについて，ディスカッション・ペーパーは，ビジネス行動に利用される「質（quality）」に対する共通の理解としての「顧客のニーズを満たす（meeting customer needs）」という考え方から援用したとしている（PCAOB 2013, 4）。要するに，監査をビジネス商品として考え，その「質」は，当該商品の顧客満足度と関連付けたと理解されえる。加えて，ディスカッション・ペーパーでは，上記の顧客について，「存在するまたは潜在的な投資家や債権者」（FASB Statement of Financial Accounting Concepts No. 8）であるとしている。

さらに，ディスカッション・ペーパーでは，監査の質に関する定義はプロセスあるいはインプットよりも，伝達可能性や結果に焦点を当てていることに注目する必要があるとしている。ORA スタッフは，監査の質に関する考え方の中において，プロセスに焦点を当てることも可能であるが（たとえば，監査の質は監査基準の適用と同じ意味であるという理解），結果という点から監査の質を定義するのが最も適切であると考えている。このように，ディスカッション・ペーパーでは監査の質を考える上で，「インプット」，「プロセス」と「結果」にそれぞれ注目することができるとし，それゆえ，監査の質を上記の3つのセグメントに分けて，考えることができるとしている[(1)]。加えて，上記の3つのセグメントについても，「結果」を最も重視する傾向がディスカッション・ペーパーにはあったと読み取れる。

加えて，上記の「インプット」，「プロセス」と「結果」の3つのセグメントの下，それぞれ10数個の AQI インジケーターがある（**図表 5-1**）。インジケー

第Ⅰ部　理論的・制度的・実践的探究

図表 5-1　DP（2013）における監査の質のフレームワークと詳細なインジケーターの内容

運営的インプット（人）	
1. パートナーがスタッフに占める割合	パートナー一人が管理するスタッフの数。もしパートナーがスタッフの監督に過剰な時間を費やしているのであれば，適切な監査手続の監督やレビューをするのに十分な時間がない可能性があり，監査の質に影響する。
2. パートナーとスタッフの仕事の量	通常の仕事の量を超えたパートナーとスタッフの仕事の時間。もしパートナーとスタッフが超過的な仕事を抱えているのであれば，適切な監査手続の監督やレビューをするのに十分な時間がない可能性があり，「監査の質」に影響する。
3. 職業専門家一人当たりの監査時間	クライアントの責任を果たすために使うパートナーとスタッフの時間。もしパートナーとスタッフが超過的なクライアントの責任を抱えているのであれば，適切な監査手続の監督やレビューをするのに十分な時間がない可能性があり，「監査の質」に影響する。
4. 監査を行う人たちの過度の離職と異動	監査人の離職と異動の数。人員削減がときに起こるかもしれないが，過度の離職と異動が「監査の質」に負の影響を及ぼす。
5. 経験の平均年数と頭数の構成	頭数の構成（たとえば，助手，シニア助手，マネージャー，シニアマネージャーとパートナーの数と比率）と監査専門職の経験平均年数。このようなインジケーターは，監査チーム，事務所，監査法人の知識と競争力やそれの「監査の質」への効果を客観的に評価する方法の提供を可能にしている。
6. 産業専門性と熟練度	特定の産業に対する監査専門家の知識。この測定手段は，監査専門家が特定の産業に専念した経験の年数や監査専門団体から受けた特定の産業の訓練の中身と量を検証できる。

---

(1) ディスカッション・ペーパーでは，監査のインプットは6つの要素を含み，各要素が監査の質にとって重要である有能な人と関連するとしている。また，これらのインプット要素は，監査の質に関わる先駆者たち，たとえば，ACAP（the United States Department of the Treasury's Advisory Committee on the Auditing Profession: 米国財務省の監査専門家におけるアドバイザリー委員会），IAASB（The International Auditing and Assurance Standards Board: 国際監査・保証基準審議会），およびFRC（Financial Reporting Council: 英国財務報告評議会）の主張と一般的に首尾一貫しているという認識を示している。そして，監査プロセスもまた6つの要素を含むとし，PCAOBの品質管理基準（Quality Control Standards）とCOSO（the Committee of Sponsoring Organizations of the Treadway Commission: トレッドウェイ委員会組織委員会）の内部統制フレームワークから当該6つの要素を確認したという。さらに，監査の結果のセグメントは，現行の基準が監査人に提供を要求するものを含むとしている。具体的には，PCAOB（2013）を参照されたい。

第 5 章　米国 PCAOB による監査の質の探究

7. 監査専門家一人当たりの訓練時間	各監査専門家が受けた正式な訓練時間。会計や監査トピックに関わる十分な正式な訓練は，監査の専門家が高質な監査の実行に必要な技能と知識を備えるために，重要である。
8. 会計と監査の相談数	監査チームや事務所，監査法人のレベルにおける会計と監査の相談数。このような測定手段は，一般的に個々の契約の難易度に依存するが，高い相談数は，監査事務所が積極的に監査の質の向上につながる相談や協力を促進していることを示唆するかもしれない。
9. アウトソーシングの仕事の比率	監査時間に関して，アウトソーシングの仕事の比率。過去数年，大きな会計事務所は，米国の顧客に対する監査手続きに海外の法人を使い始めた。限られた学術研究がアウトソーシングのメリットとデメリットについて検討したが，これは「監査の質」へ影響を及ぼすかもしれない。
10. FTE のテクニカル・リソース	テクニカル・サポートとして働く監査専門家の数。この測定手段は，ある監査事務所が競争力ある高質な監査を重視し，専門家間の相談や協力を十分に促進するか否かについての理解に有用である。
11. 全監査時間におけるスペシャリストが使った時間	全監査時間におけるスペシャリストが使った時間。この測定手段は，ある監査事務所が「監査の質」のベネフィットのため，専門家間の相談や協力を十分に促進するか否かについての理解に有用である。
12. 監査に関わる遠隔のパートナーとマネージャー	監査に関わるパートナーとマネージャーの地理的な接近度合いを表す。もしパートナーとマネージャーが特定のクライアントから地理的に離れていれば，彼らは適切な監査手続を監督する十分な用意ができないかもしれない。
13. 全ての監査努力と関係するパートナー，マネージャーおよび監査チームの質的レビューアの仕事時間とタイミング	全監査時間と比較して，パートナー，マネージャーおよび監査チームの質的レビューアの仕事時間とそのタイミングで測定する。
プロセス	
1. 監査の質や投資者の興味あることに関する企業主導のコミュニケーションの数と中身	質，清廉性，客観性，専門的懐疑心および対公衆のアカウンタビリティへの企業の関わりについてのコミュニケーションは重要である。「監査の質」に関する監査事務所のトップの姿勢とコミットメントに見識を与える，「監査の質」や投資家の興味があることに関する企業主導のコミュニケーションの数と中身を確認することは，ひとつの「監査の質」の測定手段として考えられる。
2. 監査事務所のトップの姿勢などに関する従業員匿名調査	多様な従業員にランダムに匿名調査を行う。この調査は参加者が，監査事務所のトップの姿勢，雇用プロセス，訓練，監督，クライアントのプレッシャーに耐えた場合の監査事務所からの報酬の程度をランクする，あるいはコメントするように求める。調査の結果は，監査事務所間の比較，あるいは「監査の質」に関する評価に有用である。
3. 独立性，試査およびコンプライアンスの測定	この測定手段は，「監査の質」へ影響する独立性などの監査事務所のコミットメントの評価に役に立つ。

147

第Ⅰ部　理論的・制度的・実践的探究

4.「監査の質」と独立性に関する監査事務所を取り巻く市場の状況	市場の状況はビジネスとして成功するかどうかに関して重要である。監査事務所の保証市場の状況は，時には，「監査の質」と独立性に不利な影響を及ぼすかもしれない。
5. 内部品質レビューの発見の数と性質	監査事務所における内部品質レビューの発見の数と性質は，「監査の質」のインジケーターであるかもしれない。このインジケーターを経年的に確認することで，「監査の質」を改善する監査事務所の努力の方向性が見えるかもしれない。
6. PCAOBの検査の発見の数と性質	PCAOBの検査の発見の数と性質は，「監査の質」のインジケーターであるかもしれない。このインジケーターを経年的に確認することで，「監査の質」を改善する監査事務所の努力の方向性が見えるかもしれない。
7. 財政的インセンティブおよびリソースが保証できるパートナーとマネージャーの平均報酬	「監査の質」に対して，パートナーとマネージャーの平均報酬は，有用な情報を提供できる。高い報酬が得られるパートナーとマネージャーが高い財政的インセンティブを持ち，特定の監査に対して問題がある場合に問題を挙げようとし，「監査の質」を改善できるかもしれない。
8. 予定よりも早く交代されたパートナーの報酬の傾向	クライアント企業，その委員会，監査事務所の要求により，予定よりも早く交代されるパートナーが存在する。これらの交代の理由に応じて，これらのパートナーの報酬の傾向を確認することで，「監査の質」への監査事務所のコミットメントの評価に役に立つことができる。
9. 評価と報酬プロセスにおけるパートナーとマネージャーのテクニカル能力と忍耐力に対する重視度	「監査の質」に対して，評価と報酬プロセスにおけるパートナーとマネージャーのテクニカル能力と忍耐力に対する重視度は，有用な情報を提供できる。テクニカル能力と忍耐力を備えたパートナーとマネージャーは，特定の監査に対して問題がある場合に問題を挙げようとし，「監査の質」を改善できるかもしれない。
10. 新しい雇用者の資質：学術的成果；勤務先の監査事務所のランク；報酬のレベル	大学と大学院における会計・監査関係の単位によって，新しい雇用者の資質を測定できる。報酬のレベルや勤務先の監査事務所が良い企業としてランクされているかどうかは，その企業が一流の人材を惹きつける能力と関係するかもしれなく，「監査の質」へも影響する。
11. テクニカル能力の検査	テクニカル能力は「監査の質」に対して重要な要素である。テクニカル能力の検査の結果は，監査事務所の「監査の質」へのイニシアチブの評価および改善に有用であろう。
12. 監査するスタッフ対パートナーの比率	高い当該比率は，パートナーが，スタッフの監督に過剰な責任を持つことを示唆する可能性があり，監査手続の実行，監督，レビューに十分な時間を割けないことも示唆し，したがって，「監査の質」へも影響する可能性がある。
13. 監査人の辞任の数と規模	これは，監査事務所の「監査の質」に関わる判断に洞察を提供するかもしれない。加えて，このインジケーターは，監査事務所の商業的判断よりも「監査の質」に対する態度および重視度を検証できるかもしれない。
14. 高いリスクとして評価したクライアントの比率	これは，監査事務所の「監査の質」に関わる判断に洞察を提供するかもしれない。このようなインジケーターは，「監査の質」への重視度と比較して，商業的判断の重視度について検証できるかもしれない。

第5章 米国PCAOBによる監査の質の探究

15. 高質な監査をサポートするインフラに監査事務所の投資の水準	技術とシステム、訓練とガイダンス、監査方法およびリスク・マネジメント手法、およびテクニカル・コンサルティング・リソースのような領域に使った金額で測定する。監査事務所のそのようなインフラに対する真面目な投資は理論的に、「監査の質」の改善に役に立つであろう。
結　果	
1. 財務諸表修正再表示の頻度および市場インパクト	当該インジケーターは、「監査の質」へ確実に関連し、修正再表示の頻度や修正再表示する期間の長さ、および修正再表示の重要性として測定されえる。修正再表示の頻度は「監査の質」に問題があることを示唆するが、財務諸表の複雑性のような要因をも反映する側面をもっている。一方、修正再表示する期間の長さおよび修正再表示の重要性は、修正の迅速さを示唆する側面を持つ。修正再表示の重要性は、再修正のマグニチュード（たとえば、利益に対する修正金額の比率）あるいは市場のリアクションの程度で測定し評価される。PCAOBのスタッフは、修正再表示の市場リアクションがより重要性を客観的に測定すると信じている。
2. 内部統制に関する適正意見が付されたが、誤謬であったものの数および比率	修正再表示の前にタイムリーに重要な誤謬を確認できなかったことは、「監査の質」の低さを示唆する。
3. 誤謬と共に見つけた重要な弱点の数	監査人によって確認された内部統制上の重要な弱点の数と性質は、高質な監査のインジケーターになるのみならず、クライアントの将来における財務報告の問題点をも示唆しているかもしれない。
4. 倒産しなかったがゴーイング・コンサーン注記を含む監査報告書の数	監査人はゴーイング・コンサーン注記として将来12ヶ月における企業の存続の能力への評価が要求されている。このインジケーターは、投資家に正確でないゴーイング・コンサーンを提供した監査人のケースの確認に役に立つであろう。
5. 倒産したがゴーイング・コンサーン注記がなかった監査報告書の数	監査人はゴーイング・コンサーン注記として将来12ヶ月における企業の存続の能力への評価が要求されている。タイプ2エラーが発生したかどうかを評価するときに、当該倒産が予測可能かどうかについても考えを及ぼす必要がある。
6. 監査委員会に監査人によるコミュニケーションの質についての調査	当該調査は調査対象者に、主観的あるいは客観的観点からのコミュニケーションの監査人の質に対して、ランク付け、あるいはコメントを求めることができる。その結果は、「監査の質」と関連する評価や監査事務所間の比較に役に立つであろう。
7. 保護費用（protection costs）の実務上のトレード	ある監査事務所が頻繁に訴えられるなら、訴訟にかかる費用が増加する。したがって、保護費用の実務上のトレードは、監査事務所の「監査の質」の状態について量的な情報を提供できる。
8. 監査人に対する訴訟の頻度、マグニチュードおよび結果のトレード	これは、監査事務所のリスクに対する客観的かつ量的な情報を提供している。これらのトレードはまた監査事務所の「監査の質」への主導権の方向に焦点を当てるのに役に立つかもしれない。

第Ⅰ部　理論的・制度的・実践的探究

9. 不正報告の頻度，性質および市場インパクト	これは，監査事務所のリスク，また（あるいは）ある監査における不正への思量に洞察を提供できる。監査人によって確認された不正のトレードはまた，監査事務所の「監査の質」へのコミットメントの証拠をも提供できる。
10. 内部品質レビューによる発見の数と性質	これは，「監査の質」に対するひとつのインジケーターである。このインジケーターの時系列は，監査事務所の「監査の質」の改善への努力の方向の評価に，比較可能な情報を提供できる。加えて，内部の問題の発見および適切な処置の施しを確認することで，監査事務所における内部品質レビューへの全体的なアプローチを確認できるかもしれない。
11. PCAOBの検査の発見の数と性質	これは，「監査の質」に対するひとつのインジケーターである。このインジケーターの時系列は，監査事務所の「監査の質」の改善への努力の方向の評価に，比較可能な情報を提供できる。
12. PCAOBとSECの施行のトレード	PCAOBは監査に関わる法などを遵守していないものを制裁できる。特定の監査事務所に対するPCAOBとSECの施行のトレードは，その事務所の「監査の質」の改善あるいは後退を明確に示す手助けになるであろう。

出所：PCAOB（2013）を参照にし，筆者作成。

ターがそれぞれ10数個あることは，バランス・スコアカードを構成できると考えられるが，非実用的になるほど数が多くないとも考えられる。ディスカッション・ペーパーでは，ある特定時点においては，ひとつあるいはそれ以上のインジケーターが監査の質にそれほど関連しないかもしれないが，時間の推移と共に，あるいは監査チームや監査事務所・監査法人と関連するインジケーターのポートフォリオをレビューすることで，監査の質に対する洞察を得ることができるとしている。

それぞれのインジケーターの定義によれば，これらの測定が量的なものであることがわかる（**図表5-1**）。しかしながら，量的な測定は，純粋に客観的なものを意味しないとDPでも指摘している。実際，いくつかの重要な測定は主観的であるかもしれない。たとえば，監査委員会とのコミュニケーションの測定（**図表5-1**の「結果」の6.）は，監査委員会のメンバーによる調査に基づくかもしれない。ただし，その場合，たとえば，上記のコミュニケーション質の測定に関して，これら主観的な調査結果を1から5までのスコアに落とし込む必要性があるとし，最終的に量的なものとすることを目指しているようである。

第3節　AQIプロジェクト
~「監査の質のインジケーターのコンセプト・リリース」(2015)

　PCAOBは，ORAスタッフによるディスカッション・ペーパー公表後の2015年7月に，PCAOBのリリースNo. 2015-005として「監査の質インジケーターのコンセプト・リリース（Concept Release on Audit Quality Indicators）」を公表した。PCAOBは，当該リリースにおいて，監査の質をどのように評価し，高質な監査をどのように獲得するかについて新しい洞察を提供するかもしれない量的測定のポートフォリオである：監査の質のインジケーター（audit quality indicators: AQIs）のコンテンツと可能な利用法の叩き台を公衆に提示し，さらなるコメントを2015年9月28日までに求めた。

　PCAOBの議長James R. Doty氏は，当該リリースは「監査の質のドライバーにおける議論を促進するであろう（PCAOB 2015c）。」とし，コンセプト・リリースの重要性を強調した。

　図表5-2は，「監査の質のインジケーターのコンセプト・リリース」の中心的な内容である「監査専門家」，「監査プロセス」および「監査の結果」の3つの領域における28の潜在的なインジケーターを示している。

　また**図表5-2**には，それぞれのインジケーターについての内容は記述していないが，PCAOB（2015b）ではそれぞれより詳しい説明があり，それをまとめたのが**図表5-3**である。それぞれのインジケーターの中身として多くの内容が含まれることが分かる。

　図表5-3における28個の潜在的な監査の質のインジケーターの詳細から確認できるように，**図表5-2**で簡潔に示した監査の質のインジケーターは，監査契約レベルや監査事務所（監査法人）レベルでそれぞれ考察する場合，さまざまな測定の方法があり，それぞれのインジケーターは豊富な内容を含んでいる。

　また，AQIのコンテンツ（**図表5-2**）に加え，コンセプト・リリース（2015）

図表 5-2 コンセプト・リリース（2015）の 28 個の潜在的な監査の質のインジケーター

監査専門家	利用可能性（availability）	1.	人員配置レバレッジ（staffing leverage）
		2.	パートナーの作業負荷
		3.	マネージャーとスタッフの作業負荷
		4.	技術的な会計および監査のリソース
		5.	専門的スキルあるいは知識を持つ個人
	能力・適性（competence）	6.	監査する人員の経験
		7.	監査する人員の産業専門知識
		8.	監査する人員の転職率
		9.	サービスセンターでの集中監査作業量
		10.	監査専門家の一人当たり訓練時間
	フォーカス	11.	リスクがある領域における監査時間
		12.	監査（プロセス）の局面における監査時間の配分
監査プロセス	トップとリーダーシップの傾向（tone）	13.	監査事務所（監査法人）の独立性に関する調査結果
	動機	14.	品質評価と報酬
		15.	監査報酬，努力，およびクライアント企業のリスク
	独立性	16.	独立性の必要条件への遵守
	インフラ	17.	品質監査をサポートするインフラへの投資
	モニタリングと改善	18.	監査事務所の内部品質レビューの結果
		19.	PCAOB の検査結果
		20.	テクニカル・コンピテンシー・テスト
監査の結果	財務諸表	21.	誤謬のための財務諸表の修正再表示の頻度とインパクト
		22.	不正とその他の財務報告における違法行為
		23.	財務報告の質から監査の質への推定
	内部統制	24.	内部統制の弱点に対する適時報告
	ゴーイング・コンサーン	25.	ゴーイング・コンサーン問題に関する適時報告
	監査人と監査委員会とのコミュニケーション	26.	監査委員会メンバーの独立性調査の結果
	執行と訴訟	27.	PCAOB と SEC の執行手続きの傾向
		28.	民事訴訟の傾向

出所：PCAOB（2015b）を参照し，筆者作成。

図表 5-3　28 個の潜在的な監査の質のインジケーターの例示的詳細

1. 人員配置レバレッジ（staffing leverage）

「人員配置レバレッジ」のインジケーターは，経験があるシニア・スタッフの監督の量に関連する作業時間を測定する。
パートナーとマネージャーは経験の少ないスタッフよりも監査と監査チームを監督する立場にある。監査をするスタッフの仕事に対して，十分な監督時間は質に特に重要である。監査をするスタッフの一人当たりの時間に対するパートナーとマネージャーが使った時間が少なければ，パートナーとマネージャーがスタッフの仕事をレビュー・監督し，監査判断を評価するのに十分な時間がないかもしれない。

2. パートナーの作業負荷

「パートナーの作業負荷」のインジケーターは，監査パートナーが責任を持つ仕事のレベルと，その数のデータを確認する。たとえば，すべての請求された監査時間におけるパートナーの監査時間の割合などである。

3. マネージャーとスタッフの作業負荷

「マネージャーとスタッフの作業負荷」のインジケーターは，監査のマネージャーと監査のスタッフの作業負荷に関する情報を提供する。たとえば，すべての請求された監査時間におけるマネージャーとスタッフの監査時間の割合や，その割合の前年度と今年度の比率などである。

4. 技術的な会計および監査のリソース

「技術的な会計および監査のリソース」のインジケーターは，企業の中心的な個人（あるいは企業によって契約されたその他のリソース）が契約チームに複雑，異常，あるいは見慣れない事項に対してアドバイスを提供する能力の度合いを測定する。たとえば，技術的資源のチャージされた時間と総監査時間との比率などである。

5. 専門的スキルあるいは知識を持つ個人

「専門的スキルあるいは知識を持つ個人」のインジケーターは，技術的な会計および監査のリソースとしてカウントされた会計・監査専門家でなく，その他の監査契約における専門的なスキルと知識を持つ個人への利用状況を測定する。たとえば，専門的スキルあるいは知識を持つ個人のチャージされた時間と総監査時間との比率などである。

6. 監査する人員の経験

「監査する人員の経験」のインジケーターは，特定の監査チームのメンバーの経験，および監査事務所（監査法人）における個人の加重平均経験のレベルを測定する。具体的には，たとえば，平均経験年数，パートナー，マネージャー，スタッフおよびスペシャリストそれぞれにおける経験年数の加重平均などである。

7. 監査する人員の産業専門知識

「監査人の産業専門知識」のインジケーターは，スペシャリストを含む監査チームのシニア・メンバーの被監査企業の産業における経験を評価する。たとえば，被監査企業におけるパートナー，マネージャー，スペシャリストおよび質の審査員のそれぞれの勤続年数の総和などである。

8. 監査する人員の離職率

「監査する人員の離職率」のインジケーターは，契約上のレベル，あるいは監査事務所（監査法人）レベルでの移動を測定する。たとえば，監査事務所（監査法人）あるいは監査業務から離れたパートナー，マネージャー，スタッフおよびスペシャリストそれぞれにおける直近 12 ヵ月の割合などである。

第Ⅰ部　理論的・制度的・実践的探究

9. サービスセンターでの集中監査作業量

「サービスセンターでの集中監査作業量」のインジケーターは，サービスセンターでの集中作業量の程度を測定する（サービスセンターでの集中監査作業は低いリスクの監査業務が多い。）。

10. 監査専門家の一人当たり訓練時間

「監査専門家の一人当たり訓練時間」のインジケーターは，監査チーム，監査チームが属する監査事務所（監査法人）のメンバーが受けた関係のある訓練（被監査企業の産業の固有性に関わる訓練を含む）の時間に注目する。

11. リスクがある領域における監査時間

「リスクがある領域における監査時間」のインジケーターは，監査計画時に確認されたリスクがある領域における監査チームのメンバーの監査時間を測定する。

12. 監査（プロセス）の局面における監査時間の配分

「監査（プロセス）の局面における監査時間の配分」のインジケーターは，監査計画・中間フィールドワークや監査の完成といった監査の各局面における監査チームメンバーのそれぞれの努力（監査時間）を測定する。

13. 監査事務所（監査法人）の独立性に関する調査結果

「監査事務所（監査法人）の独立性に関する調査結果」のインジケーターは，サーベイを用いて，監査事務所（監査法人）の「トップの傾向（tone）」を測定する。

14. 品質評価と報酬

「品質評価と報酬」のインジケーターは，高い品質評価と報酬増加との潜在的な関連性，および低い品質評価と報酬増加あるいは減少との相対的な関係を測定する。たとえば，低い品質評価をされたパートナーとマネージャーのそれぞれの比率などである。

15. 監査報酬，努力，およびクライアント企業のリスク

「監査報酬，努力，およびクライアント企業のリスク」のインジケーターは，契約あるいは監査事務所毎の監査報酬と時間との関連性，およびクライアントリスクとの関連性についての洞察を提供する。たとえば，パートナーとマネージャーそれぞれの監査報酬と監査時間の前年からの変化率と併せて，当該クライアント企業が高いリスク企業として確認されていたかどうかに関する情報などである。

16. 独立性の必要条件への遵守

「独立性の必要条件への遵守」のインジケーターは，監査事務局（監査法人）の独立性に関する訓練とモニタリングのプログラム，およびプログラムに対する重要性についてのいくつの要素を測定する。たとえば，監査チームあたりの強制的な独立性に関する訓練時間の平均などである。

17. 品質監査をサポートするインフラへの投資

「品質監査をサポートするインフラへの投資」のインジケーターは，監査事務所が監査の質をサポートする人材，プロセス，および技術についての投資の量を測定する。たとえば，監査事務所レベルにおいて，監査事務所の収入における監査実務への投資の割合などである。

18. 監査事務所の内部品質レビューの結果

「監査事務所の内部品質レビューの結果」のインジケーターは，各監査事務所によって実施された内部品質レビューに関する情報を含む。たとえば，当該監査事務所が行った監査の企業数の内，内部品質レビューに晒される企業数の割合などである。

19. PCAOBの検査結果

「PCAOBの検査結果」のインジケーターは，PCAOBの検査結果によって取り上げられた監査契約や監査事務所（監査法人）などのPCAOBの検査結果の情報を含む。たとえば，監査事務所（監査法人）レベルにおける，修正再表示を引き起こしたPCAOBの検査の数と比率などである。

20. テクニカル・コンピテンシー・テスト

「テクニカル・コンピテンシー・テスト」のインジケーターは，監査事務所（監査法人）の監査担当者のテクニカル・コンピテンシーのレベルへの，およびコンピテンシーのレベルを持続させる取り組みの成功への測定を試みる。たとえば，監査契約または監査事務所レベルにおける要求される学習の内容についての確認である。

21. 誤謬のための財務諸表の修正再表示の頻度とインパクト

「誤謬のための財務諸表の修正再表示の頻度とインパクト」のインジケーターは，監査済みの財務諸表における誤謬のための修正再表示を測定する。たとえば，監査契約レベルにおいて，年間の誤謬のための監査実務の修正再表示の数と重要性などである。

22. 不正とその他の財務報告における違法行為

「不正とその他の財務報告における違法行為」のインジケーターは，監査契約と監査事務所レベルにおいて，不正とその他の財務報告における違法行為と関係するインジケーターである。たとえば，内部統制における問題は報告されなかったが，不正あるいは違法行為に起因する修正再表示の数などである。

23. 財務報告の質から監査の質への推定

「財務報告の質から監査の質への推定」のインジケーターは，投資分析，アカデミック，および規制当局によって利用された財務報告の質への測定手段が監査の質の測定手段としても使われるのかに注目する。

24. 内部統制の弱点に対する適時報告

「内部統制の弱点に対する適時報告」のインジケーターは，監査企業が財務報告に係る内部統制の弱さに対する報告の速さを測定する。

25. ゴーイング・コンサーン問題に関する適時報告

「ゴーイング・コンサーン問題に関する適時報告」のインジケーターは，監査意見におけるゴーイング・コンサーンに関わる段落の監査人の利用の適時性に焦点を当てる。たとえば，監査事務所レベルにおいて，前年度ゴーイング・コンサーン問題が開示されなかったが，倒産などに至った数あるいは全クライアント企業における比率などである。

26. 監査委員会メンバーの独立性調査の結果

「監査委員会の委員の独立性調査の結果」のインジケーターは，サーベイを利用して，監査人と監査委員会とのコミュニケーションの有効性を測定する。

27. PCAOBとSECの執行手続きの傾向

「PCAOBとSECの執行手続きの傾向」のインジケーターは，監査事務所（監査法人）に対して，監査および監査関連事項におけるPCAOBのボードあるいはSECの手続きを測定する。たとえば，過去5年間において，監査関連事項に関して，監査事務所（監査法人）に対するSECやPCAOBのボードの執行手続きの内容などである。

第Ⅰ部　理論的・制度的・実践的探究

28. 民事訴訟の傾向
「民事訴訟の傾向」のインジケーターは，監査事務所が巻き込まれた民事訴訟に注目する。たとえば，監査事務所の監査実務と関連する民事訴訟の頻度，性質および結果の内容である。

出所：PCAOB（2015b）を参照し，筆者作成。

はAQIデータの潜在的な利用をも調査しようとしている。コンセプト・リリース（2015）では，(1)監査委員会，(2)監査法人，(3)投資家，(4)PCAOB（およびその他規制当局），さらに(5)AQIのその他の利用者：経営家，ビジネス報道陣，学者と一般公衆に対するAQIの潜在的な利用可能性と価値についてコメントを求めている。加えて，コンセプト・リリースはまた，AQIデータをどのように入手・配布されうるか，AQIの利用が任意あるいは強制であるべきか，AQIレポートを出す監査事務所や監査の範囲，AQIレポートとその利用への段取りの可能性について検討している。

このように，コンセプト・リリース（2015）は28個の潜在的なインジケーターの詳細な提示を中心的な内容としながら，それらのインジケーターの利用法なども探ろうとしている。実際，議長Doty氏は，「コンセプト・リリースは，重要な論点の幅の広さを提示している。」とし，「われわれは，それが議論を促進し，AQIの可能な利用におけるPCAOBができることについての洞察力のあるコメントと示唆を引き出せると信じている」としている（PCAOB 2015c）。

第4節　おわりに〜PCAOBの視点と監査の質

本章は，PCAOBによる監査の質へのアプローチの一端を明らかにするため，PCAOBのAQIプロジェクトを中心に，PCAOBの監査の質に対する取り組みやその概要などについて紹介してきた。ここまでの説明の結果を踏まえながら，この節ではさらにPCAOBの視点と監査の質に関して，下記の3点の議論を中心に展開し，むすびに代えたい。加えて，第3章第2節で記述した制度論的分析視角をもって，PCAOBによる監査の質の軌跡を確認したい。

第1に，PCAOBの立場では監査の質の向上を促進させることが非常に重要

第5章 米国 PCAOB による監査の質の探究

であることから，PCAOB が行った（行う）「監査の質」関係の議論とその行方に対しては，さまざまなレベルの利害関係者が注目すべきであると考える。エンロン事件後，プライベート・セクターによる監査に関する基準作りだけでは不十分であるとする考えがあることから，SEC の監督下において，PCAOB が設立され，その責任は監査の質の向上に重点がおかれた。監査の質の向上を最重要課題のひとつとして考える PCAOB は，2013 年に ORA スタッフによるディスカッション・ペーパー（DP），また 2015 年にコンセプト・リリースをそれぞれ公表した。PCAOB は，2015 年の第 4 四半期に公開ラウンド・テーブル会議を開くとしているが，いまだ開催に至っていない。PCAOB を主体とする監査の質に関わる議論の今後の展開から目を離せない。

第 2 に，監査の質の定義を考察する上で，監査をビジネス上の商品として捉え，顧客満足度というビジネス概念を援用し，監査の質に関して「投資家のニーズ」を満たすことの重要性が PCAOB のスタッフによる DP において強調されたのが特徴的であると考える。それは，IAASB（The International Auditing and Assurance Standards Board: 国際監査・保証基準審議会）や FRC（Financial Reporting Council: 英国財務報告評議会）などの規制当局による観点からは見られなかった考え方であり，参考になる考え方である。

第 3 に，PCAOB による監査の質を捉えるインジケーターの具体的な提示は，今後の議論の更なる深化へのひとつになろう。

具体的には，まず，それらの具体的なインジケーターを「監査専門家（によるインプット）」，「監査プロセス」および「監査の結果」の 3 つに分けたことは，今後の議論に寄与するものと考える。IAASB および FRC における上記の具体的なインジケーターを分類する方法（フレームワーク）を想起すると，下記のようになる。IAASB は 2011 年に冊子「監査の質：IAASB の視点」（IAASB 2011），2013 年にコンサルテーション・ペーパー「監査の質のフレームワーク」（IAASB 2013），さらに 2014 年に「監査の質のフレームワーク：監査の質の環境を創出したキー・エレメント」（IAASB 2014）を公表したが，IAASB（2014）ではインジケーターの分け方であるフレームワークを(1)インプット，(2)プロセ

ス,(3)アウトプット,(4)インタラクション(相互作用),(5)コンテキスト・ファクター(環境的要素)の5つとした(胡 2014b；HU 2015a)。また,FRC(2006；2008b)では,(1)監査法人内の文化,(2)監査のパートナーとスタッフのスキルと個人的質,(3)監査プロセスの有効性,(4)監査報告書の信頼性と有用性,および(5)監査人のコントロール外で分類している。PCAOB の「監査専門家(によるインプット)」,「監査プロセス」および「監査の結果」のフレームワークでインジケーターを捕らえたことは,IAASB および FRC の影響をそれぞれ受けていることが伺える。これは,まさしく PCAOB の最初の DP にも明記されているように,PCAOB がそれまでの議論をベースにして,監査の質に関するインジケーターを提示しようとしているようである(第2節 2.)。

また,PCAOB が提示した監査の質のインジケーターを分類するフレームワークである「監査専門家(によるインプット)」,「監査プロセス」および「監査の結果」を確認すると,PCAOB による監査の質に関わる人的な要素への重視が目立った。2013 年の DP では,「監査の結果」分類への重視を強調したが(第2節 2.),コンセプト・リリース(2015)における変更点である「運営的インプット(人)」から「監査専門家(によるインプット)」の名称変更(**図表 5-1, 5-2** を参照)からも端的に人的な要素への重視が伺える。加えて,前述の IAASB と FRC のフレームワークの中身を再考すると,人的要素を前面に出す FRC の分類スタイルに影響を受けたとしても理解できよう。

さらに,2013 年の DP と 2015 年のコンセプト・リリースの中身を精査すると,監査の質を捉えるインジケーターの中身が充実したことも確認できる。たとえば,2013 年の DP と 2015 年のコンセプト・リリースと比較すると,最初の分類であるインプット分類は 13 項目から 12 項目になり,あまり変わらないように見える(**図表 5-1**,および**図表 5-2** を参照)。しかしながら,中身を精査すると,2015 年の分類は,まず,「利用可能性(availability)」,「能力・適性(competence)」と「フォーカス」に全体を小分けし(**図表 5-2**),さらに,それぞれのインジケーターの詳細において,監査契約レベルや監査事務所(監査法人)レベルでそれぞれ付録上において例示を示しながら,詳細にさまざまな測

第5章　米国PCAOBによる監査の質の探究

図表5-4　PCAOBのAQIプロジェクトの展開：
Barley and Tolbert（1997）分析フレームワークを用いた場合

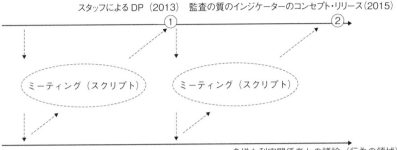

出所：筆者作成。

定方法を提示していることが確認できる（第3節）。

　一方，第3章第2節で詳述した制度的分析視角：Barley and Tolbert（1997）分析フレームワークおよびTolbert and Zucker（1996）分析フレームワークをそれぞれ用いて，PCAOBのAQIプロジェクトの展開プロセスを分析することができる。

　図表5-4は，Barley and Tolbert（1997）分析フレームワークを用いた場合のPCAOBのAQIプロジェクトの展開を図表化したものである。具体的に，Barley and Tolbert（1997）分析フレームワークの下では，PCAOBは，コメント・レターなどの手段を用いて多様な利害関係者との議論を「行動の領域」で行いながら，内部でのミーティングを「スクリプト」として繰り返し，「制度の領域」では，スタッフによるDP（2013）および監査の質のインジケーターのコンセプト・リリース（2015）を成果物として時系列的に公表していると分析できる。

　図表5-5は，Tolbert and Zucker（1996）分析フレームワークを用いた場合のPCAOBのAQIプロジェクトの制度化プロセスにおける位置づけを示している。具体的には，PCAOBのAQIプロジェクトの制度化プロセスは，第3

159

第Ⅰ部　理論的・制度的・実践的探究

図表5-5　PCAOBのAQIプロジェクトの展開：
Tolbert and Zucker（1996）分析フレームワークを用いた場合

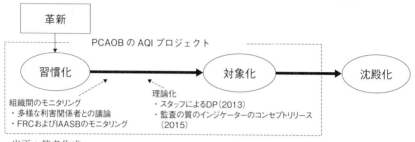

出所：筆者作成。

～4章のFRCとIAASBの状況と同様に，完全普及を特徴とする「沈殿化」の状態になっていない。当該制度化プロセスは，新しい構造（AQIプロジェクトの開始と成果物の公表）の出現を特徴とする「習慣化」から当該構造に対する社会的コンセンサスの形成を特徴とする「対象化」に向かう途中にあると分析されうる。

また，Tolbert and Zucker（1996）分析フレームワークを当てはめれば，「習慣化」から「対象化」のプロセスにおける(1)競争相手の組織のモニタリングおよび(2)理論化（図表3-2）には，それぞれ①多様な利害関係者との議論，②FRCおよびIAASBのモニタリング，そして①スタッフによるDP（2013）および②監査の質のインジケーターのコンセプト・リリース（2015）が取り上げられる。

加えて，Tolbert and Zucker（1996）分析フレームワークの下では，PCAOBは，構造の擁護者（champion）の役割を果たしていることを付言したい。Tolbert and Zucker（1996）分析フレームワークの枠組みの中で，制度化のプロセスの進展においては，擁護者（提唱者）の役割が大きい。つまり，第2～3章の内容と合わせて考えると，監査の質の概念や評価方法に関する制度的整備や社会的コンセンサスの形成に関して，擁護者であるFRC，IAASBおよびPCAOBの役割は大きいといえる。

第6章　監査の質の評価フレームワークと監査領域における重要概念との関係

第1節　はじめに

　第3章〜第5章において，主要な規制当局や基準設定主体による監査の質の評価フレームワークを述べたが，本章においては，監査の質の評価フレームワークを提示する。次に，提示した評価フレームワークの各側面と関係があると思われる監査領域の重要概念との関係を検討する。

第2節　監査の質の評価フレームワーク

　監査の質は（ステークホルダーの受け止め方による）多面性がある。そのため，フレームワーク形式を用いて，その解明に挑む各国の規制当局や基準設定主体（第3章〜第5章を参照）および学者がいた。これらのフレームワークは監査の質とは○○であるということではなく，むしろ，監査の質をどのように評価・捕捉するかについてのフレームワークを提供していることに注意をしておきたい。本節では，監査の質のフレームワーク型での評価を提示したことを共通項として，FRC（2008），Francis（2011），Knechel et al.（2013），IAASB（2014），DeFond and Zhang（2014）およびPCAOB（2015）に注目する。

1．FRC（2008）評価フレームワーク

　すでに第3章で詳述したが，2006年のディスカッション・ペーパー「監査の質の促進」後，FRCは2008年に冊子「監査の質のフレームワーク」を公表

第Ⅰ部　理論的・制度的・実践的探究

図表 6-1　FRC (2008) における「監査の質」評価フレームワーク

ドライバー	インジケーター
(1) 監査法人内の カルチャー	監査法人は下記のようなことができれば監査の質に対してポジティブに働く。 ・質の高さの獲得が有意義で努力すべきで報われると思われる環境づくり。 ・公益のための「正しい行い」の重要性，監査法人および個々の監査人のレビュテーションに「正しい行い」の影響を強調する。 ・パートナーとスタッフが困難な課題が生じた時にそれに対処する豊富な時間と資源を保証する。 ・監査の質に負の影響を及ぼすような行動および決定に至らない財政的思量を保証する。 ・パートナーに対して彼らの個人的決定の遂行をサポートすること，困難たる課題を相談することを評価する。 ・クライアントへの受け入れや継続業務のための首尾一貫とした制度を保証する。 ・パートナーとスタッフが個人の特質を監査の質の向上への貢献する場合，それを奨励する評価報酬制度を育成する。 ・監査の質が企業間および国際的なネットワークにおいてモニターされること，適切な間接的行動が取られることを保証する。
(2) 監査を行う パートナーと スタッフの スキルと 個人の質 (personal qualities)	監査を行うパートナーとスタッフのスキルと個人的質が下記の場合にはポジティブに働く。 ・パートナーとスタッフがクライアントのビジネスを理解し，監査および論理基準を固守する。 ・パートナーとスタッフが彼らの仕事において職業的懐疑心を示し，監査業務中において確認された課題を取り扱うのに首尾一貫している。 ・現場の監査業務に携わるスタッフが豊富な経験を持ち，パートナーとマネジャーに適切に監督されている。 ・パートナーとマネジャーは下位スタッフに適切な「モニタリング」と「実地訓練」を提供している。 ・監査，会計と産業スペシャリストに関連する論点に関して，監査業務を行う個々人に豊富な訓練が与えられている。
(3) 監査のプロセス の 有効性	監査のプロセスは，監査の質に下記の場合にポジティブに働く。 ・監査の方法がよく練られ，そして，①パートナーとマネジャーが監査計画に積極的に関わることを促進する，②豊富な適切な監査証拠を有効に効率的に取得されるためのフレームワークおよび手続きを提供する，③適切な監査調書を要求する，④判断の遂行を抑制することなく監査基準のコンプライアンスを提供する，⑤監査の仕事に対する有効レビューを保証する，⑥監査の質をコントロールするための手続きが有効理解可能，適用可能である。 ・監査チームが高質なテクニカル・サポートを要求するとき，または監査チームが不慣れな状況に遭遇したときに，高質なテクニカル・サポートが利用可能である。 ・監査人の誠実さ，中立性および独立性に対する信頼を提供する倫理的基準の目標が達成されている。 ・豊富な監査証拠の収集は，財政的プレッシャーに不適切に制限されていない。

第6章　監査の質の評価フレームワークと監査領域における重要概念との関係

(4) 監査報告書の 信頼性および 有用性	監査報告書については下記の場合，監査の質にポジティブに働く。 ・法律や規定の適用に関する財務諸表の利用者のニーズにアクセスし，財務諸表に対する監査人の意見を明確に書かれている。 ・財務諸表の真実さと公平さに関して，監査人が適切に結論をしている。 ・監査委員会に下記の点を含むコミュニケーションをしている：①監査の範囲，②監査人の中立性に対する脅威，③認識された主たるリスクおよび監査意見に達するのに形成された監査判断，④クライアントの会計と報告の質的側面および財務報告を改善するための潜在的な方法。
(5) 監査人の コントロール外 の 要素	監査人のコントロール外の要素で下記の場合，監査の質にポジティブに働く。 ・財務報告等や監査のプロセスに関する重要性に言及している部分が含まれるコーポレート・ガバナンスへのアプローチを提示している。 ・監査委員会はアクティブ，専門的で，さらに監査中に認識された事項に対処するのにロバストである。 ・ディレクターやマネジメントが信頼できる財務諸表の準備に適切に働く可能性が増加できるよう，監査人をサポートする株主が存在する。 ・期末の仕事に過度に依存することなく，監査を実施できるような報告書のデッド・ラインが設定されている。 ・責任に対するいかなる制限に関しても適切に合意されたものが存在する。 ・監査の質にかかわるドライバーに，フォーカスするような監査の規制的環境がある。

出所：FRC（2008b, 3-7）。筆者作成。

し，監査の質のフレームワークについて見解を示した。

図表6-1からも確認できるように，FRC（2008）評価フレームワークには，監査の質に対して，(1)監査法人内のカルチャー，(2)監査を行うパートナーとスタッフのスキルと個人の質（personal qualities），(3)監査のプロセスの有効性，(4)監査報告書の信頼性および有用性，および(5)監査人のコントロール外の要素，の5つのドライバーが影響をしていることを提示している。

たとえば，監査法人の環境づくりとして，そこで働くパートナーやスタッフに時間と資源が保証されることにより，高質な監査が奨励され，また彼らの報酬は高質な監査への貢献と結びつき，さらに企業間や国際的なネットワークのモニタリングによって，高質な監査を確保しようとすることは，監査の質にポジティブに働くとしている。

また，個々のパートナーやスタッフの個人の質として，職業的懐疑心を持ち，監査・倫理基準を遵守し，適切に監督・訓練される機会が提供されていること

も，監査の質にポジティブに働くとしている。そして，監査のプロセスにおいて，財政的プレッシャーを受けることなく，監査計画・証拠・調書・判断などを適切に行い，質の高いテクニカル・サポートが存在することは，監査の質にポジティブに働くとしている。さらに，監査報告書の側面において，監査委員会と適切にコミュニケーションをしたのち，監査意見が適切で明確に提示されることは，監査の質にポジティブに働くとしている。最後に，監査人のコントロール外の要素として，クライアント側の株主，コーポレート・ガバナンスや監査委員会の要素があり，監査の質に関わる監査の規制的環境が監査の質に対して，影響を及ぼすと指摘する。

2. Francis（2011）および Knechel et al.（2013）評価フレームワーク

　Francis（2011）および Knechel et al.（2013）は，それぞれ最近の監査の質に関わる学術的文献をレビューするために，監査の質に対するフレームワークを提示している。これら2つのフレームワークは**図表 6-2** のようにまとめられる。

　図表 6-2 によれば，Francis（2011）および Knechel et al.（2013）はそれぞれ監査の質に対して，6つあるいは4つの要素が影響を及ぼしていると提示している。Francis（2011）は，(1)監査のインプット，(2)監査のプロセス，(3)監査法人，(4)監査産業および監査市場，(5)（会計や監査と関係する）機関，および(6)監査のアウトプットの経済的帰結，の6つの要素を取り上げた。また，Knechel et al.（2013）は，(1)インプット，(2)プロセス，(3)コンテクスト，および(4)アウトプット，の4つの要素が監査の質に対するインジケーターであるとしている。

　両者の評価フレームワークの中身を比較してみると，たとえば，Francis（2011）は(1)監査のインプットが監査テスト（audit test）やチームワークとして行った総合的作業のインプットに重点においているが，Knechel et al.（2013）では(1)インプットがより個人的要素を強調しているように見受けられる。しかしながら，Knechel et al.（2013, 390, Note 9）にも指摘されているが，基本的に**図表**

第6章 監査の質の評価フレームワークと監査領域における重要概念との関係

図表6-2　Francis (2011) および Knechel et al. (2013) における「監査の質」評価フレームワーク

Francis (2011, 126)「監査研究における (監査の質の) 分析のユニット」	Knechel et al. (2013, 404)「監査の質のインジケーター」
(1) 監査のインプット ・監査テスト (audit test) ・従事チーム (個々人)	(1) インプット ・インセンティブ ・専門的懐疑心 ・知識と専門的技術 ・社内におけるプレッシャー
(2) 監査のプロセス ・従事チーム (個々人) による監査テストの実施	(2) プロセス ・監査プロセスにおける判断 ・監査の産出物 ・リスクの査定 ・分析的手続き ・証拠の入手と評価 ・監査人とクライアントの交渉 ・レビューと質に対するコントロール
(3) 監査法人 ・従事チームの監査法人における仕事ぶり ・監査法人が監査人を雇い，訓練させ，報酬を与え，さらに監査ガイダンス (検証手続き) を改善する。 ・監査レポートが監査法人の名前の下発行されている。 (4) 監査産業および監査市場 ・監査法人たちが1つの産業を形成する。 ・産業構造は市場と経済的行動に影響を与える。 (5) (会計や監査と関係する) 機関 ・機関は監査やその質に対するインセンティブに影響を及ぼす。	(3) コンテクスト ・監査パートナーの報酬 ・異常の監査報酬 ・非監査業務報酬 ・監査報酬のプレミアム：大手監査法人と産業に対するスペシャリスト ・監査人の任期 ・監査の質に対する市場の認知
(6) 監査のアウトプットの経済的帰結 ・監査のアウトプットはクライアントと監査会計情報の利用者に影響を及ぼす。	(4) アウトプット ・不利なアウトプット (修正再表示，訴訟) ・財務報告の質 (非裁量的発生高，会計の保守主義) ・監査報告書 ・監査法人の法的レビュー

出所：Francis (2011, 126, Table 1) および Knechel et al. (2013, 404, Figure 2) を参照し，筆者作成。

6-2 にまとめたように，Francis（2011）の(3)監査法人，(4)監査産業および監査市場および(5)（会計や監査と関係する）機関は，Knechel et al.（2013）の(3)コンテクストと対応でき，その他の要素は，それぞれ対応できるようになっている。

3．IAASB（2014）評価フレームワーク

　国際会計士連盟（IFAC）に設置されている基準設定主体で，国際監査基準（ISA）等を策定する IAASB（The International Auditing and Assurance Standards Board: 国際監査・保証基準審議会）は，2011 年に冊子「監査の質：IAASB の視点」，2013 年にコンサルテーション・ペーパー「監査の質のフレームワーク」を公表し，国際的な基準セッターとしての役割を根ざした視点を盛り込んだ監査の質に関する評価フレームワークを提供した。IAASB（2014）は 59 ページに及ぶ広範なものであるが，本章の関心事である根幹となる監査の質の評価フレームワークは**図表 6-3** のようにまとめられる。

　図表 6-3 から確認できるように，IAASB（2014）は，監査の質に対するエレメントとして，(1)「インプット」，(2)「プロセス」，(3)「アウトプット」，(4)「インタラクション」および(5)「コンテクスト」の 5 つを挙げた。

　具体的に，まず，インプット（要素）として，①（監査法人内に浸透している文化によって影響される）監査人の価値・倫理および態度，②監査人の知識・技能・経験および監査実行に配分された時間に分けられ（IAASB 2014a, パラ 9），監査業務，監査事務所および国レベルからインプット要素の質的属性を考える（IAASB 2014a, パラ 11）。

　プロセス（要素）も，監査業務，監査事務所および国レベルからプロセス要素の質的属性を考え（IAASB 2014a, パラ 13），また高質な監査は，監査人が，法律，規則および適用可能な基準の下での，厳格な監査プロセスおよび質のコントロールの手続を適用することを必要とする（IAASB 2014b, 4）としている。

　アウトプット（要素）は，監査された組織の外部から一般的には見えない監査プロセスより生じるもののみならず，1 つの主体からもう 1 つの主体へ正式に準備・提出された報告書や情報を含む（IAASB 2014a, パラ 14）。高質な監査

第6章　監査の質の評価フレームワークと監査領域における重要概念との関係

図表6-3　IAASB（2014）における「監査の質」評価フレームワーク

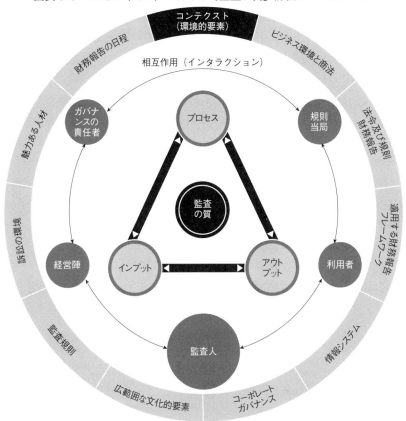

出所：IAASB（2014a, 5）のフレームワーク図表を日本語に翻訳した五十嵐（2014）より，筆者が微調整・作成。

は，有用でタイムリーなアウトプットをし，またアウトプットはすべての報告のサプライ・チェーンとの関係の中で描かれ，監査人・監査法人・エンティティー・監査の規制当局からのアウトプットを含む（IAASB 2014b, 4）。

　コンテクスト・ファクター（環境的要素）は，ビジネス環境と商法，財務報告に関わる法律と規則，適用する財務報告のフレームワーク，情報システム，

167

コーポレート・ガバナンス，財務報告の日程，広範囲な文化的要素，監査規則，訴訟の環境，魅力ある人材，を含む（**図表6-3**；IAASB 2014b, 4）。環境的要素は，財務報告の特徴と質に潜在的に影響し，監査の質に直接的にあるいは間接的に影響する（IAASB 2014a, パラ17）。高質な監査は，コンテクスト・ファクターに適切に反応する監査人を必要とする（IAASB 2014b, 4）としている。

さらに，インタラクション（相互作用）については，**図表6-3**からも確認できるように，監査人・経営陣・ガバナンスの責任者・利用者・規制当局の間の公式的および非公式的なコミュニケーションを含む。それぞれのステークホルダーが財務報告のサプライ・チェーンにおいて質の高い財務報告をサポートするのに重要な役割を果たしているが，ステークホルダーの相互作用は，監査の質に特別な影響を及ぼすことができる（IAASB 2014a, パラ16）。

4．DeFond and Zhang（2014）「監査の質」評価フレームワーク

図表6-4は，DeFond and Zhang（2014）「監査の質」評価フレームワークの詳細を提示している。まず，監査の質の代理変数を「アウトプット測定手法」と「インプット測定手法」に分ける。また，「アウトプット測定手法」を(1)重要な虚偽表示，(2)監査人のコミュニケーション，(3)財務報告の質，(4)パーセプション・ベース（perception-based）の4つの側面から見ることができ，そして「インプット測定手法」を(1)監査人の特徴，(2)監査人とクライアント企業の契約の特徴の2つの側面から確認できる。

さらに，各側面についてはそれぞれ，(1)よく利用される代理変数，(2)アウトプットに対する影響が直接かどうか（directness），(3)その影響の顕著さ（egregiousness），(4)「事実上（actual）」発生しているか「知覚上（perceived）」発生しているか，(5)測定の問題点，(6)強みと弱みの6つの項目（**図表6-4**の横軸項目）について分析が行われた。なお，具体的内容は，**図表6-4**に詳述している。

5．PCAOB（2015）評価フレームワーク

第5章第3節には詳述したが，PCAOB（2015）評価フレームワークを**図表**

第6章 監査の質の評価フレームワークと監査領域における重要概念との関係

図表6-4 DeFond and Zhang (2014) における「監査の質」評価フレームワーク

代理変数の区分	よく利用される代理変数	アウトプット/アウトカムに対する影響が直接か間接か	影響の対する影響の顕著さ	「事実上」/「知覚上」に発生したか	測定の問題点 連続性	コンセンサスの水準	測定エラーの程度	強み	弱み
アウトプット測定手法									
(1)重要な虚偽表示	修正再表示、会計・監査執行通牒 (AAERs)	比較的直接	比較的顕著	事実上の	非連続	高	低	● 低い「監査の質」に対する説明力が比較的強い。	● 質の微かな変動を把握していない。虚偽表示をしていない状態であることは、高質状態であるとは推測できない、ケースが少なく、それゆえ、統計的説明力が十分ではない。
(2)監査人のコミュニケーション見	継続企業の前提に関する意見	比較的直接	比較的顕著	事実上の	非連続	高	中	● 監査人の独立性を特別な視点で捕捉。● 低い「監査の質」に対する説明力が比較的強い。	● 質の微かな変動を把握し難い。困窮企業のみに適用するため、汎用性が低い。
(3)財務報告の質	裁量的発生高、ベンチマーク発生高の質、保守性	比較的直接	比較的顕著ではない	事実上の	主に連続	中	中	● 監査の質と強くリンク。e.g., 財務報告は経営者と監査人の交渉結果。● GAAPに基づいて会計操作を捕捉できる可能性。● 大きなデータ・セット (企業年度) の質の変動を捕捉。	● 大きい測定エラー、および潜在的バイアス。e.g., 裁量的発生高の幅が大きい。● 測定に関するコンセンサスの欠乏。その絶対値 (プラス・マイナスの) 符号を用い得、それを計算するモデルも多様。
(4)パーセプションベース	市場反応、資本コスト、市場シェアの変動、PCAOBの調査	指標によまる	顕著さが推定でき	知覚上の	主に連続	指標による	高いかもしれない (e.g., 資本コスト)	● 投資家や監査委員等のユーザーのパーセプションの変動を捕捉できる。● 質の微かな変動を捕捉できる。● 大きなデータ・セット (企業年度) でも測定できる。● ベネフィットあるいはコストに関わる (純・総) 測定できる。	● 測定に関するコンセンサスの欠乏。e.g., 資本コストの計算方法。● 資本コストはかなり間接的な指標である。
インプット測定手法									
(1)監査人の特徴	監査人の大規模監査人であるか否か (Big N)、業種特化 (industry specialization)	N/A	N/A	事実上の	非連続	高	高いかもしれない (e.g., 業種特化)	● インセンティブと適格性を測定するのに適していると認識されている。● 数多くの先行文献によって証明されている。	● 質の微かな変動を把握し難い。● 業種特化の測定に関するコンセンサスが欠く。
(2)監査人とクライアント企業の契約の特徴	監査報酬、監査報酬額の変動	N/A	N/A	事実上の	連続	中	中	● 大きなデータ・セット (企業年度) の質の変動を捕捉。● 監査報酬に関わるモデルがよく研究されている。	● 代替的解釈が存在する。

出所:DeFond and Zhang (2014, 285-286, Table 2) を参照し、283-290ページの内容を精査した上、筆者が作成。

図表 6-5　PCAOB（2015）における「監査の質」評価フレームワーク

(1)監査専門家	利用可能性（availability）	1.	人員配置レバレッジ（staffing leverage）
		2.	パートナーの作業負荷
		3.	マネージャーとスタッフの作業負荷
		4.	技術的な会計および監査のリソース
		5.	専門的スキルあるいは知識を持つ個人
	能力・適性（competence）	6.	監査する人員の経験
		7.	監査する人員の産業専門知識
		8.	監査する人員の転職率
		9.	サービスセンターでの集中監査作業量
		10.	監査専門家の一人当たり訓練時間
	フォーカス	11.	リスクがある領域における監査時間
		12.	監査（プロセス）の局面における監査時間の配分
(2)監査プロセス	トップとリーダーシップの傾向(tone)	13.	監査事務所（監査法人）の独立性に関する調査結果
	動機	14.	品質評価と報酬
		15.	監査報酬，努力，およびクライアント企業のリスク
	独立性	16.	独立性の必要条件への遵守
	インフラ	17.	品質監査をサポートするインフラへの投資
	モニタリングと改善	18.	監査事務所の内部品質レビューの結果
		19.	PCAOBの検査結果
		20.	テクニカル・コンピテンシー・テスト
(3)監査の結果	財務諸表	21.	誤謬のための財務諸表の修正再表示の頻度とインパクト
		22.	不正とその他の財務報告における違法行為
		23.	財務報告の質から監査の質への推定
	内部統制	24.	内部統制の弱点に対する適時報告
	ゴーイング・コンサーン	25.	ゴーイング・コンサーン問題に関する適時報告
	監査人と監査委員会とのコミュニケーション	26.	監査委員会メンバーの独立性調査の結果
	執行と訴訟	27.	PCAOBとSECの執行手続きの傾向
		28.	民事訴訟の傾向

出所：PCAOB（2015b）を参照し，筆者作成。

第 6 章 監査の質の評価フレームワークと監査領域における重要概念との関係

6-5のように記載できる。つまり，PCAOBの2015年の観点として，監査の質を(1)監査専門家，(2)監査プロセス，(3)監査の結果の3つの側面から評価する。なお，(1)の監査専門家は，専門家によるインプットとしても理解できる。

6. 本書における監査の質の評価フレームワークの提示

　これまでに，監査の質の評価フレームワークについて，FRC (2008), Francis (2011) および Knechel et al. (2013), IAASB (2014), DeFond and Zhang (2014) および PCAOB (2015) のそれぞれを検討した。それらの先行研究の結果を最大公約数的に整理すると，監査の質の評価フレームワークとして，(1)「インプット・プロセス」，(2)「アウトプット」，およびさまざまな要因に関わる相互作用を含む(3)「コンテクスト」の3つのエレメントが影響を及ぼすとまとめることができよう（図表6-6）。

　このように，本書における監査の質の評価フレームワークは，(1) インプット・プロセス，(2) アウトプット，および (3) コンテクストの3つの側面か

図表6-6　「監査の質」の評価フレームワーク

本書	FRC (2008)	Francis (2011)	Knechel et al. (2013)	IAASB 2014	DeFond and Zhang (2014)	PCAOB (2015)
インプット・プロセス	(2)監査を行うパートナーとスタッフのスキルと個人の質	(1)監査のインプット	(1)インプット	(1)インプット	(1)インプット	(1)監査専門家
	(3)監査のプロセスの有効性	(2)監査のプロセス	(2)プロセス	(2)プロセス		(2)監査プロセス
アウトプット	(4)監査報告書の信頼性および有用性	(6)監査のアウトプットの経済的帰結	(4)アウトプット	(3)アウトプット	(2)アウトプット	(3)監査の結果
コンテクスト	(1)監査法人内のカルチャー	(3)監査法人	(3)コンテクスト	(4)インタラクション		
	(5)監査人のコントロール外の要素	(4)監査産業および監査市場				
		(5)（会計や監査と関係する）機関		(5)コンテクスト		

出所：筆者作成。

ら捕捉することにしており，これは先行研究の考え方を踏まえたものでもある。

次節以降（第3節〜第5節）では，当該提示した監査の質の評価フレームワークの3つの側面の評価に対して，それぞれに関連すると思われる監査領域の重要概念や理論を取り上げながら，その関係を整理してみる。

第3節　監査の質のインプット・プロセス側面の評価と監査証拠論・監査判断論

現代監査証拠論の基礎を築いたマウツ（Robert K. Mautz）の論考を発展させたアメリカ会計学会基礎的監査概念委員会の監査証拠研究（ASOBAC）を批判的に評価しながら，監査証拠論を多方面から検討し，提示しようとする学者として，鳥羽至英教授が注目される。鳥羽教授は著書『監査証拠論』（1983）において，監査証拠論については，史的な展開を経たうえ，独自に提示された体系（①証拠資料論；②監査技術論；③監査命題論；④試査理論；⑤内部統制論）の下で捉えようとしている[1]。鳥羽（1983, 2）によれば，「監査証拠論は，「企業が作成する財務諸表の適否に関し，……検討を加え」という部分に示唆されている監査人の立証作用を明らかにし，それに対して理論的基礎を与えるものである」とされる。

鳥羽（1983）は，「最終的に基本命題に対して1つの証拠が形成されるような証拠概念」を「証拠とは，ある要証命題の立証に関連して入手した証拠資料に，監査技術を適用することによって立証または反証された**命題**である。」（鳥羽 1983, 103；強調筆者）としている[2]。また，証拠は心証で，非常に心理的

---

[1] 鳥羽教授とのインタビュー（2014年8月6日）で，鳥羽は「証拠資料」について，「証拠」と改め，また，「監査命題論」が「アサーション」と改名すべきと述べられた。

[2] 「立証の客体として設定された立言を要証命題（a proposition to be verified）という。」（鳥羽 1983, 2）。日本の「監査基準」では，「監査人は，経営者の作成した財務諸表が，一般に公正妥当と認められる企業会計の基準に準拠して，企業の財政状態，経営成績

第6章　監査の質の評価フレームワークと監査領域における重要概念との関係

(psychological)，個人的（personal）そして主観的（subjective）であり，要証命題に対して1つ形成されるもので，複数存在するものではないと見解を示している。

監査証拠論の中での「証拠」を「命題」として捉えたのは，監査人の立証作用と監査人が行う報告とを結びつけることを可能にするという意味で重要である[3]。監査証拠論の立場からすれば，監査報告書に記載され財務諸表利用者に報告される監査意見とは，基本命題について形成された証拠と考えることができる（鳥羽1983, 332）。

ここでは，鳥羽（1983, 104）にならい，要証命題と証拠の関係を式で表しながら，それと監査の質のインプット・プロセス側面との関係を整理すると，**図表6-7**のように示される。つまり，監査証拠論における要証命題あるいはアサーションから心証が確定されるまでの転化の間において，インプット・プロセスの側面から，監査の質が形成されていると考えられる。

一方，監査人自身の判断の分析視点を重視し，論理学や統計学および認知論の考え方を監査に援用しながら，「監査判断形成の理論モデル」を作り上げた学者として，内藤文雄教授が注目されている。内藤教授の著書『監査判断形成論』（1995）において，監査判断論は広義と狭義に分けて考えることができるとしている。広義の監査判断論は，さらに監査判断導出過程における「監査能力論[4]」，監査判断立証過程における「監査技術論」および監査判断統合・伝

　　及びキャッシュ・フローの状況をすべての重要な点において適正に表示しているかどうかについて意見を表明しなければならない。」（第四・一・1）としており，財務諸表の監査において監査人が最終的に立証しなければならない命題（鳥羽（1983）がいう「基本命題」あるいは「基本的要証命題」）は，財務諸表の適正表示（Fair Presentation）と一般的に言える（たとえば，伊豫田・松本・林2013, 136）。
(3) Mautz（1958）に提唱された「証拠」を「命題」と捉える論調は，鳥羽（1983）より継承され，展開された。
(4) 内藤（1995, 12）によれば，「監査能力論」は，監査研究の1つの研究領域であり，「監査目的に照らし，目的適合的な監査対象の範囲を画定し，目的規定的にその妥当性を検証すること」を意味している。

第Ⅰ部 理論的・制度的・実践的探究

図表 6-7 監査証拠論における要証命題から証拠への転化と監査の質のインプット・プロセス側面

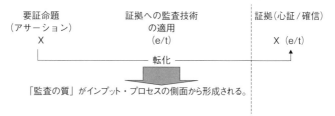

注：証拠；t：選択された監査技術。
出所：鳥羽（1983, 104）の図を参照し，筆者作成。

達過程における「(狭義)監査判断論」から構成される（内藤 1995, 12）。

そして，狭義の監査判断論は，「監査対象に対して監査手続を適用することによって得られた証拠の積み重ねによって形成される，監査対象の適正性についての確からしさの**心証**が，監査人の言語的表明である**監査判断（監査意見）と合致**するような監査結果の報告プロセスを構築すること」（内藤 1995, 13；強調筆者）と考えられる。また，これは，監査判断の(1)外形的・形式的側面（監査報告書に関する問題）と(2)内形的・実質的側面の２つ側面（心証の形成の問題）から検討することができるという。

内藤（1995）が提示した監査判断の局面・心証の累積プロセスと監査の質のインプット・プロセス側面との関係を**図表 6-8** に示す。監査判断の形成局面における心証水準の累積プロセス間において，監査の質がインプット・プロセス側面から形成されるようになっている。

このように，監査証拠論でいう要証命題が証拠に転化している間，監査判断に関わる学説でいう監査判断が形成され，心証水準が累積している間において，監査の質がインプット・プロセスの側面から形成されていったのである。

第6章 監査の質の評価フレームワークと監査領域における重要概念との関係

図表 6-8 監査判断・心証の累積と監査の質のインプット・プロセスの側面

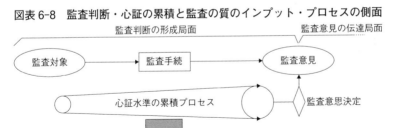

監査の質がインプット・プロセス側面から形成される。
出所：内藤（1995, 17）の図1-4を参照し，筆者作成。

第4節　監査の質のアウトプット側面の評価と監査コミュニケーション

　監査判断の形成局面後，監査意見の伝達局面に入るが（**図表 6-8**），そこに関わる監査領域の重要な概念として，監査コミュニケーションが挙げられる。Estes（1982）は，社会科学におけるコミュニケーション・モデル[5]を監査の領域に適用し，監査コミュニケーション・フローを提示した。そこで本節では，Estes（1982）が提示されたコミュニケーション・フロー・チャートを参照に，監査コミュニケーションと監査の質のアウトプット側面の評価について検討する。

　図表 6-9 は，監査コミュニケーション・フローと監査の質の形成について，まとめたものである。Estes（1982, 36-42）によれば，監査コミュニケーション・フローには，7つのステージがある（**図表 6-9**）。監査終了後，監査人は監査報告書の利用者（読み手）に提供すべきメッセージを決定するが，そこで①監査人の意図した意味を一定の監査意見形態の範囲内で②記号化（encoding）しなければならない。記号化された監査意見を媒体（たとえば，アニュアル・レポート）に載せ，③送信し，利用者はそれを④受信し，その後⑤解釈，⑥判断

---

[5]　たとえば，Shannon（1971）。

図表 6-9　監査コミュニケーションと監査の質のアウトプット側面

監査コミュニケーション・フロー	関わる主体	監査の質の形成	
①監査人の意図した意味 ↓ P_1 ②記号化（encoding） ↓ P_2 ③送信 ↓ P_3	送信者（監査人）	インプット・プロセス側面からの形成	コンテクスト側面からの形成
④受信（認識・読み込み） ↓ P_4 ⑤解釈 ↓ P_5 ⑥判断 ↓ P_6 ⑦レスポンス	受信者（利用者） ＝ 監査の質の認識者	アウトプット側面からの形成	

注：P_i は両ステージの間における完全なコミュニケーションの可能性を示す。
出所：Estes（1982, 37）の図 3-3 を参照し，筆者作成。

し，最後に⑦レスポンスするのである。

　ここで注目すべきは，各ステージの間において，完全な「コミュニケーション」が存在しないことである。たとえば，監査人の意図した意味は 100％ 記号化されることがなく，また，送信された監査人のメッセージを利用者がどの程度深く読むかは多様である。Estes（1982）は，そのような不完全な「コミュニケーション」を可能性 P で表し，たとえば，監査人の最初に意図した意味の正しい解釈の可能性は，$P_1 \times P_2 \times P_3 \times P_4$ で表す。Estes（1982, 41）の試算によれば，監査報告書におけるすべての努力が，望ましい結果をもたらす可能性は 22％ しかない[6]。

　このような監査コミュニケーション・フローの中において，監査の質が形成され，また特にアウトプット側面より形成される監査の質は，③送信から⑦レ

---

(6)　具体的な仮定の詳細は，Estes（1982, 36-42）を参照されたいが，22％ の計算は，下記のような計算式による。$P_1 \times P_2 \times P_3 \times P_4 \times P_5 \times P_6 = 0.60 \times 0.95 \times 0.75 \times 0.75 \times 0.80 \times 0.85$。

スポンスに関わる（**図表6-9**）。監査コミュニケーション・フローにおける利用者は，監査の質の認識者でもあり，彼（女）らは不完全な監査コミュニケーションを行い，同時に監査の質のパーセプションをしている。なお，Estes（1982）がいうコミュニケーションの可能性，あるいは監査の質のパーセプションの程度に関して，利用者の個人的特性（たとえば専門知識，注意力など）によって変わることはいうまでもない[7]。

第5節　監査の質のコンテクスト側面の評価と監査主体論＆リスク・アプローチ

監査主体論とは，「監査という行為に従事する者または主体—これを監査人と称する—の属性を研究の主たる対象とする領域」（鳥羽 2000, 2）という。つまり，監査主体論は，監査の従事者・主体を監査人と特定し，その属性を研究するものである。

一方，監査の質のコンテクスト側面には，利害関係者における相互作用が含まれる（たとえば，**図表6-3**を参照されたい）。当該相互作用の主な主体は，監査人を始めとして，規制当局，財務諸表の利用者，経営陣やガバナンスの責任者が挙げられる。たとえば，IAASB（2014b, 3）が高質な監査の実現に主要な責任が監査人にあるとしており，監査人は，監査の質の評価に関わり，最も重要な主体である。また，監査の質に寄与するような監査人の属性に関する研究は，監査主体論の範疇になると理解できる。

他方，監査主体論の側面から，本書における監査の質の評価フレームワークの諸側面との関係を考える場合，上記の監査の質のコンテクスト側面のみならず，インプット・プロセスの側面との関係が強いことが理解できよう。実際，

---

[7] たとえば，古賀（1990, 186-187）によれば，利用者は精通した利用者，平均的な利用者と無知な利用者に分けられ，おのおのの利用者グループのレベルに即して，監査報告書に含まれるメッセージの理解度が異なる。

たとえば，**図表 6-6** からも確認できるように，監査の質の評価のインプット・プロセスの側面では，PCAOB（2015）や FRC（2008）において，監査人の属性に関わる項目を「監査の質」評価のための項目として取り上げていた。

また，現在 IT の発達により，ビッグデータの活用による「常時監査（continuous audit）」の可能性が議論され始めているが（Krahel and Titera 2015; Vasarhelyi et al. 2015），現段階においては，監査対象の重要性（materiality）や虚偽の表示を生み出しそうなリスクを考慮したリスク・アプローチ（risk approach）監査が取られている。実際，日本の規制当局は下記のようにリスク・アプローチ監査について認識している。「リスク・アプローチに基づく監査は，重要な虚偽の表示が生じる可能性が高い事項について重点的に監査の人員や時間を充てることにより，監査を効果的かつ効率的なものとすることができることから，国際的な監査基準においても採用されているものである」（企業会計審議会 2002, 三の 3 の(1)）。

リスク・アプローチ監査の中核を成すのが，「監査人が，財務諸表の重要な虚偽の表示を看過して誤った意見を形成する可能性」（企業会計審議会 2002, 三の 3 の(2)）の「監査リスク（AR: audit risk）」を等式で表す下記の式（これを監査リスク・モデルという）である。

$$監査リスク（AR）= 固有リスク（IR）\times 統制リスク（CR）\times 発見リスク（DR）$$
$$= 重要な虚偽の表示のリスク（RMM）\times 発見リスク（DR）$$

固有リスク（IR: inherent risk）とは，「関連する内部統制が存在していないとの仮定の上で，財務諸表に重要な虚偽の表示がなされる可能性をいい，経営環境により影響を受ける種々のリスク，特定の取引記録及び財務諸表項目が本来有するリスクからなる（企業会計審議会 2002, 三の 3 の(2)）」。たとえば，会計上の見積値は取引事実に基づく確定金額よりも虚偽の表示が発生しやすい。固有リスクに影響する要因には，企業内外の経営環境と，その取引，勘定や開示などが有する性質とがある（伊豫田他 2013, 164）。

統制リスク（CR: control risk）とは，「財務諸表の重要な虚偽の表示が，企業

第6章 監査の質の評価フレームワークと監査領域における重要概念との関係

の内部統制によって防止又は適時に発見されない可能性をいう（企業会計審議会, 2002, 三の3の(2)）」。統制リスクは, 内部統制の有効性の観点から評価され（統制リスク＝1－内部統制の有効性），ゼロになることはない。発見リスク（DR: detection risk）とは,「企業の内部統制によって防止又は発見されなかった財務諸表の重要な虚偽の表示が，監査手続を実施してもなお発見されない可能性をいう（企業会計審議会 2002, 三の3の(2)」。また，固有リスクと統制リスクは実際には複合的な状態で存在することが多いことから，固有リスクと統制リスクを結合して，重要な虚偽表示のリスク（RMM: risk of material misstatement）という（企業会計審議会 2005, 二の2）。

一般的に，監査人は，上記の監査リスク・モデルを使い，まず監査リスクの目標水準（たとえば5％）を設定し，重要な虚偽表示のリスクの水準（たとえば50％）を評価することによって，発見リスクの計画水準を決定する。そこから，その水準を達成できるように実証手続きの種類・実施時期・実施範囲を計画する。

監査の質を評価するコンテクスト側面は，まず企業を取り巻く環境要素すべてを包括していることから，固有リスクと関連する。また，内部統制を含む法的環境や企業のコンプライアンスをも含めていることから，統制リスクとも関連し，固有リスクと統制リスクの結合した重要な虚偽表示のリスクと関係する。言い方を変えれば，監査の質のコンテクスト側面が良い場合，当該企業の監査業務に関わる固有リスク・統制リスク・重要な虚偽表示のリスクはそうでない場合より低いことがある。

第6節　おわりに

本章は，まず本書における監査の質の評価フレームワークを先行研究の知見を踏まえながら設定し，また当該評価フレームワークの各評価側面が監査領域における重要な概念や理論との関係を確認した。本節において，本章で行った分析の結果を4点としてまとめ，結びに代えたい。

第Ⅰ部　理論的・制度的・実践的探究

⑴　本書における監査の質の評価フレームワークは、①インプット・プロセス、②アウトプット、および③コンテクストの3つの側面から捕捉することにしており、これは先行研究の考え方を踏まえたものでもある。

⑵　上記の①および②の監査の質の評価のインプット・プロセス側面と監査領域における重要な概念である「監査証拠論」や「監査判断論」との関係を整理すると下記のようなことがいえる。監査証拠論における要証命題が証拠に転化している間、また監査判断に関わる学説でいう監査判断が形成され、心証水準が累積している間において、監査の質がインプット・プロセスの側面から形成されていったのである（**図表6-7；図表6-8**）。

⑶　上記の⑴で既述した監査の質の評価フレームワークと監査領域における重要な概念である「監査コミュニケーション」との関係について整理するため、Estes（1982）監査コミュニケーション・フローを利用した。分析の結果、監査コミュニケーション・フローを①監査人の意図した意味、②記号化（encoding）、③送信、④受信（認識・読み込み）、⑤解釈、⑥判断および⑦レスポンスの7つのステップにするとして、①〜③は「監査の質」形成のインプット・プロセス側面、④〜⑦はアウトプット側面、さらに①〜⑦全体はコンテクスト側面に関わることがわかった（**図表6-9**）。

⑷　上記の⑴で既述した監査の質の評価フレームワークと監査領域における重要な概念である「監査主体論」（監査の従事者・主体を監査人と特定し、その属性を研究するもの）との関係について整理すると、下記のようなことがいえる。監査の質のコンテクスト側面には、利害関係者における相互作用が含まれ、当該相互作用の主な主体は、監査人である。また、そもそも、高質な監査の実現に主要な責任は監査人にあり、その監査人の属性に関する研究は、また「監査主体論」の範疇であると理解できる。

⑸　上記の⑴で既述した監査の質の評価フレームワークの③コンテクスト側面と監査領域における重要な概念である「リスク・アプローチ」との関係について整理すると、下記のようなことがいえる。監査の質を評価するコンテクスト側面は、固有リスクと関連し（企業を取り巻く環境要素を包括するから）、また統

第6章　監査の質の評価フレームワークと監査領域における重要概念との関係

制リスクとも関連し（内部統制を含む法的環境や企業のコンプライアンスをも含むから），さらに，固有リスクと統制リスクの結合した重要な虚偽表示のリスクとも関連する。すなわち，監査の質のコンテクスト側面が良い場合，当該企業の監査業務に関わる固有リスク・統制リスク・重要な虚偽表示のリスクはそうでない場合より低いのである。

第7章　監査の質のアカデミック実践的測定
~評価フレームワークを当てはめた既存文献とその理論的限界~

第1節　はじめに

　第6章では，本書における監査の質評価フレームワークを提示したが，本章において，まず，当該評価フレームワークを当てはめた監査の質の測定に関する既存文献の状況をまとめ，また理論的に既存文献がカバーできなかった測定の方法などを検討し，将来の研究の可能性を探る。

第2節　監査の質の実践的測定
~評価フレームワークを当てはめた既存文献から~

　第6章で考察を重ねた監査の質に関わる評価フレームワークから考えると，監査の質に対して影響を及ぼしているものをインプット・プロセス，アウトプットおよびコンテクストに分類できることがわかる。しかしながら，実証研究で使える監査の質の代理変数や監査の質の高低を捕捉できるものが，その評価フレームワークの中身の中でもほんの一部分にすぎないかもしれない（たとえば，町田（2012, 355）でも類似したことを述べている）。そこでここでは，実際，監査の質の代理変数として利用された，あるいはレビュー論文によって取り上げた関係文献によって証明・提示された測定方法のみを先行研究から整理し，評価フレームワークとの関係を確認しながら，その根拠や弱点を筆者が提示することで，今後の実証研究の手掛かりとしたい。

　図表7-1は，実証的に使える「監査の質」の12個の測定方法を筆者がまと

第Ⅰ部 理論的・制度的・実践的探究

図表7-1 実践可能な実証的「監査の質」の測定方法

監査の質の実証的測定方法	関係する先行研究	根 拠	弱 点	評価フレームワーク
①監査法人（監査法人事務所）の規模	DeAngelo (1981), Francis et al. (1999), Francis and Yu (2009)	監査の質を評価するのにコストがかかるため，代理変数を利用者が探し，その代理変数として考えられるのは監査法人（事務所）の規模である。監査人（監査法人（事務所））ごとの監査の質が均一と想定されるため，クライアント企業は自分の需要に応じて，監査人を変更する。つまり，監査の質を変化させる。	監査の質が必ずしも均一でない。	input & process, output, context
②監査時間	O'Keefe et al. (1994), Caramanis and Lennox (2008)	監査人の努力を図るという意味で，もっとも直接的に監査の質を測定する。	パートナーとスタッフの監査時間を同一に論ずるべきでない。監査人の努力≠成果。	input & process
③（監査人（法人）の）産業に対する知識	Krishnan (2003), Balsam et al. (2003), Reichelt and Wang (2010)	監査人が特定の産業に対しての知識が豊富であれば，彼らが提供する監査が他の監査人と比べると，高質になる。	知識≠努力。さらに，努力≠成果。	input & process
④修正再表示	Kinney et al. (2004), Francis (2011), Knechel et al. (2013)	財務報告の質が低ければ，修正再表示する可能性が想定され，財務報告の質が監査の質と正の関係にある。また監査の質を代表できる監査人の産業知識が修正再表示と負の関係にある。加えて，修正再表示の存在は，株主による監査人の選定の同意に負の影響を与える。	修正再表示をしていなくても，監査の質が低い可能性がある。監査の質を代表するのに，間接的な方法である。	output
⑤監査人に対する訴訟や関係機関からのレビュー	Gunny and Zhang (2011), Francis (2011), Knechel et al. (2013)	監査人に対する訴訟やレビューで指摘された監査の失敗は，監査人が独立でないことによる場合や，また監査基準で要求された十分な証拠を収集するのに失敗し無限定適正意見の監査報告書を出してしまった場合があり，監査の質の低さを表す。	監査人に対する訴訟や機関からのレビューがなくても，監査の質が低い可能性がある。	output
⑥裁量的発生高	吉田（2006），矢澤（2010），Lawrence et al. (2011)	監査の質が高ければ，経営者の会計操作（裁量的発生高で測定できる。）に歯止めをかけることになる。	利益の質を測る代表的な測定方法。本当に監査の質を測るのに適切か疑問が残る。	output

第7章 監査の質のアカデミック実践的測定

⑦利益ベンチマーク	Burgstahler and Dichev (1997), Carey and Simnett (2006), Francis and Yu (2009)	経営者は損失計上を避けようとし，少しでも正の利益を計上しようとするインセンティブを持つが，監査の質が高ければ，それに歯止めをかけることになる。	利益の質を測る代表的な測定方法。本当に監査の質を測るのに適切か疑問が残る。	output
⑧会計保守主義	Knechel et al. (2013)	多くの文献からは，会計保守主義のレベルは，監査人が受ける訴訟と負の関係にあり，また監査人の産業スペシャリストの度合いと正の関係にある。	利益の質を測る代表的な測定方法。本当に監査の質を測るのに適切か疑問が残る。	output
⑨継続企業の前提に関する注記	DeFond et al. (2002), Carey and Simnett (2006), Francis and Yu (2009)	監査人の独立性は監査の質の高さと直結するものと理解され，継続企業の前提に関する注記の有無は監査人の独立性と関係するものとして考えられ，監査の質を表現する一つのパラメータである。	継続企業の前提に注記のみを監査の質としてとらえるのに，タイプⅠとタイプⅡのエラーが発生することがある。	output
⑩アナリストによる利益予想の正確性	Khurana and Raman (2004), Lawrence et al. (2011)	アナリストによる利益予想の正確性は，財務諸表の信憑性 (credibility) を表現でき，信憑性が監査の質と関係するものである。	財務諸表の信憑性を測る代表的な測定方法。本当に監査の質を測るのに適切か疑問が残る。	output, context
⑪事前的資本コスト	Behn et al. (2008), Lawrence et al. (2011)	事前的資本コストは，財務諸表の信頼性 (reliability) を表現でき，信頼性が監査の質と関係するものである。	財務諸表の信頼性を測る代表的な測定方法。本当に監査の質を測るのに適切か疑問が残る。	output, context
⑫異常監査報酬	Knechel et al. (2013)	一般的水準を超える監査報酬は，企業の財務報告に問題が存在することを示唆するかもしれない。また，一般的水準を下回る監査報酬は，監査人が不十分な仕事を行っていることを示唆するかもしれない。	一般的水準の監査報酬を人為的に決められ，それに基づき，超えるか下回るを「良くない」ニュースとして扱うのに慎重であるべき。	context

出所：筆者作成。

め，その根拠と弱点について，筆者が考察したものである。監査の質の評価フレームワークの視点で考えると（**図表7-1**のカラム「フレームワーク」），最初の3つは「インプット・プロセス」，また9つは「アウトプット」，さらに，4つは「コンテクスト」に関わる測定方法であると認識できる（**図表7-1**を参照されたい）。

1.「インプット・プロセス」の測定方法

具体的には，まず①監査法人（監査法人事務所）の規模（たとえば，クライアント企業数）を測定方法として取り上げることができる。監査の質の代理変数として古典的なものとなっており（DeAngelo 1981），根拠として，監査法人や監査法人の事務所ごとの監査の質が均一であることから，監査法人や監査法人の事務所の規模で監査の質を代替できるということである。弱点として，根拠の前提となる監査の質が必ずしも均一でなく，特に監査法人ごとを分別するだけで監査の質の代替には限界がある（Choi et al. 2010）と考えられる。なお，IAASB（2013）フレームワークによれば，監査法人の規模に関わるものが「インプット・プロセス」および「アウトプット」の両方と関わることが考えられ（**図表4-3**），また，Francis（2011）フレームワーク（**図表6-2**）からは，監査法人と関わるものが広範な「コンテクスト」要因ともなることがわかる。

インプット・プロセスの測定方法として，①監査法人の規模の他，②監査時間および③監査人や監査法人の産業に対する知識が挙げられる。監査時間がもっとも直接に監査に対する努力として表れ，直接に監査の質を測定するのに適している。また監査人が特定の産業に対しての知識が豊富で他の条件が同じであれば，彼らが提供する監査の質が高いことも直感に即したものである。しかしながら，知識があるとしても必ずしも努力するわけでなく，努力をしても必ず成果につながるわけでないことは，上記2つの測定方法の弱点として考えられる。もっとも，これらの弱点は，インプット・プロセスの側面から，監査の質を測定しようとする際の限界でもある。

2.「アウトプット」の測定方法

アウトプットの測定方法として9つが挙げられるが,それは,①監査法人(監査法人事務所)の規模(たとえば,クライアント企業数),④修正再表示(restatement),⑤監査人に対する訴訟や関係機関からのレビュー,⑥裁量的発生高,⑦利益ベンチマーク,⑧会計保守主義,⑨継続企業の前提に関する注記,⑩アナリストによる利益予想の正確性,⑪事前的資本コストである。

まず,④修正再表示および⑤監査人に対する訴訟や関係機関からのレビューの測定方法は,監査の質の負的側面からの測定方法であるとしてまとめられる。それは,修正再表示を行うこと,あるいは監査人に対する訴訟やレビューで指摘された監査の失敗は,監査の質の低さを示すものであり,監査の質の負の側面を表しているからである。しかしながら,修正再表示や監査人に対する訴訟および機関からのレビューの対象になっていなくても,監査の質が低いものである可能性が否定できない。監査の質の低いもののすべてをカバーできていないことは,上記の2つの測定方法の弱点として考えられる。加えて,修正再表示や訴訟・レビューの対象になるサンプル企業は全サンプル企業の極少数であり,分析するのに,サンプルが足りない可能性が高いと考えられる。実際たとえば,Palmrose(1988)によれば,上場企業の監査人を相手取り訴訟したケースは,監査契約の1%以下となっており,その場合,サンプルの1%のみを持って,監査の質を測定するには不十分かもしれないことが明らかであろう。

次に,利益の質の測定方法からの転換という共通項を持って,⑥裁量的発生高,⑦利益ベンチマークおよび⑧会計保守主義を1つのまとまりとして取り上げられる。それぞれの測定方法は,利益や財務諸表の質の測定方法として,定着しているが,財務諸表がクライアント企業と彼らの監査人の交渉によって作りだされるものである(Antle and Naleguff 1991)という理解から,監査の質の測定は,財務諸表の質の測定という側面からも可能になるとされている。しかしながら,利益や財務諸表の質の測定方法は監査の質を測るのに本当に適切かという疑問の声がまだ聞こえてくる(たとえば,Francis 2011, 130)。

財務諸表というアウトプットの側面ではなく,監査報告そのものを観察対象

として，監査の質を表現するのに，⑨継続企業の前提に関する注記がある。この測定方法の利点として，いうまでもなく，間接的に財務諸表そのものではなく，監査そのもののアウトプットである監査報告書に焦点を絞っていることが挙げられる。しかしながら，Knechel et al.（2013, 398）にも指摘があるように，タイプⅠとタイプⅡのエラーが発生することがある。たとえば，Carson et al.（2013）の報告があるように，倒産した企業の40〜50％が前もって継続企業の前提に関する注記を受けておらず（タイプⅡエラー），また当該注記を受けた企業の80〜90％はその後倒産していない（タイプⅠエラー）。

さらに，「監査の質に対する市場の認識」という監査の質のフレームワークにおける「コンテクスト」的な要素を併せ持つという共通項で，「アウトプット」の測定方法である⑩アナリストによる利益予想の正確性および⑪事前的資本コストを同時に検討することができる。両者は，それぞれ「監査の質に対する市場の認識」という側面から監査の質に対して，その測定方法を提供するものであるが，それぞれ一般的に財務報告のアウトプットの信憑性（credibility）や信頼性（reliability）を測る代表的な測定方法であり（Khurana and Raman 2004; Behn et al. 2008），本当に監査の質を測るのに適切か疑問が残ると考えられる。

3.「コンテクスト」の測定方法

コンテクストの測定方法として，①監査法人（監査法人事務所）の規模，⑩アナリストによる利益予想の正確性，⑪事前的資本コストおよび⑫異常監査報酬の4つが挙げられる。すでに論じたように，①監査法人（監査法人事務所）の規模は，Francis（2011）フレームワーク（**図表6-2**）から，監査法人と関わるものが広範な「コンテクスト」要因ともなることがわかり，また⑩アナリストによる利益予想の正確性および⑪事前的資本コストは，「監査の質に対する市場の認識」という側面から監査の質を測定していることから，コンテクストの測定方法にも分類できる。

⑫異常監査報酬が，なぜ監査の質の測定方法として考えられるかの根拠とし

て，2つの側面より説明できるかもしれない。まず一般的水準を超える監査報酬は，企業の財務報告に問題が存在することを示唆するかもしれない（Hribar et al. 2010）。また逆に，一般的水準を下回る監査報酬を受け取る監査人は不十分な監査業務を行っているかもしれない。一方，どの程度であれば，一般的水準の監査報酬になるのか，それを人為的に決めること自体，議論の余地があり，さらにそれに基づき，超えるあるいは下回ることを「良くない」ニュース（Knechel et al. 2013, 401）として扱うのには慎重であるべきであろう。

このように，グローバル時代に向けての監査の質の評価フレームワーク（第6章）を用いて，先行研究で首尾一貫とした証拠を得た，監査の質の測定方法12個を筆者が取り上げ，その根拠と弱点を考察した。

第3節 監査の質の実践的測定における既存文献の理論的限界と将来の研究の可能性

第2節では，既存文献における監査の質の実践的測定方法のそれぞれの根拠と弱点について，検討を行った（**図表7-1**も参照）。本節では，本書（第6章）で提唱した「監査の質」評価フレームワークの下に，理論的にありえる実証的測定方法と既存の方法との差を意識しながら，既存文献の限界および将来の研究の可能性を考察する。

監査の質の実践的測定における既存文献の限界と将来の研究の可能性は，下記の5点にまとめられる。

(1) 一般的に，監査の質の程度を実践的に数量的に把握できるものには限界があり，将来の研究の可能性を広げるためには，調査票による監査の質への数量的変換が必要であると考えられる。

FRC（2008）における監査の質の評価フレームワーク（**図表6-1**）と実践可能な実証的「監査の質」の測定方法（**図表7-1**）の差を考察するときに，調査票の重要性が特に浮き彫りになろう。FRC（2008）監査の質の評価フレームワークの各項目は，基本的に数量的に把握するのが難しいが，調査票によって，

監査の質への数量的変換が可能になると考えられる。たとえば,「(1)監査法人内のカルチャー」の欄における最初の項目の「高い質の獲得が有意義で努力すべきで報われると思われる環境づくり」について,回答者に五段階で当該環境が整っているかどうかについて,質問し,数量化できると思われる。

もっとも,PCAOB (2015b) では,監査の質のインジケーターの測定において,インジケーターの特徴に応じた調査票を用いて,監査の質の測定を考案しようとしている (第5章第3節を参照)。たとえば,PCAOB のインジケーター 13 番「監査事務所 (監査法人) の独立性に関する調査結果」や 26 番「監査委員会の委員の独立性調査の結果」のインジケーターは,サーベイを用いて,監査事務所 (監査法人) の「トップの傾向 (tone)」や監査人と監査委員会とのコミュニケーションの有効性を測定するとしている。

(2) 監査の質の実践的測定方法として考えられるかどうかについては,ある測定方法が数量的に確認できるものであっても,監査の質への影響が複雑であることから,実践的測定方法として取り上げられないことがある。したがって,将来の研究の方向性として,当該測定方法の監査の質への影響の複雑さとその影響の度合いを検討することで,実践的測定方法としてなりえるかについて,再検討する必要があると考えられる。

たとえば,PCAOB (2015b) のインジケーター 9 番「サービスセンターでの集中監査作業量」のインジケーターは,サービスセンターでの集中監査作業が低いリスクの監査業務が多いことを PCAOB が前提として,サービスセンターでの集中作業量の程度を測定するとしている。確かに,サービスセンターでの集中作業量 (時間や総作業量との割合) は,数量的に確認できるものであるが,当該測定方法の監査の質への影響は複雑で必ずしも一定方向でない。たとえば,本来であればサービスセンターで集中作業するのが望ましくない作業をサービスセンターで行った場合など想定されうる状況は多岐にある。

また,たとえば,PCAOB (2015b) のインジケーター 15 番「監査報酬,努力,およびクライアント企業のリスク」のインジケーターは,契約あるいは監査事務所毎の監査報酬が時間との関連性,およびクライアント・リスクとの関連性

についての洞察を提供するとして，その例として，パートナーとマネージャーそれぞれの監査報酬と監査時間の前年からの変化率と併せて，当該クライアント企業が高いリスク企業として確認されていたかどうかに関する情報を挙げている。しかしながら，監査報酬と監査時間の前年からの変化率などは数量的に確認できるものであっても，監査の質への影響は一定方向でないと思われる。

(3)　論者によっては，「インプット・プロセス」「アウトプット」「コンテクスト」の分類が絶対的ではなく，本書でまとめた既存文献の実践的測定方法も筆者が知り得た範囲で収集したものであるが，その分類は，絶対的ではない。将来の研究のためには，「インプット・プロセス」「アウトプット」「コンテクスト」の分類に過度に頼らないで，監査の質を捕捉するという視点から測定方法の検討が必要になると考えられる。

　たとえば，Knechel et al. (2013) の評価フレームワークでは，監査の報酬と関わるものをすべて「コンテクスト」分類にしているが，DeFond and Zhang (2014) は，それを「インプット」分類にしている。また，Knechel et al. (2013) では，監査の質に対する市場の認知を「コンテクスト」分類しているのに対して，DeFond and Zhang (2014) は，それを「アウトプット」分類にしている。

(4)　「コンテクスト」要素は重要であるが，捕捉しにくい側面がある。将来の研究のためには，環境的要素の内容を精査し，それらが監査の質へ及ぼす影響の特定を考察する必要がある。

　「コンテクスト」要素については，IAASB (2014a) が先行研究の中において，もっとも検討を行ったと考えられる。IAASB (2014a) では，コンテクスト・ファクター（環境的要素）は，ビジネス実務と商法・財務報告に関わる法律と規則・実行可能な財務報告のフレームワーク・情報システム・コーポレート・ガバナンス・財務報告に関わるタイム・テーブル・広範な文化的要因・監査規則・訴訟に関わる環境・魅力ある人材を含むとしている（**図表6-3**：IAASB 2014b, 4）。IAASB (2014a) の主張では，環境的要素は，財務報告の特徴と質に潜在的に影響し，監査の質に直接的にあるいは間接的に影響するとしている

第Ⅰ部　理論的・制度的・実践的探究

（パラ 17）。IAASB は「コンテクスト」要素について，多くの洞察の結果をもたらしたが，それらの監査の質への影響は複雑であり，更なる精査が必要であると考えられる。

(5)　監査の質の実践的測定には，人的要素である監査を行う側の監査人・監査法人に関わる測定が必要であるが，人的要素であることから，数量的に把握しにくい。将来の研究のためには，人的要素の監査の質への影響について，更なる検討が必要であろう。

PCAOB（2015b）は，人的要素を「インプット」分類にしている。一方，IAASB（2014b）には，監査を行う側である監査人・監査法人を重視しており，「インタラクション」要素の主要なプレーヤーは監査人であるとし，また，高質な監査は，コンテクスト・ファクターに適切に反応する監査人を必要とする（IAASB 2014b, 4）としている（第 6 章第 2 節を参照）。また，いうまでもないが，監査人・監査法人は監査の質の形成の「インプット・プロセス」と「アウトプット」に深く関わっている。将来の研究のためには，この人的要素の監査の質への影響について，実践的測定の可能性について，更なる検討が必要であると考えられる。

第 4 節　おわりに

本章では，第 6 章における監査の質の評価フレームワークの更なる検討に留まらず，実際その枠組みを使って，どのように実証分析に方向性を与えるのかについても考察した。具体的に実際の実証研究で，監査の質を代理できる代理変数として利用できるものを先行研究から整理した結果，12 個の測定方法を抽出することができ，その根拠および弱点について考察することができた（**図表 7-1**）。

12 個の測定方法は，①監査法人（監査法人事務所）の規模（たとえば，クライアント企業の数の側面での規模），②監査時間，③（監査人（法人）の）産業に対する知識，④修正再表示，⑤監査人に対する訴訟や関係機関からのレビュー，

⑥裁量的発生高，⑦利益ベンチマーク，⑧会計保守主義，⑨継続企業の前提に関する注記，⑩アナリストによる利益予想の正確性，⑪事前的資本コスト，⑫異常監査報酬である。さらに，第6章で提示した本書における監査の質の評価フレームワークの視点で考えると，①②③が「インプット」要因，①④⑤⑥⑦⑧⑨⑩⑪の9つは「アウトプット」要因，①⑩⑪⑫は「コンテクスト」要因に関わる測定方法であると認識できる。これら12の測定方法を提示することで，新時代における実証研究に弾みがつけられることを期待したい。

　本章でまとめた上記の12の測定方法は，第6章で提唱した「監査の質」評価フレームワークの下において分類できるが，理論的にありえる実証的測定方法と既存の方法には差が存在するとも考えられることから，その差を意識しながら，既存文献の限界および将来の研究の可能性を本章では考察した。その結果，以下の5点が挙げられよう。

(1)　一般的に，監査の質の程度を実践的かつ数量的に把握できるものには限界があり，将来の研究の可能性を広げるためには，調査票による監査の質の数量的変換が必要であると考えられる。たとえば，FRC（2008）監査の質の評価フレームワークの「(1)監査法人内のカルチャー」の欄における最初の項目の「環境づくり」について，調査票を用いて当該環境が整っているかどうかについて，回答者に五段階で質問し，数量化できると思われる。

(2)　監査の質の実践的測定方法として考えられるかどうかについては，ある測定方法が数量的に確認できるものであっても，監査の質への影響が複雑であることから，実践的測定方法として取り上げられないことがある。したがって，将来の研究の方向性として，当該測定方法の監査の質への影響の複雑さとその影響の度合いを検討することで，実践的測定方法としてなり得るかについて，再検討する必要があると考えられる。

(3)　論者によっては，「インプット・プロセス」「アウトプット」「コンテクスト」の分類が絶対的ではなく，本章でまとめた既存文献の実践的測定方法は筆者が知り得た範囲で収集したものであるが，その分類は，絶対的ではない。将来の研究のためには，「インプット・プロセス」「アウトプット」「コンテクス

ト」の分類に過度に頼らないで，監査の質を捕捉するという視点から測定方法の検討が必要になると考えられる。

(4)　「コンテクスト」要素（環境的要素）は，重要であるが，捕捉しにくい側面がある。将来の研究のためには，環境的要素の内容を精査し，それらが監査の質へ及ぼす影響の特定を考察する必要がある。

(5)　監査の質の実践的測定には，人的要素である監査を行う側の監査人・監査法人に関わる測定が必要であるが，人的要素であることから，数量的に把握しにくい。将来の研究のためには，人的要素の監査の質への影響について，更なる検討が必要であろう。

第 II 部

実証的探究
―監査の質を提供する側の側面からの分析―

第8章　監査の質の提供側の
インセンティブ・能力と監査の質

第1節　実証的探求の分析視角

　第7章では，監査の質について，既存の文献において，多くの測定方法が使われてきたことを示した。またこれらの既存文献上の測定方法は，理論的に利用されうるすべての測定方法を網羅できなかったかもしれないが，測定方法としてのデータ取得可能性があり，その導出に先達の知恵が凝縮されており，大いに参考にできると考えられる。

　一方，第Ⅱ部を展開するために，一つの分析視角が必要であると考える。そこで，第Ⅱ部では監査の質を提供する側の立場に立ち，提供側のインセンティブと能力（competency）の監査の質に対する影響という視点から分析視角を設定し，実証研究を進めたい[1]。

　図表 8-1 は，第Ⅱ部における監査の質の実証的探求の分析視角を示している。**図表 8-1** で示しているように，監査の質を提供する側の監査人あるいは監査法人には，高質な監査（quality audit）を提供するインセンティブ（Ⅰ）と能力（Ⅱ）の2つの側面があると考えられる。また，インセンティブ（Ⅰ）には，①訴訟リスク（litigation risk），②レピュテーション・リスク（reputation risk），③監査法人規模（auditor size），④監査報酬という4つの項目，さらに，能力

---

[1] 2014年の Journal of Accounting and Economics でのレビュー論文 DeFond and Zhang（2014）からヒントを得ている。たとえば，DeFond and Zhang（2014）によれば，監査の質への影響を考える際に，監査の質を提供する監査人側のインセンティブと能力の2つの視点から考えることができるとしている。

第Ⅱ部　実証的探究

図表 8-1　本書における実証的探求の分析視角

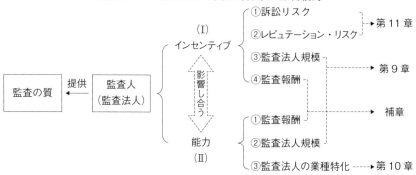

出所：筆者作成。

（Ⅱ）には，①監査報酬，②監査法人規模，③監査法人の業種特化（auditor industry specialization）という3つの項目から把握することができる。

　具体的には，監査を提供するインセンティブ（Ⅰ）の側面において，下記のようなことが想定できる（**図表8-1**）。たとえば，①訴訟リスクや②レピュテーション・リスクの高い環境において，監査人（監査法人）は，訴訟されること，あるいは，レピュテーションの毀損（reputation loss）による損失を恐れて高質な監査を提供するインセンティブを持つ。また，③監査法人規模の大きい監査法人，たとえば（クライアント企業数が多い）大監査法人は，その規模が大きいことから，個別のクライアントから受け取る報酬に頼る必要性が低いために相対的に独立であること，また「資力ある人々（deep pockets）」であることから高い訴訟リスクに晒されていることから，高質な監査を提供するインセンティブを持つことも考えられる。さらに，④監査報酬を多く受け取る場合，監査人（監査法人）は高質な監査を提供するインセンティブを持つことも考えられる。

　一方，高質な監査を提供する能力（Ⅱ）の側面において，下記のような事項が想定できる（**図表8-1**）。たとえば，①監査報酬が多い場合，監査業務に対してより多くの監査時間を投入でき，高質な監査の提供を可能にしやすい。また②監査法人規模が大きい場合，個々の監査人によりよい訓練の機会が与えられ

第8章　監査の質の提供側のインセンティブ・能力と監査の質

るなどの理由から，能力的にも高質な監査を提供できるとも考えられる。そして，監査法人がある産業の専門家（③監査法人の業種特化）であればあるほど能力的に高質な監査を提供できると考えられる。

　ここで注意すべきは，高質な監査を提供するインセンティブ（Ⅰ）と能力（Ⅱ）の2つの側面が独立的ではないことであり（**図表8-1**），その2つの側面は互いに影響しあう関係にある。より高いインセンティブは，より高い能力の習得を促し，また高い能力は，監査人（監査法人）のレピュテーションを高め，監査人（監査法人）に質の高い監査を提供するインセンティブを持たせる，というシナリオが考えられる。実際，インセンティブ（Ⅰ）の③と能力（Ⅱ）の②は，同じ「監査法人規模」項目であり，またインセンティブ（Ⅰ）の④と能力（Ⅱ）の①は，同じ「監査報酬」項目である。

　本書の第Ⅱ部の実証的探求において，監査の質を提供する監査人（監査法人）のインセンティブ（Ⅰ）や能力（Ⅱ）に関わる「監査法人規模」に関しては第9章，「監査報酬」に関しては補章，また能力（Ⅱ）の③「監査法人の業種特化」に関しては第10章，インセンティブ（Ⅰ）の①②である「訴訟リスク」や「レピュテーション・リスク」に関しては第11章でそれぞれ取り上げ，分析を進めることとする（**図表8-1**）。

第2節　実証の背景〜日本の監査市場と日本企業の特徴〜

1．日本の監査市場の特徴

　図表8-2は，日本の監査市場とその他主要な監査市場との対比の提示を試みたものである。**図表8-2**の注1から注4にも注意書きとして示しているが，情報の入手可能性や国および地域による文化や定義の違いなどもあり，日本の監査市場とその他主要な監査市場との単純比較は難しいと思われる。しかしながら，2012年において，日本の証券取引市場の時価総額は世界第3位であるが，日本における上場企業1社あたりの監査人数が著しく低い傾向にあることが**図表8-2**からわかる。

第Ⅱ部　実証的探究

図表 8-2　2012 年における日本の監査市場とその他監査市場の比較

	時価総額（ドル）	時価総額の対世界比率	国内の上場企業数	監査人数（各国の公認会計士協会における会員数）	上場企業あたり監査人数
米国	18,668,333,210,000	35.11%	4,102	352,297	85.88
中国（上海・シンセン）	3,697,376,039,677	6.95%	2,494	100,000	40.10
日本	3,680,982,116,116	6.92%	3,470	24,733	7.13
英国	3,019,467,050,240	5.68%	2,179	118,758	54.50
フランス	1,823,339,266,082	3.43%	862	18,500	21.46
ドイツ	1,486,314,805,537	2.80%	665	14,000	21.05
香港	1,108,127,258,370	2.08%	1,459	33,901	23.24

出所：世界銀行の公式サイト（http://data.worldbank.org/）および各国の公認会計士協会の公式サイトよりデータを入手し，筆者作成。

注1：英国ではイングランド・ウェールズ勅許会計士協会（The Institute of Chartered Accounting in England and Wales: ICAEW）と勅許公認会計士会（Association of Chartered Certified Accountants: ACCA）があるが，情報の入手可能性の制限より，ここでは ICAEW の会員数のみ示している。

注2：ドイツで監査人が経済監査士（Wirtschaftsprüfer: WP）と呼ばれる。情報の入手可能性の制限により，2012 年におけるドイツの監査人数は，2010 年の有資格者数（13,619 人）と 2014 年の有資格者数（14,390 人）に基づいて推定した。

注3：日本とドイツには税理士の制度があるが，その他の国にはない。

注4：ここでは，監査人数のカラムにおいて，各国の公認会計士協会における会員数を記述しているが，会員数は実際監査業務に携わる人数とは差があることに留意されたい。

図表 8-3 は，日本の監査市場の歴史的な成長状況を表している。**図表 8-3** からわかるように，日本における監査人の人数（公認会計士協会における有資格者数）は，時価総額および上場企業数の増加とともに増加している。また，**図表 8-3** では，縮尺の影響で読み取りにくいが，上場企業あたり監査人が歴史的に見ても，非常に低い水準（10 名以下）で推移していることがわかる。日本の監査市場における監査の質の考察には，（監査が少数精鋭で行われている可能性があるとすれば）監査人個人の（専門的）能力の考察が重要であることが示唆されているようである。

第 8 章　監査の質の提供側のインセンティブ・能力と監査の質

図表 8-3　日本の監査市場の歴史的成長状況

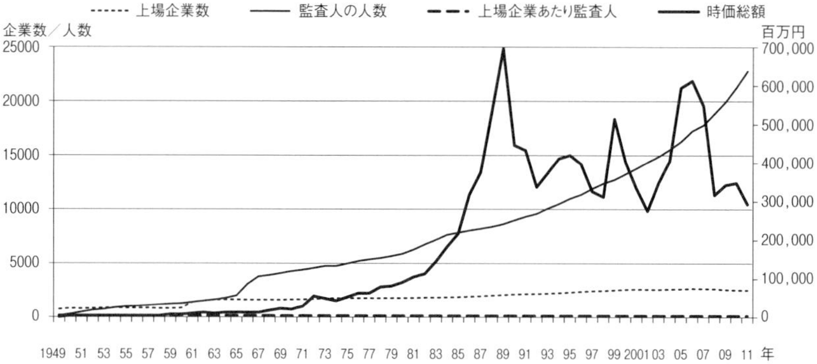

出所：日経 NEEDS や日本公認会計士協会の公式サイトからデータを入手し，筆者作成。
注：ここでいう「監査人の人数」は，日本公認会計士協会の公式サイトにおいて開示されている有資格者数である。

　図表 8-4 は，日本における監査法人の変遷の歴史を示している。1960 年代後半以降，小規模あるいは中規模の監査法人が大規模の監査法人に吸収合併されていたことが**図表 8-4** から確認できる。2012 年において，国際的な監査法人ビッグ・フォーと提携している日本の監査法人は，有限責任監査法人トーマツ（Deloitte Touche Tohmatsu と提携），新日本有限責任監査法人（Ernst & Young と提携），PwC あらた監査法人[2]（PricewaterhouseCoopers [PwC] と提携），および有限責任あずさ監査法人（KPMG と提携）である。なお，本書において，便宜のため，「大監査法人」を用いて，国際的な監査法人ビッグ・フォーと連携している日本の監査法人を指す。またそれと対比する意味で，その他の監査法人を「中小監査法人」と記すことがある。

　図表 8-5 は，2001〜2011 年度の日本の監査法人の担当企業数に基づく市場シェアを表している。ここから確認できるように，2011 年度のあらた監査法

---

[2]　2016 年 7 月 PwC あらた監査法人は組織変更を行い，名称を「PwC あらた有限責任監査法人」に改めた。

第Ⅱ部 実証的探究

図表 8-4 日本の監査法人の変遷の歴史

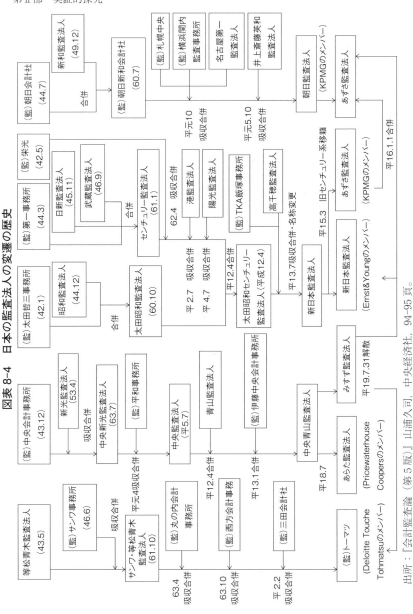

出所:『会計監査論(第5版)』山浦久司, 中央経済社, 94-95 頁。

第 8 章　監査の質の提供側のインセンティブ・能力と監査の質

人の市場シェアがわずか 2.41％しかない。したがって，担当企業数に基づく市場シェアという視点から，PwC あらた監査法人は，有限責任監査法人トーマツ，新日本有限責任監査法人および有限責任あずさ監査法人より少ないことがわかる。

加えて，上場企業数は 2007 年の 4,397 社をピークに近年減少傾向にある（**図表 8-5**）。これは，MBO（management buyout：経営陣買収）の増加および IPO（initial public offering：新規株式公開）の減少（『日本経済新聞』2012 年 1 月 12 日付け）や，親会社と子会社の同時上場の解消（伊藤 2014, 593）[3] の総合作用によ

図表 8-5　日本における各監査法人の市場シェア（担当企業数ベース）

年度	BigN (%) （担当企業数ベース）					Non-BigN (%)（担当企業数ベース）	顧客企業数
	新日本	トーマツ	中央青山	あずさ	あらた		
2001	22.03	19.46	19.70	14.89		23.91	3,659
2002	21.61	20.37	20.37	15.09		22.57	3,957
2003	21.57	21.10	20.82	15.29		21.22	4,015
2004	20.70	21.61	20.90	16.15		20.63	4,086
2005	20.58	22.01	21.37	16.50		19.55	4,189
2006	20.97	21.71	20.13	17.29	0.46	19.90	4,302
2007	23.15	21.86	11.14	18.31	2.07	25.54	4,397
2008	26.59	24.95		20.73	2.28	27.72	4,076
2009	26.97	24.66		20.18	2.29	28.19	3,930
2010	26.19	24.72		19.42	2.34	29.66	3,810
2011	26.70	24.82		19.27	2.41	29.21	3,731

出所：eol（データベース）からのデータを入手し，筆者が作成。
注：市場シェアはクライアント数ベースによる。新日本監査法人は，2001 年度までの太田昭和センチュリーのクライアントを含む。あずさ監査法人は，2004 年度までの朝日監査法人のクライアントを含む。

[3]　伊藤（2014, 593）によれば，（野村證券の数値）2007 年 3 月末に 417 社あった親子上場企業数は，2012 年 9 月末には 296 社まで減少している。

るものであると理解できる。上場企業の数の減少は同時に，監査市場における顧客企業の減少を意味し，監査市場における競争を激しくさせる要因となる。この競争の激化は，ビッグ・フォーと連携する大監査法人の間のみならず，大監査法人と中小監査法人の間にも発生すると推測できる。実際，たとえば，2007年中央青山監査法人の解体で，監査法人を新たに探さなければならない当該監査法人が担当していた企業は，大監査法人のみならず，中小監査法人の顧客企業となったケースが相次いだ（盛田 2011）。

一方で，日本のクライアント企業や株主が監査法人を相手取り訴訟を起こすことは少なく（Sakagami et al. 1999），日本の監査市場における訴訟リスクは無視できる水準にあるという指摘がある（Numata and Takeda 2010; Skinner and Srinivasan 2012）。監査のサービスを提供する監査人のインセンティブに対して，訴訟リスクとレピュテーション・リスクが影響を与えること（**図表8-1**）を所与とすれば，日本の監査市場における監査の質に関する研究には，レピュテーション・リスク（たとえば，監査法人の「面子（メンツ）」を失うリスク）を主に考慮すればいいという状況にあると考えられる。

2. 日本企業の特徴の考察〜監査の質との関係を視野に入れながら〜

第Ⅱ部（特に第9章や第10章）において，監査法人の規模（大監査法人であるか否か）や監査法人の業種特化（専門性に強い監査法人であるか否か）と監査の質との関係を実証的に分析するが，その際において，分析時におけるセレクションバイアスをコントロールするため，日本企業の特徴要因をコントロールする必要がある。そこでここでは，第Ⅱ部において特別に考慮（コントロール）すべき日本企業の特徴について考察を行う（併せて**図表9-2**を参照されたい）。

まず，日本企業のキャッシュリッチ化は，一般的に認識されている（たとえば，伊藤 2014）。伊藤（2014）の調査結果によれば，2000年度以降，日本企業が保有する現預金は増加を続けており，2013年3月末には80兆円を突破している。また日本企業の総資産に対する現金の割合の高さはOECD諸国の間においても，顕著である。Pinkowitz et al.（2006）によれば，たとえば，1988年

から 1998 年の間，米国，英国およびドイツの企業の現金対総資産比率が，それぞれ 4.4％，6.2％および 5.6％であるのに対して，日本企業は 16％であり，ずばぬけて高い水準にある。現金を多く保有する企業は，資金調達する必要性が乏しく，大監査法人や専門性の強い監査法人の名声を借りた資金調達の必要性が少ないと考えられる。実際，2000 年度以降，日本企業は有利子負債（借入金，社債など）を減らしており，実質無借金企業（有利子負債の残高よりも多くの現金預金や短期性有価証券を保有している企業）の比率が増え，2012 年度には，無借金企業（有利子負債がない企業）と実質無借金企業の日本企業に占める割合が 50％を超えるまでになっている（伊藤 2014）。

　第 2 に，日本企業は直接金融で資金調達をするよりも，間接金融の銀行借り入れに依存する傾向にあることは，多くの研究によって指摘されている（たとえば，Wolferen 1989）。祝迫（2010）によれば，日本企業の負債に占める長期借り入れの割合は，長期的には 70 年代から 90 年代初頭まで緩やかに上昇し，その後はほぼ安定的に推移している（製造業の大企業が 35〜40％で非製造業の大企業が 25％近辺にある）。間接金融を多く利用する企業には，大監査法人あるいは専門性の強い監査法人を選択するかどうかについて，理論的に，逆方向の 2 つの選択をする可能性があると考えられる。すなわち，たとえば，銀行に対して，自社の良い財政状態や経営成績をアピールするため，大監査法人（あるいは専門性の強い監査法人）を選択する。また逆に，銀行と強い信頼関係にあり，すでに十分な資金を銀行の借り入れによってまかなえられているから，大監査法人や専門性の強い監査法人の名声を借りる必要性がなくこれらを選択しないことも想定できる。

　第 3 に，Suzuki and Wright（1985）によれば，日本企業は欧米企業と比べると，倒産するリスクが低いようである。このため，第 9 章において，当該要因をコントロールするときに，日本のデータを用いて倒産の可能性を計算した白田（2003）モデルを使うことで，日本企業の倒産要因をコントロールする。

　第 4 に，青木・宮島（2010）によれば，2000 年以降，日本企業は国際的経済活動を活発化させ，海外売上高比率が上昇している。この状況は，日本企業に

多くの成長機会（たとえば，売り上げを伸ばす）をもたらすと同時にリスク（たとえば，海外投資家の予測しにくい投資行動に晒すリスク）も上昇させると推測できる。海外売上高比率の上昇に伴うリスクの増加を減少させるために，企業が大監査法人を選択するかもしれない。

第5に，日本企業の重要な特徴として「系列」という言葉が挙げられる。一般的に，系列は，メーン・バンクを中心とする水平型（horizontal Keiretsu）と貿易会社を中心とする垂直型（vertical Keiretsu）に分けられる（たとえば，Cooke 1996）。系列企業であるか否かを特定するのに，筆者が知り得た最新の把握手段は，経済調査協会が作成した『系列の研究』（2003）である。これによれば，系列企業の選別については，①派遣役員，②系列持ち株，③系列融資，④旧来からの系列関係，⑤その他の5つの基準を使っている。このため，「系列」の概念は，日本企業の相互株持合，メーン・バンクなどの関係を総合的に表現するものであると理解できる。系列企業は相対的に資金調達などに困らないと推測できるため，大監査法人の名声に頼る必要性がなく，大監査法人を選択しないかもしれない。

第6に，新規株式公開（IPO）する日本企業の特徴も視野に入れておく必要性があると考えられる。たとえばIPOを行う日本企業は，利益増加型の利益操作をする傾向にあり（薄井2007），事業が複雑であればあるほどガバナンス体制の構築に積極的である（奥田他2007）。山本・加藤（2011）は，日本企業でIPO後の最初の決算期において，監査法人の規模の大きさが裁量的発生高を抑制していると報告している。また，Pittman and Fortin（2004）は，IPO後の最初の9年において，SEC（米国証券取引委員会）登録企業は大監査法人を選択する傾向があるとの実証結果を提示した。IPO日本企業がIPO SEC登録企業と同じ傾向にあるかは先行研究から確認することができなかったが，本書において，大監査法人の選択の視点からの分析では，上場され間もない企業の特徴を考慮する。

第7に，Cooke（1992; 1996）によれば，日本企業の内でも，東京証券取引所第1部（東証一部）で上場している企業は，彼らの財務諸表などに対するより

複雑な要求を満たさなければならない。実際，東証一部上場企業とその他の上場企業との比較研究をテーマとする研究が存在する（たとえば，吉田他2015）。複雑な要求をより効率的にクリアするために，東証一部上場企業が大監査法人を利用する傾向にあるかもしれない。本書において，必要に応じて，東京証券取引所第1部上場企業の要因をコントロールする。

　第8に，日本企業は，欧米企業と比して，ROA（Return On Assets：総資産利益率）が低いといわれる。中野（2014）は1982年から2007年の日本企業とその他の先進国のROAの中央値を計算し，比較を行った。その結果，日本企業のROAの中央値は，米国，ドイツ，カナダおよびオーストラリアを含む先進国よりも低いことがわかった。また，中野（2014）によれば，国ごとに企業のROAを高い順でソートした場合，日本の順位のトップ10％にある企業のROAの平均が6.2％であり，これは先進諸国の中でワーストであるが，日本の順位のワースト10％にある企業のROAの平均が－0.6％であり，これは先進諸国の中で第2位である。これは，日本企業の特性を考える上では，興味深い点として挙げられる。つまり，日本企業の間のパフォーマンスの差は，他の国の企業と比較して，少ないということである。日本企業のROAに関する特性も，第Ⅱ部において考慮する。

　このように，欧米諸国と比べると日本企業は，その15％が系列企業であり（第Ⅱ部のデータにより），銀行借り入れへの依存度が高く，多くの現金や有価証券を持ち，ROAが低く，倒産しにくいことが監査の質に関する実証研究の遂行を視野に入れた場合の特徴として挙げられる。第Ⅱ部においては，これらの日本企業特性を考慮しながら，リサーチ・デザインを考える。

第3節　方法論～IPW & PSM法～

ここでは，第9章および第10章の方法論として，パラメトリックな手法，ノンパラメトリックな手法およびセミパラメトリックな手法があることを説明し，またなぜセミパラメトリックな手法のなかでも，IPW（inverse probability

第Ⅱ部　実証的探究

weighting：傾向スコアの逆数を用いた重みづけ）法（後述）やPSM（propensity score matching：傾向スコア・マッチング）法（後述）を利用するかについて，論述する。

　第9章および第10章の研究課題は，大監査法人と中小監査法人との間（Big N vs. Non-Big N），あるいは業種に対して知識がある監査法人とそうでない監査法人（ISA vs. Non-ISA）との間で，監査の質に違いがあるかどうかを検証することにある（具体的にはそれぞれの章で詳しく説明する）。先行研究では，監査の質の測定変数を従属変数とし，監査法人が大監査法人（あるいは専門性の強い監査法人）であるか否かのダミー変数を説明変数として，検証されるものが多い。具体的には，いわゆるパラメトリックな手法である共分散分析が先行研究で多く見受けられる（たとえば，Becker et al. 1998; 吉田 2006）。要するに，ダミー変数（割り当て変数）と従属変数に影響を与える共変量（分析のときに間接に利用する変量）を回帰式に説明変数として投入する方法である。

　共分散分析手法を本書に利用する可能性を検討するため，当該手法について，少し説明する。まず，回帰式を以下のように，企業iが大監査法人（あるいは専門性の強い監査法人）による監査を受けた場合の従属変数$y_{i,1}$と，企業iが中小監査法人（あるいは専門性の強い監査法人でない監査法人）による監査を受けた場合の従属変数$y_{i,0}$の二つに分けて設定する。

$$y_{i,1} = \tau_1 + x_i^t \beta_1 + \varepsilon_{i,1},$$
$$y_{i,0} = \tau_0 + x_i^t \beta_0 + \varepsilon_{i,0},$$

（xは説明変数の観測値の行列，βは回帰係数のベクトル，εは誤差項。）

　ここで，割り当て変数としてz_i（=1,0：本書の場合，大監査法人ダミーあるいは専門性の強い監査法人ダミーに相当する）を導入し，$\beta_1 = \beta_0 = \beta$という仮定を置くことで，このモデルは，

$$y_i = \tau_0 + \tau_z z_i + x_i^t \beta + \varepsilon_i$$

と書くことができ，通常の線形の共変量をダミー変数と共に投入した共分散分

第 8 章 監査の質の提供側のインセンティブ・能力と監査の質

析モデルと同一となる。そして，このモデルの z_i の係数 τ_z が因果効果（大監査法人と中小監査法人の監査の質の違い；あるいは専門性の強い監査法人とそうでない監査法人の監査の質の違い）となる。つまり，割り当て変数 z_i（監査法人ダミー）についての偏回帰係数の推定値が因果効果の推定値となる。しかし，このモデルによって因果効果を正しく推定する際には，かなり強い仮定が置かれている（Prawitt et al. 2012）[4]。上記の「$\beta_1 = \beta_0 = \beta$」の仮定が成立していない場合，$\tau_z$ の符号が本来の結果と逆になる可能性すらあり（星野 2009），多くの共変量を用いると予定する本書のような分析で共分散分析モデルを用いることは問題であると考えられる。

このパラメトリックな手法の弱点を補う方法として，ノンパラメトリックなカーネル回帰等を用いることも考えられる。しかし，説明変数が多い場合には，推定に必要とされるデータが指数的に増加するという次元の呪いの問題があり，本書における分析でも多くの説明変数を用いるため，この手法の導入は現実的ではない。

そこで，本書の分析にはセミパラメトリックな手法として，傾向スコア（propensity score）を用いることとする。傾向スコアを用いるという点は，IPW 法と PSM 法の共通点である。傾向スコアの概念は Rosenbaum and Rubin（1983）によって提案されたものであり，複数の共変量を 1 つの変数に集約するができ，因果効果の推定が容易になる（星野 2009）。星野（2009）では傾向スコアを以下のように定義している。

第 i 対象者の共変量の値を x_i，割り当て変数の値を z_i とするとき，第 1 群へ割り当てられる確率 e_i：

---

[4] 星野（2009, 52-53）によれば，その仮定とは，①共変量への潜在的な結果変数の回帰関数が線形である，②線形関数が潜在的な結果変数（y_1, y_0）間で共通である（$\beta_1 = \beta_0 = \beta$），③誤差変数の分布が潜在的な結果変数（$y_1, y_0$）間で共通である。

第Ⅱ部　実証的探究

$$e_i = p(z_i = 1 | x_i)$$

を第 i 対象者の傾向スコアという（ただし，$0 \leq e_i \leq 1$）。

　この傾向スコアについては，当然真の値を観測することは不可能なので，プロビット回帰やロジスティック回帰を使用して推定された値を用いるのが一般的である。本書におけるこの傾向スコアは，あるサンプル（企業年度）（第 i 対象者）が大監査法人（あるいは専門性の強い監査法人）のクライアントとして割り当てられる確率 e_i を意味する。つまり，ある年のあるサンプル企業が大監査法人（あるいは専門性の強い監査法人）を使っている可能性を示している。

　この傾向スコアの手法を用いれば，モデルの誤設定に強いなど，多くの利点がある[5]。実際に，この大監査法人と中小監査法人の監査の質の違いを分析する研究に傾向スコアを用いた研究としては Lawrence et al. (2011) が挙げられる。この研究では，傾向スコアを用いたマッチング法によって，選択バイアスを除去することを試みている。しかし，Lawrence et al. (2011) は，主分析で使っているマッチングによる分析ではペアにならなかったサンプルを分析に使用しなかった。そのため，Lawrence et al. (2011) が使用したマッチング法を本書のデータのような大監査法人サンプルと中小監査法人サンプルの数に大きな違いがある場合に適用すると，多くのサンプルを無駄にすることになる。こうして得られる結果は，本当にサンプル全体を代表した結果と言えるのかは議論の分かれるところである。加えて，マッチングではペアの基準が恣意的になるなどの問題点も挙げられる。

　そこで，本書の分析では，傾向スコアの逆数を用いた重みづけ分析手法 IPW (inverse probability weighting) 法，そして PSM (propensity score match-

---

[5] たとえば，「割り当ては共変量にのみ依存し，結果変数には依存しない」という「強く無視できる割り当て (strongly ignorable treatment assignment)」条件のもとで，共変量と従属変数のモデル設定を行わなくてもよいという利点がある。

ing：傾向スコア・マッチング）法（ただし，マッチング法としてカーネル・ベース・マッチング（kernel-based matching）を用いる）を使用することで，サンプルを無駄にせず，また一般的なマッチング法のような恣意性を排除する。なお，IPW法およびカーネル・ベース・マッチングPSM法は，Tucker（2010）が指摘しているコモン・サポート問題（common support problem）（マッチングされるのは傾向スコアが重なっている部分のサンプルのみであるという問題）が発生しない。

　まず，カーネル・ベース・マッチングPSM法は，Heckman et al.（1997）によって提唱された方法である。PSM法でそのほかのマッチング法との違いは，ペアを作るときに，コントロール・サンプルの全サンプルを使うことにある（Berg 2011）。具体的には，検証されるサンプル（treated sample）と一対一でコントロール・サンプルを作るのでなく，存在するコントロール・サンプルとなりうるすべての観測値は，検証されるサンプルとの類似性によってウェイトをかけ（類似するものほど高いウェイトをかけ），分析が行われる（Tucker 2010, 37；Guo and Fraser 2010, 273）。この方法の適用は，実証分析上において，よりロバストな結果を導出できると考えられる。

　また，IPW法は，Rubin（1985）によって提案されたものであり，PSM法などと同様にセミパラメトリックな解析法として多くの医学分野や社会科学などの研究で用いられている。PSM法が会計領域でよく利用されているのに対して，IPW法が，筆者の知る限りにおいてまだ会計領域の研究には，利用されていない。

　IPW法を本書において展開する場合，まず，大監査法人クライアントあるいは業種特化監査法人の監査を受けているクライアント企業（$z_i=1$），と中小監査法人クライアントあるいは業種特化監査法人の監査を受けていないクライアント企業（$z_i=0$）を重みづけする変数を次のように定義する。

第Ⅱ部　実証的探究

$$ie_i = \frac{z_i}{e_i} \times \frac{N_1}{\sum_{i=1}^{N} \frac{z_i}{e_i}} + \frac{1-z_i}{1-e_i} \times \frac{N_2}{\sum_{i=1}^{N} \frac{1-z_i}{1-e_i}}$$

（ここで N_1, N_2 はそれぞれサンプルにおいて，大監査法人（あるいは業種特化監査法人の監査を受けている（ISA））のクライアント数，中小監査法人（あるいは業種特化していない監査法人（Non-ISA））のクライアント数を表す（$N=N_1+N_2$）。e_i は推定された傾向スコアの予測値を表す。）

この式によって求められた ie_i によってすべてのサンプルを重みづけすることによって，大監査法人クライアントと中小監査法人クライアントでは企業特性が異なるという選択バイアス，あるいは業種特化監査法人クライアントとそうでない監査法人クライアントでは企業特性が異なるという選択バイアスを取り除いた上で，因果効果（＝Big N と Non-Big N の監査の質の差，あるいは ISA と Non-ISA の監査の質の差）を推定することを試みる。

なお，具体的に，IPW 法または PSM 法（カーネル・ベース・マッチング）の適用ステップについては，各章において説明する。

第9章　監査の質の提供側のインセンティブ・能力である監査法人の規模と監査の質

第1節　はじめに

　第9章は，日本における監査法人の規模（auditor size）とその監査の質との関係を多方面より検証することで，第Ⅱ部のその他の章と合わせて，日本における監査の質に関する議論に寄与しようとするものである。また第9章における分析は，第8章で提示した実証的探求の分析視角（**図表8-1**）からすれば，監査の質の提供側のインセンティブ・能力と関わる監査法人の規模が，どのように監査の質に影響を及ぼすのかという視点からの分析でもある。

　現行の財務諸表監査は，財務諸表の適正性に関する意見表明を行うことにより，その信頼性について一定水準の保証を付与することを目的としている（伊豫田他2015）。また，（政府規制機関を含む）利害関係者は，この監査によって保証された財務諸表から得られた情報を基にして意思決定や経済活動を行っている。監査の質の高低は，こうした利害関係者の関心事であり，高質な監査の維持は，円滑な経済活動・経済発展にとって必要不可欠であると言える。そこで，いかにして監査の質の高低を識別し，また高質な監査を維持させるか，ということについては，多様な利害関係者の関心を集めている。

　監査の質の高低を識別するのに，それを監査法人の規模と関連付けて研究する初期の権威作として広く識者に知られているのは，DeAngeloが1981年のJournal of Accounting and Economicsに著した「監査法人の規模と監査の質（auditor size and audit quality）」である。DeAngelo（1981）を皮切りに，米国を中心に研究者が「監査法人（あるいは監査法人事務所）の規模と監査の質」を

第Ⅱ部　実証的探究

中心内容とする数多くの論文を世に出し（たとえば，Becker et al. 1998; Francis et al. 1999; Behn et al. 2008; Francis and Yu 2009; Choi et al. 2010; Louis 2005; Lawrence et al. 2011），欧米における当該テーマの研究成果が蓄積されている（本章の第2節を参照）。

一方，日本における監査を取り巻く環境（たとえば，訴訟リスクが低いなど）は他の国の環境とは異なる側面もある（具体的には第8章第2節を参照）ことから，日本企業を分析対象とする「監査法人の規模と監査の質」に関わる研究が必要であると考えられる。日本において，「監査法人の規模」や「監査の質」が，それぞれ監査研究領域において重要なファクター・概念であることから関係する先行研究は数多く存在し，枚挙に暇がない（第2章と第7章も参照）。実証研究アプローチを用いた研究の中では，「監査法人の規模と監査の質」の関係に着目することが研究の題目や目的の記載から明白であるという視点から，吉田（2006），薄井（2007），矢澤（2010），Ajward（2010），藤原（2011），および山口（2013）が挙げられる[1]。

また，日本の内外の先行研究の結論として，多くの研究では，国際的な監査法人のビッグ・フォーと連携する大監査法人（事務所）の監査の質が，その他の中小監査法人のそれよりも高いと結論付けたが，逆の結論，あるいは大監査法人の監査の質と中小監査法人のそれとの差がないとする研究もある（具体的には本章の第2節を参照）。「大監査法人 vs. 中小監査法人」の監査の質に関する研究の結果は，一定の結論を得ておらず，更なる実証分析が必要とされる。

一方，第8章でも述べたが，監査法人の規模は，監査を提供する側からすれば，インセンティブと能力の両面から，監査の質に対して影響を与えると考えられる。たとえば（クライアント企業数が多い）大監査法人は，その規模が大き

---

[1] たとえば，矢澤（2004）および髙田（2006）は，大手監査法人ほど訴訟リスクに敏感であり保守的であるという証拠を提示し，また酒井（2013）は，監査人の交代と関わり，後任監査人の保守性は前任監査人の規模による影響を受けている可能性があることを示しているが，いずれの研究も研究の題目や本文の目的の記述から「監査法人の規模と監査の質」の関係に着目していると読み取りにくい。

第9章　監査の質の提供側のインセンティブ・能力である監査法人の規模と監査の質

く個別のクライアントから受け取る報酬に頼る必要性が低いためにクライアントから相対的に独立的であることから，また「面子（メンツ）」（レピュテーション）を失いたくないことから，高質な監査を提供するインセンティブを持つことが考えられる。そして，監査法人の規模が大きい場合，個々の監査人によりよい訓練の機会が与えられるなどの理由から，能力的にも高質な監査を提供できると考えることもできる。

　しかしながら，近年の日本においては，カネボウやオリンパスの粉飾決算に大監査法人である中央青山監査法人とあずさ監査法人が関わったことで，大監査法人の監査の質に対して疑問視する声がある。さらに，日本は，監査市場において，大監査法人が（顧客企業ベース）市場シェアの70〜80％を占める（**図表8-5**）ことから，大監査法人の監査の質の高低が市場全体における監査の質の高低を決めるカギになる状況である。加えて，カネボウ事件をきっかけに，日本の監査市場においては，当時ビッグ・フォーの一角を占める中央青山監査法人が2007年に解体となり，日本の監査市場の競争の状況が変化し，それが監査の質に対して影響を及ぼすことになろう（具体的には第8章第2節および本章の第3節を参照）。

　上記の先行研究の状況や結果，および日本の監査市場の状況を踏まえ，2つ重要な疑問が生じると考えられる。それは，(1)日本市場において，大監査法人の監査の質は，中小監査法人のそれよりも高いのか。つまり，日本市場において，監査法人の規模が真に監査の質の高さを代理するものであるか。(2)2007年の中央青山監査法人の解体を境にして，監査の質における「大監査法人vs. 中小監査法人」に変化が生じたか否かである。そこで，第9章ではこれら二つの疑問を研究課題とし，総合的に検証する。

　第9章における研究[2]は，先行研究と比べて，下記の3点の特長を有すると考えられる。第1に，先行研究の英知を集合させ（第7章第2節も参照），研究課題を総合的に検証するため，主題である監査の質を測る代理変数に6つ：①裁量的発生高，②利益ベンチマーク，③事前的資本コスト，④アナリストによる利益予想の正確性，⑤継続企業の前提に関する注記情報，⑥異常監査報酬，

第Ⅱ部　実証的探究

を用いて，様々な角度から検証したことである。一方，国内外の先行研究では監査の質を一つの代理変数で測る，あるいは多くても三つの代理変数を用いるものが多い[3]。また，できるだけ多くの監査の質の代理変数を使い，監査の質に関わる研究を行うことの重要性は，筆者だけでなく，直近の2014年のJournal of Accounting and Economics に掲載されたDeFond, M. and Zhang, J.の論文「実証監査研究のレビュー（a review of archival auditing research）」にお

---

(2) 本書の〈初出一覧〉では，すでに記述しているが，第9章については，「Hu and Kato (2014), Hu (2015b) および Hu and Kato (2015) をベースに，大幅に加筆修正」したものであり，筆者の単独論文あるいは筆頭作者とする共著論文をベースにしている。Hu and Kato (2014)（ワーキング・ペーパー）では，IPW法を主たる分析手法とし，①裁量的発生高，②利益ベンチマーク，③事前的資本コスト，④アナリストによる利益予想の正確性，⑤継続企業の前提に関する注記情報を監査の質の代理変数として用いた。その論文の改訂版は，PSM法を用いることにしており，The Asian Review of Accounting 誌に掲載される予定である。また，Hu (2015b) は，IPW法を用いて，異常監査報酬と監査法人の規模との関係を分析した。そしてHu and Kato (2015) はIPW法を用いて，裁量的発生高（いくつかの推定モデルによって推定）と監査法人の規模との関係を分析した。ただし，上記の3つの論文に関しては，サンプル選択時の基準が異なったり，利用する変数が若干の違いがあったりすることもあり，必ずしも比較可能でないこともあることに留意されたい。

(3) 本章の研究は，Lawrence et al. (2011) から影響を受けており，その分析手法を参照・依拠する部分がある。しかしながら，本章の研究は，下記の3点において，Lawrence et al. (2011) と異なる。第1に，本章における主たる分析手法は，IPW法であり，それに対して，Lawrence et al. (2011) はPSM法である。加えて，本章における頑健性検証では，PSM法を用いたが，マッチング法がカーネル・ベース・マッチングであり，Lawrence et al. (2011) が利用されたマッチング法と異なる（具体的には第8章第3節を参照）。第2に，Lawrence et al. (2011) は，①裁量的発生高，②事前的資本コスト，④アナリストによる利益予想の正確性を監査の質の代理変数として分析を行ったが，本章は既述のように6つの監査の質の代理変数を用いている。第3に，本章の研究では，その対象が日本企業のみならず，検証モデルにおけるコントロール変数においても，多くの日本市場の特徴変数をコントロールしている。この点は，Lawrence et al. (2011) との相違点として挙げられる。

第9章　監査の質の提供側のインセンティブ・能力である監査法人の規模と監査の質

いても将来研究のために提唱されている。

　第2に，日本企業を分析対象としているため[4]，検証時における工夫として，日本企業の特徴をできるだけコントロールをしている点である。本章では，第8章第2節で既述した日本企業の特徴（本章のデータにより15%が系列企業であり，銀行借り入れへの依存度が高く，多くの現金や有価証券を持ち，ROAが低く，倒産しにくいこと）がコントロールされ（**図表9-2**も参照），研究のロバスト性を確保しようとしている。

　第3に，Rubin（1985）に提案された傾向スコアを用いたIPW（inverse probability weighting）法（具体的には第8章の第3節を参照）を会計の実証領域で利用し，よりロバストな検証を試みたことである。

　第9章は，具体的には下記の8節で構成されている。まず，第1節では「監査法人の規模と監査の質」研究の重要性などを述べ，第2節では当該テーマにかかる先行研究を確認し，第3節では検証仮説を設定し，第4節では監査の質の測定変数，検証モデルおよびコントロール変数について検討する。また，第5節ではサンプル選択と記述統計量を記述・分析し，第6節では分析結果，第7節では追加検証および頑健性検証を行う。最後に第8節では第9章での結論を要約し，考察を行う。

---

[4] 第8章第2節で既述しているが，日本の監査市場は，訴訟リスクが低い市場として，特徴づけられる。欧米で行った多くの先行研究では，監査の質に関わる研究課題について，訴訟リスクとレピュテーション・リスクによる効果を分離できない状況の中で，検証を行わざるを得ない（DeFond and Zhang 2014）。一方，日本の監査市場は，レピュテーション・リスクのみ機能する市場と言われており，日本における「監査の質」の研究は，世界的に見て，レピュテーション・リスクのみの効果を検証することができる可能性が秘められており，その成果は，注目に値すると考えられる。

第Ⅱ部　実証的探究

第2節　先行研究レビュー
〜「監査の質と監査法人の規模」をキーワードとして〜

「監査法人の規模と監査の質」の関係をキーワードとして，実証研究アプローチを用いた先行研究の概要（サンプル・分析方法および主な調査結果等）は，**図表 9-1-1**（欧米の先行研究）および**図表 9-1-2**（日本の先行研究）においてまとめられている。

まず全体的に，これらの図表から確認できるように，「監査法人の規模と監査の質」の関係に着目した先行研究は，6つの監査の質の代理変数（①裁量的発生高，②利益ベンチマーク，③事前的資本コスト，④アナリストによる利益予想の正確性，⑤継続企業の前提に関する注記情報，⑥（異常）監査報酬等）のうちの1つから3つを監査の質の代理変数として用いているようである。

また，**図表 9-1-1** および**図表 9-1-2** における先行研究の調査結果からは，欧米や日本の先行研究の多くが大監査法人の監査の質の優位性を検出しているようである（Becker et al. 1998; Lennox 1999; Francis et al. 1999; Krishnan 2003; Khurana and Raman 2004; 薄井 2007; Behn et al. 2008; Francis and Yu 2009; Ajward 2010; 矢澤 2010; 藤原 2011）。

大監査法人の監査の質の優位性が検出された先行研究に注目すると，**図表 9-1-1** から，先行研究において，大監査法人の監査の質の優位性を確認できた結論だけでなく，①大監査法人の監査の質の高さが市場から高く評価されている（Krishnan 2003），②訴訟リスクよりもレピュテーション・リスクが監査の質に大きな影響を与えている（Khurana and Raman 2004），③大監査法人のなかでも，より多くの監査報酬を得ている監査法人ほど質の高い監査を行っている（Francis and Yu 2009），等のことが明示されていることがわかる。

また，大監査法人の監査の質の優位性が検出された**図表 9-1-2** における日本の先行研究について，それらの概要を確認しておこう。薄井（2007）は，新規様式公開の市場において，監査意見形成と事業上のリスクの関係，および監

第9章　監査の質の提供側のインセンティブ・能力である監査法人の規模と監査の質

査人による経営者の利益報告に対する規律付けの機能を分析するという目的を掲げているが，「監査法人の規模と監査の質」の関係に対して２つの分析結果が論文から読み取れる。①会計発生高（accruals）[5]と監査人の規模の関係はほとんどない。②会計発生高がマイナスのサブ・サンプルでは，監査人の規模が大きいほど，経営者は会計発生高の大きさを小さくする傾向にあることである。矢澤（2010）では，大監査法人の方が中小監査法人よりも①監査報酬が高く，②規模，複雑性，リスクに対する資源投入量が大きく，③裁量的発生高が有意に少ないこと，の３つが確認された。これらは，大監査法人の方が中小監査法人よりも監査の質が高いことを示したものである。藤原（2011）は，実際に企業が支出した監査報酬と正常水準にあると思われる監査報酬との差を「期待外報酬」[6]として捉え，「監査法人の規模は監査報酬の決定に影響しない」「大規模監査法人も中小規模監査法人も期待外報酬は発生しない」という仮説を立て，検証した。その結果，①平均的に大規模監査法人のほうが中小規模監査法人に比べ高い報酬を受けている。②大規模監査法人の報酬にプレミアムが含まれている可能性を示唆する結果が得られている。Ajward（2010）は，日本のビッグ・フォー監査法人とそのクライアントの利益の質（Dechow and Dichev（2002）の時系列モデルで計算）との関係を分析した。Dechow and Dichev（2002）の時系列モデルで計算される利益の質が監査の質の代理変数でもあることを踏まえて，Ajward（2010）の実証結果は下記のようになる。①ビッグ・フォーの監査を受けたこととDechow and Dichev（2002）の時系列モデルで計算される利益の質とは正の相関がある（大監査法人による監査は，それ以外の監査法人による監査よりも質が高い）。②特に総資産額の下位20％のサンプル企業を用い検証した場合，大監査法人クライアントの方は利益の質（監査の質）が有意に高いことである。

---

(5)　その定義について，たとえば，本章の第４節を参照されたい。
(6)　本章における「異常監査報酬」と同義である。当該概念については，第７章第２節あるいは本章の第４節の関係内容を参照されたい。

第Ⅱ部　実証的探究

図表 9-1-1　「監査法人の規模と監査の質」との関連性に関する欧米の先行研究

研究論文	分析・調査の概要	サンプルと年度・分析方法など	主な調査結果 (「監査法人の規模と監査の質」視点から)
Becker et al. (1998)	大監査法人 (Big6) クライアントの方が、裁量的発生高が少ないかどうかを検証し、大監査法人の監査の質の優位性を分析	米国企業 12,576 個 ＜Compustat data＞ 1989～1992 年 裁量的発生高 (Jones モデル) を従属変数とする回帰分析	①中小監査法人クライアントの方が総資産額の 1.5 % だけ裁量的発生高を多く発生させていた。 ②中小監査法人クライアントは裁量的発生高の絶対値についても、Big6 クライアントよりも多く発生させていた。
Lennox (1999)	監査法人の規模によって、監査報告書の監査意見 (ゴーイング・コンサーン) の正確性が異なるかどうかを分析	英国企業 6,416 個 ＜microfiche copies of annual reports, Datastream＞ 1987～1994 年 ゴーイング・コンサーンの監査意見を用いた 2 項選択モデル	①大監査法人の方が中小監査法人と比べて、倒産企業に対してゴーイング・コンサーン意見を出した割合が高い。 ②大監査法人と中小監査法人のクライアントの特性の差を考慮しても、大監査法人の方が正確に監査意見を表明する確率が高い。
Francis et al. (1999)	大監査法人 (Big6) を監査人として選択している企業は、会計発生高をより多く生じさせているかどうかの分析	米国 NASDAQ 上場企業 74,390 個 ＜Compustat data＞ 1975～1994 年 裁量的発生高 (Jones モデル) を従属変数とする回帰分析 (ロジットモデル)	① Big6 クライアントサンプルの方が中小監査法人クライアントサンプルより会計発生高が大きい。 ② Big6 クライアントサンプルの方が裁量的発生高が少なく、Big6 の監査の質が高い。
Krishnan (2003)	監査の質と裁量的発生高に対する市場の評価との関連性を分析	米国企業 18,658 個 ＜Compustat data＞ 1989～1998 年 裁量的発生高 (Jones モデル) を従属変数とする回帰分析	① Big6 クライアントサンプルは Non-Big6 クライアントサンプルよりも裁量的発生高が少なく、また Big6 クライアントの裁量的発生高は、Non-Big6 クライアントの裁量的発生高よりも株式リターンに対して強い正の相関がある。 ② Big6 クライアントサンプルの裁量的発生高は、より将来の収益と強い正の相関をもつ。 ③これらの結果は、Big6 による監査はより質が高いことを示すものであり、また市場においてもより高く評価されていることを示すものである。
Khurana and Raman (2004)	監査の質に対して、訴訟リスク要因とレピュテーションリスク要因のどちらがより影響を与えるのかを分析	米国、オーストラリア、カナダ、英国企業 19,517 個 ＜Compustat data, I/B/E/S database＞ 1990～1999 年 事前的資本コストを従属変数とする回帰分析	①米国では、Big4 クライアントの方が中小監査法人クライアントより、事前的資本コスト (ex ante cost of capital) が低いが、オーストラリア、カナダ、英国ではそうではない。 ②訴訟リスク要因がレピュテーション・リスク要因よりも監査の質により影響を与えている。

第9章 監査の質の提供側のインセンティブ・能力である監査法人の規模と監査の質

Louis (2005)	監査法人の規模と，そのクライアントによる企業合併に対する市場の反応のとの関係性を分析	企業買収において取得者たる米国上場企業3,707個 ＜Security Data Company's (SDC) database, Compustat data＞ 1980〜2002年 CAR（累積異常リターン）を従属変数とする回帰分析；ヘックマンの2段階推定法	①中小監査法人によって監査を受けた企業は，企業合併をされた際，より大きなリターンを合併後企業にもたらす。 ②このことは，中小監査法人が大監査法人に匹敵するようなサービスを行っている可能性を示唆している。
Behn et al. (2008)	監査の質とアナリストによる利益予想の正確性との関係を分析	米国企業9,261個 ＜Compustat data, I/B/E/S database＞ 1996〜2001年（業績予想データは2003年まで） 「アナリストによる利益予想の正確性（accuracy in analysts' earnings forecasts）」を従属変数とする回帰分析	①大監査法人（Big5）クライアントのアナリスト利益予想の方が中小監査法人クライアントのそれよりも正確である。 ②つまり，Big5は監査の質がより高く，そのためアナリストたちはより信頼性のある報告利益を用いていることがわかる。
Francis and Yu (2009)	大監査法人（Big4）の中でも，その規模の大小によって監査の質に影響があるのかどうかを分析	米国企業805社 ＜Compustat data＞ 2003〜2005年 Going-Concern Report，裁量的発生高，"Benchmark Earnings Targets"の3つの監査の質の代理変数を従属変数とする回帰分析；プロビットモデル	①Big4の中でもより多くの監査報酬を得ている監査法人（より規模の大きい監査法人）は，よりgoing-concern reportを発行する割合が高く，またその正確性も高い。 ②Big4の中でもより多くの監査報酬を得ている監査法人のクライアントは，利益増加型の会計操作をする確率が低い。 ③これらの結果は，Big4の中でもより多くの監査報酬を得ている監査法人ほど，質の高い監査を行っている証拠である。
Lawrence et al. (2011)	監査法人の規模と監査の質との関係を，クライアントの企業性質を傾向スコアを利用してコントロールした上で分析	米国企業72,600個 ＜Compustat data, I/B/E/S database＞ 1988〜2006年 裁量的発生高，事前的資本コスト，アナリストによる利益予想の正確性の3つの監査の質の代理変数を従属変数とする回帰分析；傾向スコア・マッチング	①どの監査の質の代理変数を用いても，多くの先行研究と同様にBig4の方が監査の質が高い。 ②しかし傾向スコア・マッチングによって，Big4サンプルとnon-Big4サンプルの企業性質をコントロールすると，Big4の方が監査の質が高いという結果は得られない。

第Ⅱ部　実証的探究

図表9-1-2　「監査法人の規模と監査の質」との関連性に関する日本の先行研究

研究論文	分析・調査の概要	サンプルと年度・分析方法など	主な調査結果（「監査法人の規模と監査の質」視点から）
吉田（2006）	監査法人の規模と監査の質（裁量的発生高）との関係，監査法人の規模と裁量的発生高に対する市場の評価に関する分析	日本企業（東証1部・2部）12,201個 ＜日経NEEDS財務データ，会社四季報（東洋経済新報社）等＞ 1996-2005年 裁量的発生高（5種類のモデル）を従属変数とする回帰分析	①米国等の多くの先行研究とは異なり，日本市場においては大監査法人の方が中小監査法人よりも監査の質が高いとは言えない。 ②大監査法人クライアントの裁量的発生高は市場において高く評価されているとは言えない。
薄井（2007）	新規公開の市場において，監査意見形成と事業上のリスクの関係，監査人による経営者の利益報告に対する規律付けの機能を分析	日本企業（新規公開）665個 ＜日経NEEDS財務CD-ROM，『株式公開白書』（ディスクロージャー実務研究会編）＞ 2000-2004年 会計発生高・異常発生高（修正Jonesモデル）を従属変数とする回帰分析	①会計発生高と監査人の規模の関係はほとんどない。 ②会計発生高がマイナスのサブサンプルでは，監査人の規模が大きいほど，経営者は会計発生高の大きさを小さくする傾向にある。
Ajward（2010）	日本のBig4監査法人とそのクライアントの利益の質との関係を分析	日本企業5,919個 ＜日経NEEDS Financial Quest, 会社四季報（東洋経済新報社）＞ Dechow and Dichev（2002）の時系列モデルによる利益の質を従属変数とする回帰分析	①Big4の監査とDechow and Dichev（2002）の時系列モデルによる利益の質には正の相関がある（規模の大きな監査法人による監査は，それ以外の監査法人による監査よりも質が高い）。 ②特に総資産額の下位20％のサンプル間で比べると，大監査法人クライアントの方が利益の質が有意に高い。
矢澤（2010）	大監査法人（Big4）と中小監査法人の監査と利益の質の違いを監査報酬，裁量的発生高を用いて分析	日本企業8,764個 ＜日経NEEDS, 各社有価証券報告書等＞ 2004-2007年 監査報酬・裁量的発生高（修正Jonesモデル）を従属変数とする回帰分析	①Big4による監査は，それ以外の監査法人による監査に比べて，平均して約10％監査報酬が高い。 ②Big4はクライアントに対して，裁量的発生高を抑制させる傾向があり，Big4の監査の質は高い。
藤原（2011）	監査法人の規模と監査報酬の決定との関係を分析	日本企業6,206個 ＜日経NEEDS Financial Quest＞ 2006-2009年 監査報酬を従属変数とする回帰分析	①平均的に大規模監査法人のほうが中小規模監査法人に比べ高い報酬を受けている。 ②大規模監査法人の報酬にプレミアムが含まれている可能性を示唆。
山口（2013）	監査事務所の規模とアナリスト予想の正確性との関係を分析	日本企業2,221個 ＜日経NEEDS Financial Quest＞ 2003-2005年 傾向スコア・マッチング法で処置したサンプルを用いて，計算された「アナリスト予想の正確性」を従属変数とする回帰分析	監査人規模とアナリスト予想の正確性の関連性について，傾向スコアマッチングを用いない分析では，正の有意な関係が認められたが，傾向スコア・マッチングを用いた分析では，有意な関係が認められなかった。

第 9 章　監査の質の提供側のインセンティブ・能力である監査法人の規模と監査の質

　このように多くの先行研究が大監査法人の監査の質の優位性を示唆しているが，いくつかの先行研究では中小監査法人も大監査法人に匹敵する監査の質を有しているという結果を示している。

　大監査法人の監査の質の優位性が検出されなかった**図表 9-1-1** における先行研究としては，Louis（2005）および Lawrence et al.（2011）が挙げられる。Louis（2005）は，中小監査法人による監査を受けた企業は，企業合併された後，合併後企業に対してより大きなリターンをもたらすことを発見しており，中小監査法人が大監査法人に匹敵するサービスを提供する可能性を示唆している。また Lawrence et al.（2011）は大監査法人と中小監査法人のクライアントについて，裁量的発生高，事前的資本コスト，およびアナリストによる利益予想の正確性の3つの監査の質の代理変数[7]を利用し，傾向スコア・マッチングの手法を用いて分析を行った。彼らの問題意識は，そもそも大監査法人と中小監査法人とではクライアントの性質に違いがある可能性があることから，それまでの先行研究の結果はクライアントの性質に帰属する可能性があるのではとしたものであった。そして，大監査法人と中小監査法人のクライアントの性質を傾向スコア・マッチングによってコントロールした結果，両者（大監査法人と中小監査法人のクライアント）に監査の質の代理変数には有意な差が存在しなくなったことを示した。

　大監査法人の監査の質の優位性が検出されなかった**図表 9-1-2** における日本の先行研究としては，吉田（2006）および山口（2013）が挙げられる。吉田（2006）は，①日本市場において大監査法人の方が中小監査法人よりも監査の質が高いとは言えない，②大監査法人クライアントの裁量的発生高は市場において高く評価されているとは言えない，という見解を示した。また，山口（2013）は，2003～2005年の日本企業2,221個をデータ・セットにし，傾向スコア・マッチング法で処置したサンプルを用いて，計算された「アナリスト予

---

[7]　裁量的発生高，事前的資本コスト，およびアナリストによる利益予想の正確性に関する定義などについて，本章の第4節の関係内容を参照されたい。

想の正確性」を従属変数とする OLS 回帰分析を行った。その結果，監査人規模とアナリスト予想の正確性の関連性について，傾向スコア・マッチングを用いない分析では，正の有意な関係が認められたが，傾向スコア・マッチングを用いた分析では，有意な関係が認められなかったとする結果を提示している。

具体的な個々の先行研究について，**図表 9-1-1** および**図表 9-1-2** を参照されたいが，全体的にみると，監査の質における「大監査法人 vs. 中小監査法人」に関して，先行研究の結論は一定ではない。そのため，更なる実証分析が必要であると考えられる。

第3節 「監査の質と監査法人の規模」に関する仮説の設定

数々の先行研究において，大監査法人の監査の質の優位性という見解を後押しする根拠としては，監査人の専門性，独立性や監査報告書の適切性の視点からの主張がある。たとえば，大監査法人は，①監査人の1人当たりの教育にコストをかけることができる状況（DeAngelo 1981），②レピュテーション・リスクが高いために，より独立性の高い監査を行う必要がある状況（DeAngelo 1981），③全体の顧客数が多いために，特定のクライアントに対する経済的依存度が小さいため，より独立性のある監査を行える可能性がある状況（DeAngelo 1981），④（"big-pocket" として狙われる可能性があり）訴訟リスクが高いと考えられるため，より適切な監査報告書を出すインセンティブがある状況（Lennox 1999），にあると考えられる。

一方，少なくとも同一の国において，監査法人は同一の法律のもと，監督を受け，適用される監査の基準も，概ね差異がないと考えられる。また，大監査法人の特定のクライアントへの経済的依存度が小さい（つまり中小監査法人の特定クライアントへの経済的依存度が相対的に大きい）という先行研究における指摘は，監査法人全体的なレベルでの主張である。特定クライアントの担当パートナーの立場で考察する場合，特定クライアントに対するその個人（業務）における経済的依存度は，監査法人の規模（たとえば，顧客企業数ベース）によ

第 9 章　監査の質の提供側のインセンティブ・能力である監査法人の規模と監査の質

り異ならない可能性がある。監査法人が賠償責任を負った場合，他の条件が同じであれば，中小監査法人の担当パートナーのほうがより責任が重くなる可能性もある。そのため，中小監査法人（担当パートナーが率いる監査チーム）は，より慎重な監査を行うことも考えられる。このように，大監査法人の監査の質が高いかどうかについて，直ちに判断できない側面もある[8]。

さらに，日本市場の独自の特徴（第 8 章も参照）は，監査法人が提供する監査の質の程度に影響を及ぼし，またそのため，大監査法人の監査の質の優位性に関する欧米先行研究における主張は日本市場において必ずしも成立するとは言えず，ゆえに実証結果も欧米とは異なる可能性が十分にあると考えられる。

訴訟リスクという要因は，日本と米国とでは異なる。たとえば，米国は訴訟大国と言われるように，非常に大きな賠償金を監査産業の分野に限らず告訴された側が負担することが多く見受けられる。そのため米国では，訴訟リスクが非常に大きいと認識されている。また，米国ではレピュテーション・リスクよりも訴訟リスク要因が監査の質に対してより大きな影響を与えているという（Khurana and Raman 2004）。一方，日本においては訴訟リスクが低いと考えられる。たとえば Skinner and Srinivasan（2012）は先行研究を考慮したうえ，日本における訴訟リスクが無視してよいほど小さいものであると指摘している。

他方，日本はレピュテーションに対する感受度の高い国である（Wong and Ahuvia 1998）。この感受度は日本の文化の中の「信頼」や「面子（メンツ）」と言ったコンセプトを基礎としている。Fukuyama（1995）は，信頼度が低い社会と比べて，日本社会において高いレベルの「信頼」が非常に重要であると強調し，また「信頼」が取引コストの削減に寄与することも指摘している。Numata and Takeda（2010）は日本市場における監査法人のレピュテーションの重要性について，実証的証拠を提供している。彼らは，中央青山監査法人が 2006 年のカネボウ事件と関わったとして法的ペナルティが課せられると報道されたときの市場の負の反応を示している。訴訟リスクが低い環境が，監査法人の高

---

[8]　同様な主張については，山口（2013）を参照されたい。

い監査の質の提供へのインセンティブを減少させるが,レピュテーションを重視する環境には大監査法人がレピュテーションや信頼を失うことを恐れて,より高い監査の質を提供するインセンティブを持つとも考えられる。

上記に示した日本の低い訴訟リスクと高いレピュテーションへの環境は,監査法人によって提供される監査の質に影響を及ぼすかもしれない(**図表8-1**も参照)。他方,第8章第2節でも記述した日本の監査市場や日本企業の特徴なども,提供される監査の質に対して影響を及ぼすと考えられる。

伊藤(2004)は日本公認会計士協会の調査結果を報告しており,それによれば,米国,英国,ドイツおよびフランスの監査時間が日本の1.1〜2.8倍である。これは,日本の監査のインプットの量が先進国の中において低い可能性を示唆している。また監査人・監査報酬問題研究会(2013)による日本公認会計士協会の委託研究では,米国での平均監査報酬が2億4,100万円(240万ドル)であるのに対して,日本は5,600万円(56万ドル)で米国の26.36%に過ぎないことが指摘されている。伊藤(2004)と監査人・監査報酬問題研究会(2013)の調査研究からは,米国企業と比べて,日本の企業ごとの平均の監査の質が有限的である可能性を示唆している。

一方,国際的な大監査法人には,彼らの国際的メンバー・フォームにおける標準化されたグローバルな監査のプロセスや手順のガイダンスが存在し,監査の質をチェックし維持する体制が整備されてきていることも考えられる。もしも(米国企業と比べて)日本の企業ごとの平均の監査の質が有限的であるというのが事実であり,大監査法人が提供している監査の質がある程度保証されているのであれば,残りの中小監査法人が提供している監査の質は,大監査法人のものよりも有意に低いかもしれない。

さらに,日本のビジネス環境は「大監査法人 vs. 中小監査法人」の監査の質に対して,様々な影響を及ぼすと考えられる。たとえば,日本のビジネス環境の中,系列企業の存在は大きな特徴として挙げられる。系列企業は旧財閥の解体と1949年の独禁法の導入から始まったものであり,そのため,多くの系列企業は財閥と歴史的なつながりをもつ。系列企業は,メーンバンクや関連企業

からの融資に頼り，自らのビジネスも系列内で行われていることが多い。これらの系列企業の特徴を踏まえれば，系列企業は比較的に安定的なビジネスを行うことができ，国際的な大監査法人の名や保証機能を取りつけるインセンティブが少ないかもしれない。

　また，たとえば，約40〜50％の日本企業は多くの現金を持ち，運営上に必要な追加的資金を調達する必要性がなく（伊藤 2014），大監査法人の名声に頼る必要性が少ないと考えられる。加えて，日本企業は銀行による間接金融に頼る傾向にあるが（Wolferen 1989），この点については，大監査法人を選択するかどうかについて理論的に二つ相反するシナリオがある。それは，銀行からの融資をより安定的にさせるために，大監査法人の名声を借り，自身の財政状態などをアピールする可能性がある。それと同時に，逆に銀行からの融資が十分に安定的なものであることから，大監査法人の名声に頼る必要性がない可能性もある。

　加えて，たとえば，海外売上高の近年の増加や東京証券取引所の一部上場のような，いくつかの日本の機関的要因は，「資力のある人々（big-pocket）（山浦 2008, 40）」の保証や高いレピュテーション効果が期待できる大監査法人への選択を促進するかもしれない。実際，本章の検証サンプルである2001年から2012年の日本上場企業に関して，海外売上高比率は5.9％から7.8％に上昇している。また，東京証券取引所の一部上場はより厳格な（上場や会計数値）基準に晒されている（Cooke 1996）。仮に海外売上の上昇や東証一部での上場が大監査法人の選択を促進しているのであれば，大監査法人がそれに応える形でより良い監査の質を提供しているかもしれない。

　加えて，近年会計領域で広く用いられつつある傾向スコア・マッチング法を使ったLawrence et al.（2011）は，米国監査市場における大監査法人と中小監査法人の監査の差が，クライアントの特性をコントロールすることで消えることを報告している。これは大監査法人の対中小監査法人の優位性が，クライアント企業や市場の特性を代弁していることに過ぎないという示唆を与えている。そこで，下記の仮説を設定することで，検証を試みる。

第Ⅱ部　実証的探究

仮説1：日本の市場においては，大監査法人と中小監査法人との間には監査の質に差が存在しない。

2007年の中央青山監査法人の解体後に，日本の監査市場において，クライアント企業をベースとする場合，大監査法人と呼ばれるものが，かつてのビッグ・フォーからビッグ・スリーになった（**図表8-5**を参照）という見方もあり，監査市場においてそれを大きな変化として捉えることもできる。ビッグ・スリー（あるいはビッグ・フォー）の大監査法人の市場シェア（顧客企業ベース）は2007年を境に，有意に減少した（2005・2006年度が80.4％・80.1％；2008・2009年度が72.3％・71.8％；ビッグ・フォーに関する場合の数字を省略；**図表8-5**を参照）。さらに，監査法人から見て顧客となる上場企業の数が2007年の4,397社をピークにして近年減少傾向にあり（**図表8-5**），監査市場における競争を激化させていると考えられる。この競争の激化は，ビッグ・フォーと連携する大監査法人の間のみならず，大監査法人と中小監査法人の間にも発生すると推測できる。実際，たとえば，2007年中央青山監査法人の解体で，監査法人を新たに探さなければならない当該監査法人が担当していた企業は，大監査法人のみならず，中小監査法人の顧客企業となったケースが相次いだ（盛田 2011）。大監査法人が多くの在籍社員の報酬を支給しなければならず，収益を一定に維持しようと努力していると仮定すれば，2007年後の大監査法人の市場シェアの低迷を背景に，大監査法人はさらに競争力をつけようと努力しているとも考えられる。監査市場の競争の激しさの度合いが提供される監査の質に影響を与えること，大監査法人はその激しい競争の中でより努力していると仮定すれば，2007年を境に大監査法人対中小監査法人の監査の質の差は増大するかもしれない。そこで，仮説2を設定することで，真偽についての実証的検証を試みる。

加えて，2007年を境にし，日本における監査の質に関わる基準が厳格さを増してきていることも背景として認識しておくべきである。たとえば，公認会計士協会は，2007年4月から「上場会社監査事務所登録制度」を導入し，公

第9章 監査の質の提供側のインセンティブ・能力である監査法人の規模と監査の質

認会計士協会に品質管理委員会の審議を通った監査事務所が公認会計士協会のウェブ・サイドでリスト・アップされることになっている（たとえば，伊豫田他 2015）。また，金融庁の企業会計審議会は，カネボウ事件の影響や国際的な動向に対応する形で，2005 年 10 月 28 日に「監査に関する品質管理基準の設定に係る意見書」を公表し，当該「品質管理基準」が 2007 年 3 月決算期に施行された。

仮説 2：2007 年以前と以降において，大監査法人と中小監査法人の間にある監査の質の差に関しては，変化が存在しない。

第 4 節　監査の質の 6 つの測定変数，「監査の質と監査法人の規模」検証モデルおよびコントロール変数

1. 監査の質の 6 つの測定変数

　本章では，欧米や日本の多くの先行研究を参考にして，6 つの監査の質の代理変数を用いて，監査法人の規模の違いによる監査の質の違いを検証するが，本節では，本章の実証分析で利用する 6 つの監査の質の測定変数について説明する。なぜこの 6 つの変数が監査の質の測定に使えるのかについては，第 7 章第 2 節も参照されたい。ここでは，その算出方法をも含めて記述する。

（1）　裁量的発生高（discretional accruals）

　裁量的発生高は，Jones（1991）によって導入された概念であり，会計利益と営業活動によるキャッシュ・フローの差額である会計発生高（accruals; total accruals）[9]のうち，経営者によって意図的に発生された部分を推定されたものである。高質な監査が実施されれば，この裁量的発生高は抑制されることが期

---

(9) 会計発生高を計算するため，下記のような式を用いることができる。会計発生高＝税引後経常利益－営業活動によるキャッシュ・フロー。ただし，税引後経常利益＝当期純利益－特別利益合計額＋特別損失合計額。

待される。日本においては，吉田（2006），薄井（2007），矢澤（2010）が，監査の質に関する分析に用いている。今回の裁量的発生高の推定には，Lawrence et al.（2011）等，多くの先行研究で用いられている，Kothari et al.（2005）によって推奨された修正 Jones モデル[10]を用いる。また，頑健性テストの中において，その他のモデル：Kothari et al.（2005）の ROA 修正 Jones モデル[11]，Kasznik（1999）の CFO 修正 Jones モデル[12]，Dechow and Dichev（2002）モデル[13]および McNichols（2002）モデル[14]を用いる。

---

(10) 修正 Jones モデルは，
$TA_{i,t} = \alpha + \beta_1(1/\ln ASSET_{i,t-1}) + \beta_2(\Delta SALES_{i,t} - \Delta REC_{i,t}) + \beta_3 PPE_{i,t} + \varepsilon_{i,t}$ と定義され，また TA, $\Delta SALES$, ΔREC, および PPE の変数は総資産でデフレートされている。ただし，TA は総会計発生高：（税引後経常利益）−（営業活動によるキャッシュ・フロー），$\Delta SALES$ は売上高増加額：（当期売上高）−（前期売上高），ΔREC は売上債権増加額：（当期末売上債権額）−（前期末売上債権額），PPE は当期末償却性固定資産額である。

(11) Kothari et al.（2005）ROA 修正 Jones モデルの1つである下記のモデルは，
$TA_{i,t} = \alpha + \beta_1(1/\ln ASSET_{i,t-1}) + \beta_2(\Delta SALES_{i,t} - \Delta REC_{i,t}) + \beta_3 PPE_{i,t} + \beta_4 ROA_{i,t} + \varepsilon_{i,t}$ と定義され，また TA, $\Delta SALES$, ΔREC, および PPE の変数は総資産でデフレートされている。ただし，TA は総会計発生高：（税引後経常利益）−（営業活動によるキャッシュ・フロー），$\Delta SALES$ は売上高増加額：（当期売上高）−（前期売上高），ΔREC は売上債権増加額：（当期末売上債権額）−（前期末売上債権額），PPE は当期末償却性固定資産額，ROA は当期純利益を総資産で除して算定される。

(12) Kasznik（1999）の CFO 修正 Jones モデルは，
$TA_{i,t} = \alpha + \beta_1(1/\ln ASSET_{i,t-1}) + \beta_2(\Delta SALES_{i,t} - \Delta REC_{i,t}) + \beta_3 PPE_{i,t} + \beta_4 \Delta CFO_{i,t} + \varepsilon_{i,t}$
と定義され，また TA, $\Delta SALES$, ΔREC, PPE, および ΔCFO の変数は総資産でデフレートされている。ただし，TA は総会計発生高：（税引後経常利益）−（営業活動によるキャッシュ・フロー），$\Delta SALES$ は売上高増加額：（当期売上高）−（前期売上高），ΔREC は売上債権増加額：（当期末売上債権額）−（前期末売上債権額），PPE は当期末償却性固定資産額，ΔCFO は営業活動によるキャッシュ・フロー増加額：（当期営業活動によるキャッシュ・フロー）−（前期営業活動によるキャッシュ・フロー）である。

(2) 利益ベンチマーク

　Burgstahler and Dichev（1997）は米国市場における企業の年次損益と利益増減額のヒストグラムを作成し，わずかな当期純損失を計上する企業は非常に少なく，反対にわずかな当期純利益を計上する企業が極めて多いことを示した。この原因は経営者が損失の計上を避けるために，会計操作（accounting manipulation）[15]を行っているためと考えられる。これは日本市場においても顕著であり，首藤（2000, 137）は「米国企業よりも日本企業の利益調整（earnings management）[16]行動が顕著である」と指摘した。また実際に本章のサンプルにおいても，この傾向は顕著であった。これは利益目標を達成しようとする経営者による会計操作の証拠であり，また監査人にはこのクライアントの会計操作の

---

[13] Dechow and Dichev（2002）の会計利益の質を測定するモデルは，TCA を短期会計発生高とし，$TCA_{i,t}=\alpha+\beta_1 CFO_{i,t-1}+\beta_2 CFO_{i,t}+\beta_3 CFO_{i,t+1}+\varepsilon_{i,t}$ と定義される。

　そして，この回帰式を各年度・各業種でクロスセクションに推定し，残差の絶対値を会計利益の質と定義する。ただし，CFO は営業活動によるキャッシュ・フローである。

[14] McNichols（2002）の会計利益の質を測定するモデルは，TCA を短期会計発生高とし，$TCA_{i,t}=\alpha+\beta_1 CFO_{i,t-1}+\beta_2 CFO_{i,t}+\beta_3 CFO_{i,t+1}+\beta_4 \Delta SALES_{i,t}+\beta_5 PPE_{i,t}+\varepsilon_{i,t}$ と定義される。

　そして，この回帰式を各年度・各業種でクロスセクションに推定し，残差の絶対値を会計利益の質と定義する。ただし，CFO は営業活動によるキャッシュ・フロー，$\Delta SALES$ は売上高増加額：（当期売上高）−（前期売上高），PPE は当期末償却性固定資産額である。

[15] 会計操作やその周辺概念については，たとえば須田他（2007, 20-22）が詳しい。

[16] 首藤（2010, 17）では，利益調整を「何らかの特定の目的を達成するために，経営者によって行われる会計数値を対象とした裁量行動である」と定義している。また，たとえば，須田他（2007）は，Giroux（2004）を参照にして，利益調整は，さらに，①投機の利益を過小に報告する守備的な利益調整（conservative earnings management），②当期の利益を過剰に報告する攻撃的な利益調整（aggressive earnings management），③両極の中間に位置する適当の利益調整（moderate earnings management）（会計操作と称される）に分類するという。

抑制の役割が果たせるように社会から求められる。本章では，総資産に占める当期純利益の割合が0～1%であることを1つのベンチマークとし，頑健性テストの中において，そのベンチマークの範囲をいくつかのパターンに分けて，設定し，その頑健性を確認する。

(3) 事前的資本コスト（*ex ante* cost-of-capital）

事前的資本コスト[17]はKhurana and Raman（2004）やLawrence et al.（2011）が監査法人の規模の違いによる監査の質の市場評価の実証分析に使われていた。もし市場が大監査法人のクライアントの利益が保証されていると認識していれば，他の条件を一定として，そのクライアントの事前的資本コストはより低くなると考えられる。たとえば，Khurana and Raman（2004）は米国市場において大監査法人クライアントの方が事前的資本コストが有意に低いことを確認している（ただし，オーストラリア，カナダ，英国ではこの現象は見られなかった）。本章では，「大監査法人 vs. 中小監査法人」による監査に対する市場の評価を調べるため，事前的資本コストを3つ目の目的変数として用いる。

(4) アナリストによる利益予想の正確性

Behn et al.（2008）は，企業の財務諸表の信頼性が高いものであれば，アナリストによる利益予想もより正確にできる可能性が高いと主張し，大監査法人クライアントは中小監査法人クライアントよりも，アナリストによる利益予想がより実測値に近いものであることを報告している。そこで本章では，監査人によって監査が行われた財務諸表の信頼性を分析するという視点からの監査の質を捉えることで，アナリストによる1年後の1株当たり利益の予想値と実際の1株当たり利益の差の絶対値を4つ目の目的変数として使用する。

---

(17) 事前的資本コスト $RPEG$ は次のような方法で推定される。

$$RPEG = \sqrt{\frac{eps_2 - eps_1}{P_0}}$$

ただし，P_0 は期末株価，eps_2 はアナリストの $t+1$ 期における $t+2$ 期の予想利益，eps_1 はアナリストの t 期における $t+1$ 期の予想利益である。

(5) 継続企業の前提に関する注記情報

DeFond et al. (2002) は監査人が企業の財務状態等を考慮して、客観的に継続企業の前提に関する注記情報(以下、「GC注記」と記すことがある)を行うためには、クライアントからの独立性が必要とされると主張している。また、クライアントの財務状態を適切に判断する技能も、監査人には求められると考えられる。Carey and Simnett (2006) や Francis and Yu (2009) はこの指摘をもとに、大監査法人の監査の質を確認する目的で、GC注記を実証分析で利用している。そこで本章でもGC注記を用いて監査人の専門性・独立性という視点から、監査の質を捉えての分析を行う。なお、日本においてこのゴーイング・コンサーン監査の制度が導入されたのは2002年1月からであることから、サンプルは他の分析と比べて少し限定されたものになっている。

(6) 異常監査報酬 (abnormal audit fees)

異常監査報酬は、実際の監査報酬から予想される監査報酬を引いた差額として定義される (Knechel et al. 2013)。Knechel et al. (2013) は、高い異常監査報酬が、財務報告の欠如の可能性、資本コストの上昇および将来業績の下落と結びついている可能性を指摘している。

本章において、異常監査報酬を監査の質の測定変数として使うのには、2つの理由による。第1に、他の監査の質の測定変数が企業の特性の側面を捕捉する会計利益に依存するケースが多いが、異常監査報酬は、企業の特性と一線を画し監査の質を捉えようとしている (Hribar et al. 2014)。その意味では、異常監査報酬が監査の質の良い測定変数の一つであると考えられる。

第2に、一方では、多くの研究から、異常監査報酬と会計の質(監査の質)の代理変数である裁量的発生高と正の関係にあることを示している (Hoitash et al. 2007; Choi et al. 2010; Eshleman and Guo 2014; Asthana and Boone 2012)。また、Blankley et al. (2012) はSOX法施行後、異常監査報酬と監査の質の負の代理変数の1つである修正再表示(第7章第2節を参照)と負の関係にあり、異常監査報酬と監査の質とは正の関係にあると結論付けた。このように、異常監査報酬は監査の質の代理変数と正の相関が確認されていることから、それ自

第Ⅱ部　実証的探究

体が監査の質の測定変数としても使えると考えられる。

本章では，下記の Blankley et al.（2012）の監査報酬モデルを利用し，正常監査報酬（期待される監査報酬）を推定する。その後，実際の監査報酬から正常監査報酬を引くことで，異常監査報酬を計算する。

$$LAF_{i,t}=\beta_0+\beta_1 LTA_{i,t}+\beta_2 CR_{i,t}+\beta_3 CA\_TA_{i,t}+\beta_4 ARINV_{i,t}+\beta_5 ROA_{i,t}\\+\beta_6 LOSS_{i,t}+\beta_7 LEV_{i,t}+\beta_8 INANG_{i,t}+\beta_9 POLICY+\varepsilon_{i,t}$$

（ただし，LAF＝監査報酬の自然対数；LTA＝期末総資産の自然対数；CR＝流動比率；CA_TA＝流動資産÷期末総資産；$ARINV$＝売上債権と棚卸資産の和÷期末総資産；ROA＝利息と税金調整前利益÷期末総資産；$LOSS$＝損失を出していれば1，出していなければ0；LEV＝長期債務÷期末総資産；$INTANG$＝無形資産÷期末総資産；$POLICY$＝企業が会計方針を変更したのであれば1，変更していなければ0；下添え字 i は企業，t は期を表している。）

2.「監査の質と監査法人の規模」検証モデルとコントロール変数等

「監査の質と監査法人の規模」の検証モデルは，基本的に，監査の質（測定変数）が被説明変数で，監査法人の規模とその他コントロール変数が説明変数という構造で理解できる。ただし，ここでは，第8章で述べたように IPW や PSM 法を適用する。

本章では，傾向スコアを用いて IPW や PSM 法を行うため，まず傾向スコアの推定から始める。傾向スコアの推定には共変量のみならず，目的変数にのみ影響を与えると思われる変数も同時に説明変数として投入する[18]。

共変量や説明変数は Francis and Yu（2009），Lawrence et al.（2011）など多くの先行研究を参考にしながら，本章におけるオリジナル変数（第8章第2節を参照）も入れ（**図表9-2**），大監査法人クライアントと中小監査法人クライアントとの間に存在する日本企業の特性の差をコントロールするために，下記

---

[18] これは，星野（2009）をもとに Lunceford and Davidian（2004）の指摘を参考にしたものであり，割り当て変数にあまり関連しなくても，目的変数には関連があると思われる変数も共変量として利用することが望ましいという。

第 9 章 監査の質の提供側のインセンティブ・能力である監査法人の規模と監査の質

の変数を投入して，ロジスティック回帰（式(1)）によって傾向スコアを推定する[19]。なお，各変数の定義は**図表 9-2** に記述している。

$$\begin{aligned}BigN_{i,t} = &\beta_0 + \beta_1 \ln ASSET_{i,t} + \beta_2 LIAB_{i,t} + \beta_3 ATURN_{i,t} + \beta_4 CURR_{i,t} \\ &+ \beta_5 DOCF_{i,t} + \beta_6 \lg ACCR_{i,t} + \beta_7 CASH_{i,t} + \beta_8 LOSS_{i,t} \\ &+ \beta_9 BETA_{i,t} + \beta_{10} VOLATILITY_{i,t} + \beta_{11} \lg LOSS_{i,t} \\ &+ \beta_{12} SALESVOLATILITY_{i,t} + \beta_{13} SALESGROWTH_{i,t} \\ &+ \beta_{14} CFOVOLATILITY_{i,t} + \beta_{15} SAF2002_{i,t} + \beta_{16} CONSOL_{i,t} \\ &+ \beta_{17} SALESABROAD_{i,t} + \beta_{18} KEIRETSU_{i,t} + \beta_{19} IPO_{i,t} \\ &+ \beta_{20} TSE_{i,t} + iD + yD + \varepsilon_{i,t}\end{aligned} \quad (1)$$

この回帰式によって推定された傾向スコアを用いて ie_i（第 8 章第 3 節を参照）を算出する。そして ie_i をサンプリング・ウェイトとしてサンプルに対して重みづけをし，以下のそれぞれの単回帰式を推定することによって，仮説を検証する[20]。

$$\left.\begin{array}{l}ADA_{i,t}\\PROBIT[BENCHMARK=1]\\RPEG_{i,t}\\ACCY_{i,t}\\PROBIT[GCREPORT=1]\\ABAFEE_{i,t}\end{array}\right\} = \beta_0 + \beta_1 BigN_{i,t} + \varepsilon_{i,t} \quad (2)$$

---

[19] 本章の研究目的（「大監査法人 vs. 中小監査法人」の監査の質」に照らし合わせて，IPW 法を利用し，傾向スコアを計算する場合，必然的に大監査法人か否か（$BigN$）を被説明変数とする(1)のようなものを利用するが，(1)式を立てることに当たり，先行研究の Lawrence et al.（2011）を参照している。ただし，ここでは多くの日本企業の特徴に関わるコントロール変数を利用している。

[20] 今回の分析方法はヘックマンの 2 段階推定法等とは異なるので，除外制約，つまり共変量以外のコントロール変数（目的変数に影響を与えると思われる変数）を因果効果の推定自体に含めて解析を行う必要はない。また，本章での主たる分析方法は IPW 法であり，Lawrence et al.（2011）で使われた PSM 法ではないため，(2)式は，Lawrence et al.（2011）に示した式と異なり，単回帰式である。

第Ⅱ部　実証的探究

図表 9-2　検証のために使用する変数と根拠

変数	定義	参考文献
被説明変数		
ADA	裁量的発生高の絶対値。裁量的発生高は、Kothari et al. (2005) が推奨した修正 Jones モデルを利用して推定した。	Francis and Yu (2009) Lawrence et al. (2011) 吉田 (2006)；薄井 (2007)
BENCHMARK	わずかな利益を開示した場合1、それ以外を0とするダミー変数である。	Francis and Yu (2009)
RPEG	事前的資本コスト：Easton (2004) の RPEG アプローチにより推定。	Lawrence et al. (2011)
ACCY	アナリストによる1年後の1株あたり利益の予想値と実際の1株当たりの差の絶対値に -1 をかけ、期末株価を割ることで算出した。	Lawrence et al. (2011) 山口 (2013)
GCREPORT	継続企業の前提に関する注記があれば1、それ以外を0とするダミー変数である。	Francis and Yu (2009) 林・町田 (2013)
ABAFEE	異常監査報酬の推定は、Blankley et al. (2012) に基づく監査報酬モデルを利用して算定した。	Blankley et al. (2012)
説明変数（サイズからの側面）		
lnASSET	総資産額の自然対数	Chaney et al. (2004) Francis and Yu (2009) Behn et al. (2008)
LIAB	（負債）／（純資産）	Chaney et al. (2004) Francis and Yu (2009) Khurana and Raman (2004)
ATURN	総資産回転率：（売上高）／（期中平均総資産）	Chaney et al. (2004)
CURR	流動比率：（流動資産）／（流動負債）	Chaney et al. (2004)
CFO	（営業キャッシュ・フロー）／（期中平均総資産）	Francis and Yu (2009) Choi et al. (2010) Reichelt and Wang (2010)
lgACCR	（前期総会計発生高）／（前期の期中平均総資産）	Reichelt and Wang (2010)
CASH	（期末現金）／（期末総資産）	Louis (2005)
説明変数（リスクからの側面）		
LOSS	損失を計上した場合1、それ以外を0とするダミー変数である。	Chaney et al. (2004) Francis and Yu (2009) Reichelt and Wang (2010)
BETA	CAPM によるベータ値：過去36ヶ月のリターンから推定。	Khurana and Raman (2004)

第 9 章　監査の質の提供側のインセンティブ・能力である監査法人の規模と監査の質

VOLATILITY	過去12ヶ月のリターンの標準偏差	Francis and Yu（2009）
lgLOSS	前期損失を計上した場合1，それ以外を0とするダミー変数である。	Francis and Yu（2009）
SALESVOLATILITY	過去3年間の売上高の標準偏差	Francis and Yu（2009）
SALESGROWTH	売上高増加率：（当期売上高）／（前期売上高）－1	Francis and Yu（2009）
CFOVOLATILITY	過去3年間の営業キャッシュ・フローの標準偏差	Francis and Yu（2009）
SAF2002	白田（2003）モデルによって計算される値。日本企業の倒産確率の指標。	オリジナル
CONSOL	連結子会社数	矢澤（2010）
ROA	純資産利益率：（当期純損益）／（期中平均総資産）	Chaney et al.（2004） Butler et al.（2004） Choi et al.（2010）
SALESABROAD	海外売上高比率：（海外売上高）／（売上高）	オリジナル
KEIRETSU	系列企業の場合1，それ以外を0とするダミー変数である。	オリジナル
IPO9	新規株式上場してからまだ9年間を過ぎていない場合に1，それ以外を0とするダミー変数である。	オリジナル
TSE1	東証一部で上場する場合1，それ以外を0とするダミー変数である。	オリジナル

　ADA は修正 Jones モデルによって推定された裁量的発生高の絶対値を表し，$BENCHMARK$ は利益ベンチマークの範囲内企業を1，それ以外を0とする変数である。ADA については線形回帰，$BENCHMARK$ についてはプロビット回帰によって分析を行うが，これらは監査人の規模によって経営者の会計操作に対する抑制度合いが異なるのかを測定することによって監査の質を検証するものである。

　$RPEG$ は事前的資本コストであり，監査人の規模の違いによって，監査に対する市場の評価が異なるのかどうかを測定するものである。$ACCY$ はアナリストによる利益予想と実際の利益の差の絶対値であり，クライアントの財務諸表に対する信頼性が監査人の規模によって異なるかどうかを測定するものである。$GCREPORT$ は GC 注記をされた企業を1，それ以外を0とする変数である。これは監査人が正確かつ客観的にクライアントの財務状態を検証し，

独立の立場から監査意見の表明をしているかどうかを確認するものである。*GCREPORT*については，プロビット回帰によって分析を行う。*ABAFEE*は異常監査報酬である。仮説1を検証するため，IPW法のもと，(2)式の*BigN*変数の係数β_1は有意であるかどうかを確認する。

また，仮説2を検証するため，サンプルを2007年以前と以降の2つに分け，それぞれ(2)式におけるβ_1を計算する。もしも$\beta_{1,pre}$は，$\beta_{1,post}$と異なるなら，大監査法人と中小監査法人の監査の質の差が中央青山監査法人の解体により，変化があったことを意味する。

第5節 6つの監査の質の測定変数におけるサンプル選択と記述統計量

1．サンプル選択

財務データに関してはNEEDS Financial Questから入手し，監査法人データに関しては日経NEEDSから購入したデータ（『企業基本ファイルⅡ監査法人・監査意見』提供媒体：DVD（2012年8月作成））を使用し，さらに監査報酬に関してはeolのデータを使用した。なお，分析対象期間は2001年3月期から2011年3月期の10年間とし，サンプルについては分析対象期間中の3月決算，連結財務諸表を開示しているすべての上場企業を対象とする。また金融系企業（銀行・保険・証券・その他金融業），SEC基準適用企業，IFRS適用企業はサンプルから除外している。共同監査を受けた企業についても，大監査法人による監査を受けたのか，あるいはそうでないのかを判断することはできないため，サンプルから除外した。また，分析に必要な変数が欠損しているデータについても除外している。

図表9-3の**1～6**のそれぞれは，①裁量的発生高，②利益ベンチマーク，③事前的資本コスト，④アナリストによる利益予想の正確性，⑤継続企業の前提に関する注記情報，⑥異常監査報酬の6つの監査の質の測定変数における「監査の質と監査法人の規模」研究のサンプル選択を表している。確認できるよう

第9章　監査の質の提供側のインセンティブ・能力である監査法人の規模と監査の質

図表9-3-1　裁量的発生高（ADA）に関わるサンプル選択

2001年度から2011年度の上場企業（企業・年度；個）	29,771
（除外）金融企業等	-1,438
（除外）財務情報あるいは株価情報が入手不可能の企業	-11,959
	16,374
（除外）監査に関する情報が入手不可能の企業	-408
（除外）共同監査を受けた企業	-981
利用するサンプル総数（個）	14,985

注1：分析のデータは以下の要件を満たすものである。①3月決算企業である。②NEEDSデータベース入手可能である。③連結財務諸表を開示している。

注2：ベータ値の算出のため，36ヵ月の株価データが必要；修正Jonesモデルを用い，推定を行うため，各年度あるいは各産業における20を超えるサンプル数が必要；ラグデータの算出が必要。

図表9-3-2　利益ベンチマーク（BENCHMARK）に関わるサンプル選択

2001年度から2011年度の上場企業（企業・年度；個）	29,771
（除外）金融企業等	-1,438
（除外）財務情報および株価情報入手不可能の企業	-11,959
	16,374
（除外）監査情報入手不可能の企業	-408
（除外）共同監査	-981
利用するサンプル総数（個）	14,985

注：図表9-3-1の注を参照。

図表9-3-3　事前的資本コスト（RPEG）に関わるサンプル選択

2001年度から2011年度の上場企業（企業・年度；個）	29,771
（除外）金融企業等	-1,438
（除外）財務情報および株価情報入手不可能の企業	-11,959
	16,374
（除外）監査情報入手不可能の企業	-408
（除外）共同監査	-981
（除外）RPEG情報入手不可能	-8,795
利用するサンプル総数（個）	6,190

注：図表9-3-1の注を参照。

第Ⅱ部　実証的探究

図表 9-3-4　アナリストによる利益予想の正確性（ACCY）に関わるサンプル選択

2001年度から2011年度の上場企業（企業・年度；個）		29,771
（除外）	金融企業等	-1,438
（除外）	財務情報および株価情報入手不可能	-11,959
		16,374
（除外）	監査情報入手不可能	-408
（除外）	共同監査	-981
（除外）	ACCY情報入手不可能	-3,029
利用するサンプル総数（個）		11,956

注：図表9-3-1の注を参照。

図表 9-3-5　継続企業の前提に関する注記情報（GC）に関わるサンプル選択

2001年度から2011年度の上場企業（企業・年度；個）		29,771
（除外）	金融企業等	-1,438
（除外）	財務情報および株価情報入手不可能	-11,959
		16,374
（除外）	監査情報入手不可能	-408
（除外）	共同監査	-981
（除外）	GC情報入手不可能	-2,324
利用するサンプル総数（個）		12,661

注：図表9-3-1の注を参照。

図表 9-3-6　異常監査報酬（ABAFEE）に関わるサンプル選択

2001年度から2011年度の上場企業（企業・年度；個）		29,771
（除外）	金融企業等	-1,438
（除外）	財務情報および株価情報入手不可能	-11,959
		16,374
（除外）	監査情報入手不可能	-408
（除外）	共同監査	-981
（除外）	ABAFEE情報入手不可能	-5,269
		9,716

注：図表9-3-1の注を参照。

に，最終企業・年度数はそれぞれ，14,985 個，14,985 個，6,190 個，11,956 個，12,661 個，9,716 個となった。

2. 記述統計量と相関係数

図表 9-4 の 1〜6 は，それぞれ①裁量的発生高，②利益ベンチマーク，③事前的資本コスト，④アナリストによる利益予想の正確性，⑤継続企業の前提に関する注記情報，⑥異常監査報酬の 6 つの監査の質の分析に関わるすべての変数（式(1)，(2)や**図表 9-2** を参照），すべての変数の大監査法人サンプルと中小監査法人サンプルの両群それぞれの記述統計量，差（平均値の差と中央値の差）の検定の結果を示している[21]。

6 つの監査の質の測定変数の記述統計量（平均値を中心に）を先行研究に開示されている値と比較しながら確認すると，下記のようになる。①裁量的発生高の平均は 0.03 であり，矢澤（2010, 174）（日本企業 2004〜2007 年）の 0.026 とは比較可能である。②利益ベンチマークの平均は 0.161 であるが，Francis and Yu（2009, 1532）（米国企業 2003〜2005 年）のが 0.233 である[22]。③事前的資本コストの平均は 0.145 であるが，Lawrence et al.（2011, 271）（米国企業 1988〜2006 年）の 0.115 より若干高い。④アナリストによる利益の正確性の平均が−

---

[21] 第 8 章で既述しているが，本書において，一般的にグローバルな 4 大監査法人と提携している監査法人，つまり，新日本−アーンスト・アンド・ヤング，あずさ−KPMG，トーマツ−デロイト・トウシュ・トーマツ，あらた−プライスウォーターハウスクーパース，を大監査法人と定義する。しかしながら，第 8 章でも述べたように，顧客企業ベースで考える場合，あらた監査法人の顧客数が他の大監査法人よりも大きく少ないことがいえる。そこで，本章の実証分析において，「*BigN*」変数の取り扱いについては，主たる分析において，その変数を「*Big 3*」と認識し，実証結果を示している。一方，頑健性テストにおいて，「*BigN*」変数について，「*Big 4*」として計算しても，結果に変化が生じない。

[22] 単純比較できないことに注意が必要である。Francis and Yu（2009）の利益ベンチマークが，総資産に占める当期純利益の割合が 0〜5% のものに対して，本章におけるものは総資産に占める当期純利益の割合が 0〜1% のものである。

0.066 であるが,Lawrence et al.(2011, 277)の-0.012 と比べると,また,山口(2013, 161)(日本企業 2003～2005 年)の-0.0357 と比べると,その絶対値は若干高い。⑤ GC 注記の平均は 0.013(1.3%)であるが,Francis and Yu(2009, 1532)の 0.026(2.6%)より低い。⑥異常監査報酬の平均が-0.020 であるが,Blankley et al.(2012, 89)(米国企業 2004～2007 年)が 0.01(修正再表示しない企業 5,448 社の場合),-0.08(その後修正再表示する企業 530 社の場合)であり,また Choi et al.(2010, 124)(米国企業 2000～2003 年 9,815 企業年度)が 0 である。

また,それぞれ 6 つの監査の質の測定変数の両群の差の検定結果では,①裁量的発生高,④アナリストによる利益予想の正確性,⑤継続企業の前提に関する注記情報,⑥異常監査報酬の 4 つについては 1%の有意水準をもって大監査法人サンプルと中小監査法人サンプルの間に差異の存在が認められた。具体的に大監査法人のクライアント企業(平均値)は中小監査法人のより有意(1%)に,裁量的発生高が少なく(0.030<0.032),アナリストによる利益予想の正確性がより正確で(|-0.063|<|-0.076|),GC 注記が行われず(0.009<0.028),異常監査報酬が少ない(|-0.004|<|-0.069|)。一方,②利益ベンチマーク,③事前的資本コストの 2 つの監査の質の測定変数に関しては,両群(大監査法人対中小監査法人のクライアント)の差異が認められなかった。

一方,監査の質の測定変数とは別に,6 つの分析(式(1),(2)参照;**図表 9-2**を参照)を行う際に利用する各変数(共変量)についての記述統計量や両群の差の検定の結果も**図表 9-4**の 1～6 に示している。多くの変数について,平均値・中央値の差の検定で有意差が認められる。これは,大監査法人と中小監査法人では,そのクライアントの性質に差があることを示している証拠であり,これらの要因は傾向スコアを用いた IPW 法や PSM 法によってコントロールされる必要があることがわかる。

具体的に,**図表 9-4-1** における各共変量の記述統計量や差の検定の結果を例として取り上げ,下記の 2 点がいえる。

まず,第 1 に,記述統計量から,第 9 章の日本企業のサンプル(2001～2011 年度)の特徴が概ね読み取れる。具体的にたとえば,**図表 9-4-1** におけるサン

第 9 章 監査の質の提供側のインセンティブ・能力である監査法人の規模と監査の質

プル日本企業の特徴は，負債比率（$LIAB$＝負債／純資産）が 2.184 であり，総資産回転率（$ATURN$）が 1.084 回，流動比率（$CURR$）が 183.0％，総資産に占める営業キャッシュ・フロー（CFO）が 0.2％，総資産に対する現金の割合（$CASH$）が 12.7％，損失を出す企業の割合（$LOSS$）が 18.3％，CAPM の β 値（$BETA$）が平均で 0.024，売上増加率（$SALESGROWTH$）が 2.6％，平均して 9 社の子会社を持ち（$CONSOL$），平均 ROA がわずか 1.7％（ROA），海外売上高比率（$SALESABROAD$）が 7.18％，14.7％の企業が系列企業（$KEIRETSU$），13.4％の企業が株式上場から 9 年を過ぎておらず（$IPO9$），48.3％の企業が東証一部に上場している（$TSE1$）。

また，第 2 に，差の検定の結果から，21 個の共変量のうち，実に 19 個において両群に有意差があることがわかる。これは中央値の差の検定の場合もほぼ同様なことが言える。たとえば，大監査法人のクライアント企業（平均値）は中小監査法人のより有意に，下記のことが言える。

①資産の規模が大きく（ln$ASSET$：11.272＞10.826），②負債比率（$LIAB$）が高く（2.215＞2.083），③総資産回転率（$ATURN$）が高く（1.089＞1.068），④流動比率（$CURR$）が低く（中央値：1.426＜1.486），⑤保有する現金が少なく（$CASH$：0.124＜0.136），⑥損失計上の頻度が少なく（$LOSS$：0.173＜0.214），⑦CAPM の β 値（$BETA$）が大きく（0.027＞0.014），⑧変動性（過去 12 ヵ月のリターンの標準偏差：$VOLATILITY$）が少なく（0.100＜0.106），⑨前期における損失計上の頻度が少なく（lg$LOSS$：0.181＜0.229），⑩売上高の変動が少なく（$SALESVOLATILITY$：0.086＜0.094），⑪売上高増加率（$SALESGROWTH$）が大きく（0.027＞0.020），⑫営業キャッシュ・フローの変動が少なく（$CFOVOLATILITY$：0.034＜0.036），⑬倒産確率が少なく（$SAF2002$（大きいほうの倒産確率が少ない）：0.932＞0.886），⑭事業が複雑で（連結子会社数（$CONSOL$：10.475＞4.965）），⑮純資産利益率（ROA）が大きく（0.018＞0.013），⑯海外売上高比率（$SALESABROAD$）が大きく（7.352＞6.633），⑰系列企業である可能性が少なく（$KEIRETSU$：0.139＜0.170），⑱株式上場の歴史が長く（$IPO9$：0.140＞0.113），⑲東証一部上場にしている可能性が高い（$TSE1$：0.485＞0.479）。

第Ⅱ部　実証的探究

図表 9-4-1　裁量的発生高（ADA）データの記述統計量と差の検定

	BigN (N=11,397)					Non-BigN (N=3,588)					全サンプル (N=14,985)					平均値の差の検定		中央値の差の検定	
	平均値	標準偏差	第1十分位数	第5十分位数	第9十分位数	平均値	標準偏差	第1十分位数	第5十分位数	第9十分位数	平均値	標準偏差	第1十分位数	第5十分位数	第9十分位数	t値		z値	
ADA	0.030	0.029	0.004	0.021	0.066	0.032	0.032	0.004	0.023	0.073	0.030	0.030	0.004	0.022	0.067	4.298	***	3.414	***
lnASSET	11.272	1.382	9.692	11.076	13.211	10.826	1.307	9.214	10.779	12.510	11.166	1.378	9.564	11.006	13.067	-17.075	***	-15.262	***
LIAB	2.215	2.890	0.369	1.320	4.768	2.083	2.737	0.390	1.258	4.420	2.184	2.854	0.374	1.304	4.661	-2.415	**	-2.421	**
ATURN	1.089	0.544	0.571	0.964	1.758	1.068	0.547	0.543	0.936	1.737	1.084	0.545	0.564	0.958	1.753	-1.996	**	-2.876	***
CURR	1.830	1.491	0.806	1.426	3.107	1.829	1.396	0.820	1.486	3.068	1.830	1.469	0.810	1.439	3.091	-0.056		2.614	***
CFO	0.002	0.059	-0.061	0.001	0.068	0.001	0.064	-0.070	-0.001	0.072	0.002	0.060	-0.063	0.001	0.069	-0.557		-1.424	
lgACCR	-0.007	0.012	-0.020	-0.007	0.006	-0.007	0.012	-0.021	-0.007	0.007	-0.007	0.012	-0.020	-0.007	0.007	-0.091		0.043	
CASH	0.124	0.091	0.036	0.101	0.242	0.136	0.093	0.041	0.116	0.252	0.127	0.092	0.037	0.105	0.244	6.643	***	8.812	***
LOSS	0.173	0.378	0.000	0.000	1.000	0.214	0.410	0.000	0.000	1.000	0.183	0.386	0.000	0.000	1.000	5.563	***	5.557	***
BETA	0.027	0.452	-0.486	0.033	0.538	0.014	0.478	-0.498	0.008	0.547	0.024	0.458	-0.489	0.027	0.539	-1.536		-2.497	**
VOLATILITY	0.100	0.055	0.047	0.088	0.167	0.106	0.063	0.048	0.090	0.178	0.102	0.057	0.047	0.088	0.169	4.823	***	2.915	***
lgLOSS	0.181	0.385	0.000	0.000	1.000	0.229	0.420	0.000	0.000	1.000	0.192	0.394	0.000	0.000	1.000	6.355	***	6.347	***
SALESVOLATILITY	0.086	0.090	0.016	0.059	0.186	0.094	0.100	0.017	0.064	0.203	0.088	0.092	0.016	0.060	0.189	4.734	***	4.337	***
SALESGROWTH	0.027	0.140	-0.125	0.020	0.173	0.020	0.158	-0.159	0.015	0.176	0.026	0.145	-0.131	0.019	0.173	-2.744	***	-3.574	***
CFOVOLATILITY	0.034	0.030	0.025	0.025	0.069	0.036	0.033	0.008	0.028	0.074	0.034	0.030	0.008	0.026	0.070	4.867	***	4.538	***
SAF2002	0.932	0.341	0.522	0.935	1.363	0.886	0.385	0.458	0.910	1.324	0.921	0.353	0.505	0.928	1.354	-6.852	***	-4.655	***
CONSOL	10.475	24.713	0.000	1.000	28.000	4.965	12.994	0.000	0.000	14.000	9.156	22.593	0.000	0.000	24.000	-12.808	***	-12.533	***
ROA	0.018	0.041	-0.022	0.019	0.061	0.013	0.047	-0.032	0.017	0.057	0.017	0.043	-0.024	0.019	0.061	-6.800	***	-6.015	***
SALESABROAD	7.352	14.729	0.000	0.000	32.930	6.633	13.880	0.000	0.000	27.160	7.180	14.533	0.000	0.000	31.610	-2.585	***	-2.273	**
KEIRETSU	0.139	0.346	0.000	0.000	1.000	0.170	0.376	0.000	0.000	1.000	0.147	0.354	0.000	0.000	1.000	4.532	***	4.529	***
IPO9	0.140	0.347	0.000	0.000	1.000	0.113	0.317	0.000	0.000	1.000	0.134	0.340	0.000	0.000	1.000	-4.117	***	-4.115	***
TSE1	0.485	0.500	0.000	0.000	1.000	0.479	0.500	0.000	0.000	1.000	0.483	0.500	0.000	0.000	1.000	-0.661		-0.661	

*** は1％水準，** は5％水準，* は10％水準で統計的に有意。

第 9 章 監査の質の提供側のインセンティブ・能力である監査法人の規模と監査の質

図表 9-4-2 利益ベンチマーク (BENCHMARK) データの記述統計量と差の検定

	BigN (N=11,397)					Non-BigN (N=3,588)					全サンプル (N=14,985)					平均値の差の検定	中央値の差の検定
	平均値	標準偏差	第1+分位数	第5+分位数	第9+分位数	平均値	標準偏差	第1+分位数	第5+分位数	第9+分位数	平均値	標準偏差	第1+分位数	第5+分位数	第9+分位数	t値	z値
BENCHMARK	0.162	0.368	0.000	0.000	1.000	0.160	0.366	0.000	0.000	1.000	0.161	0.368	0.000	0.000	1.000	-0.298	-0.298
lnASSET	11.272	1.382	9.692	11.076	13.211	10.826	1.307	9.214	10.779	12.510	11.166	1.378	9.564	11.006	13.067	-17.075 ***	-15.262 ***
LIAB	2.215	2.890	0.369	1.320	4.768	2.083	2.737	0.390	1.258	4.420	2.184	2.854	0.374	1.304	4.661	-2.415 **	-2.421 **
ATURN	1.089	0.544	0.571	0.964	1.758	1.068	0.547	0.543	0.936	1.737	1.084	0.545	0.564	0.958	1.753	-1.996 **	-2.876 ***
CURR	1.830	1.491	0.806	1.426	3.107	1.829	1.396	0.820	1.486	3.068	1.830	1.469	0.810	1.439	3.091	-0.056	2.614 ***
CFO	0.002	0.059	-0.061	0.001	0.068	0.001	0.064	-0.070	-0.001	0.072	0.002	0.060	-0.063	0.001	0.069	-0.557	-1.424
lgACCR	-0.007	0.012	-0.020	-0.007	0.006	-0.007	0.012	-0.021	-0.007	0.007	-0.007	0.012	-0.020	-0.007	0.007	-0.091	0.043
CASH	0.124	0.091	0.036	0.101	0.242	0.136	0.093	0.041	0.116	0.252	0.127	0.092	0.037	0.105	0.244	6.643 ***	8.812 ***
LOSS	0.173	0.378	0.000	0.000	1.000	0.214	0.410	0.000	0.000	1.000	0.183	0.386	0.000	0.000	1.000	5.563 ***	5.557 ***
BETA	0.027	0.452	-0.486	0.033	0.538	0.014	0.478	-0.498	0.008	0.547	0.024	0.458	-0.489	0.027	0.539	-1.536	-2.497 **
VOLATILITY	0.100	0.055	0.047	0.088	0.167	0.106	0.063	0.048	0.090	0.178	0.102	0.057	0.047	0.088	0.169	4.823 ***	2.915 ***
lgLOSS	0.181	0.385	0.000	0.000	1.000	0.229	0.420	0.000	0.000	1.000	0.192	0.394	0.000	0.000	1.000	6.355 ***	6.347 ***
SALESVOLATILITY	0.086	0.090	0.016	0.059	0.186	0.094	0.100	0.017	0.064	0.203	0.088	0.092	0.016	0.060	0.189	4.734 ***	4.337 ***
SALESGROWTH	0.027	0.140	-0.125	0.001	0.173	0.020	0.158	-0.159	-0.015	0.176	0.026	0.145	-0.131	0.019	0.173	-2.744 ***	-3.574 ***
CFOVOLATILITY	0.034	0.030	0.008	0.025	0.069	0.036	0.033	0.008	0.028	0.074	0.034	0.030	0.008	0.026	0.070	4.867 ***	4.538 ***
SAF2002	0.932	0.341	0.522	0.935	1.363	0.886	0.385	0.458	0.910	1.324	0.921	0.353	0.505	0.928	1.354	-6.852 ***	-4.655 ***
CONSOL	10.475	24.713	1.000	28.000	0.061	4.965	12.994	0.000	0.000	14.000	9.156	22.593	0.000	0.000	24.000	-12.808 ***	-12.533 ***
ROA	0.018	0.041	-0.022	0.019	0.061	0.013	0.047	-0.032	0.017	0.057	0.017	0.043	-0.024	0.019	0.061	-6.800 ***	-6.015 ***
SALESABROAD	7.352	14.729	0.000	0.000	32.930	6.633	13.880	0.000	0.000	27.160	7.180	14.533	0.000	0.000	31.610	-2.585 ***	-2.273 **
KEIRETSU	0.139	0.346	0.000	0.000	1.000	0.170	0.376	0.000	0.000	1.000	0.147	0.354	0.000	0.000	1.000	4.532 ***	4.529 ***
IPO9	0.140	0.347	0.000	0.000	1.000	0.113	0.317	0.000	0.000	1.000	0.134	0.340	0.000	0.000	1.000	-4.117 ***	-4.115 ***
TSE1	0.485	0.500	0.000	0.000	1.000	0.479	0.500	0.000	0.000	1.000	0.483	0.500	0.000	0.000	1.000	-0.661	-0.661

*** は 1% 水準，** は 5% 水準，* は 10% 水準で統計的に有意。

第Ⅱ部　実証的探究

図表 9-4-3　事前的資本コスト (RPEG) データの記述統計量と差の検定

	BigN (N=4,803)					Non-BigN (N=1,387)					全サンプル (N=6,190)					平均値の差の検定		中央値の差の検定	
	平均値	標準偏差	第1+分位数	第5+分位数	第9+分位数	平均値	標準偏差	第1+分位数	第5+分位数	第9+分位数	平均値	標準偏差	第1+分位数	第5+分位数	第9+分位数	t値		z値	
RPEG	0.145	0.102	0.039	0.126	0.278	0.144	0.103	0.039	0.124	0.279	0.145	0.102	0.039	0.126	0.278	-0.408		-0.702	
lnASSET	11.396	1.367	9.798	11.204	13.367	10.963	1.265	9.390	10.960	12.579	11.299	1.357	9.711	11.125	13.192	-10.567	***	-9.113	***
LIAB	2.331	2.996	0.391	1.375	5.260	2.042	2.678	0.417	1.292	4.015	2.266	2.930	0.400	1.356	4.951	-3.240	***	-2.680	***
ATURN	1.065	0.534	0.562	0.943	1.714	1.049	0.526	0.534	0.920	1.710	1.061	0.532	0.555	0.939	1.712	-0.941		-1.142	
CURR	1.768	1.466	0.815	1.380	2.918	1.752	1.305	0.822	1.444	2.924	1.765	1.432	0.817	1.395	2.920	-0.363		2.141	**
CFO	0.004	0.058	-0.058	0.003	0.069	0.002	0.061	-0.066	0.000	0.070	0.004	0.059	-0.059	0.002	0.069	-0.882		-1.370	
lgACCR	-0.007	0.011	-0.019	-0.007	0.006	-0.007	0.012	-0.020	-0.007	-0.007	-0.007	0.011	-0.020	-0.007	0.006	-0.426		-0.161	
CASH	0.116	0.084	0.035	0.095	0.223	0.129	0.092	0.039	0.109	0.234	0.119	0.086	0.036	0.099	0.226	4.750	***	5.541	***
LOSS	0.215	0.411	0.000	0.000	1.000	0.255	0.436	0.000	0.000	1.000	0.224	0.417	0.000	0.000	1.000	3.161	***	3.159	***
BETA	0.035	0.454	-0.495	0.043	0.561	0.024	0.472	-0.490	0.014	0.559	0.033	0.458	-0.493	0.036	0.561	-0.792		-1.530	
VOLATILITY	0.102	0.054	0.049	0.090	0.168	0.106	0.049	0.049	0.092	0.178	0.103	0.055	0.049	0.091	0.170	2.439	**	1.498	
lgLOSS	0.206	0.405	0.000	0.000	1.000	0.238	0.426	0.000	0.000	1.000	0.213	0.410	0.000	0.000	1.000	2.531	**	2.530	**
SALESVOLATILITY	0.083	0.081	0.016	0.058	0.176	0.085	0.084	0.017	0.059	0.176	0.083	0.082	0.016	0.058	0.176	1.011		0.941	
SALESGROWTH	0.004	0.136	-0.156	0.003	0.146	-0.008	0.143	-0.187	-0.001	0.141	0.002	0.137	-0.164	0.007	0.145	-3.069	***	-2.955	***
CFOVOLATILITY	0.032	0.028	0.008	0.025	0.064	0.035	0.030	0.008	0.026	0.070	0.033	0.028	0.008	0.025	0.065	2.673	***	2.512	**
SAF2002	0.895	0.338	0.489	0.896	1.319	0.874	0.370	0.460	0.893	1.301	0.890	0.345	0.485	0.895	1.313	-1.982	**	-0.676	
CONSOL	15.666	29.674	0.000	5.000	43.000	7.542	16.675	0.000	1.000	21.000	13.846	27.513	0.000	4.000	37.000	-10.542	***	-2.777	***
ROA	0.013	0.041	-0.032	0.015	0.055	0.009	0.046	-0.036	0.014	0.050	0.012	0.043	-0.033	0.015	0.054	-3.491	***	-2.777	***
SALESBROAD	8.233	15.340	0.000	0.000	35.100	7.279	14.152	0.000	0.000	28.140	8.019	15.086	0.000	0.000	33.810	-2.074	**	-1.345	
KEIRETSU	0.155	0.362	0.000	0.000	1.000	0.202	0.402	0.000	0.000	1.000	0.165	0.371	0.000	0.000	1.000	4.172	***	4.167	***
IPO9	0.108	0.311	0.000	0.000	1.000	0.074	0.262	0.000	0.000	1.000	0.101	0.301	0.000	0.000	1.000	-3.732	***	-3.728	***
TSE1	0.485	0.500	0.000	0.000	1.000	0.479	0.500	0.000	0.000	1.000	0.484	0.500	0.000	0.000	1.000	-0.433		-0.433	

*** は 1% 水準，** は 5% 水準，* は 10% 水準で統計的に有意。

第9章 監査の質の提供側のインセンティブ・能力である監査法人の規模と監査の質

図表9-4-4 アナリストによる利益予想の正確性 (ACCY) データの記述統計量と差の検定

	BigN (N=9,173)					Non-BigN (N=2,783)					全サンプル (N=11,956)					平均値の差の検定		中央値の差の検定	
	平均値	標準偏差	第1十分位数	第5十分位数	第9十分位数	平均値	標準偏差	第1十分位数	第5十分位数	第9十分位数	平均値	標準偏差	第1十分位数	第5十分位数	第9十分位数	t値		z値	
ACCY	-0.063	0.121	-0.152	-0.022	-0.003	-0.076	0.143	-0.195	-0.024	-0.003	-0.066	0.127	-0.162	-0.022	-0.003	-5.001	***	-4.245	***
lnASSET	11.363	1.349	9.805	11.160	13.285	10.943	1.264	9.380	10.925	12.591	11.265	1.342	9.700	11.094	13.131	-14.562	***	-12.763	***
LIAB	2.253	2.917	0.375	1.345	4.922	1.985	2.601	0.395	1.230	3.991	2.191	2.849	0.379	1.317	4.695	-4.341	***	-4.019	***
ATURN	1.075	0.534	0.573	0.954	1.711	1.065	0.531	0.555	0.935	1.697	1.072	0.533	0.569	0.951	1.710	-0.885		-1.308	
CURR	1.812	1.470	0.817	1.412	3.053	1.844	1.397	0.847	1.497	3.055	1.820	1.453	0.825	1.431	3.054	1.003		4.228	***
CFO	0.003	0.057	-0.059	0.002	0.066	0.003	0.060	-0.064	0.000	0.069	0.003	0.058	-0.060	0.002	0.067	-0.020		-0.866	
lgACCR	-0.007	0.011	-0.020	-0.007	0.006	-0.007	0.012	-0.021	-0.007	0.007	-0.007	0.011	-0.020	-0.007	0.006	-0.411		-0.430	
CASH	0.119	0.086	0.035	0.098	0.232	0.132	0.089	0.042	0.113	0.241	0.122	0.087	0.037	0.102	0.235	6.743	***	8.468	***
LOSS	0.177	0.382	0.000	0.000	1.000	0.209	0.407	0.000	0.000	1.000	0.185	0.388	0.000	0.000	1.000	3.866	***	3.864	***
BETA	0.013	0.440	-0.495	0.011	0.528	-0.010	0.460	-0.507	-0.020	0.501	0.007	0.445	-0.498	0.004	0.524	-2.341	**	-3.090	***
VOLATILITY	0.100	0.052	0.048	0.089	0.164	0.104	0.059	0.048	0.090	0.173	0.101	0.054	0.048	0.089	0.166	3.110	***	1.575	
lgLOSS	0.188	0.391	0.000	0.000	1.000	0.225	0.417	0.000	0.000	1.000	0.197	0.397	0.000	0.000	1.000	4.250	***	4.247	***
SALESVOLATILITY	0.082	0.082	0.016	0.057	0.176	0.088	0.082	0.018	0.061	0.183	0.083	0.082	0.016	0.058	0.177	2.977	***	3.494	***
SALESGROWTH	0.023	0.136	-0.131	0.019	0.167	0.016	0.150	-0.161	0.015	0.170	0.021	0.139	-0.137	0.018	0.167	-2.152	**	-2.671	***
CFOVOLATILITY	0.032	0.028	0.008	0.025	0.066	0.035	0.030	0.008	0.027	0.070	0.033	0.029	0.008	0.025	0.066	3.380	***	3.437	***
SAF2002	0.925	0.334	0.525	0.923	1.350	0.901	0.365	0.496	0.916	1.320	0.919	0.342	0.517	0.922	1.344	-3.227	***	-1.569	
CONSOL	12.063	26.044	0.000	2.000	33.000	5.857	14.456	0.000	0.000	17.000	10.619	23.998	0.000	1.000	29.000	-12.021	***	-12.194	***
ROA	0.018	0.040	-0.022	0.019	0.060	0.016	0.045	-0.029	0.017	0.056	0.017	0.041	-0.023	0.018	0.059	-4.660	***	-3.967	***
SALESABROAD	7.873	15.147	0.000	0.000	34.460	7.039	14.090	0.000	0.000	28.530	7.678	14.911	0.000	0.000	33.060	-2.584	***	-2.118	**
KEIRETSU	0.151	0.358	0.000	0.000	1.000	0.186	0.389	0.000	0.000	1.000	0.159	0.366	0.000	0.000	1.000	4.501	***	4.498	***
IPO9	0.107	0.310	0.000	0.000	1.000	0.080	0.271	0.000	0.000	1.000	0.101	0.301	0.000	0.000	1.000	-4.238	***	-4.235	***
TSE1	0.481	0.500	0.000	0.000	1.000	0.471	0.499	0.000	0.000	1.000	0.478	0.500	0.000	0.000	1.000	-0.929		-0.929	

*** は1%水準，** は5%水準，* は10%水準で統計的に有意。

第Ⅱ部　実証的探究

図表 9-4-5　継続企業の前提に関する注記情報 (GC) データの記述統計量と差の検定

	BigN (N=9,607)				Non-BigN (N=3,054)				全サンプル (N=12,661)				平均値の差の検定		中央値の差の検定	
	平均値	標準偏差	第1+分位数	第5+分位数	第9+分位数	平均値	標準偏差	第1+分位数	第5+分位数	第9+分位数	平均値	標準偏差	第1+分位数	第5+分位数	第9+分位数	t値		z値	
GC	0.009	0.092	0.000	0.000	0.000	0.028	0.165	0.000	0.000	0.000	0.013	0.114	0.000	0.000	0.000	8.278	***	8.256	***
lnASSET	11.267	1.383	9.685	11.069	13.205	10.805	1.328	9.173	10.749	12.510	11.155	1.384	9.546	10.996	13.064	-16.220	***	-14.630	***
LIAB	2.090	2.667	0.360	1.279	4.430	1.988	2.543	0.379	1.219	4.212	2.065	2.638	0.365	1.264	4.379	-1.856	*	-2.201	**
ATURN	1.106	0.552	0.580	0.978	1.775	1.088	0.561	0.546	0.956	1.793	1.101	0.554	0.573	0.972	1.778	-1.553		-2.621	***
CURR	1.872	1.527	0.822	1.455	3.204	1.858	1.399	0.832	1.515	3.111	1.869	1.497	0.826	1.471	3.170	-0.438		2.186	**
CFO	0.003	0.060	-0.061	0.002	0.069	0.002	0.065	-0.070	-0.001	0.075	0.003	0.061	-0.064	0.002	0.071	-0.973		-1.962	**
lgACCR	-0.007	0.012	-0.021	-0.007	0.006	-0.007	0.013	-0.022	-0.007	0.007	-0.007	0.012	-0.021	-0.007	0.006	-0.658		-0.347	
CASH	0.126	0.092	0.036	0.103	0.245	0.138	0.098	0.041	0.118	0.256	0.129	0.093	0.037	0.107	0.249	6.145	***	8.256	***
LOSS	0.150	0.357	0.000	0.000	1.000	0.193	0.394	0.000	0.000	1.000	0.160	0.367	0.000	0.000	1.000	5.544	***	5.538	***
BETA	0.010	0.461	-0.522	0.017	0.530	-0.003	0.488	-0.534	-0.013	0.542	0.007	0.468	-0.525	0.011	0.534	-1.420		-2.393	**
VOLATILITY	0.099	0.055	0.046	0.085	0.164	0.105	0.064	0.047	0.089	0.178	0.100	0.057	0.047	0.086	0.168	5.252	***	3.532	***
lgLOSS	0.169	0.375	0.000	0.000	1.000	0.217	0.413	0.000	0.000	1.000	0.181	0.385	0.000	0.000	1.000	6.089	***	6.080	***
SALESVOLATILITY	0.088	0.090	0.017	0.061	0.190	0.098	0.101	0.019	0.067	0.206	0.091	0.093	0.017	0.063	0.194	4.722	***	4.824	***
SALESGROWTH	0.029	0.140	-0.125	0.022	0.173	0.022	0.160	-0.161	0.017	0.180	0.027	0.145	-0.132	0.021	0.174	-2.426	**	-3.338	***
CFOVOLATILITY	0.034	0.030	0.008	0.026	0.070	0.038	0.033	0.009	0.028	0.076	0.035	0.031	0.008	0.026	0.071	5.214	***	5.013	***
SAF2002	0.952	0.337	0.552	0.954	1.377	0.900	0.389	0.469	0.929	1.336	0.939	0.351	0.533	0.948	1.368	-7.213	***	-4.813	***
CONSOL	8.500	22.449	0.000	0.000	23.000	3.782	11.509	0.000	0.000	11.000	7.362	20.455	0.000	0.000	20.000	-11.158	***	-11.599	***
ROA	0.021	0.041	-0.016	0.021	0.063	0.014	0.048	-0.030	0.018	0.059	0.019	0.043	-0.019	0.020	0.062	-6.934	***	-6.149	***
SALESABROAD	7.535	14.999	0.000	0.000	34.040	6.934	14.288	0.000	0.000	28.890	7.390	14.832	0.000	0.000	32.900	-1.951	*	-1.651	.
KEIRETSU	0.136	0.343	0.000	0.000	1.000	0.169	0.375	0.000	0.000	1.000	0.144	0.351	0.000	0.000	1.000	4.560	***	4.557	***
IPO9	0.139	0.345	0.000	0.000	1.000	0.118	0.322	0.000	0.000	1.000	0.133	0.340	0.000	0.000	1.000	-2.972	***	-2.971	***
TSE1	0.487	0.500	0.000	0.000	1.000	0.479	0.500	0.000	0.000	1.000	0.485	0.500	0.000	0.000	1.000	-0.780		-0.780	

*** は1％水準，** は5％水準，* は10％水準で統計的に有意。

第9章　監査の質の提供側のインセンティブ・能力である監査法人の規模と監査の質

図表 9-4-6　異常監査報酬（ABAFEE）データの記述統計量と差の検定

	BigN (N=7,358)					Non-BigN (N=2,358)					全サンプル (N=9,716)					平均値の差の検定		中央値の差の検定	
	平均値	標準偏差	第1十分位数	第5十分位数	第9十分位数	平均値	標準偏差	第1十分位数	第5十分位数	第9十分位数	平均値	標準偏差	第1十分位数	第5十分位数	第9十分位数	t値		z値	
ABAFEE	-0.004	0.210	-0.235	-0.002	0.225	-0.069	0.177	-0.293	-0.074	0.152	-0.020	0.204	-0.251	-0.020	0.210	-13.642	***	-14.537	***
lnASSET	11.311	1.390	9.736	11.111	13.267	10.828	1.340	9.192	10.765	12.527	11.194	1.394	9.580	11.029	13.117	-14.791	***	-13.569	***
LIAB	1.937	2.326	0.363	1.246	4.013	1.896	2.345	0.374	1.188	3.990	1.927	2.331	0.366	1.233	4.007	-0.742		-1.496	
ATURN	1.122	0.564	0.586	0.991	1.802	1.107	0.571	0.557	0.969	1.838	1.119	0.565	0.578	0.985	1.811	-1.140		-2.174	**
CURR	1.909	1.532	0.867	1.489	3.247	1.872	1.355	0.863	1.535	3.116	1.900	1.491	0.866	1.499	3.197	-1.048		1.359	
CFO	0.002	0.061	-0.064	0.001	0.070	0.000	0.064	-0.072	-0.002	0.072	0.001	0.061	-0.066	0.000	0.070	-0.874		-1.390	
lgACCR	-0.007	0.012	-0.021	-0.007	0.006	-0.007	0.013	-0.022	-0.007	0.007	-0.007	0.012	-0.021	-0.007	0.006	-1.129		-0.810	
CASH	0.127	0.091	0.037	0.105	0.247	0.141	0.093	0.044	0.123	0.259	0.131	0.091	0.039	0.110	0.250	6.609	***	8.226	***
LOSS	0.144	0.351	0.000	0.000	1.000	0.192	0.394	0.000	0.000	1.000	0.155	0.362	0.000	0.000	1.000	5.678	***	5.669	***
BETA	0.001	0.452	-0.528	0.012	0.502	-0.011	0.480	-0.526	-0.016	0.523	-0.002	0.459	-0.527	0.006	0.507	-1.047	*	-1.958	*
VOLATILITY	0.097	0.053	0.046	0.084	0.161	0.103	0.063	0.046	0.088	0.176	0.098	0.056	0.046	0.085	0.164	5.147	***	3.550	***
lgLOSS	0.141	0.348	0.000	0.000	1.000	0.197	0.398	0.000	0.000	1.000	0.154	0.361	0.000	0.000	1.000	6.609	***	6.594	***
SALESVOLATILITY	0.091	0.090	0.018	0.064	0.197	0.101	0.094	0.023	0.070	0.215	0.094	0.094	0.018	0.065	0.202	4.598	***	4.209	***
SALESGROWTH	0.028	0.143	-0.135	0.023	0.176	0.020	0.163	-0.169	0.016	0.186	0.026	0.148	-0.142	0.022	0.178	-2.262	**	-3.462	***
CFOVOLATILITY	0.035	0.030	0.009	0.026	0.070	0.037	0.032	0.009	0.028	0.075	0.035	0.030	0.009	0.027	0.071	3.402	***	3.285	***
SAF2002	0.968	0.332	0.583	0.972	1.387	0.905	0.389	0.489	0.940	1.345	0.953	0.347	0.558	0.964	1.377	-7.725	***	-5.533	***
CONSOL	5.737	19.286	0.000	0.000	14.000	2.191	8.597	0.000	0.000	6.000	4.876	17.375	0.000	0.000	12.000	-8.655	***	-9.415	***
ROA	0.022	0.041	-0.014	0.023	0.065	0.015	0.048	-0.032	0.019	0.060	0.020	0.043	-0.018	0.022	0.064	-7.306	***	-6.922	***
SALESABROAD	8.016	15.476	0.000	0.000	35.700	7.609	14.955	0.000	0.000	31.640	7.917	15.351	0.000	0.000	35.170	-1.122		-0.697	
KEIRETSU	0.136	0.343	0.000	0.000	1.000	0.169	0.375	0.000	0.000	1.000	0.144	0.351	0.000	0.000	1.000	3.944	***	3.941	***
IPO9	0.132	0.339	0.000	0.000	1.000	0.115	0.318	0.000	0.000	1.000	0.128	0.334	0.000	0.000	1.000	-2.244	**	-2.243	**
TSE1	0.504	0.500	0.000	1.000	1.000	0.492	0.500	0.000	0.000	1.000	0.501	0.500	0.000	1.000	1.000	-1.049		-1.049	

*** は1%水準，** は5%水準，* は10%水準で統計的に有意。

図表9-5は，裁量的発生高の監査の質におけるデータの相関係数を示している。左下にピアソンの相関係数（パラメトリック）と，右上にスピアマンの相関係数（ノンパラメトリック）を示している。一部他の変数と相関の若干強い変数が観察されるが，今回はサンプルが非常に多いうえに，傾向スコアの推定がこのデータ・セットの目的であるため，多重共線性はさほど問題にはならないと考えられる。また，紙幅の関係で，利益ベンチマーク，事前的資本コスト，アナリストによる利益予想の正確性，継続企業の前提に関する注記情報，異常監査報酬の5つの監査の質におけるデータの相関係数は省略する。

具体的に，**図表9-5**における各変量の相関係数の結果を例として取り上げ，裁量的発生高（ADA）と各共変量の関係を確認すると，たとえば，下記の2点がわかる。

第1に，ADAと正の関係にあるのは，下記の変数である。負債比率（$LIAB$），総資産回転率（$ATURN$），流動比率（$CURR$），前期総会計発生高（$lgACCR$），現金（$CASH$），損失計上の確率（$LOSS$），リターンの変動（$VOLATILITY$），前期における損失の計上確率（$lgLOSS$），売上高の変動（$SALESVOLATILITY$），売上高の増加率（$SALESGROWTH$），キャッシュ・フローの変動（$CFOVOLATILITY$），株式上場して9年以内（$IPO9$）である。

また，ADAと負の関係にあるのは，下記の変数である。資産の規模（$lnASSET$），営業キャッシュ・フロー（CFO），CAPMのβ（$BETA$），倒産確率（$SAF2002$），連結子会社数（$CONSOL$），ROA（ROA），海外売上高比率（$SALESABROAD$），系列企業である確率（$KEIRETSU$），東証一部上場である確率（$TSE1$）である。

第2に，相関係数がやや高いものを挙げるとすれば，ADAとキャッシュ・フローの変動（$CFOVALATILITY$）（ピアソン相関係数：0.508；スピアマン相関係数：0.368）および前期総会計発生高と営業キャッシュ・フロー（CFO）（ピアソン相関係数：0.518；スピアマン相関係数：0.471）であり，いずれも大きな問題になる数値でないと考えられる。

第9章 監査の質の提供側のインセンティブ・能力である監査法人の規模と監査の質

図表9-5 裁量的発生高 (ADA) データの相関係数

	ADA	lnAS-SET	LIAB	ATURN	CURR	DOCF	lgAC-CR	CASH	LOSS	BETA	VOLA-TILITY	lgLOSS	SALESV-OLATILITY	SALESG-ROWTH	CFOVOL-ATILITY	SAF2002	CONSOL	ROA	SALESA-BROAD	KEI-RETSU	IPO9	TSE1
ADA	1	-0.126	0.026	0.114	0.036	-0.002	0.038	0.088	0.079	-0.019	0.136	0.044	0.203	0.001	0.368	-0.060	-0.069	0.002	-0.055	-0.036	0.090	-0.008
lnASSET	-0.151	1	0.120	-0.112	-0.072	0.001	-0.041	-0.192	-0.113	0.027	-0.069	-0.110	-0.137	0.056	-0.214	0.019	0.191	0.058	0.124	0.170	-0.178	-0.011
LIAB	0.035	0.102	1	0.171	-0.764	0.022	0.010	-0.345	0.111	0.010	0.186	0.176	0.079	-0.055	0.014	-0.653	0.140	-0.298	-0.079	-0.092	-0.020	-0.037
ATURN	0.122	-0.123	0.060	1	-0.108	0.034	0.022	0.039	-0.104	-0.021	-0.008	-0.086	0.436	0.167	0.181	0.170	-0.072	0.155	-0.206	-0.099	0.144	-0.132
CURR	0.023	-0.062	-0.332	-0.162	1	-0.001	0.068	0.490	-0.162	-0.014	-0.095	-0.142	0.008	0.071	0.098	0.530	-0.126	0.340	0.106	0.073	0.013	0.042
DOCF	-0.003	-0.007	0.026	0.035	0.021	1	0.471	0.062	-0.093	-0.055	0.020	0.097	0.046	0.130	0.035	0.038	0.023	0.107	-0.006	0.000	0.027	-0.004
lgACCR	0.054	-0.045	0.001	0.062	0.034	0.518	1	0.012	-0.013	0.022	-0.016	-0.040	0.021	0.017	0.024	-0.021	0.029	0.001	-0.024	-0.001	0.036	0.053
CASH	0.135	-0.191	-0.201	-0.002	0.475	0.088	0.005	1	-0.070	-0.008	0.049	-0.041	0.135	0.056	0.176	0.299	-0.092	0.222	-0.034	-0.036	0.137	-0.043
LOSS	0.079	-0.112	0.109	-0.084	-0.128	-0.080	-0.018	-0.079	1	0.051	0.181	0.276	0.055	-0.287	0.071	-0.468	0.008	-0.669	-0.014	-0.025	-0.028	0.006
BETA	-0.015	0.033	0.015	-0.023	-0.015	-0.043	0.017	-0.026	0.046	1	0.047	-0.022	-0.024	-0.019	-0.023	-0.037	0.096	-0.067	0.015	0.011	-0.029	0.021
VOLATILITY	0.163	-0.133	0.194	-0.012	-0.073	0.040	-0.029	0.067	0.178	0.011	1	0.208	0.240	-0.068	0.213	-0.266	0.011	-0.107	0.030	-0.050	0.078	0.031
lgLOSS	0.041	-0.109	0.207	-0.070	-0.091	0.090	-0.060	-0.048	0.276	-0.011	0.220	1	-0.064	-0.120	0.085	-0.356	0.039	-0.332	-0.009	-0.018	-0.043	0.009
SALESVOLATILITY	0.244	-0.148	0.058	0.466	-0.035	0.048	0.041	0.140	0.052	-0.030	0.211	0.061	1	0.147	0.345	0.000	-0.150	0.069	-0.038	-0.083	0.149	-0.045
SALESGROWTH	0.048	0.030	-0.058	0.134	0.075	0.140	0.035	0.105	-0.256	-0.024	-0.027	-0.068	0.227	1	-0.037	0.210	0.116	0.408	0.045	0.004	0.082	0.009
CFOVOLATILITY	0.508	-0.229	0.048	0.168	0.025	0.067	0.049	0.212	0.072	-0.022	0.234	0.090	0.356	0.010	1	-0.055	-0.146	0.013	-0.040	-0.056	0.120	0.033
SAF2002	0.041	-0.468	0.127	0.406	0.036	-0.015	0.029	0.299	-0.036	-0.492	-0.278	-0.361	0.185	0.058	-0.114	1	-0.123	0.688	0.010	0.040	0.088	-0.011
CONSOL	-0.108	0.160	-0.061	-0.092	0.007	-0.034	-0.120	-0.009	0.060	-0.042	0.013	-0.036	-0.089	0.344	-0.132	-0.086	1	-0.006	0.041	0.049	-0.014	-0.032
ROA	-0.080	0.436	-0.181	0.094	0.259	0.109	0.030	0.220	-0.693	-0.063	-0.140	-0.313	-0.001	0.040	-0.030	0.719	-0.006	1	0.060	0.030	0.098	0.008
SALESABROAD	-0.042	0.097	-0.094	-0.172	0.111	0.000	-0.044	0.002	-0.020	0.015	0.015	-0.018	0.040	-0.030	0.052	0.058	0.082	1	0.091	-0.140	0.612	
KEIRETSU	-0.034	0.142	-0.065	-0.094	0.000	-0.002	-0.007	-0.044	-0.014	0.014	-0.014	-0.085	-0.008	-0.060	0.047	0.020	0.031	0.075	1	0.075		
IPO9	0.130	-0.174	-0.014	0.143	0.020	0.034	0.038	0.166	-0.028	-0.039	0.105	-0.043	0.192	0.097	0.166	0.058	-0.055	0.053	-0.065	-0.140	1	0.027
TSE1	-0.013	-0.014	-0.041	-0.151	0.031	-0.002	0.049	-0.046	0.006	0.015	0.045	0.009	-0.047	0.014	0.005	0.000	-0.033	0.013	0.494	0.075	0.027	1

第Ⅱ部　実証的探究

第6節　6つの監査の質の測定変数におけるそれぞれの分析結果

1．傾向スコア計算（(1)式）における係数の差の検定結果

　図表9-6は，裁量的発生高の監査の質のデータを用いて，大監査法人サンプルと中小監査法人サンプルの群ごとに各目的変数を回帰（(1)式）した場合の係数の差異検定の結果を示している。また，紙幅の関係で，利益ベンチマーク，事前的資本コスト，アナリストによる利益予想の正確性，継続企業の前提に関する注記情報，異常監査報酬の5つの監査の質における係数の差の検定結果は省略する。なお，第3節にも記載しているが，(1)式は下記のように再掲する。

$$\begin{aligned}BigN_{i,t}=&\beta_0+\beta_1\ln ASSET_{i,t}+\beta_2 LIAB_{i,t}+\beta_3 ATURN_{i,t}+\beta_4 CURR_{i,t}\\&+\beta_5 DOCF_{i,t}+\beta_6\lg ACCR_{i,t}+\beta_7 CASH_{i,t}+\beta_8 LOSS_{i,t}\\&+\beta_9 BETA_{i,t}+\beta_{10}VOLATILITY_{i,t}+\beta_{11}\lg LOSS_{i,t}\\&+\beta_{12}SALESVOLATILITY_{i,t}+\beta_{13}SALESGROWTH_{i,t}\\&+\beta_{14}CFOVOLATILITY_{i,t}+\beta_{15}SAF2002_{i,t}+\beta_{16}CONSOL_{i,t}\\&+\beta_{17}SALESABROAD_{i,t}+\beta_{18}KEIRETSU_{i,t}+\beta_{19}IPO_{i,t}\\&+\beta_{20}TSE_{i,t}+iD+yD+\varepsilon_{i,t}\end{aligned} \quad (1)$$

（大監査法人：$BigN$=1；中小監査法人：$BigN$=0。）

　図表9-6（裁量的発生高以外の監査の質のデータについては省略）からは，両群の(1)式の係数の差の検定結果では，①裁量的発生高，②利益ベンチマーク，③事前的資本コスト，④アナリストによる利益予想の正確性，⑤継続企業の前提に関する注記情報，⑥異常監査報酬の6つの監査の質のデータを用いた場合，（切片の変数を除く）21個の共変量のうち，有意な差が認められたのが，それぞれ13個，13個，8個，11個，9個，11個であった。これは，それぞれのデータによる両群の係数には差が存在することを示しており，IPW法やPSM法を使うことで，その差の存在から生じる問題を回避する証拠を提示している（第

第9章 監査の質の提供側のインセンティブ・能力である監査法人の規模と監査の質

**図表9-6 裁量的発生高（ADA）データによる
大監査法人 vs 中小監査法人の（1）式の係数の差の検定**

変数	BigN=1					BigN=0					z値	
	係数	標準偏差	t値	p値		係数	標準偏差	t値	p値			
_cons	0.038	0.004	10.63	0.00	***	0.031	0.007	4.34	0.00	***	-5.7	***
lnASSET	-0.001	0.000	-3.70	0.00	***	-0.001	0.000	-1.52	0.13		11.75	***
LIAB	0.000	0.000	-1.16	0.25		0.000	0.000	-0.69	0.49		1.69	*
ATURN	0.002	0.001	3.23	0.00	***	0.000	0.001	-0.21	0.84		2.93	***
CURR	0.000	0.000	1.59	0.11		0.001	0.000	2.37	0.02	**	2.83	***
DOCF	-0.035	0.005	-7.03	0.00	***	-0.031	0.009	-3.54	0.00	***	0.44	
lgACCR	0.086	0.026	3.28	0.00	***	0.203	0.046	4.38	0.00	***	-0.15	
CASH	0.009	0.003	2.87	0.00	***	-0.003	0.006	-0.56	0.58		-6.55	***
LOSS	0.003	0.001	3.01	0.00	***	0.002	0.002	1.57	0.12		1.26	
BETA	0.000	0.001	0.51	0.61		-0.001	0.001	-0.67	0.51		0.38	
VOLATILITY	0.006	0.005	1.13	0.26		0.022	0.009	2.60	0.01	***	-1.04	
lgLOSS	-0.001	0.001	-1.11	0.27		-0.002	0.001	-1.48	0.14		-1.94	*
SALESVOLATILITY	0.010	0.003	2.98	0.00	***	0.014	0.006	2.48	0.01	***	-3.46	***
SALESGROWTH	0.008	0.002	3.97	0.00	***	0.013	0.003	3.80	0.00	***	1.17	
CFOVOLATILITY	0.430	0.009	47.43	0.00	***	0.434	0.016	26.40	0.00	***	1.78	*
SAF2002	-0.006	0.001	-4.80	0.00	***	-0.007	0.002	-3.14	0.00	***	2.73	***
CONSOL	0.000	0.000	0.63	0.53		0.000	0.000	1.26	0.21		4.25	***
ROA	0.017	0.011	1.53	0.13		0.033	0.019	1.76	0.08	*	1.29	
SALESABROAD	0.000	0.000	1.32	0.19		0.000	0.000	0.01	1.00		1.76	*
KEIRETSU	0.000	0.001	0.58	0.56		0.001	0.001	0.41	0.69		-6.08	***
IPO9	0.001	0.001	0.93	0.35		0.002	0.002	1.38	0.17		6.18	***
TSE1	0.001	0.001	0.98	0.33		0.001	0.002	0.66	0.51		0.08	
iD	included					included						
yD	included					included						
Adj R-squared	0.2833					0.2971						
N	11,397					3,588						

*** は1％水準，** は5％水準，* は10％水準で統計的に有意。

8章第3節を参照されたい)。

2. 傾向スコアの推定結果

図表 9-7 の **1～6** は,それぞれ①裁量的発生高,②利益ベンチマーク,③事前的資本コスト,④アナリストによる利益予想の正確性,⑤継続企業の前提に関する注記情報,⑥異常監査報酬の6つの監査の質のデータにおいて,傾向スコアを推定するために用いた,ロジスティック回帰分析の結果を記述している。この回帰式の予測値を傾向スコアの予測値とし,重みとなる ie_i(第8章を参照)を求めることになる。

図表 9-7 の **1～6** の結果は,類似したものであったが,ここでは,**図表 9-7** の **1** を例として,取り上げ,説明する。**図表 9-7-1** のロジスティック回帰の結果からは,13個の変数の係数が少なくとも5%の有意水準をもって BigN に対して有意であることがわかる。この13個の変数および得られた結果の符号は以下のようになる(得られた結果の符号はカッコの中に示す)。$\ln ASSET(+)$,$LIAB(+)$,$ATURN(+)$,$CURR(+)$,$CASH(-)$,$\lg LOSS(-)$,$SALESVOLATILITY(-)$,$CFOVOLATILITY(+)$,$SAF2002(+)$,$CONSOL(+)$,$SALESABROAD(+)$,$KEIRETSU(-)$,$IPO9(+)$ である。

つまり,総資産のより大きな企業,負債比率のより大きい企業,総資産回転率のより大きな企業,流動比率のより大きい企業,総資産に占める現金の割合がより低い企業,前期に利益を計上した企業,売上高の変動がより小さい企業,CFO の変動幅がより大きな企業,倒産確率がより高いと思われる企業,連結子会社数がより多い企業,海外売上高比率がより大きい企業,系列企業でない企業,株式上場して9年以内の企業が,大監査法人を監査人として選択する傾向がある。したがって,現金に関する項目や倒産確率に関する項目を除けば,より①規模が大きく,②効率性がよく,③変動性が低く,④黒字を計上し,⑤組織的に複雑であり,⑥海外進出しており,⑦系列企業でなく,⑧上場後の歴史が浅い企業が大監査法人を選択している。言いかえれば,大監査法人のクライアントは一般的に優良企業と言われる企業が多いが,一定のリスクがある企

第9章 監査の質の提供側のインセンティブ・能力である監査法人の規模と監査の質

図表 9-7-1　裁量的発生高（ADA）データによる傾向スコア推定のためのロジスティック回帰の結果

変数	係数	標準偏差	z値	
_cons	-1.549	0.272	-5.700	***
lnASSET	0.225	0.019	11.750	***
LIAB	0.015	0.009	1.690	*
ATURN	0.157	0.053	2.930	***
CURR	0.051	0.018	2.830	***
DOCF	0.174	0.397	0.440	
lgACCR	-0.326	2.113	-0.150	
CASH	-1.743	0.266	-6.550	***
LOSS	0.091	0.072	1.260	
BETA	0.018	0.047	0.380	
VOLATILITY	-0.408	0.391	-1.040	
lgLOSS	-0.109	0.056	-1.940	*
SALESVOLATILITY	-0.918	0.265	-3.460	***
SALESGROWTH	0.188	0.160	1.170	
CFOVOLATILITY	1.313	0.739	1.780	*
SAF2002	0.287	0.105	2.730	***
CONSOL	0.008	0.002	4.250	***
ROA	1.102	0.854	1.290	
SALESABROAD	0.003	0.002	1.760	*
KEIRETSU	-0.343	0.056	-6.080	***
IPO9	0.422	0.068	6.180	***
TSE1	0.006	0.070	0.080	
iD		included		
yD		included		
likelihood		-7801.8713		
Pseudo R^2		0.0541		
N		14,985		

*** は1％水準，** は5％水準，* は10％水準で統計的に有意。

図表 9-7-2　利益ベンチマーク（BENCHMARK）データによる傾向スコア推定のためのロジスティック回帰の結果

変数	係数	標準偏差	z値	
_cons	-1.549	0.272	-5.700	***
lnASSET	0.225	0.019	11.750	***
LIAB	0.015	0.009	1.690	*
ATURN	0.157	0.053	2.930	***
CURR	0.051	0.018	2.830	***
DOCF	0.174	0.397	0.440	
lgACCR	-0.326	2.113	-0.150	
CASH	-1.743	0.266	-6.550	***
LOSS	0.091	0.072	1.260	
BETA	0.018	0.047	0.380	
VOLATILITY	-0.408	0.391	-1.040	
lgLOSS	-0.109	0.056	-1.940	*
SALESVOLATILITY	-0.918	0.265	-3.460	***
SALESGROWTH	0.188	0.160	1.170	
CFOVOLATILITY	1.313	0.739	1.780	*
SAF2002	0.287	0.105	2.730	***
CONSOL	0.008	0.002	4.250	***
ROA	1.102	0.854	1.290	
SALESABROAD	0.003	0.002	1.760	*
KEIRETSU	-0.343	0.056	-6.080	***
IPO9	0.422	0.068	6.180	***
TSE1	0.006	0.070	0.080	
iD		included		
yD		included		
likelihood		-7801.8713		
Pseudo R^2		0.0541		
N		14,985		

*** は1％水準，** は5％水準，* は10％水準で統計的に有意。

第Ⅱ部　実証的探究

図表 9-7-3　事前的資本コスト (*RPEG*) データによる傾向スコア推定のためのロジスティック回帰の結果

変数	係数	標準偏差	z 値	
_cons	-0.825	0.479	-1.720	*
lnASSET	0.212	0.033	6.460	***
LIAB	0.020	0.015	1.380	
ATURN	0.168	0.090	1.860	*
CURR	0.108	0.032	3.350	***
DOCF	0.211	0.673	0.310	
lgACCR	2.979	3.570	0.830	
CASH	-2.524	0.456	-5.540	***
LOSS	0.033	0.109	0.300	
BETA	0.007	0.079	0.090	
VOLATILITY	-0.561	0.655	-0.860	
lgLOSS	-0.066	0.088	-0.750	
SALESVOLATILITY	0.228	0.487	0.470	
SALESGROWTH	0.115	0.295	0.390	
CFOVOLATILITY	0.627	1.250	0.500	
SAF2002	0.005	0.180	0.030	
CONSOL	0.007	0.002	2.970	***
ROA	1.466	1.438	1.020	
SALESABROAD	0.006	0.003	2.010	**
KEIRETSU	-0.397	0.085	-4.670	***
IPO9	0.624	0.126	4.970	***
TSE1	-0.155	0.120	-1.290	
iD		included		
yD		included		
likelihood		-3083.1518		
Pseudo R^2		0.0638		
N		6,190		

*** は 1% 水準，** は 5% 水準，* は 10% 水準で統計的に有意。

図表 9-7-4　アナリストによる利益予想の正確性 (*ACCY*) データによる傾向スコア推定のためのロジスティック回帰の結果

変数	係数	標準偏差	z 値	
_cons	-1.132	0.316	-3.590	***
lnASSET	0.203	0.022	9.110	***
LIAB	0.023	0.011	2.190	**
ATURN	0.130	0.063	2.070	**
CURR	0.054	0.021	2.600	***
DOCF	-0.171	0.475	-0.360	
lgACCR	1.851	2.490	0.740	
CASH	-2.062	0.315	-6.540	***
LOSS	0.106	0.082	1.300	
BETA	0.031	0.056	0.550	
VOLATILITY	-0.521	0.473	-1.100	
lgLOSS	-0.073	0.063	-1.150	
SALESVOLATILITY	-0.438	0.332	-1.320	
SALESGROWTH	0.116	0.192	0.600	
CFOVOLATILITY	0.807	0.877	0.920	
SAF2002	0.206	0.124	1.660	*
CONSOL	0.008	0.002	4.010	***
ROA	1.703	1.017	1.670	*
SALESABROAD	0.005	0.002	2.420	**
KEIRETSU	-0.336	0.061	-5.480	***
IPO9	0.472	0.086	5.470	***
TSE1	-0.076	0.084	-0.900	
iD		included		
yD		included		
likelihood		-6140.2898		
Pseudo R^2		0.0535		
N		11,956		

*** は 1% 水準，** は 5% 水準，* は 10% 水準で統計的に有意。

図表 9-7-5　継続企業の前提に関する注記情報（GC）データによる傾向スコア推定のためのロジスティック回帰の結果

変数	係数	標準偏差	z 値	
_cons	-1.765	0.288	-6.130	***
lnASSET	0.243	0.020	11.970	***
LIAB	0.016	0.010	1.570	
ATURN	0.139	0.057	2.450	**
CURR	0.053	0.019	2.760	***
DOCF	0.281	0.428	0.660	
lgACCR	0.230	2.278	0.100	
CASH	-1.725	0.287	-6.000	***
LOSS	0.126	0.083	1.520	
BETA	0.007	0.050	0.150	
VOLATILITY	-0.479	0.427	-1.120	
lgLOSS	-0.082	0.063	-1.300	
SALESVOLATILITY	-0.843	0.288	-2.930	***
SALESGROWTH	0.142	0.173	0.820	
CFOVOLATILITY	0.993	0.798	1.240	
SAF2002	0.312	0.113	2.760	***
CONSOL	0.007	0.002	3.070	***
ROA	1.402	0.928	1.510	
SALESABROAD	0.002	0.002	0.950	
KEIRETSU	-0.392	0.062	-6.370	***
IPO9	0.357	0.074	4.810	***
TSE1	0.059	0.076	0.780	
iD		included		
yD		included		
likelihood		-6599.6969		
Pseudo R^2		0.0565		
N		12,661		

*** は 1% 水準，** は 5% 水準，* は 10% 水準で統計的に有意。

図表 9-7-6　異常監査報酬（ABAFEE）データによる傾向スコア推定のためのロジスティック回帰の結果

変数	係数	標準偏差	z 値	
_cons	-2.061	0.321	-6.410	***
lnASSET	0.257	0.022	11.460	***
LIAB	0.013	0.013	0.930	
ATURN	0.142	0.065	2.200	**
CURR	0.064	0.022	2.890	***
DOCF	0.246	0.491	0.500	
lgACCR	0.862	2.639	0.330	
CASH	-2.343	0.334	-7.020	***
LOSS	0.151	0.097	1.550	
BETA	-0.011	0.060	-0.190	
VOLATILITY	-0.684	0.497	-1.380	
lgLOSS	-0.059	0.076	-0.770	
SALESVOLATILITY	-1.000	0.328	-3.050	***
SALESGROWTH	0.102	0.196	0.520	
CFOVOLATILITY	2.583	0.936	2.760	***
SAF2002	0.444	0.130	3.420	***
CONSOL	0.007	0.003	2.320	**
ROA	1.300	1.068	1.220	
SALESABROAD	0.000	0.002	-0.030	
KEIRETSU	-0.418	0.071	-5.910	***
IPO9	0.325	0.087	3.750	***
TSE1	0.186	0.087	2.140	**
iD		included		
yD		included		
likelihood		-5033.9588		
Pseudo R^2		0.065		
N		9,716		

*** は 1% 水準，** は 5% 水準，* は 10% 水準で統計的に有意。

業でもあるといえるであろう。つまり，この結果からも，大監査法人と中小監査法人との監査の質を比較する場合には，クライアントの特性をコントロールする必要があることがよくわかる[23]。

3.「6つの監査の質の測定変数と監査法人規模」の分析結果（仮説1）

図表9-8は，それぞれ①裁量的発生高，②利益ベンチマーク，③事前的資本コスト，④アナリストによる利益予想の正確性，⑤継続企業の前提に関する注記情報，⑥異常監査報酬の6つの監査の質のデータにおいて，(2)式による結果を記述している。それぞれModel1はIPW法を行わずに単回帰分析を行った結果，Model2はIPW法をして，単回帰分析を行った結果である。なお，第4節にも記述しているが，(2)式は下記のようになる。

$$\left.\begin{array}{l} ADA_{i,t} \\ PROBIT[BENCHMARK=1] \\ RPEG_{i,t} \\ ACCY_{i,t} \\ PROBIT[GCREPORT=1] \\ ABAFEE_{i,t} \end{array}\right\} = \beta_0 + \beta_1 BigN_{i,t} + \varepsilon_{i,t} \qquad (2)$$

裁量的発生高の分析結果を見ると，Model1では$BigN$変数の係数が有意に負であるが，Model2では有意ではない。つまりIPW法でクライアントの特性をコントロールすると，2群における裁量的発生高の絶対値（ADA）には，有意差が認められない。この結果は，傾向スコアによって様々な要因をコントロールすると，日本市場においては，大監査法人の監査人も中小監査法人の監査人も，同程度経営者の会計操作を抑制していることを示している。これは，監査法人の規模は監査の質に影響を与えないことを示しており，仮説1を支持する結果となった。

次に利益ベンチマークの分析については，当該分析のデータ・セットの内の

第9章 監査の質の提供側のインセンティブ・能力である監査法人の規模と監査の質

図表 9-8 仮説 1 に関わる主分析結果（(2)式による）

	Model 1：単回帰分析（重みづけなし）				Model 2：単回帰分析（重みづけあり）			
ADA	係数	標準偏差	t 値		係数	標準偏差	t 値	
_cons	0.032	0.000	64.980	***	0.031	0.001	57.020	***
BigN	-0.002	0.001	-4.300	***	-0.001	0.001	-0.990	
N			14,985				14,985	
BENCHMARK								
_cons	0.160	0.006	26.010	***	0.161	0.007	24.290	***
BigN	0.002	0.007	0.300		0.000	0.007	0.060	
N			14,985				14,985	
RPEG								
_cons	0.142	0.003	52.740	***	0.140	0.003	49.820	***
BigN	0.001	0.003	0.410		0.008	0.003	2.570	***
N			6,190				6,189	
ACCY								
_cons	-0.076	0.002	-31.810	***	-0.063	0.002	-26.930	***
BigN	0.014	0.003	5.000	***	-0.003	0.003	-1.020	
N			11,956				11,956	
GCREPORT								
_cons	0.028	0.002	13.640	***	0.015	0.002	8.450	***
BigN	-0.020	0.002	-8.280	***	-0.005	0.002	-2.220	**
N			12,661				12,661	
ABAFEE								
_cons	-0.693	0.004	-16.630	***	-8.440	0.005	-17.370	***
BigN	0.653	0.005	13.640	***	0.082	0.005	15.150	***
N			9,716				9,715	

*** は 1% 水準，** は 5% 水準，* は 10% 水準で統計的に有意。

約 16％のサンプルが総資産に占める当期純利益の割合が 0〜1％であり，これらのサンプルについて BENCHMARK ダミーが割り当てられている。**図表 9-8** からわかるように，Model1 および Model2 について BigN 変数の係数は有意ではない。つまり，経営者が損失計上を避けるために会計操作をしてわずかな利益を計上しようとする行動を，大監査法人の監査人も中小監査法人の監査人も，同程度抑制していることが確認され，これは仮説 1 を支持するものであ

る。

　3つ目の監査の質の代理変数である事前的資本コストに関する分析結果を確認すると，BigN変数の係数は有意ではないことがわかる。(ただし，事前的資本コストのデータ・セットは他の分析と比べて小さいことに注意しなければならない。この分析においては，事前的資本コストの定義から，$eps_2 > eps_1 > 0$ を満たす必要があるため，他の分析よりもデータ・セットが少なくなっている)。この結果は，他の要因をコントロールすると2群の間には事前的資本コストには有意差があることを示しており，大監査法人による監査が中小監査法人による監査よりも市場から高い評価を受けているとは言えることが分かる。事前的資本コストの分析においては，仮説1が支持されないことになる。

　4つ目の監査の質の代理変数であるアナリストによる利益予想の正確性の分析結果について，IPW法を適用する前のModel1においてBigN変数の係数が有意だったが，IPW法を適用したModel2のBigN変数の係数は有意でないことが示された。つまり，クライアントの特性をコントロールすれば，大監査法人クライアントについても中小監査法人クライアントについても，アナリストによる利益予想の正確性は同程度であり，財務諸表の信頼性は監査法人の規模には依存しないことを示している。アナリストによる利益予想の正確性の分析については，仮説1を支持する結果となった。

　5つ目の監査の質の代理変数であるGC注記に関する実証結果は，興味深い結果を示している。**図表9-8**のModel2の結果はBigN変数の係数が有意に負(有意水準5%)であることを示しており，大監査法人の方がクライアントの特性をコントロールした上でもGC注記をする確率が低いことを示している。つまり，中小監査法人の方が，他の条件を一定として，GC注記をする可能性が高いことが確認された。これは，GC注記をする方が監査の質が高いというFrancis and Yu (2009) の主張に立てば，中小監査法人の方が監査の質が高いと解釈される。GC注記に関する分析については，仮説1が支持されないことになる。

　6つ目の監査の質の代理変数である異常監査報酬に関する実証結果も，興味

第9章　監査の質の提供側のインセンティブ・能力である監査法人の規模と監査の質

深いものとなっている。図表9-8からわかるように，Model1およびModel2について$BigN$変数の係数は有意である。つまり，監査報酬のプライシングという側面から考えるときに，大監査法人の異常監査報酬は，中小監査法人のものよりも，大きいことがわかる。これは，仮説1を支持しないことを示している。

4. 2007年前後の監査の質の差の変化に関する検証結果（仮説2）

図表9-9は，仮説2（2007年以前と以降において，大監査法人と中小監査法人との間にある監査の質の差に関しては，変化が存在しない）に関する結果である。**図表9-9**からわかるように，いずれの監査の質の代理変数においても，2007年以前と以降において，大監査法人と中小監査法人との間にある監査の質の代理変数の係数に関しては，変化が存在することが認められなかった。したがって，**図表9-9**の結果は，仮説2を支持することになる。

図表9-9　仮説2に関する主たる分析結果（(2)式による）

		2001-2006	2008-2011	
		$\beta_{1per\text{-}2007}$	$\beta_{1post\text{-}2007}$	z値
監査の質の代理変数				
係数	ADA	-0.001	-0.003	0.080
	BENCHMARK	0.004	-0.001	0.060
	RPEG	0.002	0.001	0.030
	ACCY	0.009	0.020	-0.040
	GC	-0.015	-0.026	0.150
	ABAFEE	0.048	0.082	-0.520
サンプル数	ADA	7,160	5,222	12,382
	BENCHMARK	7,160	5,222	12,382
	RPEG	3,785	1,857	5,642
	ACCY	6,020	4,782	10,802
	GC	4,836	5,222	10,058
	ABAFEE	2,319	4,938	7,257

*** は1%水準，** は5%水準，* は10%水準で統計的に有意。

第Ⅱ部　実証的探究

第7節　6つの監査の質の測定変数におけるそれぞれの頑健性検証

1．PSM 法による頑健性検証

図表9-10 は，PSM 法を用いた場合の大監査法人対中小監査法人の監査の質の差についての検証結果である。**図表9-10** から確認できるように，それぞれ①裁量的発生高，②利益ベンチマーク，③事前的資本コスト，④アナリストによる利益予想の正確性，⑤継続企業の前提に関する注記情報は，それぞれの全データ・セットの場合，大監査法人と中小監査法人との監査の質の差が確認できるが，PSM 法（第8章第3節を参照）でマッチングを行った場合，その差が確認できなくなった。しかしながら，⑥異常監査報酬の場合，当該分析に関わる全サンプルと PSM 法検証時に使ったサンプルを用いた場合においてそれぞれ，大監査法人と中小監査法人との監査の質の差が確認できた（t 値：13.64；t 値：12.77）。

2．裁量的発生高に関わる頑健性検証

第1の監査の質の代理変数として用いた裁量的発生高については，今回修正 Jones モデルを用いたが，この Jones モデルは多くの研究者によって改良されている。しかし，多くの裁量的発生高を推定するモデルが報告されながらも，依然として確固たる方法は確立されていないのが現状である。そこで推定結果の頑健性を確保するために，他の裁量的発生高を推定するモデルを用いて計算された裁量的発生高をもって，頑健性検証を行う。

企業のパフォーマンスをコントロールすることで改良された Kothari et al.（2005）の ROA 修正 Jones モデル[24]は，回帰式の説明能力を向上することが実証分析から明らかになっており，頑健性のテストのためにこのモデルよって推定された裁量的発生高を用いて同様の分析を行った。結果は修正 Jones モ

---

(24)　脚注12を参照されたい。

第 9 章　監査の質の提供側のインセンティブ・能力である監査法人の規模と監査の質

**図表 9-10　大監査法人対中小監査法人の監査の質の差の検証結果：
全サンプルと PSM サンプル**

		予測符号	全サンプル		PSM 検証に使うサンプル	
			平均差異	t 値	平均差異	t 値
	被説明変数					
t-test	ADA	-/?	-0.002	-4.30 ***	0.000	-0.74
	BENCHMARK	-/?	0.002	0.30	-0.002	-0.53
	RPEG	-/?	0.001	0.41	0.005	1.42
	ACCY	+/?	0.014	5.00 ***	0.005	1.37
	GCREPORT	+/?	-0.020	-8.28 ***	-0.004	-1.06
	ABAFEE	+/?	0.065	13.64 ***	0.067	12.77 ***
No. Obs.	ADA		14,985		14,781	
	BENCHMARK		14,985		14,781	
	RPEG		6,190		6,053	
	ACCY		11,956		11,855	
	GCREPORT		12,661		12,483	
	ABAFEE		9,716		9,220	

*** は 1% 水準，** は 5% 水準，* は 10% 水準で統計的に有意。
注：PSM 法を用いた際には，マッチング法として，第 8 章で述べたカーネル・ベースト・マッチング法を用いており，また異常値を処理するために，上下 1 % を取り除く処置（wonsorized at 1% & 99%）を行っている。

デルを用いた場合と同じ傾向であり，仮説を支持するものであった。また，Kasznik（1999）は Dechow（1994）の営業活動によるキャッシュ・フロー増加額と会計発生高が強い相関をもつという実証結果に基づき CFO 修正 Jones モデル[25]を提起した。このモデルは須田・首藤（2004）が日本において当てはまりが良いことを報告しており，本章においても頑健性のテストにこのモデルを採用することは，有用であると考えられる。そしてこのモデルによる裁量的発生高を用いて同様の方法で分析を行ったが，結果は同じ傾向を示すものであり，仮説を支持する結果となった。さらに，会計利益の質を測定する方法として

---

(25)　脚注 13 を参照されたい。

第Ⅱ部　実証的探究

Dechow and Dichev（2002）の会計利益の質を測定するモデル[26]や Dechow and Dichev（2002）を発展させて作った McNichols（2002）モデル[27]を用いて同様の方法で分析を行ったが，結果は仮説を支持するものであった。

3. 利益ベンチマークに関わる頑健性検証

　また第2の利益ベンチマークの分析については，総資産に占める当期純利益の割合が0〜1％であることをベンチマークとしたが，この閾値の設定が恣意的であるため，他の数値をベンチマークの閾値として用いて検証する必要がある。そこで閾値をそれぞれ0〜0.5％（利益ベンチマークに関わる分析時の全サンプルの約6.5％），0〜1.5％（同・全サンプルの約25％）として同様の分析を行ったが，結果は同様であり，仮説を支持するものである。また，Carey and Simnett（2006）や Francis and Yu（2009）はごくわずかな利益増加を計上しているサンプル（総資産に占める当期純利益の前年度比の増加割合が小さい企業）のみを利益ベンチマークとし，同じプロビット回帰を用いた分析を行っている。本章でもこれらを参考にして，前年度比の利益の増加割合が0〜0.5％（利益ベンチマークに関わる分析時の全サンプルの約13％），0〜1％（同・全サンプルの約25％），0〜1.5％（同・全サンプルの約28％）をベンチマークとして，同様のプロビット分析を行った。実証結果は，総資産に占める当期純利益の割合をベンチマークとした場合（**図表9-8**）と異なり，IPW法のもとで（重みづけありの場合）$BigN$ 変数の係数が有意に負になった。つまり，企業の特徴をコントロールしたうえ，ごくわずかな利益増加を計上している企業は中小監査法人による監査を受けている傾向にあることを示している。

4. GC 注記の分析に関わる頑健性検証

　GC 注記の分析については，注記が監査人によってされている企業において

---

(26)　脚注14を参照されたい。
(27)　脚注15を参照されたい。

第9章 監査の質の提供側のインセンティブ・能力である監査法人の規模と監査の質

図表 9-11 裁量的発生高に関わる頑健性検証：監査法人の規模と監査の質

	Model 1					Model 2				
	重みづけなし					重みづけあり				
ADA（ROA）										
Intercept	0.031	0.001	58.36	0.00	***	0.030	0.001	53.39	0.00	***
BigN	−0.002	0.001	−2.76	0.01	***	0.000	0.001	−0.55	0.58	
No. Obs		14,443					14,443			
ADA（ΔCFO）										
Intercept	0.025	0.000	59.74	0.00	***	0.023	0.000	52.56	0.00	***
BigN	−0.002	0.000	−3.72	0.00	***	0.000	0.000	−0.24	0.81	
No. Obs		14,443					14,443			
DD										
Intercept	0.038	0.001	48.98	0.00	***	0.032	0.001	42.44	0.00	***
BigN	−0.003	0.001	−3.47	0.00	***	0.001	0.001	0.66	0.51	
No. Obs		13,000					13,000			
McNichols										
Intercept	0.036	0.001	49.94	0.00	***	0.031	0.001	43.57	0.00	***
BigN	−0.003	0.001	−3.12	0.00	***	0.001	0.001	1.18	0.24	
No. Obs		13,000					13,000			

*** は 1% 水準，** は 5% 水準，* は 10% 水準で統計的に有意。

も赤字を計上している企業とそうでない企業とでは，GC 注記される理由が異なる可能性がある。Carey and Simnett（2006）は，監査人の継続監査年数と監査の質との関連性を分析するために GC 注記を監査の質の代理変数として用いているが，当期純損失を計上している企業，または営業活動によるキャッシュ・フローがマイナスである企業にサンプルを絞って分析を行っている。本章のGC 注記に関わるサンプルにおいては，GC 注記されているデータのうち，約 89％が当期純損失を計上，または営業活動によるキャッシュ・フローがマイナスであった。本章でもこれらのデータに絞って同様のプロビット回帰分析を行ったが（全 3,797 個），結果は同様で，中小監査法人の方が GC 注記をする

確率が高かった。

　また，日本では 2009 年から GC 注記についての規定が改正されており[28]，猪熊 (2013) はこの改正以降 GC 注記が積極的にされる傾向にあることを報告している。この規定の改正によって，監査法人の GC 注記に対する姿勢の変化が指摘され，監査法人の規模の違いによって GC 注記にいたる意思決定も変化している可能性も排除できない。そのため，本章の GC 注記に関わるサンプルを 2009 年の改正以前と以後に分けて，同様のプロビット回帰分析を行ったが，結果は同様に仮説を支持しないことがわかった（*BigN* 変数の係数が有意に負）。

5. 異常監査報酬に関わる頑健性検証

　Choi et al. (2010) は，異常監査報酬を取り扱う際に，プラスとマイナスの異常監査報酬に分けて，分析すべきであると主張した。彼らによれば，プラスの異常監査報酬が監査の質（裁量的発生高の絶対値）と負の関係にあるが，マイナスの異常監査報酬が裁量的発生高の絶対値との関連性には有意ではない。そこで，頑健性チェックをするために，本章では，異常監査報酬をプラスとマイナスの 2 群にわけ，分析を行った（**図表 9-12** パネル A）。結果は，主たる分析結果（**図表 9-8；9-10**）と異ならない。

　異常監査報酬に関わる頑健性検証のために，2 つ目のチェックでは，DeFond et al. (2014) が推奨した coarsened exact matching (CEM) 法を用いた（**図表 9-12** パネル B）。具体的には，式(1)を用いて，すべての独立変数（独立変数については，**図表 9-2** を参照）の結合分布に基づいてペアリングを行い，170 個の CEM 法によるペア・サンプルを作り出す（**図表 9-12** パネル B）。最後にペア・サンプルを用いて，検証を行った。その結果は主たる分析結果と変わらない。

---

[28] 2002 年の制度導入時には，継続企業の前提に重要な疑義を抱かせる事象が存在する場合に GC 注記が必要とされたが，2009 年の規定改正後は，企業（経営者）がそれに対しての対応策を講じた場合にもなお重要な不確実性が存在する場合にのみ，GC 注記されるようになった。

第9章　監査の質の提供側のインセンティブ・能力である監査法人の規模と監査の質

図表9-12　異常監査報酬に関わる頑健性検証：監査法人の規模と監査の質

Panel A：異常監査報酬をプラス・マイナスの場合にわけての検証							
	Model 1				Model 2		
	重みづけなし				重みづけあり		
ABAFEE (+)	係数	t値			係数	z値	
切片	-0.178	-7.410	***		-0.129	-4.080	***
BigN	0.018	4.150	***		0.023	5.460	***
No. Obs	4,475				4,475		
ABAFEE (-)	係数	t値			係数	z値	
切片	0.109	3.470	***		0.108	3.020	***
BigN	0.041	8.740	***		0.045	9.950	***
No. Obs	5,241				5,241		

Panel B：Coarsened Exact Matching (CEM) 法の場合の検証					
	Model 1			Model 2	
	全サンプル			CEM検証に使うサンプル	
	平均の差	t値		平均の差	t値
ABAFEE	0.065	13.642	***	0.026	1.721	*
No. Obs	9,716			170	

Panel C：異常監査報酬の絶対値を利用する場合の検証							
	Model 1				Model 2		
	重みづけなし				重みづけあり		
ABAFEE	係数	t値			係数	z値	
切片	-0.078	-0.570			-0.049	-2.360	**
BigN	-0.013	-3.910	***		-0.016	-5.070	***
No. Obs	9,712				9,711		

*** は1%水準，** は5%水準，* は10%水準で統計的に有意。

第Ⅱ部　実証的探究

　最後に，**図表9-12**パネルCは，異常監査報酬の絶対値を利用した場合の頑健性チェックの結果を示している。興味深いのは，異常監査報酬の絶対値の場合，大監査法人が異常監査報酬の絶対値に対して，マイナス影響を与えることがわかったことである（IPW法の結果：係数－0.016；t値－5.070）。

　図表9-12パネルC・パネルAの結果や主たる分析結果（**図表9-8；9-10**）と合わせると，下記のようなことが言える。つまり，大監査法人は従属変数に対して，従属年数が異常監査報酬について符号を考慮しない場合でプラス有意，従属年数が異常監査報酬をプラスとマイナスに分けて検証した場合でそれぞれプラス有意，さらに従属年数が異常監査報酬の絶対値の場合でマイナス有意である，ということである。

　これは，下記のような解釈ができよう。第4節で既述したように，プラスとマイナスに分けず，ひとつのものとして異常監査報酬を見る場合，先行研究によって，すでに，異常監査報酬と監査の質の代理変数たちと正の相関が確認されている（Hoitash et al. 2007; Choi et al. 2010; Asthana and Boone 2012; Blankley et al. 2012; Eshleman and Guo 2014）。主たる分析結果（**図表9-8；9-10**）および**図表9-12**パネルAでは，大監査法人が異常監査報酬の側面から見る場合，より良い監査の質を提供することがわかった。一方，**図表9-12**パネルCの異常監査報酬の絶対値の場合，絶対値が少ないほど，一般的な監査報酬の水準との乖離が少ないことを意味し，監査の質が高いと考えられる。したがって，大監査法人が異常監査報酬の絶対値に対して，マイナスに有意というのは，大監査法人が異常監査報酬の側面から見る場合，より良い監査の質を提供していることがわかった。上記の3つのパターンとも，異常監査報酬を監査の質の代理変数として考える場合，大監査法人のほうがより高い監査の質を提供していることがわかった。

6. 仮説2に関わる頑健性検証

　図表9-13は，仮説2に関わる頑健性チェックの結果である。具体的には，**図表9-10**の下段右側のカラムに示したPSM法検証に使うサンプル（たとえば，

第9章　監査の質の提供側のインセンティブ・能力である監査法人の規模と監査の質

図表9-13　仮説2に関わる頑健性検証の結果

		2001-2006の PSM sample	2008-2011の PSM sample	
		大監査法人のクライアント平均－ 中小監査法人のクライアント平均	大監査法人のクライアント平均－ 中小監査法人のクライアント平均	t値
監査の質の代理変数				
t-test	ADA	0.000	-0.001	0.277
	BENCHMARK	-0.006	0.001	0.811
	RPEG	0.019	-0.017	-0.522
	ACCY	-0.003	0.012	-1.033
	GC	-0.007	0.004	1.009
	ABAFEE	-0.045	-0.082	0.103
サンプル数	ADA	7,585	5,917	13,502
	BENCHMARK	7,585	5,917	13,502
	RPEG	3,094	2,433	5,527
	ACCY	6,043	4,800	10,843
	GC	6,390	5,011	11,401
	ABAFEE	2,233	4,938	7,171

ADAの場合14,781個)を2007年のものを除いたうえ,2001～2006年および2008～2011年に分ける。そして,2001～2006年のPSMサンプルにおける監査の質の代理変数における大監査法人の平均と中小監査法人の平均の差と,2008～2011年のPSMサンプルにおける監査の質の代理変数における大監査法人の平均と中小監査法人の平均の差との差が存在するかについて,検証を行った。その結果,仮説2に関わる主分析結果(**図表9-9**)と異ならないことがわかった。

第8節　「監査の質と監査法人の規模」実証研究の発見事項の要約と考察

2005年のカネボウ事件や2011年のオリンパス事件に対して,日本の大監査法人のそれらの事件への関与が認められたことで,大監査法人における監査の

第Ⅱ部　実証的探究

質が国際的に疑問視されるようになった。また，2005年発覚したカネボウ事件の影響で2007年にビッグ・フォーの一角を占めるみすず監査法人（中央青山監査法人から2006年改称してできた）が解散し，日本の監査市場における監査法人業界内の競争の状況などに対して影響を与えた（本章の第1節や第3節を参照）。

そこで，本章は，日本市場における監査の質と監査法人の規模との関係を確認し，当該領域における議論に資したい。具体的には，本章では，仮説1：「日本の市場においては，大監査法人と中小監査法人との間には監査の質に差が存在しない」および仮説2：「2007年以前と以降において，大監査法人と中小監査法人の間にある監査の質の差に関しては，変化が存在しない」を立て，日本上場企業全社2001～2011年データを用いて様々な角度から，そしてよりロバストな手法であるIPW法（頑健性検証時PSM法も利用）を用いて検証した。

1. 仮説通りの実証結果とその解釈

監査の質の代理変数である，裁量的発生高，利益ベンチマーク，事前的資本コスト，アナリストによる利益予想の正確性の4つの代理変数については，概ね仮説を支持するものであった。つまり，経営者の会計操作を抑制する度合い，監査人による財務諸表監査の市場評価，そしてクライアントの財務諸表に対する信頼性については，クライアントの特性をコントロールした上であれば，大監査法人と中小監査法人とでは当該側面から見る監査の質に差が存在しないことが確認された。この結果は，同じクライアントの特性をコントロールし，傾向スコア・マッチング法を用いて分析を行ったLawrence et al. (2011) の研究結果と首尾一貫している。

このような実証結果になる解釈として，2つの側面から整理することができる。それは，第8章で提示した第Ⅱ部の分析視角の2つの側面であり，本章のタイトルにもなっている監査の質の提供側のインセンティブと能力の2つの側面である。

具体的には，インセンティブの側面から，下記の3つのことがいえる。まず，

第9章　監査の質の提供側のインセンティブ・能力である監査法人の規模と監査の質

訴訟リスクが低い日本のビジネス環境は，日本の監査人（監査法人）が監査の不備から生じる訴訟リスクが低いことから，最低限必要な監査の質を提供すれば足りるというインセンティブを提供してしまっている恐れがあるといえる。

第2に，日本のビジネス環境では，監査人（監査法人）に高質な監査を提供させる要因として，監査人（監査法人）のレピュテーションに対する重視が考えられるが，そのレピュテーション効果が十分に発揮できていないかもしれない。実際，第11章で記述するが，筆者の共著論文の結果によれば，2011年のオリンパス事件に対して，監査法人を取り巻くクライアントに対するネガティブな市場反応が検出されなかった（Frendy and Hu 2014）。大監査法人が市場からのペナルティがあまりないと想定すれば，大監査法人にとっては，高質な監査を提供するインセンティブが削がれたことになる可能性がある。

第3に，日本市場における監査人（監査法人）の監査の質の提供のインセンティブ側面から，重要な視点のひとつはマンパワーの絶対的な不足の状況である（第8章第2節 **図表8-2**）。どの業界もそうであるが，監査法人業界では人手不足（ひとつの作業にかけられる時間が限定的になる）という事態が十分な監査サービスの提供を妨げていることが想像に難くない。実際，不正行為の複雑スキームを読み解くのに時間が必要であるのに，監査時間の限りがあることから，オリンパス事件を事前に防げなかったことは，担当する監査人のアンケート調査でわかった（日本経済新聞朝刊2012年04月25日日付）。

上記の3つのポイントの交絡や相乗効果は，日本の大監査法人が中小監査法人よりも高質な監査を提供するインセンティブを削ぐことになると考えられる。言い換えれば，日本の監査人（監査法人）は，監査や会計に関わる規制を最小限にクリアできる監査の質の提供に安住しているといえるかもしれない。

他方，監査の質の提供側の能力の側面からも，実証結果である大監査法人と中小監査法人とでは監査の質に差が存在しないことについて，部分的に解釈できる。

たとえば，日本のみではないが，ローテーション制[29]が採用されており，同一監査人による監査業務を避け，その結果として，当該クライアント企業に

第Ⅱ部　実証的探究

関する知識や当該企業の属する産業に対する知識の蓄積が特定の監査法人に留まらないことになる。また，特に特筆すべき点は，2007年の中央青山監査法人（みすず監査法人）の崩壊が背景のひとつになると考えられるが，盛田（2011）によれば，2009年度において，監査人（監査法人）交代した41件中，大監査法人から中小監査法人（大監査法人）に交代したのが17件（8件）であり全交代数の41.5%（19.5%）を占め，逆に中小監査法人から大監査法人（中小監査法人）に交代したのが4件（3件）であり全交代数の9.8%（7.3%）を占めている。こうしたことになった理由のひとつとして，クライアント企業は，担当会計士の移籍について行くかのように，担当監査法人の移動をも行った（日本経済新聞社朝刊2007年03月03日日付）ケースがあると考えられる。

このように，ローテーション制によって，大監査法人と中小監査法人が相互にある企業の監査を担当することもありうるし，監査市場の会計士の流動性によって，監査の質の提供側の能力の側面における大監査法人と中小監査法人との差が縮まることができることも想定できよう。

また，仮説2の検証の結果，仮説の内容を支持する実証結果となった。これは，日本の監査市場において，2007年の中央青山監査法人の解体の影響もあり，顧客企業ベースで考える場合，いわゆるビッグ・フォーから，ビッグ・スリーに変化したが，大監査法人対中小監査法人の監査の質における力のバランスが変わらなかったことを示唆する結果である。

---

(29)　日本では，エンロン事件への対応として制定された米国SOX法に追随する形で，2003年5月に公認会計士法が改定され，ローテーション制が独立性強化のための措置としてとられた。具体的には，同一の被監査会社に対して連続して7年間継続して監査関連業務を行った公認会計士に対して，2年間当該会社等に対して監査証明業務を行うことが禁じられた（大規模監査法人の場合には筆頭業務執行社員の関与期間と禁止期間をそれぞれ5年間としている）としている（伊豫田他 2015）。

第9章　監査の質の提供側のインセンティブ・能力である監査法人の規模と監査の質

2. 仮説と異なった実証結果とその解釈
(1) GC注記に関わる実証結果とその解釈

それに対して，GC注記については仮説を支持するものではなく，中小監査法人のほうがGC注記をより積極的に行っていることが示された。GC注記に関わる実証結果に対する解釈として，2つの側面から整理することができる。それは，第8章で提示した第Ⅱ部の分析視角の2つの側面であり，本章のタイトルにもなっている監査の質の提供側のインセンティブと能力の2つの側面である。

具体的には，監査の質の提供側の能力の側面から，たとえば，Louis (2005) が指摘するように，中小監査法人は地方市場についてより知識を有しており，クライアントと親密な関係を築いているとすれば，クライアントの財務状態についてより詳しくなければならないGC注記の手続きを中小監査法人の方が適正に行うことができる可能性も考えられる。

また，監査の質を提供する監査人（監査法人）のインセンティブの側面から，下記のようなことがいえる。東 (2007) によれば，継続企業の前提に関わるリスク（GCリスク）が存在する企業が大監査法人に監査を依頼できないと指摘している。これは，大監査法人が自分のレピュテーションを守るため，GCリスクが少ないクライアント企業を顧客として選別するインセンティブを持つからである。その結果，これらの選別外のGCリスクが相対的に高い企業が中小監査法人に監査業務を依頼するしかない状況が想定できる。一方，これら監査業務を依頼された中小監査法人は，顧客を失うことを恐れながら，自らのレピュテーションを維持させるために，不適正意見の監査報告書を出すよりも，適正意見の監査報告書プラスGC注記にするというインセンティブを持つとも考えられる。

さらに，東 (2007) の指摘は，実証分析に使うサンプルにおける内包的な問題として，発展することも考えられる。たとえば，東 (2007, 50) によれば，「結果として，GCの付いた会社については，後任の会計監査人の選任が難しく，大手の監査法人は引き受けるのが困難で，中小監査法人ないし個人に切り替わ

第Ⅱ部　実証的探究

ってきている事例が多いものと考えられる」としており，大監査法人に監査を断られた企業が中小監査法人に監査を依頼し，結果としてGC注記がつくクライアントの監査人が中小監査法人である確率が高いのではないか，と推測できる。東（2007）が指摘している状況が事実であれば，大監査法人に監査を断られた企業が中小監査法人のクライアントとしてサンプルに存在し，その結果，分析するサンプルにバイアスがかかっている可能性が否定できない。

　加えて，第7章でも既述したが，GC注記を監査の質の高低を意味するものなのかについて，議論する声もある（ただし，他の監査の質の代理変数もGC注記と同様に弱点があることも念頭におく必要がある）。たとえば，Lennox（1999）もGC注記を利用して大監査法人と中小監査法人との差に焦点を合わせているが，彼の研究の解釈では，GC注記を行うか否かは正確に監査意見を行うかどうかに関わるものであり，監査の質の高低として解釈されない。いずれにしろ，今回の研究結果は，日本におけるGC注記の現状が欧米（たとえば，Francis and Yu 2009）と異なることを示すものであり，興味深いものとなった。

(2)　異常監査報酬に関わる実証結果とその解釈

　本章における異常監査報酬の結果も興味深いものであった。頑健性の検証結果（第7節）と主たる分析結果（第6節）を併せて，下記のような実証結果がまとめられる。つまり，大監査法人は従属変数に対して，従属年数が異常監査報酬について符号を考慮しない場合でプラス有意，従属年数が異常監査報酬をプラスとマイナスに分けて検証した場合でそれぞれプラス有意，さらに従属年数が異常監査報酬の絶対値の場合でマイナス有意であることがわかった。それらの実証結果は，異常監査報酬という監査の質の代理変数について，大監査法人対中小監査法人との差を確認したところ，本章における仮説を支持するものではなく，大監査法人のほうがより少ない異常監査報酬の絶対値をクライアント企業にもたらしていることを示している。

　このことは，下記のような解釈ができよう。まず，プラスとマイナスに分けないで，ひとつのものとして，異常監査報酬を見る場合（第4節で既述），先行研究によって，すでに，異常監査報酬と監査の質の代理変数と正の相関が確認

第9章　監査の質の提供側のインセンティブ・能力である監査法人の規模と監査の質

されている（Hoitash et al. 2007; Markelevich and Barragato 2007; Choi et al. 2010; Asthana and Boone 2012; Blankley et al. 2012; Eshleman and Guo 2014）。主たる分析結果（図表9-8）および図表9-12パネルAでは，大監査法人が異常監査報酬の側面から見る場合，より良い監査の質を提供することがわかった。一方，図表9-12パネルCの異常監査報酬の絶対値の場合，絶対値が少ないほど，一般的な監査報酬の水準との乖離が少ないことを意味し，監査の質が高いと考えられる。したがって，大監査法人が異常監査報酬の絶対値に対して，マイナス有意というのは，大監査法人が異常監査報酬の側面から見る場合，より良い監査の質を提供していることがわかった。上記の異常監査報酬を監査の質の代理変数として考えるいずれのパターンにおいても，大監査法人のほうがより高い監査の質を提供していることがわかった。

　このようにGC注記と異常監査報酬の結果は，仮説と異なる結果となっており，それぞれ合理的な解釈ができることが確認できた。GC注記については中小監査法人のほうがGC注記をより積極的に行っていることが示され，また，異常監査報酬については大監査法人のほうがより少ない異常監査報酬を受け取っていることがわかった。異常監査報酬の結果を受け，更なる分析を行う意味もあり，補章において，監査報酬を取り上げ，分析することにする。

3．実証結果の解釈に対する注意と今後の課題

　本章の実証結果を解釈する場合には，注意が必要である。本章の研究結果からは，先行研究において監査法人の規模を監査の質の代理変数や規模のコントロール変数として使うことに異議を唱えようとしていないことである。むしろ，たとえば，監査法人の規模をコントロールすることで，他の規模変数を同時にコントロールできる側面さえある。また，研究者が監査法人の規模をもって，監査の質の代理変数として用いる場合，監査の質とクライアント企業の特徴との関係を留意しながら慎重にすべきことも本章の研究のインプリケーションとして挙げられる。

　今後の課題として統計的手法について，今後の一層の精緻化が期待されるこ

とが挙げられる。本章では傾向スコアを用いたセミパラメトリックな手法を利用したが，この結果は共変量に大きく依存するものであり，その共変量の選択には欧米の先行研究を参考としたと共に，日本企業の特性を筆者が独自にコントロールしようとした（**図表 9-2**）。もちろん倒産予測確率や系列企業，東証一部上場などの変数については，日本に適合するものの使用を試みているが，それ以外の共変量についてはより日本の市場を反映した変数を模索する余地が残されていると考えられる。いずれにせよ，今後共変量の選択を含めたよりロバストな統計的手法の模索が，会計・監査についての実証研究全体の課題であると考えている。

第10章　監査の質の提供側の能力である業種特化と監査の質

第1節　はじめに

　本章の目的は，日本監査市場における監査人（監査法人）の業種特化（industry specialization）と監査の質との関連性を実証的に検証することにある。また第8章で記述したが，監査人（監査法人）がある産業の専門家（業種特化）であればあるほど能力的に高質な監査を提供できると考えられる。第8章における第Ⅱ部の分析視角（**図表8-1**）に立てば，本章は，監査の質の提供側の能力（competency）の側面における業種特化と提供された監査サービスにおける品質との関係についての分析としても捉えられる。

　一般的に監査人（監査法人）はある業種に特化することで，その業種特有の専門性を身に付けることができると考えられる。監査人の専門性は，監査基準の一般基準の1に「監査人は，職業的専門家として，その専門能力の向上と実務経験等から得られる知識の蓄積に常に努めなければならない。」と明記されているように，監査人の監査の質の維持・向上のためには非常に重要なキーワードであることがわかる。

　また，近年の学界においても監査法人における業種に関する専門性と，監査の質との関係性についての議論が多くなされるようになった。たとえば，Balsam et al. (2003) や Krishnan (2003) は，業種特化している監査法人（以下，「ISA」と記すことがある）の方が，業種特化していない監査法人（以下，「Non-ISA」と記すことがある）よりも，クライアントの裁量的な利益調整を抑制することを示している。また，Gul et al. (2009)[1]は監査人の継続監査年数と監査

の質の議論に、監査法人の業種特化の要素を加えて分析を行うなど、既存の研究に監査法人の業種特化・専門性の議論を加えることで、より詳細な分析を行う研究が増えており(2)、このテーマは学界でも非常に重要度が増していると考えられる。一方、Minutti-Meza (2013) は、業種特化の先行研究の分析上の問題（先行研究において、業種特化を示す代理変数が概念的に、計量経済的に不適切である）を指摘し、そのうえ、当該問題に対処する方法として、傾向スコアを用いたPSM法(3)による分析を行った。

そしてこの分野の実証研究が、日本において近年行われている。監査法人の業種特化と監査の質という視点であれば、藤原 (2012a; 2013) は、それぞれ監査人の専門性と継続企業の前提に関する監査判断および監査報酬との関係を実証的に分析した。また、監査法人の業種特化あるいは監査法人の産業内市場シェアを扱う日本の論文として、佐久間 (2011)、藤原 (2012b)、髙田 (2014) および福川 (2014) が挙げられる(4)。

しかしながら、監査法人の業種特化を捕捉する代理変数の多様性、Minutti-Meza (2013) が指摘した分析上の問題への対応などを背景に、監査法人の業種特化と監査の質との関係性をテーマとする研究は、日本の国内外における学界において、まだ取り組む余地が残されているように思われる。

さらに、日本の監査市場における監査法人の業種特化の状況に関して、下記のような興味深い状況がある。**図表10-1-1**は、監査法人の顧客数ベースで、

---

(1) 詳しくは**図表10-2-1**を参照されたい。
(2) その他にも、例えばLim and Tan (2008) は、非監査業務の提供と監査の質の議論に関して、監査法人の業種特化も交えた議論を展開している（詳しくは図表10-2-1を参照されたい）。
(3) PSM法については、第8章を参照されたい。
(4) 詳しくは**図表10-2-2**を参照されたい。ただし、佐久間 (2011) は厳密的な意味で監査法人の業種特化を扱っていると読み取れないことから、また福川 (2014) は実証的アプローチを当該論文の分析アプローチとしていないことから、**図表10-2-2**を取り纏める視点である「監査法人の業種特化と監査の質に関する実証研究」の範囲外にあると判断し、**図表10-2-2**において示していない。

第10章　監査の質の提供側の能力である業種特化と監査の質

各年において各業種における第1位のシェアの単純平均をRank1，第2位のシェアの単純平均をRank2としたときの，Rank1とRank2の経年推移を示したものである。たとえば，2001年において，各業種における顧客数ベースの第1位のシェアの平均が28.2%であり，各業種における顧客数ベースの第2位のシェアの平均が23.7%である。なお，**図表10-1-2**および**図表10-1-3**はそれぞれのクライアント売上高ベース，クライアントの総資産ベースにしている。

図表10-1-1，**図表10-1-2**および**図表10-1-3**から，2007年あたりを境にして，Rank1とRank2にはシェアについて大きな差が生じているということがわかる。つまり，2001～2006年におけるRank1とRank2のギャップは，2008～2012年におけるそれよりも小さいことである。

ここで留意すべき背景としては，日本の監査市場は2007年まではビッグ・フォーと呼ばれる監査法人がシェアの約8割（顧客企業数ベース）を占めていたが，カネボウの粉飾決算の事件に関わって中央青山（みすず）監査法人が解

図表10-1-1　各業種における第1位と第2位の監査法人シェアの平均の推移（クライアント数ベース）

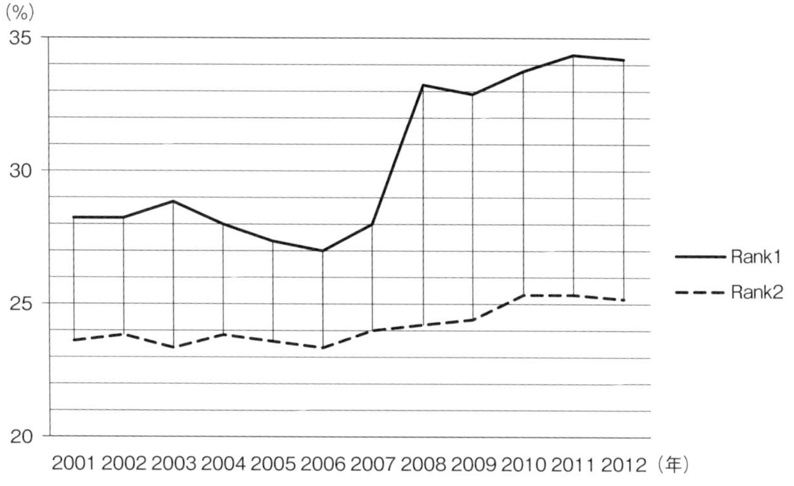

第Ⅱ部　実証的探究

図表10-1-2　各業種における第1位と第2位の監査法人シェアの平均の推移
（クライアントの売上高ベース）

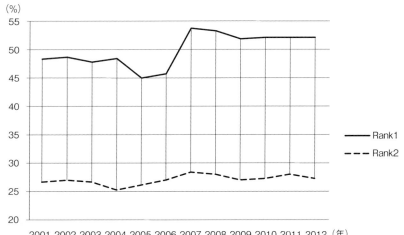

散したことにより，2008年以降は顧客企業ベースにおいてビッグ・フォー以外にシェアが奪われている状況である（図表8-5を参照）。

2007年あたりを境にして，Rank1とRank2にはシェアについて大きな差が生じていることは，2008年以降，クライアントが業種特化している監査法人を需要している証拠であり，また監査法人も業種特化した業務を提供している証拠でもある。このような業種特化に関わる監査市場の状況の変化は，監査の質にどのように影響を及ぼすのか。監査法人の業種特化は，日本では多くの海外の先行研究と同様に監査の質に対してプラスに影響するのか。本章は，これらの疑問に対する答えを探り，第8章で提示した実証的探求のフレームワークの「監査の質と監査法人の業種特化」の部分に焦点を絞り検証をしていく。

本章における研究[5]は，下記の3点の特長を有すると考えられる。第1に，近年重要性を増している，監査法人の業種特化・専門性の議論[6]に関して，ま

第10章　監査の質の提供側の能力である業種特化と監査の質

**図表10-1-3　各業種における第1位と第2位の監査法人シェアの平均の推移
（クライアントの総資産ベース）**

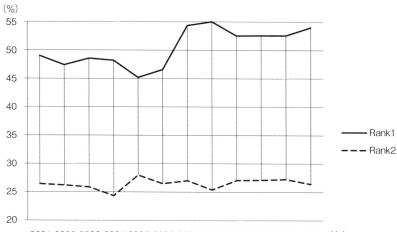

---

(5) 本書の〈初出一覧〉では，すでに記述しているが，第10章については，「書き下ろし（ただし，加藤・仙場（2016）ワーキングペーパーをベースに，加筆修正。また，当該研究成果の一部は，日本会計研究学会第75回大会（2016年9月14日）で発表済み。）」である。それらの論文（ワーキング・ペーパーである）の改訂版は，Academy of Accounting and Financial Studies Journal誌に掲載される予定である。ただし，改訂版に関しては，使用サンプル，仮説や使用モデルまで異なることから，必ずしも比較可能でないことに留意されたい。

(6) たとえば，ABI/INFORMデータベースを含むProQuest Central 学術データベースを使って，2009～2014年の間における"auditor"および"industry specialization"のキーワード検索した場合，2009年の論文件数が24件，2010年が35件，2011・2012年が44件，2013年が39件，2014年が52件，が提示された。これは，「監査人（監査法人）の業種特化」をテーマとする研究が徐々に多く出版されていることを示し，当該テーマに関する関心度を示していると理解できる。

281

た特に日本市場における監査法人の業種特化と監査の質の関係性の議論[7]に関して，研究の蓄積に貢献できることである。第2に，日本独自の状況として，**図表10-1-1**，**図表10-1-2**および**図表10-1-3**に示すようにRank1とRank2のシェアには近年大きな乖離が生まれ，その場合には監査の質が向上しているか否かを検証することで，業種特化による監査の質の優位性に対してより強い証拠の提供を試みていることである。第3に，Minutti-Meza（2013）が指摘した分析上の問題に対する対応としても理解されえるが，頑健性検証において部分的であるが，第8章で示したIPW法という傾向スコアを用いる方法で改善しようとしていることである。

本章は，具体的には下記の6節で構成されている。まず，第1節では「監査法人の業種特化と監査の質」研究の重要性などを述べ，第2節では当該テーマにかかる先行研究を踏まえながら検証仮説を設定し，第3節ではリサーチ・デザインとサンプル選択をし，第4節では分析結果を示し，第5節では追加検証および頑健性テストを行う。最後に第6節では本章での結論を要約し，考察を行い，今後の課題を記述する。

第2節　先行研究レビューと仮説の設定

本章における仮説に関しては，先行研究を参考としながら，まず①なぜ監査法人は業種特化をするのか，②なぜクライアントが業種特化した監査法人を需要するのか，という2つの視点を考察する[8]。そしてそれらの考察から，理論

---

[7] すでに述べたが，藤原（2012a; 2013）は，それぞれ監査人の専門性と継続企業の前提に関する監査判断および監査報酬との関係を実証的に分析した。継続企業の前提に関する監査判断や監査報酬を一種の監査の質と捉えれば，藤原（2012a; 2013）監査人の業種特化と監査の質の関係性に関する研究として整理できる。一方，（既述したが）監査人の業種特化を捉える変数が多様性を呈しており，また，監査の質の意味も多く含んでいることから，日本市場を分析対象とする研究の余地はまだあると考えられる。

[8] この2つの視点はDunn and Mayhew（2004）を参考にしたものである。

第10章　監査の質の提供側の能力である業種特化と監査の質

的に監査法人の業種特化と監査の質との間にはどのような関係性が考えられるのかを考察し、また先行研究の結果を踏まえて本章の仮説を設定する。

1. なぜ監査法人は業種特化をするのか

　監査市場は、あるクライアントの監査人が決定されていない初期の段階においては、すべての監査人の能力を一定とすれば、完全競争の状況にあると考えられる（Weinstein 1987）。Porter（1985）によれば、市場が完全競争であるとき、基本的に企業の競争戦略としては、①差別化戦略、または、②低コスト化戦略、のどちらかの戦略を取ることができるとしている。

　上記の①②の戦略を監査法人に当てはまれば、下記のようになる。ある監査法人が、他の監査法人との競争戦略に関して差別化戦略を選択した場合、その監査法人はクライアントの属する業種に関する特有かつ高度な知識を蓄積し、他の監査法人がその業種の専門性に関して追随できないようにすることで、差別化を図ることができる[9]。あるいは、監査法人が低コスト化戦略を選択した場合、監査法人は規模の経済性による監査コストの優位性を獲得するために[10]、ある業種内においてシェアを増やそうとすることが想定される。その結果、その高度な業界特有の知識を手に入れることができる。

　ただし、Cahan et al.（2011）によれば、監査サービスが信用財であり、クライアントにとってはその価値が捉えることができないために、監査法人は業種間で異なった競争戦略をとることができるとしている。

2. なぜクライアントが業種特化した監査法人を需要するのか

　クライアントが業種特化した監査法人を需要する理由としては、主に以下の2点が考えられる。第1に、クライアントは業種特化した監査法人がその業種

---

[9] 監査法人の差別化戦略については、Dunn and Mayhew（2004）やCahan et al.（2011）などを参照されたい。

[10] Danos and Eichenseher（1982）は、マーケットシェアによって測定される監査法人の業種特化の度合いが増加するとき、規模の経済性を獲得できることを指摘している。

に関して高度な知識を有していると考え，質の高い監査サービスを受けることができると想定することが推測される。そして Dunn and Mayhew（2004）は，高質な監査はクライアントのディスクロージャーの質に影響を与えることで，財務諸表の信頼性を高めることができると指摘している。このことはクライントにとっては，業種特化した監査法人を採用するインセンティブになる。第2に，本節第1項で述べた規模の経済性はクライアントにとっても便益である。Mayhew and Wilkins（2003）は規模の経済性によって監査コストが低減し，その結果クライアントが支払う監査報酬も低くなる可能性を指摘しており，費用の面からも業種特化した監査法人を需要すると考えられる。

3. 監査法人の業種特化と監査の質の関係

本節第1項と第2項に示したように，監査法人は業種特化することによって，その業種に関する高度な専門性を得ることができる。その結果，ISA はクライアントにとって高質な監査を実行することができると推測される（Owhoso et al. 2002; Carcello and Nagy 2002）。また，一般に ISA はその業種内で獲得した評判（reputation）を保持しようとするインセンティブがより大きく働くと考えられる（Craswell et al. 1995）[11]。そして，Reynolds and Francis（2000）によれば，このような監査人はクライアントの不適正な財務報告をするリスクを最小化するために，クライアントにより厳密な基準を課すことが想定される。これらのことを総合すると，ISA は Non-ISA よりも監査の質が高いことが予測される。

また，日本国内外の実証研究の内容も仮説の設定時において踏まえる必要があると考えられる。**図表 10-2-1** および **図表 10-2-2** では，主に監査法人の業種特化と監査の質との関係性について検証した先行研究の概要を示している。

---

(11) 業種内で大きなシェアを持っている ISA は，仮にその悪い評判が業種内の他のクライアントに共有された時，そのことによる損失（例えば，監査法人の交代や監査報酬の引き下げなど）は Non-ISA よりも大きいと考えられ，質の高い監査を実施するインセンティブになる。

図表 10-2-1 が示すように,海外の多くの先行研究は ISA の方が Non-ISA よりも高質な監査を実施していることを示唆している (Balsam et al. 2003; Chin and Chi 2009; Krishnan 2003; Kwon et al. 2007; Romanus et al. 2008)。しかし,Minutti-Meza (2013) はそれまでの実証手法とその結果に対して疑問を投げかけ,よりロバスト的な手法である PSM 法[12]のもと,それまでに観察された ISA 対 Non-ISA における監査の質の差がなくなったと論証した (図表 10-2-1)。

一方,日本においては,監査法人の業種特化と監査の質との関係性という視点から藤原 (2012a; 2013) が挙げられる (図表 10-2-2)。藤原 (2012a) は,監査の専門性が高い監査法人が継続企業の前提に関する追記情報の開示をしていない傾向を示し,また,藤原 (2013) では監査法人の専門性が高い監査報酬との関係を示す証拠が得られなかったとした。継続企業の前提に関する追記情報の開示,あるいは監査報酬の高さを高い監査の質と捉えれば (第7章と第9章を参照)[13],藤原 (2012a; 2013) は,監査法人の業種特化が必ずしも高質な監査の質に結びついていないと示唆している。

上記のように,日本国内外における先行研究では,監査法人の業種特化と監査の質との関係性についての結論は一様ではない。他方,監査法人の業種特化と監査の質との関係性を検証する際において,監査の質や監査法人の業種特化をどのように捉えるかによって,どのような結果になるかはまだ探求する余地が残されていると考えられる。

そこで,ここでは,いままで述べた理論的展開を重視し,さらに実証的に確認するために,仮説1[14]を次のように設定する。

---

(12) 本書の第8章を参照されたい。
(13) ただし,本書における見解 (第7章) に厳密にしたがえば,監査報酬の高さそのものは監査の質の高さとして捉えられない。第7章では,異常監査報酬を監査の質として捉えている。また第9章では,異常監査報酬を監査の質の代理変数として用いて実証分析を行っている。
(14) ここでの仮説の設定の方式は,先行研究たとえば,Balsam et al. (2003) などを参考にして設定しており,帰無仮説を設定するという方式を採っていない。

図表 10-2-1 「監査の質と監査法人の業種特化」に関する欧米の先行研究

研究論文	分析・調査の概要	サンプルと年度・分析方法など	主な調査結果（一部）
Balsam et al. (2003)	業種特化している監査法人（以下，ISA）とそうでない監査法人（以下，Non-ISA）との間には監査の質が差があるのかを検証	米国企業 50,116（19,091）個 <Compustat data, I/B/E/S,CRSP> 1991-1999 年 裁量的発生高（Jones モデル）や利益反応係数（ERC）を用いた回帰分析	6 つの業績特化の代理変数を用いて， ①ISA のクライアントは，Non-ISA のクライアントよりも裁量的発生高が有意に少なく（6 個のうち 5 個の代理変数）， ②ISA クライアントの ERC は Non-ISA の ERC よりも高いこと（6 個すべての代理変数），が確認された。 これらの結果は ISA のほうが監査の質が高く，市場もそれを認識していることを示唆している。
Cenker and Nagy (2008)	監査法人が業種特化することによって，訴訟リスクやクライアントとのミスマッチのリスクが減少し，監査人の交代する確率が減少するかどうかを検証	米国企業 1,821 個 <Compustat data> 2004-2005 年 監査人が交代したか否かを被説明変数とするロジスティックモデル	①法人全体レベルと事務所レベルの両方で ISA である監査法人は，監査人の交代する可能性が低い。 ②事務所レベルのみで ISA である監査法人は，監査人の交代する可能性が低い。 ③法人全体レベルのみで ISA である監査法人については，上記①，②の傾向は見られない。
Chin and Chi (2009)	業種特化している監査人（監査法人レベルと監査個人レベルで測定）が財務諸表の修正再表示をする傾向があるのかどうかを検証	台湾企業 35,008 個 <TEJ database> 1990-2004 年 財務諸表の修正再表示を用いたプロビットモデル	①監査人個人レベルでは ISA が財務諸表の修正再表示をする可能性が低いが，監査法人レベルではこの傾向は見られない。 ②上記①の個人レベルとは主任監査人については測定した場合にのみ観察される傾向であり，それ以外の監査人個人レベルではこの傾向は見られない。
Dunn and Mayhew (2004)	ISA のクライアントについて，行政によって統制されている産業（医療産業や金融など）とそうでない産業では，ディスクロージャーの質に差があるのかどうかを検証	米国企業 1,998 個 <Compustat data, CRSP,I/B/E/S> 1990-1996 年 AIMR スコア（ディスクロージャーの質を示す指数）を用いたランク回帰	①行政によって統制されている産業（医療産業や金融など）については，ISA クライアントの方が Non-ISA クライアントよりもディスクロージャーの質が高い。 ②統制されていない産業については，上記の傾向はみられなかった。
Gul et al. (2009)	継続監査期間の利益の質に与える影響が，監査人の業種特化や low-balling によってどのように影響されるかを検証	米国企業 32,777 個 1993-2004 年 <Compustat data> 裁量的発生高（Jones モデル）を用いた切断回帰（truncated regression）モデル	①継続監査期間が短ければ利益の質が低下するという関係は，ISA サンプルの場合は緩和される。 ②low-balling によって監査の質が低下するという説明は支持されない。

第10章 監査の質の提供側の能力である業種特化と監査の質

Krishnan (2003)	ISAがクライアントの利益調整をNon-ISAと比べてより抑制するかどうかを検証	米国企業24,114個 1989-1998年 <Compustat data> 裁量的発生高（Jonesモデル）を用いた回帰分析	ISAクライアントはNon-ISAクライアントよりも裁量的発生高が少なく、ISAはクライアントに対してより利益調整を抑制している。
Kwon et al. (2007)	28カ国のデータを用いて、監査人の業種特化と利益の質との関係を検証し、更にその関係が法的環境によって左右されるかどうかを検証	世界28カ国の企業27,824 (36,807)個 <Compustat Global Vantage> 1993-2003年 裁量的発生高（Jonesモデル）やERCを用いた回帰分析	①ISAクライアントの方がNon-ISAクライアントと比べて、裁量的発生高が有意に低く、ERCが有意に大きい。 ②法的環境が弱い国ほど、上記の関係は強くなる。
Lim and Tan (2008)	非監査業務の提供が監査の質に負の影響を与えるという関係が、監査法人の業種特化によって左右されるかどうかを検証	米国企業6,380社 <Compustat data,I/B/E/S,CRSP> 2000-2001年 ゴーイングコンサーン（GC）を用いたロジスティック回帰、裁量的発生高を用いた回帰分析	非監査業務の提供を受けているISAクライアントの方が、非監査業務提供を受けていないNon-ISAクライアントよりも、 ①GCがより多く表明される傾向があり、 ②アナリストの業績予想の達成ができない傾向があり、 ③ERCが高い。 非監査業務を提供している場合、ISAの方がNon-ISAよりも監査の質が高いことを示唆する。
Reichelt and Wang (2010)	監査法人全体レベルと、監査事務所レベルの2つの測定方法によって、ISAの方がNon-ISAと比べて監査の質が高いかどうかを検証	米国企業13,771個 <Compustat data> 2003-2007年 裁量的発生高（Jonesモデル）を用いた回帰、利益ベンチマークおよびGCを用いたロジスティック回帰分析	①法人全体レベルと事務所レベルの両方でISAである監査法人クライアントは、裁量的発生高が少なく、利益ベンチマークに該当する確率が低く、GCを表明する確率が低い。 ②事務所レベルのみでISAである監査法人は、裁量的発生高が少ない。 法人全体レベルと事務所レベルの両方でISAである監査法人は監査の質が高い。
Romanus et al. (2008)	ISAとNon-ISAとでは、財務諸表の修正再表示を行う傾向に違いがあるかどうかを検証	財務諸表の修正再表示を行った米国企業986個 <GAO report, Lexis-Nexis News Library> 1998-2003年 財務諸表の修正再表示を用いたロジスティック回帰分析	①ISAクライアントの方が、Non-ISAクライアントよりも財務諸表の修正再表示をする可能性が低い。 ②特に、ISAは売上高や売上原価、営業費用など、重要な財務諸表項目に関して、修正再表示をさせる可能性が低い。 ③Non-ISAからISAへと監査法人を替えたクライアントは、財務諸表の修正再表示をする可能性が高く、ISAからNon-ISAへと監査法人を替えたクライアントは、財務諸表の修正再表示をする可能性が低くなる。

第Ⅱ部　実証的探究

Minutti-Meza (2013)	監査人の業種特化により、監査の質が高いか否かを検証し、更に監査報酬が監査人の業種特化によって左右されるかどうかを検証	米国企業 16,337～75,188 個（分析によって多様）1988-2008 ＜Compustat data, Audit Analytics＞ 傾向スコアロジスティック（以下、PSM）回帰 GC、アナリスト予想値達成をそれぞれ用いたロジスティック回帰 および裁量的発生高の絶対値（修正 Jones モデル）、監査報酬をそれぞれ用いた回帰分析	①全サンプルの結果、ISA クライアントの方が、Non-ISA クライアントより低い裁量的発生高を所持し、GC を多く表明する傾向にあり、アナリストの業績予想の達成ができない傾向にあるが、PSM サンプルの結果、ISA クライアントと Non-ISA クライアントとの間における有意な差がなくなった。②全サンプルと PSM サンプルの結果、ISA クライアントと Non-ISA クライアントとの間に、監査報酬の有意な差がない。

仮説1：業種特化している監査法人の方が、業種特化していない監査法人よりも監査の質が高い。

　また、本章で日本の監査市場を研究対象とする独自の取り組みとしては、相対的に ISA のシェアが増える前と増えた後で、ISA と Non-ISA における監査の質の差に違いが出るかどうかを検討することである。**図表 10-1-1**、**図表 10-1-2 および図表 10-1-3** によると、2008 年以降は、Rank1 と Rank2 のシェアのギャップが 2001～2007 年と比べて大きくなり、ISA に対する需要が高まっていると示している。これは時期的に中央青山（みすず）監査法人の解体が契機になったと考えられる。つまり、中央青山（みすず）監査法人の解体によりそのクライアントは、翌年度から新たな監査法人を選定する必要で、結果的に ISA 監査法人を選択した可能性があることである。Weinstein（1987）が指摘するように、初年度の監査サービス市場は競争的であるため、この時期においては監査市場全体として、競争度が増したことが想定される[15]。すると競争市場においては、本節第1項に述べたように監査法人は差別化戦略か低コスト化戦略をとり、業種内のシェアを伸ばそうとする。この結果として、第3項

---

(15) 2007 年の中央青山（みすず）監査法人解体後の監査市場競争激化の可能性について、第8章および第9章でも別の視点からの検討による同様な結論を述べている。

図表 10-2-2 「監査の質と監査法人の業種特化」に関する日本の先行研究

研究論文	分析・調査の概要	サンプルと年度・分析方法など	主な調査結果（一部）
藤原 (2012a)	専門性の高い監査法人は継続企業の前提に関する追記情報の開示を抑制するか否かについて検証	日本企業 8,316 個 2004-2006 年度，2009-2011 年度 ＜日経 NEEDS CD-ROM＞ 差の検定，ゴーイングコンサーン（GC）を従属変数とする回帰分析	監査の専門性が高い監査法人が継続企業の前提に関する追記情報の開示をしていない傾向を示している。
藤原 (2012b)	市場シェアに基づいて日本の監査法人の専門性を測定	日本企業 8,346 個 ＜日経 NEEDS CD-ROM＞ 2003-2006 年度，2009-2011 年度 市場シェアが 33％ 超える監査法人を専門性が高い法人と識別	専門性を識別できた監査法人はすべて大規模監査法人である。
藤原 (2013)	監査報酬の決定について専門性がどのような影響を与えているのかについて検証	日本企業 8,316 社 2004-2006 年度，2009-2011 年度 ＜日経 NEEDS CD-ROM＞ 差の検定，監査報酬を従属変数とする回帰分析	監査報酬に対して専門性の係数が正であるが，有意ではなかった。
髙田 (2014)	監査事務所による業種特化の影響を考察する。	日本市場 33 業種 ＜日経 NEEDS Financial Quest，NPM 日本上場株式月次リターンデータ等＞ 2008-2011 年 比較可能性，業種内での寡占化の程度に関する基本統計量，観測値のプロット図	ある業種において監査事務所の寡占化が進むと，比較可能性の向上という好意的な影響を観察できた。

で述べたように相対的に ISA には，規模の経済や業種の専門性に関して優位性が生まれ，また評判（reputation）の喪失に対するリスク回避の度合いも強まり，ISA vs. Non-ISA の監査の質の差が大きくなる可能性がある。

これらの状況や先行研究によって，次の仮説 2 を設定する。

仮説 2：2007 年（中央青山（みすず）監査法人の解散，Rank1 と Rank2 のシェアの差の拡大時期）以降，業種特化した監査法人とそうでない監査法人とでは監査の質の差はより大きくなる。

第Ⅱ部　実証的探究

第3節　リサーチ・デザインとサンプル選択

1. 監査法人の業種特化の測定方法

　Gramling and Stone（2001）およびKrishnan（2003）によれば，監査人（監査法人）の業種特化による優位性は，その監査人のクライアントが多いことに起因するのか，あるいは少数の規模の大きなクライアントを監査していることに起因するのかは不明である。監査法人の業種特化を直接的に観測することは困難であるため，先行研究はいくつかの業種特化の代理変数を使用している（図表10-2-1）。先行研究では業種特化を代理する変数がいまだ1つに確定しておらず，本章でも6つの業種特化の代理変数を使用する。

　ほとんどの先行研究では，監査人（監査法人）の業種特化を示す変数として，監査人の各業種内におけるシェアが使用される。しかしながら，この監査人のシェアをどのように測定するかは，先行研究によって大きく異なる。最も多く用いられているのはクライアントの売上高ベースで，監査人の業種内シェアを測定する方法であり（Dunn and Mayhew 2004; Krishnan 2003; Kwon et al. 2007; Lim and Tan 2008; Romanus et al. 2008など），次のように定義される。

$$SHARE_{ik} = \frac{\sum_{j=1}^{J_{ik}} SALES_{ijk}}{\sum_{i=1}^{I_k} \sum_{j=1}^{J_{ik}} SALES_{ijk}}$$

ただし，$i=$各監査法人，$j=$各クライアント，$k=$各業種

　分子は業種 k における監査法人 i のすべてのクライアントの売上高の合計を表し，分母は業種 k におけるすべてのクライアントの売上高の合計である。本章では売上高と同様に，クライアントの総資産額を使って監査法人のシェアを測定する。上記と同様に $SHARE2$ 変数は，

第10章 監査の質の提供側の能力である業種特化と監査の質

$$SHARE2_{ik} = \frac{\sum_{j=1}^{J_{ik}} ASSET_{ijk}}{\sum_{i=1}^{I_k}\sum_{j=1}^{J_{ik}} ASSET_{ijk}}$$

ただし，i＝各監査法人，j＝各クライアント，k＝各業種

と定義される。また，Balsam et al.（2003）に従い，各業種で上記のように定義されるシェアが最大である監査法人を1，それ以外の監査法人を0とする LEADER ダミー（LEADER2 ダミー）を作成し，これについてもそれぞれ監査人（監査法人）の業種特化を示す変数とする。

　また，Balsam et al.（2003）や Chin and Chi（2009）はクライアント数をベースとして各業種の監査人のシェアを推定している。Chin and Chi（2009）によれば売上高ベースでシェアを推定した場合，規模の小さなクライアントを多く監査することで業種に関する知識を蓄積した監査法人の業種特化を正確に測定できないことが想定されるため，クライアント数でシェアを推定することが望ましい。本章においてもこれらの先行研究に従い，SHARE と同じようにクライアント数ベースで各業種内の監査法人のシェアを SHARECL と定義し，監査法人の業種特化の代理変数として用いる。また，LEADER ダミーと同じように各監査法人を各業種のシェア（クライアント数ベース）によってランク付けし，最大のシェアを持つ監査法人を MOSTCL=1，それ以外の監査法人を MOSTCL=0 とする，MOSTCL ダミーを設定する。

　以上のように，本章で使用する業種特化の代理変数は，LEADER，LEADER2，MOSTCL，SHARE，SHARE2，SHARECL である。SHARE，SHARE2，SHARECL はそれぞれ各業種におけるクライアントの売上高（総資産あるいは顧客数）ベースによる各監査法人のシェアであり，LEADER，LEADER2，MOSTCL は，それぞれ各業種においてクライアントの売上高（総資産あるいは顧客数）ベースで，最大のシェアを持つ監査法人クライアントを1，それ以外を0とするダミー変数である（図表10-3を参照）。

2. 監査の質の測定方法

本章では,欧米や日本の多くの先行研究を参考にして,監査の質の代理変数として裁量的発生高を使用する。裁量的発生高は,Jones（1991）によって導入された概念であり,会計発生高（会計利益と営業活動によるキャッシュ・フローの差額）のうち,経営者によって意図的に発生された部分を推定するものである[16]。高質な監査が実施されれば,この裁量的発生高は抑制されることが期待される。本章では裁量的発生高の測定に一般的に多く用いられる Kothari et al.（2005）によって推奨された修正 Jones モデルを用いる。

修正 Jones モデルは,

$$TACC_{i,t} = \alpha + \beta_1(1/\ln ASSET_{i,t-1}) + \beta_2(\Delta SALES_{i,t} - \Delta REC_{i,t}) + \beta_3 PPE_{i,t} + \varepsilon_{i,t}$$

と定義され,また $TACC$,$\Delta SALES$,ΔREC,および PPE の変数は総資産でデフレートされている。ただし,$TACC$ は総会計発生高：（税引後経常利益）−（営業活動によるキャッシュ・フロー），$\Delta SALES$ は売上高増加額：（当期売上高）−（前期売上高），ΔREC は売上債権増加額：（当期末売上債権額）−（前期末売上債権額），PPE は当期末償却性固定資産額である。詳しい変数の定義は**図表 10-3** を参照されたい。

そして会計発生高から非裁量的発生高を控除することで,裁量的発生高を推定する。裁量的発生高については,符号が正の場合は,経営者が利益調整によって利益を意図的に増加させたことを意味し,符号が負の場合は,経営者が利益調整によって利益を意図的に減少させたことを意味するが,本章では経営者の利益調整の調整度合いを監査の質と捉えるため,裁量的発生高の絶対値 ADA を監査の質の代理変数とする[17]。

---

(16) 裁量的発生高や会計発生高について,第 9 章の第 4 節を参照されたい。
(17) ここで使用する修正 Jones モデルや ADA 変数が裁量的発生高の絶対値にする措置は,第 9 章の主たる分析上の裁量的発生高にかかるものと同様である。

第10章 監査の質の提供側の能力である業種特化と監査の質

図表10-3 第10章で使用する変数の定義

ADA	裁量的発生高の絶対値：｜(総会計発生高)−(非裁量的発生高)｜
TACC	総会計発生高：(税引後経常利益)−(営業活動によるキャッシュフロー)
⊿REV	売上高増加額：(当期売上高)−(前期売上高)
⊿REC	売上債権増加額：(当期末売上債権額)−(前期末売上債権額)
PPE	償却性固定資産額
ASSET	総資産額
lnASSET	総資産額の自然対数
SP	監査法人の業種特化を示す代理変数；以下，6つの変数を用いる
┌ LEADER	各業種においてクライアントの売上高ベースで，最大のシェアを持つ監査法人クライアントを1，それ以外を0とするダミー変数
│ LEADER2	各業種においてクライアント総資産額ベースで，最大のシェアを持つ監査法人クライアントを1，それ以外を0とするダミー変数
│ SHARE	各業種におけるクライアントの売上高ベースによる各監査法人のシェア
│ SHARE2	各業種におけるクライアントの総資産額ベースによる各監査法人のシェア
│ MOSTCL	各業種においてクライアント数ベースで，最大のシェアを持つ監査法人クライアントを1，それ以外を0とするダミー変数
└ SHARECL	各業種におけるクライアント数ベースによる各監査法人のシェア
CFO	(営業活動によるキャッシュフロー)／(総資産額)
LEV	負債構成比率：(負債合計)／(総資産額)
abs(TACC)	総会計発生高の絶対値
添え字 (i, t)	(各企業，各年度)

3. 回帰式の設定

本章では，第3節の第1項および第2項で定義した ADA と業種特化を示す代理変数SP6つを用いて，以下の重回帰式を設定する。

$$ADA_{i,t} = \beta_0 + \beta_1 SP + \beta_2 \ln ASSET_{i,t} + \beta_3 CFO_{i,t} + \beta_4 LEV_{i,t} + \beta_5 abs(TACC) + \varepsilon_{i,t}$$

被説明変数は裁量的発生高の絶対値 ADA であり，値が小さければ監査の質が高いことを意味する。検証変数は SP であり，これは本節第1項で定義した監査法人の業種特化に関する6つの代理変数で表現している。

コントロール変数についての説明は下記のようになる。まず，ln$ASSET$，

第Ⅱ部　実証的探究

CFO, LEV, abs（$TACC$）は，Balsam et al.（2003）を参考にしたコントロール変数である。Becker et al.（1998）と Reynolds and Francis（2000）は裁量的発生高に影響を与える変数として企業規模を表す総資産額 ln$ASSET$ と営業活動によるキャッシュフロー CFO を使用している。また，Reynolds and Francis（2000）は，先行研究が負債比率の高い企業は利益増加型の利益調整をする傾向があることを示していることを理由に，負債構成比率 LEV をコントロール変数として使用している。加えて，LEV をコントロール変数として利用するのは，日本企業の高い負債構成比率状況をコントロールすることも視野に入れている（第8章を参照）。

最後に，"accruals-generating potential"（Becker et al. 1998）をコントロールする目的で，会計発生高の絶対値 abs（$TACC$）を投入している。Accruals generating potential は Becker et al.（1998, 13）で用いられた言葉である。この考え方は，Francis et al.（1996）を参照したものであり，彼らは外部の利害関係者には企業の裁量的発生高と非裁量的発生高を区別することが困難であるため，報告利益に対して不確実性があることを指摘している。そして会計発生高が多い企業は，裁量的発生高も多い可能性があるため，その影響をコントロールする必要があると考えられ，ここでは会計発生高の絶対値 abs（$TACC$）をコントロール変数として投入する。

これらの影響をコントロールしたうえで，SP の係数が負，つまり ISA と裁量的発生高には負の相関があると認められた場合には，ISA の方が監査の質が高いと認識され，仮説1は支持される。また仮説2については，2001年から2006年までのサンプルと，2008年から2012年までのサンプルの2つに分けて同様の回帰分析を行い，後者のサンプルの方において SP の係数が有意に小さい場合に，仮説2は支持される。

また，コントロール変数については，Becker et al.（1998）や Reynolds and Francis（2000）などの先行研究を参考にして，ln$ASSET$, CFO, LEV の係数については負，abs（$TACC$）の係数については正になると予測される（図表10-7参照）。

第10章　監査の質の提供側の能力である業種特化と監査の質

4. サンプル

財務データに関してはNEEDS Financial Questから入手し,監査法人データに関しては日経NEEDS CD-ROM(『企業基本ファイルⅡ 監査法人・監査意見』(2012年8月作成))を使用した。

図表10-4は,サンプル選択の状況を示している。サンプルについては2001年3月期から2012年3月期において大監査法人による監査を受けている[18],3月決算,連結財務諸表を開示しているすべての上場企業を対象とする。また金融系企業(銀行・保険・証券・その他金融業),SEC基準適用企業,IFRS適用企業はサンプルから除外している。共同監査を受けた企業についても,大監査法人による監査を受けたのか,あるいはそうでないのかを判断することはできないため,サンプルから除外した。また,分析に必要な変数が欠損しているデータについても除外している。最終サンプル数は12,765個(企業・年)となった。

図表10-4　サンプル選択

2001年度から2012年度の上場企業(企業・年)	19435
除外:Non-Big N監査人に監査された企業・年	-3653
金融系企業・年	-1438
共同監査を受けた企業・年	-981
必要な情報が入手不可能の企業・年	-598
利用するサンプル総数(企業・年)	12765

---

[18] 今回のような業種特化を分析の対象とする場合,①ほぼすべての業種特化サンプルは大監査法人クライアントであること,②本章の分析の目的は,監査法人の業種特化が監査の質に対する影響であり,監査法人の規模の違いを分析時に持ち込むことが分析のかく乱要因となり得ること,③先行研究においてもサンプルを大監査法人だけに絞ることが一般的であること(Balsam et al. 2003;Krishnan 2003など),の3つの理由により,中小監査法人クライアントのサンプルは本分析から除外した。

第Ⅱ部　実証的探究

第4節　分析結果

1. 記述統計量と相関係数

図表 10-5 は ISA クライアントと Non-ISA クライアントのサンプル各群の記述統計量，そしてサンプル全体の記述統計量を示している。各変数について，平均値の差の検定を行った結果，多くの変数について有意差が認められる。これは，ISA と Non-ISA では，そのクライアントの性質に差があることを示している。具体的には，ISA サンプル群の方が，裁量的発生高の絶対値が少なく（平均：0.0030＜0.032），総資産が大きく（ln$ASSET$ の平均：11.366＞11.064），対総資産 CFO が大きく（平均：0.060＞0.056），負債構成比率（負債／総資産）が大きい（平均：0.545＞0.530）ことが分かる。これらの傾向は米国企業（1991〜1999年）を分析対象としている Balsam et al.（2003）と一致している。

また，**図表 10-6** はピアソンとスピアマンの相関係数を示している。重回帰分析に用いられる説明変数間には大きな相関関係が存在せず，多重共線性の問

図表 10-5　記述統計量と平均値の差の検定

	Pooled Sample					
stats	n	Mean	Std. Dev.	25%	Medium	75%
ADA	12,765	0.031	0.037	0.010	0.022	0.041
ln$ASSET$	12,765	11.167	1.450	10.170	10.983	12.056
CFO	12,765	0.057	0.067	0.027	0.056	0.087
LEV	12,765	0.535	0.208	0.382	0.545	0.690
abs($TACC$)	12,765	0.044	0.043	0.017	0.035	0.059

	LEADER=1						LEADER=0						
変数	n	Mean	Std. Dev.	25%	Medium	75%	n	Mean	Std. Dev.	25%	Medium	75%	t-stat
ADA	4,359	0.030	0.029	0.010	0.021	0.041	8,406	0.032	0.041	0.010	0.022	0.041	-3.722 ***
ln$ASSET$	4,359	11.366	1.569	10.265	11.106	12.335	8,406	11.064	1.373	10.116	10.921	11.898	10.846 ***
CFO	4,359	0.060	0.067	0.028	0.057	0.088	8,406	0.056	0.068	0.027	0.055	0.086	2.893 ***
LEV	4,359	0.545	0.206	0.399	0.557	0.696	8,406	0.530	0.209	0.375	0.538	0.686	3.752 ***
abs($TACC$)	4,359	0.044	0.036	0.018	0.035	0.060	8,406	0.044	0.046	0.017	0.034	0.058	-0.602

注：平均値の差の検定については，*** は1％水準，** は5％水準，* は10％水準で統計的に有意。

第10章 監査の質の提供側の能力である業種特化と監査の質

図表10-6　Pearson の積率相関係数（左下）と Spearman の順位相関係数（右上）

	ADA	LEADER	SHARE	LEADER2	SHARE2	MOSTCL	SHARECL	lnASSET	CFO	LEV	abs(TACC)
ADA	1	-0.013	-0.014	-0.021	-0.019	0.015	0.012	-0.144	-0.020	0.022	0.378
LEADER	-0.023	1	0.784	0.841	0.774	0.420	0.444	0.084	0.018	0.037	0.016
SHARE	-0.014	0.819	1	0.752	0.981	0.461	0.555	0.122	0.025	0.036	0.033
LEADER2	-0.027	0.841	0.779	1	0.785	0.365	0.381	0.095	0.007	0.041	0.013
SHARE2	-0.017	0.806	0.980	0.822	1	0.436	0.541	0.126	0.020	0.038	0.032
MOSTCL	0.006	0.420	0.453	0.365	0.419	1	0.690	0.006	0.024	-0.005	0.034
SHARECL	0.015	0.407	0.524	0.344	0.497	0.682	1	0.004	0.033	-0.026	0.059
lnASSET	-0.164	0.098	0.130	0.112	0.134	0.006	0.014	1	0.079	0.160	-0.044
CFO	-0.044	0.026	0.034	0.013	0.032	0.025	0.035	0.071	1	-0.241	0.424
LEV	0.035	0.035	0.018	0.039	0.017	-0.007	-0.030	0.185	-0.222	1	0.014
abs(TACC)	0.635	0.008	0.030	0.004	0.030	0.030	0.063	-0.077	0.315	0.024	1

題は発生しないと考えられる。

2. 裁量的発生高モデル

　裁量的発生高の絶対値 ADA を被説明変数とする重回帰分析の結果は，**図表10-7** に示されている。そして上段は2001年から2012年までのサンプルの分析結果を，中段は2001年から2006年までのサンプルの分析結果を，下段は2008年から2012年までのサンプルの分析結果を表している。

　本章では，仮説1を検証するために，6つの業種特化の代理変数を使用した。図表10-7の上段を見ると，それぞれ6つのモデルにおいて lnASSET, CFO, LEV, abs (TACC) 変数の係数の符号は Balsam et al. (2003) などの先行研究と一致していることがわかる。そして，業種特化の代理変数である LEADER, LEADER2, SHARE, SHARE2, SHARECL の係数はそれぞれ有意に負である。このことは，裁量的発生高の絶対値は ISA クライアントの方が Non-ISA クライアントよりも少ないことを示しており，仮説1を支持するものである。つまり，ISA の方が Non-ISA よりも監査の質が高いことを示唆している。しかしながら，MOSTCL 変数については，係数は負であるが有意にはならなかった。

第Ⅱ部　実証的探究

図表 10-7

$$ADA_{i,t} = \beta_0 + \beta_1 SP + \beta_2 \ln ASSET_{i,t} + \beta_3 CFO_{i,t} + \beta_4 LEV_{i,t}$$

2001-2012

Variable	Predicted Sign	LEADER Coef.	t-stat		LEADER2 Coef.	t-stat		SHARE Coef.	t-stat		SHARE2 Coef.	t-stat	
Intercept		0.035	22.17	***	0.035	22.13	***	0.035	22.34	***	0.035	22.38	***
SP	−	-0.001	-1.92	*	-0.001	-2.54	***	-0.003	-2.42	**	-0.003	-2.85	***
lnASSET	−	-0.002	-12.68	***	-0.002	-12.56	***	-0.002	-12.48	***	-0.002	-12.41	***
CFO	−	-0.144	-38.07	***	-0.144	-38.10	***	-0.144	-38.09	***	-0.144	-38.10	***
LEV	−	-0.004	-3.80	***	-0.004	-3.79	***	-0.004	-3.85	***	-0.004	-3.86	***
abs (TACC)	+	0.604	104.31	***	0.604	104.33	***	0.604	104.33	***	0.604	104.35	***
Adj. R^2		0.4771			0.4772			0.4772			0.4773		
n		12,765			12,765			12,765			12,765		

2001-2006

Variable	Predicted Sign	LEADER Coef.	t-stat		LEADER2 Coef.	t-stat		SHARE Coef.	t-stat		SHARE2 Coef.	t-stat	
Intercept		0.034	15.96	***	0.034	15.94	***	0.034	15.98	***	0.034	16.01	***
SP	−	0.000	-0.43		0.000	-0.83		-0.001	-0.44		-0.002	-0.90	
lnASSET	−	-0.002	-10.07	***	-0.002	-10.02	***	-0.002	-10.00	***	-0.002	-9.93	***
CFO	−	-0.133	-26.26	***	-0.133	-26.27	***	-0.133	-26.26	***	-0.133	-26.25	***
LEV	−	-0.003	-2.68	***	-0.003	-2.67	***	-0.003	-2.68	***	-0.003	-2.66	***
abs (TACC)	+	0.649	81.58	***	0.649	81.58	***	0.649	81.57	***	0.649	81.58	***
Adj. R^2		0.5299			0.5300			0.5299			0.5300		
n		6,297			6,297			6,297			6,297		

2008-2012

Variable	Predicted Sign	LEADER Coef.	t-stat		LEADER2 Coef.	t-stat		SHARE Coef.	t-stat		SHARE2 Coef.	t-stat	
Intercept		0.037	14.57	***	0.037	14.51	***	0.038	14.72	***	0.038	14.77	***
SP	−	-0.001	-1.82	*	-0.002	-2.51	**	-0.004	-2.18	**	-0.005	-2.51	**
lnASSET	−	-0.002	-7.66	***	-0.002	-7.52	***	-0.002	-7.55	***	-0.002	-7.50	***
CFO	−	-0.162	-25.94	***	-0.162	-25.98	***	-0.162	-25.99	***	-0.162	-26.00	***
LEV	−	-0.004	-2.56	***	-0.004	-2.54	**	-0.004	-2.58	***	-0.004	-2.58	***
abs (TACC)	+	0.563	60.67	***	0.563	60.67	***	0.563	60.71	***	0.563	60.72	***
Adj. R^2		0.4198			0.4201			0.4199			0.4201		
n		5,516			5,516			5,516			5,516		

注：*** は 1% 水準，** は 5% 水準，* は 10% 水準で統計的に有意。

第10章　監査の質の提供側の能力である業種特化と監査の質

分析結果

$+ \beta_5 abs(TACC) + \varepsilon_{i,t}$

MOSTCL			SHARECL		
Coef.	t-stat		Coef.	t-stat	
0.035	22.23	***	0.037	21.61	***
-0.001	-1.29		-0.010	-3.23	***
-0.002	-12.89	***	-0.002	-12.82	***
-0.144	-38.09	***	-0.144	-38.11	***
-0.004	-3.85	***	-0.004	-3.94	***
0.604	104.29	***	0.605	104.33	***
0.4771			0.4774		
12,765			12,765		

MOSTCL			SHARECL		
Coef.	t-stat		Coef.	t-stat	
0.034	15.97	***	0.034	14.53	***
0.000	-0.31		0.000	0.00	
-0.002	-10.16	***	-0.002	-10.17	***
-0.133	-26.27	***	-0.133	-26.27	***
-0.003	-2.70	***	-0.003	-2.69	***
0.649	81.56	***	0.649	81.52	***
0.5299			0.5299		
6,297			6,297		

MOSTCL			SHARECL		
Coef.	t-stat		Coef.	t-stat	
0.037	14.59	***	0.040	14.12	***
-0.001	-1.10		-0.011	-2.35	**
-0.002	-7.81	***	-0.002	-7.80	***
-0.162	-25.98	***	-0.162	-25.98	***
-0.004	-2.63	***	-0.004	-2.57	**
0.563	60.68	***	0.564	60.74	***
0.4196			0.4200		
5,516			5,516		

次に仮説2を検証するために，2001年から2006年までと，中央青山（みすず）監査法人が解散した後の2008年から2012年までの2つのサンプルに分けて，同様の回帰分析を行った。これらの結果は**図表10-7**の中段，下段に表されている。そして業種特化の代理変数である *LEADER*, *LEADER2*, *SHARE*, *SHARE2*, *MOSTCL*, *SHARECL* の係数を見ると，2001年から2006年までのサンプル（中段）ではいずれも有意でないのに対して，2008年から2012年までのサンプル（下段）では，*MOSTCL* を除いて，有意に負になっている。つまり，相対的にISAのシェアが増える後の2008年以降は，ISAの優位性が大きくなっていることを示しており，仮説2を支持する結果となった。**図表10-1-1，図表10-1-2** および **図表10-1-3** に示したRank1とRank2におけるギャップの2008年度以降の拡大を背景として，ISAが相対的に規模の経済性を享受でき，あるいはクライアントの業種に関する知識の対Non-ISAの度合いが大きくなったと考えられるが，上記の結果は，そのISAがより高質な監査を実施していることを示唆する証拠である。

したがって，裁量的発生高の絶対値を用いた重回帰分析においては，①ISAの方がNon-ISAよりも業種に関する専門性が高いことや，守るべき評判（reputation）が高いことを理由として考えられ，高質な監査を実施しており，そして，②相対的にISAの業種シェアが増した2008年以降は，ISAのNon-ISAに対する監査の質の優位性が大きくなる，ことの2点が確認され，本章の仮説1, 2はともに支持された。

第5節　頑健性検証

本章では，*LEADER*, *LEADER2*, *MOSTCL* 変数については，ダミー変数を用いて裁量的発生高を説明したが，因果効果[19]を推定するためにこのよ

---

(19) 本章において因果効果とは，ISAクライアントとNon-ISAクライアントとの裁量的発生高の差の平均を意味している。

うな方法で重回帰分析を用いて分析結果を解釈するのには,いくつかの重要な暗黙の仮定が置かれていることに留意しなければならない(第8章第3節を参照されたい)。たとえば,星野(2009, 52-53)によれば,その仮定とは,①共変量への潜在的な結果変数の回帰関数が線形である,②線形関数が潜在的な結果変数間で共通である,③誤差変数の分布が潜在的な結果変数間で共通である,の3つである。その点について,本章においては LEADER ダミーや LEADER2 ダミー,MOSTCL ダミーが1であるサンプルと0であるサンプルについて,それぞれ同様の重回帰分析を行った場合,4つコントロール変数の係数が,それぞれ2群間で等しいという暗黙の仮定が置かれている。当該暗黙の仮定はかなり強いものであるから[20],結果にバイアスを与えている可能性が否定できない[21]。そこで,今回の分析の頑健性を確認するために本書において推奨しているセミパラメトリックな手法として,傾向スコア[22]を用いた因果効果の推定を行う。傾向スコアの概念は Rosenbaum and Rubin(1983)によって提案されたものであり,複数の共変量を1つの変数に集約するができ,因果効果の推定が容易になる(星野 2009, 60)。ここですでに第8章で記載された傾向スコアの定義を下記において再掲する。

第 i 対象者の共変量の値を x_i,割り当て変数の値を z_i とするとき,第1群へ割り当てられる確率 e_i:

---

[20] 実際にサンプルを LEADER=1 と LEADER=0 の2つに分けて,裁量的発生高に関する同様の重回帰分析を行ったが,係数がそれぞれ異なる変数が複数あり,仮定が成り立っていない可能性が高い。

[21] この仮定が成立していない場合,因果効果を示す符号(LEADER 変数の係数)が本来の結果と逆になる可能性すらあり,多くの共変量を用いる今回のような分析で共分散分析モデルを用いることは問題であるとされる(星野 2009)。

[22] 傾向スコアは無作為割り当てが困難な医学分野や社会科学などの研究で,近年多く利用されているものである。たとえば,会計監査領域において傾向スコアの手法を用いた研究としては,山崎・奥三野(2011)などがある。具体的には,第8章第3節を参照されたい。

第Ⅱ部　実証的探究

$$e_i = p(z_i = 1 | x_i)$$

を第 i 対象者の傾向スコアという（ただし，$0 \leq e_i \leq 1$）。

本章では以下のロジスティック回帰式を用いて，各サンプルの傾向スコア（各サンプルが $LEADER=1$，$LEADER2=1$ に割り当てられる確率）を推定する。

$$SP_{i,t} = \beta_0 + \beta_1 \ln ASSET_{i,t} + \beta_2 CFO_{i,t} + \beta_3 LEV_{i,t} + \beta_4 abs(TACC) + \varepsilon_{i,t}$$

そして今回も第8章で既述した Rubin（1985）によって提案された，傾向スコアの逆数を各サンプルの重みとして用いる IPW（Inverse Probability Weighting）の手法を採用することで，ロバストな因果効果の推定を行う[23]。業種特化監査法人クライアント（$z_i=1$）とそうでない法人クライアント（$z_i=0$）を重みづけする変数は次のように定義される。

$$ie_i = \frac{z_i}{e_i} \times \frac{N_1}{\sum_{i=1}^{N} \frac{z_i}{e_i}} + \frac{1-z_i}{1-e_i} \times \frac{N_2}{\sum_{i=1}^{N} \frac{1-z_i}{1-e_i}}$$

（ここで N_1，N_2 はそれぞれ今回のサンプルにおいて，ISA のクライアント数，Non-ISA のクライアント数を表す。e_i は推定された傾向スコアの予測値を表す）。

この式によって求められた ie_i によってサンプルを重みづけすることによって，業種特化監査法人クライアントとそうでない監査法人クライアントでは企

---

[23] 傾向スコアを用いた因果効果の推定には，傾向スコアマッチングが多く用いられるが（Lawrence et al. 2011 など），Lawrence et al.（2011）ではペアにならなかったサンプルを分析に使用しない。このようにして得られた結果は本当にサンプルを代表した結果と言えるのかは議論の分かれるところであり，またマッチングの基準には恣意性が介入するため，本分析においては重みづけによって全サンプルを用いる IPW を採用する。なお，筆者の知る限り，会計学領域で IPW の手法を用いた実証分析は存在しない。詳しくは，第8章第3節を参照されたい。

第 10 章　監査の質の提供側の能力である業種特化と監査の質

図表 10-8　IPW の推定結果

$$ADA_{i,t} = \beta_0 + \beta_1 SP_{i,t} + \varepsilon_{i,t}$$

2001-2012

Variable	Predicted Sign	LEADER			LEADER2		
		Coef.	t-stat		Coef.	t-stat	
Intercept		0.031	93.08	***	0.031	93.99	***
SP	−	−0.001	−1.88	*	−0.001	−2.32	**
Adj. R²		0.0002			0.0004		
n		12,765			12,765		

2001-2006

Variable	Predicted Sign	LEADER			LEADER2		
		Coef.	t-stat		Coef.	t-stat	
Intercept		0.030	66.62	***	0.030	66.91	***
SP	−	−0.001	−0.84		0.000	−0.57	
Adj. R²		0.0002			0.0001		
n		6,297			6,297		

2008-2012

Variable	Predicted Sign	LEADER			LEADER2		
		Coef.	t-stat		Coef.	t-stat	
Intercept		0.032	59.82	***	0.032	61.06	**
SP	−	−0.002	−2.12	**	−0.003	−3.11	***
Adj. R²		0.0007			0.0015		
n		5,516			5,516		

注：*** は 1% 水準，** は 5% 水準，* は 10% 水準で統計的に有意。

業特性が異なるという選択バイアスを取り除いた上で，LEADER，LEADER2 変数について因果効果を推定することを試みた[24]。具体的には，ie で重みづけしたサンプルで次の回帰式を推定することによって因果効果を推定した。

---

[24]　MOSTCL についても同様の分析が行われることが望ましいが，傾向スコアの推定に用いられるロジスティック回帰式の推定精度が悪く，有効な重みが推定できないと考えられたため，MOSTCL については IPW をしなかった。

第Ⅱ部　実証的探究

$$ADA_{i,t} = \beta_0 + \beta_1 SP_{i,t} + \varepsilon_{i,t}$$

図表10-8の上段は仮説1の検証結果を記述しており，$LEADER$，$LEADER2$変数の係数はどちらも有意に負であり，IPWを用いた場合でも仮説1は支持されることが判明した。また，**図表10-8**の中段・下段はそれぞれ2001年から2006年までのサンプルと，2008年から2012年までのサンプルの結果を示している。中段の結果は$LEADER$，$LEADER2$の係数はいずれも有意でないのに対して，下段の結果は，ともに係数が有意に負になっている。つまり，IPWを用いた場合でも，仮説2は支持される。

頑健性テストでは，傾向スコアを用いたIPWの手法で，よりロバストな因果効果の推定を行ったが，結果はいずれも仮説を支持するものであり，本章の結論に変わりはない。

第6節　発見事項の要約・考察および今後の課題

本章では，特に海外の先行研究を参考にしながら，日本の監査市場において，高質な監査の提供の能力を示す監査法人の業種特化と監査の質（ここでは裁量的発生高の絶対値）との関係性について，統計的な手法を用いた実証分析を行った。その結果，①先行研究と同じように日本の監査市場においても業種特化している監査法人（ISA）の方が，そうでない監査法人（Non-ISA）よりも監査の質が高く，②相対的にISAの業種シェアが増した（たとえば，図表10-1-1を参照）2008年以降，ISAの監査の質の優位性が大きくなっている，という2点が示唆される結果となった。

これらの結果が示すところは，（第2節での仮説の設定のロジックに従えば）監査市場の競争戦略において，ある産業のクライアントを獲得するため，監査法人はPorter（1985）のいう差別化戦略か低コスト化戦略をとり，その結果，業種特化による監査の質の向上が達成されているということである。つまり，監査法人は競争戦略として差別化戦略を選択した場合，その監査法人はクライア

第10章　監査の質の提供側の能力である業種特化と監査の質

ントの属する業種に関する特有かつ高度な知識を蓄積し，他の監査法人がその業種の専門性に関して追随できないようにすることで，差別化を図る。あるいは低コスト化戦略を選択した場合には，監査法人は規模の経済性による監査コストの優位性を獲得するために特定の業種内においてシェアを増し，高度な業種特有の知識を手に入れることができる。本章では，（第2節の仮説の設定のロジックに従えば）これらの戦略の結果として，業種特化している監査法人は高質な監査を実施していると結論付ける。この事実は先行研究の蓄積に寄与するものであり，また日本におけるこのテーマの実証分析であるため，本章の貢献として考えられる。

　加えて，中央青山（みすず）監査法人の解体後，相対的にISAの業種シェアが増した（たとえば，図表10-1-1を参照）2008年以降は，監査サービス市場の競争激化により，差別化戦略を選択した場合にせよ低コスト化戦略を選択した場合にせよ，各監査法人が各業種内のシェアを拡大させ，その結果として業種特化している監査法人の監査の質が高まったことが強く示唆されていることも判明した。この現象は日本の監査サービス市場固有の特徴であると考えられることから，この点について実証的な証拠を提示できたことは，本章の貢献として考えられる。

　そしてこのような監査サービス市場の競争原理（第2節を参照）によって，クライアントは高質な監査を享受できたり，規模の経済性により監査報酬の低減を期待できたりするなど，監査法人の業種特化が拡大することは監査法人・クライアント両者にとって望ましい状態であると考えられ，実務的にも非常に重要なインプリケーションであるとも考えられる。

　本章の実証結果から，特筆すべき点のひとつとして，本章における主な分析結果（**図表10-7**）において，2001年～2006年において，監査法人業種特化の代理変数が監査の質の代理変数に対して統計的に有意でなかったことが挙げられる。これは，欧米の先行研究とは異なる結果であり，日本市場における特徴的な結果であるといえる可能性がある。それに対する解釈として，下記のようなことが挙げられる。

第Ⅱ部　実証的探究

　第8章の**図表8-4**（山浦 2008, 94-95）によれば，現在の日本の監査法人におけるビッグ・フォー（ビッグ・スリー）状態になるまで，特に1960年代後半において小規模あるいは中規模の監査法人が大規模の監査法人に吸収合併されていたことが繰り返し行われた[25]。表向きひとつの名前の下での監査法人であっても，歴史的な経緯を背景にして，それぞれの事務所が業務的に相対的に独立である可能性が残る。つまり，監査法人の母体となっている中小の会計事務所が，監査法人の部門を構成していたり，そのまま監査法人の地方事務所を構成していたりということがあったりして，必ずしも監査法人というひとつの組織として，組織的に融合していない可能性があり，その状態は，監査法人の内部統制やガバナンス問題にも直結する可能性があると考えられる[26]。そのため，大監査法人における本章で計算する監査法人の業種特化の代理変数（第3節の式を参照）はその業種特化の状態が高いと示されていても，それが大規模監査法人の実態（監査法人のある産業に対する知識の蓄積状態）を必ずしも正確に描かれていない可能性もある。結果的に，欧米の先行研究で確認されている監査法人の業種特化の代理変数と監査の質の代理変数間の統計的に有意なプラスの関係を日本の監査市場において観察できなかった（**図表10-7**）と考えられる。一方，2007年以降，**図表10-1-1**からも確認できるように，業種特化している監査法人が結果的に選ばれ，また，第9章第3節にも述べたように，日本における監査の質に関わる基準が厳格さを増してきていることも背景として，2008年以降において，本章で確認している監査法人業種特化の代理変数が監査の質の代理変数に対して統計的な有意性が確認できるようになった（**図表10-7**）とも考えられよう。

　本章における今後の課題として，4点が挙げられる。
　第1に，本章の仮説の設定において，各産業において，競争市場の中で各監

---

[25]　たとえば，福川（2015）も同様な指摘がある。
[26]　たとえば，筆者が2016年9月14日で本章の一部を日本会計研究学会75回大会で発表したときに，当該指摘が学会および実務界（町田祥弘教授（青山学院大学）；吉田周邦教授（公認会計士，福知山公立大学）から上がった。

査法人は差別化戦略または低コスト化戦略をとるものとした。結果的にはこれらの戦略が監査の質の向上に寄与することが確認されたが、差別化戦略をとった監査法人と、低コスト化戦略をとった監査法人の両者の間には、最終的に監査の質に差が生まれるのかどうかということが本章においては明らかにされていない[27]。この点については、Cahan et al. (2011) が差別化戦略をとった監査法人のほうが、低コスト化戦略をとった監査法人よりも監査の質が高いことを示唆している。今後はすべての業種特化した監査法人の監査の質が同じであると言えるのか（ISA内でも、差別化戦略と低コスト化戦略によって監査の質に差が生じるのか）どうか、という点についても検証していきたい。

第2に、第7章や第9章において、監査の質を捉えるために多様な代理変数が考えられ、また監査法人の業種特化の代理変数についても、Minutti-Meza (2013) が指摘した概念的・計量経済的に不適切な部分があることから、本章の今後の課題として、監査の質の裁量的発生高以外の代理変数の使用の検討および監査法人の業種特化の代理変数の再検討が挙げられる。

第3に、2007年の中央青山（みすず）監査法人の解体の実態をもう少し確認する必然性はある。たとえば、具体的に元中央青山監査法人のクライアント企業の監査法人の変更をつぶさに確認しておくことが挙げられる。

第4に、本章の主たる実証分析や頑健性検証において、監査法人の業種特化が裁量的発生高の抑制に対して、2001～2006年では有意に貢献しているといえない実証結果が提示されている[28]。これは、本当に日本市場において他の市場と違い、ある時期ではISAと監査の質との関係が明白でないことを意味しているのか。この点についても今後の研究に委ねたい。

---

(27) 本章の内容には示していなかったが、主たる分析時に用いた回帰式の従属変数の *ADA* の代わりに、監査報酬を用いた場合でも、本章における両仮説が支持する結果となっている。これは、2008年以降は、業種特化をした各監査法人が低コスト化戦略よりも、差別化戦略を用いた可能性を示している。

(28) すでにその解釈を試みたが、当該結果は、欧米先行研究とは異なる結果であることから、注目に値する。

第11章　監査の質の提供側のインセンティブと市場の反応：オリンパス事件からの証拠

第1節　はじめに

　第8章で既述しているが，監査の質の提供側から見れば，訴訟リスクやレピュテーション・リスクが高い市場ほど，高い監査の質を提供するインセンティブを持つ。なぜなら，監査の質の提供側は，訴訟されるリスクが高ければ，それを回避しようとし，またレピュテーション・リスクが高ければ，面子（メンツ）やレピュテーションの毀損を避けようとして，高質な監査の提供を努めようとするからである。つまり，リスクという観点で監査人（監査法人）のインセンティブや監査市場を考察するときに，訴訟リスクかレピュテーション・リスクの2つの側面から考えることができる。一方，日本市場は，訴訟リスクが低い市場であると認識され，主にレピュテーション・リスクのみが存在する市場として特徴付けられる（第8章を参照）。この主としてレピュテーション・リスクしか存在しない市場において，ある監査の失敗の事件に対して，マイナスの市場の反応が検出できれば，そのマイナスの市場の反応は，監査の質の提供側のインセンティブに影響を及ぼすと推測できる。

　そこで，本章は，2011年のオリンパス事件を取り上げ，レピュテーション・リスクしか存在しない日本市場における当該事件と関連する市場の反応を確認することで，潜在的に当該市場の反応が監査の質の提供側のインセンティブに与える影響を考察する[1]。

第Ⅱ部　実証的探究

第2節　先行研究レビューと仮説の設定

1. 監査の価値：レピュテーション仮説と保険仮説

　監査の経済的価値は，保険仮説（insurance hypothesis）およびレピュテーション仮説（reputation hypothesis）から説明できる。保険仮説では投資者が操作された財務諸表により損失が蒙ったときに，監査人が"big pocket"となり，責任を取ることで，監査人の重要な役割を果たすとして仮定する。一方，レピュテーション仮説では，監査人が，投資者に伝達する財務情報における経営者の主張の合理性を保証することで，保証サービス（assurance services）の提供から役割を果たすとしている。

　レピュテーション仮説と保険仮説の両仮説はそれぞれ，監査の価値や監査の失敗後の市場反応について，解釈するときに用いられることがある。しかしながら，監査の価値の喪失から生じる市場反応に対する真の要因を探るため，どちらの仮説がより適切なのかという難問が残されている（Ball 2009）。Piot（2005）はカナダ，フランス，およびドイツの三つの異なる資本市場・法環境における監査人のレピュテーションの決定要因を検証した。Piot（2005）によれば，訴訟リスクの高いカナダにおける保険仮説の説得性は，訴訟リスクの低いドイツにおけるものより高い。このように，検証する国における訴訟に関わる特徴は，レピュテーション仮説と保険仮説のどちらが監査人のレピュテーションの研究において適用すべきかを決定できる可能性がある。

　Weber et al.（2008）はドイツ企業 ComROAD AG のスキャンダルの暴露後，関係する監査法人 KPMG のクライアント企業の負の異常リターンを確認し，レピュテーション仮説の合理性を説いた。日本は，米国と比べると，比較的低

---

(1) 本書の〈初出一覧〉では，すで記述しているが，第11章ついては，「Frendy and Hu（2014）をベースに，加筆修正」である。本章では，第8章における分析視角の下，Frendy and Hu（2014）をベースに修正し，筆者の新たな加筆と洞察をも加えた。

い訴訟リスクに晒されるドイツと類似した多くの特徴を持つ。具体的に，日本の株主代表訴訟には，低勝率，訴訟における示談の少なさ，示談における賠償金額の低さ，および株価と訴訟との低関連性といった特徴が挙げられる（West 2001）。本章は，こういった特徴のある日本資本市場の環境下で，市場反応を観察する。オリンパス事件により監査人の失敗に関わる効果を分析する際に，（上記の議論を踏まえると）レピュテーション仮説は，理論として最も適切であると考えられる。

2. ニュースの発表やマスコミ報道の市場効果

効率的市場仮説（efficient market hypothesis）のセミストロング型では，新しく公開された情報が株価に影響を与えることを前提とする。しかしながら，Huberman and Regev（2001）の研究によれば，新しい情報量がないニュースでも，ニュースを発表する行動自体は，株価の反応や産業内のスピルオーバー効果（spillover effect）をもたらすことがあるとしている。

マスコミ報道は，独自の調査記事の公表によって，資本市場における新しい情報の発信という重要な役割を果たしている。ジャーナリストは，自らのレピュテーションにかけて，広く情報を開示するため，有名企業の不正を暴こうとする（Dyck et al. 2010）。不正行為のある企業に関する記事の公表におけるマスコミの動機は，当該記事の公表から生じる公的な可視性（public visibility）の程度と関連性を持っており（Miller 2006），高い社会コストがかかる有名企業の暴露記事はマスコミによって取り上げられる可能性が高い。

監査人に対するネガティブな噂は，投資家による監査人のレピュテーションと監査の質に対する期待に影響を与えると考えられる。Hillison and Pacini（2004）は投資家が 2000 年後半における Ernst & Young に対する倒産訴訟の噂の影響を受け，その結果として Ernst & Young のクライアント企業にネガティブな反応が生じたことを示した。Linthicum et al.（2010）はエンロン（Enron）不正が明るみになった時期に，Arthur Andersen のクライアント企業における社会的責任の遂行が Arthur Andersen のレピュテーションの毀損

から生じるネガティブなスピルオーバー効果を低減できなかったことを検証した。

メディアによって掴んだ潜在的な企業不正の可能性はまた，一般的に信頼できるとされている。潜在的な不正に関わる調査記事を定期的に報道するメディアは，一般的に，その他の外部の情報源（アナリスト，空売りする人，または重要な情報を持つ従業員）から関連情報へのアクセスをもつ（Dyck et al. 2010）。これらのメディアは，事実と異なるニュースの報道により，自らのレピュテーションの毀損のリスクを恐れ，事実の確認に最善を尽くしているはずである。

Ball et al.（2000）によれば，アメリカ市場においてグッド・ニュースとバッド・ニュースにおける株価反応には非対称性があり，バッド・ニュースに対して，比較的より保守的な株価反応（conservative market reaction）が確認されるが，日本市場でグッド・ニュースとバッド・ニュースにおける株価反応の差が確認できなかった。会計上の保守性の程度の日米の差異は，ニュースの開示に対する投資家の反応の差異を導いた可能性があると考えられる。

3. 監査人レピュテーションの毀損（auditors' reputation loss）の市場効果

企業スキャンダルに対する法律に基づく制裁が日本において不十分であると考えられ，日本資本市場における会計不正による監査人のレピュテーションに対するペナルティーの効果についての実証研究が重要であると思われる。企業スキャンダルのためのペナルティーとしては，刑事訴訟，民事訴訟，法的規定による罰則，あるいはレピュテーションの毀損が含まれる（Tanimura and Okamoto 2013）。2005年に発覚したカネボウ事件という企業スキャンダルについて，日本の金融庁は，関係監査人の公認会計士のライセンスを取り消し，一時的に中央青山監査法人の業務停止を命じた（Konishi 2010）。既存の実証研究は，事件後の市場における監査法人に対するレピュテーション・ペナルティーを確認している（Numata and Takeda 2010; Skinner and Srinivasan 2012）。

(1) 低い監査の質への市場の反応

監査人が監査失敗に責任があると考えられた場合，投資家は当該監査人の監

第11章 監査の質の提供側のインセンティブと市場の反応

査報告書における保証の水準がそのほかの監査人による監査報告書と比べて，比較的低いと予測する。また実証的証拠ではすでに，監査失敗がある歴史を持つ監査人のクライアント企業が自らの利益や純資産簿価を過大表示する傾向にあることを示した（Chaney and Philipich 2002）。そして財務諸表不正に関わった監査人のレピュテーションの毀損は，彼らのクライアント企業の市場価値に悪い影響を及ぼすとも予測される。

監査人のパフォーマンスに関わるネガティブなニュースに対する投資者の反応は，ネガティブのようである。特に，規制機関による監査人に対する検査（inspection）は，投資家のネガティブな反応を引き起こすようである。たとえば，Ligand 社の監査失敗で，PCAOB が担当監査法人の Deloitte に課徴金を課すことを発表したとき，Deloitte のクライアント企業に関わるネガティブな市場反応が観察され，また特に財政的困窮状態にあるクライアント企業がより反応しやすかったようである（Dee et al. 2011）。

(2) エンロン事件による Arthur Andersen のレピュテーションの毀損における市場反応

監査人のレピュテーションは，問題がある財務諸表に無限定適正意見を表明した場合，毀損されえる。エンロンの会計不正や Arthur Andersen の度重なる失敗は，研究者による監査人失敗に対する市場反応の調査を促した。一般的に，Arthur Andersen のレピュテーションに負の影響がある事件（スキャンダル）の際に，アメリカの投資家はネガティブに反応をした（Chaney and Philipich 2002; Huang and Li 2009; Rauterkus and Song 2005; Autore et al. 2009）。他の研究（Barton 2005; Krishnamurthy et al. 2006; Asthana et al. 2010）ではエンロン事件後，Arthur Andersen のクライアント企業が監査人交代を行ったことが明らかにされた。

しかし，いくつかの実証論文では，エンロン事件後，ネガティブな市場反応が観察されなかった。また，アメリカ市場における監査失敗に対する投資家のネガティブな反応が，他の国の投資家にも観察できるとは限らないのである。実際，スペインで発生した Arthur Andersen の失敗は，クライアント企業に

第Ⅱ部　実証的探究

ネガティブな市場反応を引き起こさなかった（Barbera and Martinez 2006）。

4. 日本市場の特徴：監査人のレピュテーションに関わるニュースの発表に対する市場反応の視点から

すでに，第8章で既述したが，ここでは，本章における監査人のレピュテーションに関わるニュースの発表に対する市場反応という視点と深く関わるものを取り上げながら，説明する。

(1) 商法構造と監査訴訟環境

日本が成文法の国と分類され，19世紀末に制定された商法は，ドイツの商法から影響を受けた。日本の商法では，債権者の保護が株主の保護と同様に重要視されている（Nobes and Parker 2012）。第二次世界大戦後，アメリカの法律が日本の法律には影響を与えたが，ドイツの特徴が幾分残された（Porta et al. 1998）。また，一般的に，日本を含む成文法の国々では，株主と経営者が近い関係にあるとしている。

日本の資本市場では，企業の不正があったとしても，監査人を相手取り訴訟を行う訴訟リスクが概ね存在しないという特徴がある（Sakagami et al. 1999）。Yoshimi（2002）は日本人が監査人と公衆の間の期待ギャップを埋めるような監査を期待していないと主張した。日本における主な企業不正のケースについて，公衆は，不正を行った企業の監査人が，当該不正に連帯責任があると考えていないようである。このような考えは，会計不正後の監査人に対する低い訴訟率につながったと考えられる。

(2) 日本の公認会計士専門職

日本政府のほうは，（自主規制機関である）日本公認会計士協会と比べて，会計政策の内容により強い影響を与える。これは成文法の国の特徴でもある（Ball et al. 2000）。アメリカの（自主規制機関である）米国公認会計士協会（AICPA）は監査基準を設定する権限を持っているのに対して，日本の金融庁（FSA）に属される企業会計審議会（BAC）は日本監査基準を制定している（Nobes and Parker 2012）。日本の公認会計士の規模，影響，および役割は，アングロ・ア

メリカンの国々の成熟的かつ先進的な公認会計士の組織に匹敵していない（Jinnai 1990）という指摘もあった。公認会計士の独立性が比較的に低いと思われる日本資本市場において，アングロ・アメリカンの株主と比べて，日本の株主が監査の質に対する期待が比較的低いことも予測されえる。この比較的低い期待は監査人のレピュテーションに関わるニュースの発表に対する市場のより低い反応をもたらすかもしれない。

(3) 日本企業の金融構造（financial structure）

第8章第2節で既述したが，アメリカの企業と比べると，大多数の日本企業は，エクイティー・ファイナンス（equity finance）よりもデット・ファイナンス（debt finance）に依存する（Nobes and Parker 2012）。本章における変数の基本統計量（図表11-4）からも，日本の企業が比較的に高い財務レバレッジをもつことがわかる。銀行は，借入金の主な提供源として，日本企業のガバナンスに対して重要な役割が期待される。また，一般的に，アメリカの投資家と比べて，日本株主は短期的な利益情報に注目しない傾向にあり（Nobes and Parker 2012），日本の上場企業の株を長期的な投資目的として保有される傾向にあるとも言われる。上記の日本企業の金融構造の特徴は，新しい情報の開示に対する市場反応を弱めるかもしれないと考えられる。

5. オリンパス不正の概要

2011年10月14日に，オリンパスCEOとしてのMichael C. Woodfordの突然の解任が日本のビジネス界にショックを与えた。オリンパスがWoodfordを解任した理由として経営手法の対立にあると説明したが（Kyodo News Service 2011a），この予想外のニュースは投資家にネガティブな影響を与え，次の取引日にオリンパスの株価は24％の下落となった（Kyodo News Service 2011b）。事件が発生した一週間後，オリンパスの株価はWoodfordの解任の前の日，10月13日の2,482円の半分までに下がって，1,231円になった（Kyodo News Service 2011c）。

オリンパス不正の目的は，1990年代の日本経済バブルの期間に生じる金融

資産の投資損失（含み損1,000億円弱）を隠すことにある。オリンパス不正を理解するのに，第三者委員会による「調査報告書」が有用である。それによれば，不正スキームは，損失先送りスキームおよび損失解消スキームに分けられる。損失先送りスキームにおいて，オリンパスは連結決算の対象とならないファンドを用いて含み損を抱える金融商品を「飛ばす」ようにし，含み損を分離した。また，損失解消スキームにおいて，オリンパスは，①上記のファンドに関わる会社の株式を高値で買い取り，これらの複数のファンドにお金を還流させることにより，②医療事業分野での買収案件の遂行の過程で，フィナンシャル・アドバイザー報酬の多額な水増しなどを通じて，損失の解消を図った。

オリンパス事件に関わる監査法人は2つあり，あずさ監査法人（KPMG）（2003～2008年度）と新日本監査法人（Ernst & Young）（2009年度～）である。オリンパス不正における監査法人の責任についても，第三者委員会による「調査報告書」では責務を十分に果たすことができなかったと結論づけた。具体的に，第三者委員会は，あずさ監査法人の任期期間が前述の損失先送りスキームに関わる期間であり，あずさ監査法人が「飛ばし」の全貌の発見が困難であるが，2008年度の監査において，フィナンシャル・アドバイザー報酬が高いなど会計処理上の問題を指摘したが無限定適正意見を付したことについては問題なしとしないとしている。また，新日本監査法人については，フィナンシャル・アドバイザー報酬ののれんへの計上容認などについて，問題なしとしないとしている（第三者委員会調査報告書2011）。

6. 仮説の設定

オリンパス監査人（オリンパス事件に関わった監査法人：あずさ監査法人と新日本監査法人を指す。以下「オリンパス監査人」と記す。）が限定意見監査報告書を出さなかったことは，監査失敗の事例となる（Francis 2004）とされている。レピュテーション仮説によれば，監査人のレピュテーションは監査の質（高低）に依存するとしている。オリンパス監査人がオリンパス会計不正を暴露できなかったことで，日本の投資家は，オリンパス監査人が監査しているその他の企

第11章 監査の質の提供側のインセンティブと市場の反応

業の財務諸表の質(監査の質)に対してもその期待を低下させ,オリンパス監査人のレピュテーションにもネガティブに評価すると予測できる。これらの要因はオリンパスに関わる監査人が監査している企業に株価の低下をもたらしたのかもしれない。一方,オリンパス不正について,監査人の機能不全を示すネガティブなニュースの発表があったが,独立調査委員会「監査役等責任調査委員会」の「調査報告書」の最終結論には,オリンパス事件の中身のそれぞれのあずさ監査法人と新日本監査法人による対応を検討したが,注意義務違反が認められなかったとしている(監査役等責任調査委員会の調査報告書 2012)。

資本市場の制度的環境は,監査人レピュテーションの変化に対する投資家・株主の反応に影響を与える。日本市場の特徴として,既述したように,政府による会計政策への強い影響,公認会計士専門家の米国と比べる場合の比較的低い独立性,企業の高い財務レバレッジ,および低い訴訟リスクが挙げられる。これらの特徴はアングロ・アメリカン市場と比べて,日本の投資家が監査の質に対する期待が比較的低いかもしれないことを示唆している。アングロ・アメリカンの投資家と比べて,日本の投資者が監査の質に対する低い期待を持っているのであれば,オリンパス監査人のレピュテーションに影響を与えるニュースに対して,日本の投資家が市場において強く反応する可能性が低いと予測できる。

なお,本章の研究内容は,オリンパス不正により公開された監査人責任を追及するニュースとこれらの監査人担当しているほかのクライアント企業の市場反応との関連性を分析することである。具体的に本章では,オリンパスに関連する監査人(あずさと新日本)が監査している上場企業の投資家は,監査人のレピュテーションに悪い影響を与えるニュースに対して,市場反応を行うか否かを検証する。また,オリンパス事件と関係ない監査人が監査している企業と比べて,関係ある監査人が監査している企業のほうは,より市場反応の程度が強いか否かを検証する。以下のように帰無仮説1と2を設定する。

仮説1:オリンパス監査人(あずさと新日本)のレピュテーションに影響を

与えるニュースに対して，オリンパス監査人が担当している企業における異常株価リターンは発生しない。

仮説2：オリンパス監査人（あずさと新日本）のレピュテーションに影響を与えるニュースに対して，オリンパスと関係ない監査人が監査している企業と関係ある監査人が監査している企業とでは，市場反応の程度に差異がない。

第3節　リサーチ・デザインとサンプル選択

1. イベント・ディーとサンプル選択

図表11-1に示すように，本章では，投資家がオリンパス監査人のレピュテーションに対する認識を変更する可能性が高い6つのイベントを特定した。イベント・ディー（t_0）は，オリンパス事件に関わるニュースの公開日である。本章は，具体的に，これらの6つのイベント・ディーにおいて，投資家はオリンパス監査人が監査している企業に対して，市場反応があるか否かを検証する。

特定した6つのイベントの最初の2つ（イベント1とイベント2）は，オリンパスによる公式な発表よりも前に，FACTAという日本の金融雑誌がオリンパスの疑惑のある取引についての記事の公刊である。また残りのイベント（イベント3，4，5，および6）はオリンパスによる公式なリリースや調査レポートの発表を含む。さらに，イベント1からイベント5まではオリンパス監査人のレピュテーションに悪い影響を与えるニュースの公開であるが，イベント6では監査人のレピュテーションに対する影響が中立的であると考えられる。なお，下記において，時間順でそれぞれのイベントについて記述する。

イベント1はオリンパスと不適切な取引が存在する子会社ジャイラス社（Gyrus）との取引に対してFACTAが疑問を提示し，（最も早く）公刊した記事の発表日である（阿部2011a）。イベント2はFACTAがオリンパスに質問をしたが，公式な回答が得られなかったことについての記事の公刊日である

第 11 章　監査の質の提供側のインセンティブと市場の反応

図表 11-1　オリンパス監査人のレピュテーションに影響を与えるニュース発表

FACTA のオリンパス不正に関する記事の公刊		
イベント 1	2011 年 7 月 15 日	金融雑誌の FACTA がオリンパスの M&A 活動に疑問視する記事を公刊した。
イベント 2	2011 年 9 月 15 日	FACTA が 7 月のオリンパスに対する疑惑記事（イベント 1）に対して，オリンパスが対応しなかったことを言及する新たな記事を公刊した。
オリンパスからの公式な対応および調査報告書の開示		
イベント 3	2011 年 11 月 24 日	オリンパスは，オリンパスの子会社に対する監査の拒否が原因で，あずさ監査法人を交代させたことを否認したリリースを公開した。
イベント 4	2011 年 11 月 25 日	オリンパスは，株主による 1999 年からのオリンパス監査人（あずさ監査法人と新日本監査法人）の職務怠慢の有無についての調査の要求を受けた。
イベント 5	2011 年 12 月 6 日	オリンパスの第三者委員会による調査報告書を開示し，オリンパス監査人の潜在的な責任について言及した。
イベント 6	2012 年 1 月 17 日	オリンパス監査役等責任調査委員会の調査報告書を開示した。報告書では，関わった監査法人が善管注意義務違反ないとし，法律上の責任を負わないと結論した。

出所：Frendy and Hu（2014, 211, Table 1）を参照に，筆者が作成。

（阿部 2011b）。オリンパスが不適切な取引の存在を否定しないことで，これらのイベントから，投資家はオリンパス監査人の監査の質に対するネガティブな評価をする可能性があると考えられる。

　イベント 3 は，オリンパスが 2010 年に監査人をあずさ監査法人から新日本監査法人に交代させたことが不適切であると指摘している記事に対するオリンパスの公式回答のリリースの公開日である。当該記事でメディアは，オリンパスがオリンパスの子会社ジャイラス社に対する監査の拒否（withdrawal）が原因で，オリンパスがあずさ監査法人を交代させたと主張した。対して，オリンパスは，監査人の交代の理由があずさ監査法人との監査契約の期限到来であり，また実際，あずさ監査法人による 2009 年度の連結財務諸表における監査人意見が無限定適正意見であると主張した（Olympus 2011a）。FACTA と関わるイ

第Ⅱ部　実証的探究

ベント1と2に対応した形で，オリンパスがイベント3を発生させたとも考えられる。イベント1，2における投資者の反応との比較も視野に入れながら，投資家のイベント3に対する反応も検証する。

イベント4のイベント・ディーは，オリンパスの株主が1999年からのオリンパス監査人（あずさ監査法人と新日本監査法人）の職務怠慢の調査を要求したことの発表日である（Olympus 2011b）。もし，このような職務怠慢が存在したなら，株主はオリンパスにこれらの監査法人を相手に法的措置を取るように迫るかもしれない。なお，この要求に応じる形でオリンパスは，監査法人を調査し，その法律責任の有無の公表を監査役等責任調査委員会に対して，委託した（レポートが2012年1月公表した。イベント6と関係がある）。

2011年12月6日に，第三者委員会はオリンパスの不適切な取引に対する調査結果を公表した（イベント5）。調査報告書は，損失分離スキームおよび損失解消スキームに関わる取引の実態，組織と個人を時間順で分析した。監査人に関わる関与については，調査報告書では，大きく2箇所において記述があった。まず，第5章の「コーポレート・ガバナンス及び内部統制の基本構造と実態」の「5　監査法人による本件事案にかかる監査の実態と評価」に詳しくその実態と評価（「問題なしとしない」）を述べた。また，オリンパス事件の原因のひとつとして，第6章「本件事案発生の原因分析」の「5」において「監査法人が十分機能を果たさなかったこと」としていた。なお，上記のイベント1，2，3，4および5はオリンパス監査人にネガティブな影響を与えるイベントであると考えられる。

イベント6のイベント・ディーは，監査役等責任調査委員会の調査報告書の公表日である。当該調査報告書で，オリンパス事件に関わる監査法人の関与に関しては，「調査の結果確認できた事象及び資料を前提に善管注意義務違反等の有無を判定」および「監査役等の個々の責任及び責任追及の当否」項目に記述されている。報告書では不正行為に対してオリンパス監査人が善管注意義務違反ないとし，法律上の責任を負わないと結論した。イベント6はオリンパス監査人のレピュテーションに対して，（ポジティブでもネガティブでもない）中

第11章　監査の質の提供側のインセンティブと市場の反応

図表 11-2　サンプルの選択と詳細

(1)　サンプルの選択プロセス		
2011 年東証一部上場企業（オリンパスを除く）	1,751	
除外：株価情報が入手不可能なサンプル数	(195)	
必要な財務情報が入手不可能なサンプル数	(400)	
監査法人に関する情報が入手不可能なサンプル数	(102)	
2010 と 2011 年に監査人交代したサンプル数	(18)	
銀行・証券・保険の業種に属する上場企業	(118)	
最終サンプル数	918	
(2)　サンプルにおける監査法人の利用状況		
新日本（Ernst & Young）	290	(31.59 %)
あずさ（KPMG）	246	(26.80 %)
トーマツ（Deloitte）	204	(22.22 %)
あらた（PwC）	29	(3.16 %)
非ビッグ 4	149	(16.23 %)
最終サンプル数	918	
(3)　サンプルにおける国内・海外資本市場の上場状況		
日本市場のみ上場のサンプル数	891	(97.06 %)
日米重複上場のサンプル数	15	(1.63 %)
日本と非米国市場での重複上場のサンプル数	12	(1.31 %)
最終サンプル数	918	

出所：Frendy and Hu (2014, 211, Table 2) を修正し，筆者が作成。

立な効果を与えるニュースの発表であったと理解できる。

　本章では，イベントが発生した期間において，東証一部（東京証券取引所一部市場）上場企業の市場反応を分析する。株価情報，業種分類，財務データについては，日経メディアマーケティング社が提供する「日経 NEEDS Financial Quest」のデータを利用し，監査法人に関わるデータは，日経 NEEDS の DVD によるデータ（『企業基本ファイルⅡ 監査法人・監査意見』提供媒体：DVD（2012 年 8 月作成））を利用する。

　図表 11-2 では，本章における研究のサンプル企業の選択の状況，選択されたサンプル企業の監査法人の利用状況，および選択されたサンプル企業の国

内・海外資本市場の上場状況を示している。

　まず，サンプル企業の選択については，オリンパス事件が発生する2011年に限定し，オリンパスを除く東証一部に上場する企業の1,751社からスタートする。そのうち分析に必要な株価あるいは財務データが入手できない企業，不適正意見や意見差控監査意見が出された企業，および銀行・証券・保険の業種に属する企業を除外した。また，監査人のレピュテーションに影響を与えるケースの影響を抑えるために，2010年と2011年の間において，監査人交代があった企業（18社）を除外し，最終的に，サンプル企業を918社とした。なお，頑健性をチェックするために，除外企業をサンプルに入れて検証することがある。

　また，**図表11-2**からわかるように，本章のサンプルにおけるそれぞれの監査法人の市場シェアは，日本市場全体におけるそれぞれの監査法人の市場シェア（たとえば，第8章の図表8-5を参照されたい）に近い。

　さらに，**図表11-2**によれば，主なサンプル（97.06％）は，日本国内の資本市場のみで上場している企業である。また15社の企業はアメリカ資本市場（ニューヨークまたはナスダック）で上場し，12社の企業はロンドン，パリ，ルクセンブルク，フランクフルト，シンガポール等のその他の国で上場していることがわかる。

2. イベント・スタディーの方法

　Kolari and Pynnonen（2011）のノン・パラメトリックの一般化順位検定（nonparametric generalized rank（GRANK）test，以下「GRANK」と記す。）の方法で複数イベント・ウィンドウに適用し，仮説1で立てたオリンパス監査人のレピュテーションに関わるニュースと異常株価反応との関連性があるか否かを検証する。なおこの異常株価反応の計算に，月次データから観察できない重要な変動を把握するため，各企業の日次株価とリターンを利用する（Brown and Warner 1985；式(1)）。

　このGRANK法は，Corrado（1989）とCorrado and Zivney（1992）で利用

したノン・パラメトリック順位検定（nonparametric rank test）よりも改善された方法であり，また，パラメトリックの検定の仮定を緩和でき，検証対象の分布を任意とした。加えて，このGRANK法は，イベントによって引き起こされるクロース・セクションな変動性（cross-sectional volatility），異常リターンの自己相関やイベント・ディーの密集によって引き起こされる相互相関問題に対して，よりロバスト的である（Kolari and Pynnonen 2011）。

イベント・スタディーの発見事項の正確性は，交絡イベント（confounding event）の存在に大きく依存する（Kothari 2001）。異なる産業セクターにわたって，サンプル企業に偏った影響を及ぼすような交絡イベントをコントロールするために，筆者は，LexisNexisデータベースから，ウォール・ストリート・ジャーナル，フィナンシャル・タイムズ，ニューヨーク・タイムズ，日経ビジネス，読売新聞，およびジャパン・タイムズにおけるイベント・ウィンドウの周辺のニュース発表を観察した。この観察によれば，本章のイベント・ウィンドウにおいて，産業を超えるシステマテックなリターンの差をもたらすようなグローバルなマクロ経済ニュースを確認できなかった。

あるイベント（情報）が市場に織り込まれず，そして不完全な既存情報が存在するのであれば，このイベントにおける株主の反応として，異常リターンが観察される（Brown and Warner 1980）。本章では，イベントの日付をt_0，イベント・ウィンドウの最初日をt_1，最終日をt_2とする。株価反応の頑健性を確保するため，Numata and Takeda（2010）と同様に4つのイベント・ウィンドウ$(t_1, t_2) = (0, 1)，(0, 2)，(0, 3)，$および$(-1, 3)$を選定した。

発表日の株式市場終了後における発表内容の株価への効果を捕捉するため，上記の4つのウィンドウをカバーする累積異常リターン（cumulative abnormal return: CAR；式(4)を参照）は計算される。イベント・ディーよりも先に情報の漏洩の可能性を考慮して，イベントが発生した前日の株価反応も測定する（MacKinlay 1997）。推定ウィンドウを第1回目のイベントのイベント・ウィンドウの前の250日として設定する。

また，市場モデル（market model）の代わりに，本章ではFama-Frenchの

第Ⅱ部　実証的探究

3ファクターモデル（Fama-French three factor model）を用いて異常リターンを測定する。Fama and French（1993）によれば，当該モデルにおける3ファクター（市場ポートフォリオ，時価総額，簿価時価比率（PBRの逆数））が共通の分散（common variation）と平均株価リターンとの差異を解釈できる。一般的にイベント・スタディーの分析の目的が特定イベントによる株価への増分的なインパクトを分離することであるが，3ファクターモデルは，3つのパフォーマンス決定要因で決定される部分とイベントの影響で関連するパフォーマンス部分と分離するのに有効的である（Kothari and Warner 2007）。また，統計的説明力という視点から，マルチ・ファクターモデルが，通常のリターンにおける分散をより説明することで，異常リターンの分散を少なくできる（MacKinlay 1997）。なお実際，本章のFama-Frenchの3ファクターモデルにおける決定係数が市場モデルより高いことが確認されている。

Fama-Frenchの3ファクターモデル(1)を用いて，個々のイベント期間における各企業の予測リターンを測定する。なお，日本の株式市場におけるFama-Frenchのファクターのデータは，フレンチ教授のウェブサイト

（http://mba.tuck.dartmouth.edu/pages/faculty/ken.french/data_library.html）
から入手している。

$$R_{i,t} - R_{f,t} = \alpha + \beta_{i,m}(R_{m,t} - R_{f,t}) + \beta_{i,smb} SMB_t + \beta_{i,hml} HML_t + u_{,t} \tag{1}$$

次に，式(2)を用いて，企業の市場リターンとリスク・フリー・レートの差としての余分な（異常）リターンを推定する（Kolari and Pynnonen 2011）。

$$AR_{i,t} = (R_{i,t} - R_{f,t}) - [\hat{\alpha} + \hat{\beta}_{i,m}(R_{m,t} - R_{f,t}) + \hat{\beta}_{i,smb} SMB_t + \hat{\beta}_{i,hml} HML_t] \tag{2}$$

ここで，

第11章 監査の質の提供側のインセンティブと市場の反応

$R_{i,t}$	日次株価リターン
$R_{f,t}$	t 市場リスク・フリー・レート
$R_{m,t}-R_{f,t}$	市場ポートフォリオ（Tokyo Stock Price Index / TOPIX）における市場超過リターン
SMB	小企業ポートフォリオの株価リターンと大企業ポートフォリオの株価リターンの差
HML	簿価時価比率が高い企業ポートフォリオの株価リターンと簿価時価比率が低い企業ポートフォリオの株価リターンの差
$AR_{i,t}$	推定した異常リターン

そして，式(3)より，推定ウィンドウにおける各株価における標準異常リターン（standardized abnormal return: SAR）を計算する。

$$SAR_{it}=\frac{AR_{it}}{S_{AR_i}} \qquad (3)$$

ここでの S_{AR_i} は，MacKinlay（1997）で定義された異常リターンの予測誤差の標準偏差である。

次に，式(4)と(5)を用いて，イベント・ウィンドウにおける各株価の累積異常リターン（cumulative abnormal return: CAR）と標準異常リターン（standardized cumulative abnormal return: SCAR）を計算する。

$$CAR_i(t_1,t_2)=\sum_{t=t_1}^{t_2}AR_{i,t} \qquad (4)$$

$$SCAR_{i,(t_1,t_2)}=\frac{CAR_i(t_1,t_2)}{S_{CAR_i(t_1,t_2)}} \qquad (5)$$

ここでの $S_{CAR_i(t_1,t_2)}$ は，MacKinlay（1997）で定義された累計異常リターンの予測誤差の標準偏差である。

次に，式(6)を用いて，イベントによる変動性について，$SCAR^*$を計算する

(Boehmer et al. 1991)。

$$SCAR_i^* = \frac{SCAR_{i,(t_1,t_2)}}{S_{SCAR_{(t_1,t_2)}}} \quad (6)$$

ここで，

$$S_{SCAR_{(t_1,t_2)}} = \sqrt{\frac{1}{n-1}\sum_{i=1}^{n}(SCAR_{i,(t_1,t_2)} - \overline{SCAR_{(t_1,t_2)}})^2} \quad (7)$$

は，$SCAR_i$の標準偏差である。

そして，式(8)により，各イベント・ウィンドウおよび各サンプル・グループ毎で，一般化標準異常リターン (generalized standardized abnormal return: GSAR) を計算する。

$$GSAR_{it} = \begin{cases} SCAR_i^*, & \text{for CAR window}(t_1,t_2) \\ SAR_{it}, & \text{for other time period} \end{cases} \quad (8)$$

ここでの$SCAR_i^*$は，式(6)で，またSAR_{it}は，式(3)で計算されるものである。

そして(9)式により，GSAR の平均からの乖離を標準化した異常順位は計算される。

$$U_{it} = \frac{Rank\ (GSAR_{it})}{(T+1)} - 1/2 \quad (9)$$

ここで，Tは測定期間の 250 日を指す。

帰無仮説 1 について，下記のように表せることを想起しておこう。

$$H_0 : \mu_{(t_1,t_2)} = 0$$

ここで，$\mu_{(t_1,t_2)}$はイベント・ウィンドウ (t_1, t_2) における予測の累積異常リタ

そして、帰無仮説1を検証するための一般化順位 t 統計量（The generalized rank t-statistic (GRANK-T)）は以下の通りである。

$$t_{grank} = Z\left(\frac{T-2}{T-1-Z^2}\right)^{\frac{1}{2}} \quad (10)$$

ここで、

$$Z = \frac{\bar{U}_0}{S_{\bar{U}}} \quad (11)$$

$$\bar{U}_t = \frac{1}{n_t}\sum_{i=1}^{n_t} U_{it} \quad (12)$$

$$S_{\bar{U}} = \sqrt{\frac{1}{T}\sum_{t \in T}\frac{n_t}{n}\bar{U}_t^{\,2}} \quad (13)$$

なお、n_t は t 時点の有効な $GSAR_{it}$ の数であり、T は観測値の数であり、$\bar{U}_0$ は t が 0 になった時の $\bar{U}_t$ の平均値である。なお、GRANK-T は T−2 の自由度に依存するスチューデントの t 分布に従っている。

3. クロス・セクション回帰モデル

重回帰モデルを用いて、6つの観測のイベントの平均累積異常リターン（CAR：以下「CAR」と記す。）に影響を与える企業の特徴に関わる変数を分析する。不均一分散標準誤差（heteroskedastic standard errors）によって修正した後、下記の固定効果モデル（fixed effect model）を利用する（式(14)）。各業種間の差異をコントロールするため、産業ダミーを利用する。分析を補足するため、オリンパス・ダミーと個々のコントロール変数をかけた変数（Olympus×Control）を追加する。

第Ⅱ部　実証的探究

$$\begin{aligned}CAR_i = & \beta_1 + \beta_2 Olympus_i + \beta_3 Opinion_i + \beta_4 RoA_i + \beta_5 Assets_i + \beta_6 Levrarage_i \\ & + \beta_7 FreeFloatRatio_i + \beta_8 Segments_i + \beta_9 ForeignShareholders_i \\ & + \beta_{10} OverseasSales_i + \beta_{11} CrossListing_i + (\Sigma \beta_j Olympus_i * Control_{ij}) \\ & + u_i \end{aligned} \quad (14)$$

ここで，

CAR	累計異常リターンの平均値（％）
$Olympus$	オリンパス監査人（新日本あるいはあずさ）が監査するクライアント企業であれば1そうでなければ0を示すダミー変数
$Opinion$	監査意見は無限定適正意見であれば1そうでなければ0を示すダミー変数
RoA	総資産利益率（％）
$Assets$	総資産の自然対数値
$Leverage$	負債構成比率＝総負債／総資産（％）
$FreeFloatRatio$	市場で取引可能な株数／株主に帰属する総株数（％）
$Segments$	総売上高が報告されている子会社の数
$ForeignShareholders$	外国法人所有株式数／株主に帰属する総株数（％）
$OverseasSales$	海外売上高／総売上高（％）
$CrossListing$	海外重複上場であれば1そうでなければ0を示すダミー変数

　コントロール変数は株式市場反応に関する先行文献（Numata and Takeda 2010; Skinner and Srinivasan 2012）を参照したうえで，監査人意見，負債構成比率，総資産利益率，総資産，浮動株比率（free float ratio），外国法人所有株割合，海外売上高比率，子会社数，および海外重複市場を選定した。ダミー変数 $Olympus$ はオリンパス監査人（新日本あるいはあずさ）が監査するクライアント企業であれば1そうでなければ0を示すダミー変数である。そのダミー変数の係数 β_2 は仮説2を検証するために注目する係数である。つまり，オリンパス監査人が監査している企業とそうでない企業との間に市場反応の差異がない場合に，ダミー変数 $Olympus$ の係数が統計的に有意でない（仮説2）と予測す

る。一方，オリンパス監査人が監査している企業はそうでない企業と比べてよりネガティブな市場反応が期待される場合に，ダミー変数 $Olympus$ の係数 $β_2$ は統計的に有意な負の値になる。

　$Opinion$ は監査意見が無限定適正意見であれば 1 そうでなければ 0 を示すダミー変数であり，異なる監査意見をコントロールする。RoA は各企業の利益調整の影響を受ける営業成績をコントロールする変数である。$Assets$ と $Leverage$ はそれぞれ貸借対照表上から取得できるが，企業のサイズと債務超過リスクをそれぞれコントロールする。$FreeFloatRatio$ は各株式の流動性をコントロールする。高い流動性を持つ株は低い流動性を持つ株より取引されやすいと考えられる。また，$Segments$ の変数を用いて，企業の事業内容の複雑さをコントロールする。子会社数が多い企業ほど，複雑な監査手続きを必要とし，それが高い監査の質に対するニーズを生じさせ，監査人のレピュテーションに対してより重視する傾向にあると考えられる。$ForeignShareholders$ と $OverseasSales$ の二つの変数は，外国法人が日本企業の純資産と利益に対する影響をそれぞれコントロールする。なお，ダミー変数 $CrossListing$ は海外重複上場であれば 1 そうでなければ 0 を示すダミー変数である。

第 4 節　分析結果

1. 基本統計量

　図表 11-3 はオリンパスを監査する監査法人（オリンパス監査人）が監査するクライアント企業の業種分類を示している。横軸であるグループⅠとグループⅡはそれぞれ，オリンパス監査人（新日本とあずさ）が監査するクライアント企業と監査しないクライアント企業を示しており，それぞれの企業数が，536 社（全サンプルの 58.39％）および 382 社（全サンプルの 41.61％）である。

　図表 11-3 からわかるように，全サンプルの 918 社は，東京証券取引所における全業種 33 業種のうち，30 業種にわたっている。また，全サンプルの 10％以上を占める業種が存在しないようである。さらにグループⅠの業種構成とグ

第Ⅱ部　実証的探究

図表 11-3　オリンパスを監査する監査法人が監査するクライアント企業の業種分類

業種	グループⅠ (オリンパス監査人が 監査する企業)		グループⅡ (オリンパス監査人が 関連しない企業)	
	Freq.	%	Freq.	%
空運業	1	0.19	0	0.00
化学	54	10.07	31	8.12
建設業	50	9.33	17	4.45
電気機器	56	10.45	39	10.21
電気・ガス業	9	1.68	7	1.83
水産・農林業	4	0.75	1	0.26
食料品	21	3.92	15	3.93
ガラス・土石製品	14	2.61	6	1.57
情報・通信業	30	5.60	31	8.12
鉄鋼	11	2.05	8	2.09
陸運業	20	3.73	8	2.09
機械	40	7.46	32	8.38
海運業	4	0.75	3	0.79
金属製品	8	1.49	11	2.88
鉱業	3	0.56	1	0.26
非鉄金属	14	2.61	4	1.05
石油・石炭製品	3	0.56	1	0.26
その他金融業	0	0.00	1	0.26
その他製品	10	1.87	10	2.62
医薬品	8	1.49	7	1.83
精密機器	7	1.31	8	2.09
パルプ・紙	7	1.31	2	0.52
不動産業	11	2.05	14	3.66
小売業	35	6.53	24	6.28
ゴム製品	8	1.49	1	0.26
サービス業	24	4.48	31	8.12
繊維製品	13	2.43	10	2.62
輸送用機器	15	2.80	14	3.66
倉庫・運輸関連業	11	2.05	4	1.05
卸売業	45	8.40	41	10.73
合計	536	58.39	382	41.61

出所：Frendy and Hu (2014, 216, Table 3) を参照に, 筆者が作成。

第11章　監査の質の提供側のインセンティブと市場の反応

ループⅡの業種構成との間に僅差しかない。本章に取り扱うサンプル企業について，多業種にわたっている状況は，産業間の交絡因子の影響を少なく受けることにつながると考えられる。

図表11-4は，式(14)で使われる変数（図表の縦軸）のさまざまなケースの場合（図表の横軸）の基本統計量をそれぞれ表している。図表の横軸からも確認できるが，監査法人ごと（新日本，あずさ，トーマツ，あらたおよびNon-Big4），監査法人の規模（Big4とNon-Big4以外），およびオリンパス監査人との関連の3つの角度から，それぞれの変数の基本統計量を確認できる。さらに，監査人とオリンパスの関連について，3つのサブ・グループに分けられ，グループⅠが新日本とあずさが監査している企業であり，グループⅡが新日本とあずさ以外の監査人が監査している企業であり，またグループⅢが新日本とあずさ以外のBig4監査人（トーマツおよびあらた）が監査している企業である。

図表11-4から読み取れる結果は以下のようになる。まず，Big4とNon-BIg4のCARの平均値について統計的な差はないことが分かった。次に，グループⅠ（新日本とあずさが監査している企業）がグループⅡ（新日本とあずさ以外の監査人が監査している企業）およびグループⅢ（新日本とあずさ以外のBig4監査人（トーマツおよびあらた）が監査している企業）に対して，それぞれCARの平均の差に統計的な有意性が示されている。これらの結果はイベント・ウィンドウにおけるオリンパス監査人に関連する企業とそうでない企業との間に，市場反応についてわずかな統計的な差が存在することを表している。最後に，CARの平均がマイナスになっている。これはオリンパス監査人の会計不正に関するニュース発表期間では日本資本市場がネガティブに反応をしていたことを示唆している。

2．イベント・スタディーの分析結果

図表11-5からは，第3節で特定した6つのイベントにおいて，グループⅠ（オリンパス監査人の536社のクライアント企業）もグループⅡ（オリンパス監査人でない監査人の382社のクライアント企業）も異常リターンがGRANK-T統計

第Ⅱ部　実証的探究

図表 11-4　各変数の基本統計量とグ

変数	基本統計	監査法人ごと				監査法人：Big4 v.s. Non-Big4				
		新日本	あずさ	トーマツ	あらた	Non-Big4	Big4 (A)	Non-Big4 (B)	平均の差 (A)-(B)	t値 (A)-(B)
CAR	Mean	-0.003	-0.003	-0.005	-0.002	-0.004	-0.004	-0.004	0.001	0.500
	Median	-0.006	-0.004	-0.007	0.001	-0.005	-0.005	-0.005		
	Std. Dev.	0.016	0.015	0.014	0.013	0.014	0.015	0.014		
Olympus	Mean	1	1	-	-	-	0.697	-		
	Median	1	1	-	-	-	1	-		
	Std. Dev.	-	-	-	-	-	0.460	-		
Opinion	Mean	0.783	0.756	0.863	0.655	0.691	0.791	0.691	0.099	2.441**
	Median	1	1	1	1	1	1	1		
	Std. Dev.	0.413	0.430	0.345	0.484	0.464	0.407	0.464		
RoA	Mean	0.024	0.029	0.032	0.037	0.023	0.028	0.023	0.005	1.657*
	Median	0.022	0.024	0.029	0.027	0.018	0.025	0.018		
	Std. Dev.	0.033	0.038	0.035	0.042	0.036	0.036	0.036		
Assets	Mean	11.830	12.160	11.760	12.360	11.270	11.940	11.270	0.664	5.847***
	Median	11.740	11.970	11.520	12.140	11.210	11.760	11.210		
	Std. Dev.	1.450	1.580	1.510	1.860	1.210	1.530	1.210		
Leverage	Mean	0.547	0.531	0.501	0.458	0.528	0.526	0.528	-0.002	-0.116
	Median	0.560	0.537	0.522	0.438	0.516	0.534	0.516		
	Std. Dev.	0.186	0.189	0.203	0.181	0.192	0.192	0.192		
FreeFloatRatio	Mean	0.209	0.186	0.170	0.139	0.218	0.189	0.218	-0.029	-2.565**
	Median	0.188	0.160	0.150	0.102	0.188	0.168	0.188		
	Std. Dev.	0.117	0.117	0.105	0.098	0.129	0.114	0.129		
Segments	Mean	6.270	6.370	6.400	6.830	6.090	6.360	6.090	0.272	2.336**
	Median	6	6	6	7	6	6	6		
	Std. Dev.	1.600	1.400	1.540	1.510	1.250	1.520	1.250		
ForeignShareholders	Mean	0.128	0.150	0.155	0.163	0.106	0.144	0.106	0.038	3.899***
	Median	0.103	0.121	0.122	0.179	0.068	0.112	0.068		
	Std. Dev.	0.105	0.122	0.133	0.103	0.106	0.119	0.106		
OverseasSales	Mean	0.187	0.192	0.156	0.300	0.144	0.184	0.144	0.041	2.146**
	Median	0.065	0.000	0.000	0.289	0.000	0.000	0.000		
	Std. Dev.	0.231	0.248	0.233	0.259	0.205	0.239	0.205		
CrossListing	Mean	0.021	0.041	0.034	0.069	0.013	0.033	0.013	0.019	1.671*
	Median	-	-	-	-	-	-	-		
	Std. Dev.	0.143	0.198	0.182	0.258	0.115	0.177	0.115		
Observations		290	246	204	29	149	769	149		

注：*** は 1％水準, ** 5％水準, * は 10％水準で統計的に有意。
出所：Frendy and Hu (2014, 217, Table 4) を参照に, 筆者が作成。

第11章 監査の質の提供側のインセンティブと市場の反応

ループ間の平均の差の検定結果

	オリンパス監査人との関連						
グループI 新日本とあずさが監査している企業 (A)	グループII 新日本とあずさ以外の監査人が監査している企業 (B)	グループIII 新日本とあずさ以外のBig4監査人が監査している企業 (C)	平均の差 (A)-(B)	t値 (A)-(B)	平均の差 (A)-(C)	t値 (A)-(C)
-0.003	-0.005	-0.005	0.002	1.765*	0.002	1.792*
-0.005	-0.006	-0.006				
0.015	0.014	0.014				
1	-	-				
1	-	-				
-	-	-				
0.771	0.780	0.837	-0.010	-0.343	-0.066	-2.190**
1	1	1				
0.421	0.415	0.370				
0.026	0.029	0.032	-0.002	-0.946	-0.006	-2.114**
0.023	0.024	0.028				
0.036	0.036	0.036				
11.980	11.620	11.840	0.365	3.665***	0.145	1.192
11.820	11.400	11.590				
1.520	1.460	1.570				
0.540	0.508	0.496	0.031	2.425**	0.044	2.866***
0.547	0.507	0.505				
0.187	0.197	0.200				
0.199	0.186	0.166	0.012	1.544	0.032	3.792***
0.177	0.166	0.146				
0.117	0.117	0.104				
6.320	6.310	6.450	0.006	0.057	-0.138	-1.147
6	6	6				
1.510	1.440	1.540				
0.138	0.137	0.156	0.001	0.171	-0.018	-1.873*
0.107	0.100	0.123				
0.114	0.123	0.129				
0.189	0.162	0.174	0.027	1.707*	0.015	0.784
0.022	-	-				
0.239	0.228	0.241				
0.030	0.029	0.039				
-	-	-				
0.170	0.167	0.193				
536	382	233				

第Ⅱ部　実証的探究

図表 11-5　イベント・スタディー GRANK テストの分析結果
（オリンパス監査人の監査する企業とそうでない企業）

イベント		グループⅠ （新日本とあずさと関連する企業）		グループⅡ （新日本とあずさと関連しない企業）	
		GRANK t 値	p 値	GRANK t 値	p 値
イベント1	(0, 1)	0.4343	0.6645	0.3231	0.7469
	(0, 2)	-0.1714	0.8640	-0.1541	0.8777
	(0, 3)	-0.7628	0.4463	-0.7117	0.4773
	(-1, 3)	-0.8318	0.4063	-0.6641	0.5072
イベント2	(0, 1)	0.2474	0.8048	0.2237	0.8232
	(0, 2)	-0.1011	0.9195	-0.1192	0.9052
	(0, 3)	-1.0420	0.2984	-0.8435	0.3998
	(-1, 3)	-1.3846	0.1674	-0.9259	0.3554
イベント3	(0, 1)	0.3459	0.7297	0.3412	0.7332
	(0, 2)	0.3081	0.7583	0.3471	0.7288
	(0, 3)	-0.7835	0.4341	-0.6800	0.4972
	(-1, 3)	-0.3653	0.7152	-0.3710	0.7110
イベント4	(0, 1)	0.1716	0.8639	0.1729	0.8628
	(0, 2)	-0.9128	0.3622	-0.8284	0.4082
	(0, 3)	-1.1847	0.2373	-1.1471	0.2524
	(-1, 3)	-1.0282	0.3048	-1.0146	0.3113
イベント5	(0, 1)	0.1461	0.8839	0.1029	0.9181
	(0, 2)	-0.0175	0.9860	-0.2063	0.8368
	(0, 3)	0.7411	0.4593	0.5903	0.5555
	(-1, 3)	0.7185	0.4731	0.6690	0.5041
イベント6	(0, 1)	0.1900	0.8495	0.1678	0.8669
	(0, 2)	-1.0855	0.2788	-1.2493	0.2127
	(0, 3)	-1.8448	0.0662 *	-1.9345	0.0542 *
	(-1, 3)	-1.2320	0.2191	-1.3731	0.1710
観察値		536		382	

注：* は 10％水準，** 5％水準，*** は 1％水準で統計的に有意。
出所：Frendy and Hu (2014, 218, Table 5) を参照に，筆者が作成。

量のもと,おおむね観察されなかったことがわかる。ここでは,第3節第2項で既述したように,株価反応の頑健性を確保するため,4つのイベント・ウィンドウ $(t_1, t_2) = (0, 1),(0, 2),(0, 3),$および$(-1, 3)$を選定し(Numata and Takeda 2010),6つのイベントごとに対して結果を出している。

イベント・ウィンドウ $(0, 3)$について,イベント6における結果が統計的に弱い有意性があるが,結論として,一般的に,新日本とあずさの監査する企業とそうでない企業における異常市場反応がなかったことが証明されている。つまり,帰無仮説H1:「オリンパス監査人たちのレピュテーションに影響を与えるニュースに対して,オリンパス監査人(新日本とあずさ)が担当している企業における異常株価リターンは発生しない」が棄却されないことである。なお,**図表11-5**で示された結果は企業の重複上場などの特徴をコントロールしなかった。企業の重複上場などの特徴が市場反応に及ぼす影響をコントロールするため,次頁で重回帰分析を行う。

3. 重複上場企業とそうでない企業との市場反応の比較

図表11-6は,式(14)における重複上場ダミー変数を除く変数(図表の縦軸)の重複上場の状況ごと(図表の横軸)の基本統計量を表している。また,図表の横軸からも確認できるが,企業の重複上場の状況ごとを4つのグループ(A,B,C,D)に分けている。グループAが日本市場のみ上場する企業であり,グループBが日米重複上場する企業であり,グループCが日本と非米国市場で重複上場する企業であり,およびグループD(グループBとCの和)が日本と海外市場で重複上場する企業である。また,グループAとグループB,グループAとグループC,およびグループAとグループDの3つのグループ間の差の検定もした(**図表11-6**)。

図表11-6から読み取れる結果は以下のようになる。まず,日本のみで上場する企業と比べて,海外で重複上場する企業のほうが比較的より大きい規模,高い浮動株比率,多い子会社数,高い外国法人所有株割合,高い海外売上高比率を持っている。また,国内のみ上場する企業数(891社)は外国で重複上場

第Ⅱ部　実証的探究

図表 11-6　重複上場の状況ごとにおける各変数の基本

変数	統計量	重複上場の状況						
		日本のみ上場 (A)	米国上場 (B)	平均の差 (A)-(B)	t値 (A)-(B)	p値 (A)-(B)	海外上場（アメリカを除く）(C)	平均の差 (A)-(C)
CAR	Mean	-0.004	0.000	-0.004	-0.818	0.427	0.007	-0.011
	Median	-0.006	0.004				0.007	
	St. Dev.	0.014	0.017				0.017	
Olympus	Mean	0.584	0.533				0.667	
	Median	1	1				1	
	St. Dev.	0.493	0.516				0.492	
Opinion	Mean	0.778	0.467	0.311	2.321	0.036 **	0.917	-0.139
	Median	1	-				1	
	St. Dev.	0.416	0.516				0.289	
RoA	Mean	0.027	0.031	-0.004	-0.664	0.517	0.036	-0.009
	Median	0.023	0.026				0.037	
	St. Dev.	0.036	0.026				0.014	
Assets	Mean	11.760	14.620	-2.860	-5.777	<0.001 ***	13.890	-2.137
	Median	11.570	14.630				14.070	
	St. Dev.	1.430	1.910				1.610	
Leverage	Mean	0.527	0.486	0.041	0.869	0.399	0.531	-0.004
	Median	0.533	0.498				0.556	
	St. Dev.	0.192	0.183				0.203	
FreeFloatRatio	Mean	0.195	0.118	0.077	4.721	<0.001 ***	0.179	0.016
	Median	0.174	0.103				0.150	
	St. Dev.	0.118	0.062				0.121	
Segments	Mean	6.280	7.800	-1.519	-2.362	0.033 **	7	-0.719
	Median	6	7				6.500	
	St. Dev.	1.440	2.480				1.710	
ForeignShare-holders	Mean	0.133	0.282	-0.148	-6.952	<0.001 ***	0.263	-0.129
	Median	0.101	0.256				0.293	
	St. Dev.	0.116	0.081				0.109	
OverseasSales	Mean	0.171	0.427	-0.256	-3.116	0.007 ***	0.379	-0.208
	Median	-	0.488				0.398	
	St. Dev.	0.229	0.317				0.298	
Observations		891	15				12	

注：* は 10％水準，** 5％水準，*** は 1％水準で統計的に有意。
出所：Frendy and Hu（2014, 219, Table 6）を参照に，筆者が作成。

第11章　監査の質の提供側のインセンティブと市場の反応

統計量とその差の検定

t値 (A)-(C)	p値 (A)-(C)	海外上場 (D=B+C)	平均の差 (A)-(D)	t値 (A)-(D)	p値 (A)-(D)
-2.157	0.054 *	0.003 0.004 0.017	-0.007	2.019	0.054 *
		0.593 1 0.501			
-1.644	0.127	0.667 1 0.480	0.111	-1.188	0.245
-2.240	0.043 **	0.034 0.037 0.021	-0.007	1.578	0.125
-4.562	<0.001 ***	14.300 14.470 1.790	-2.539	7.306	<0.001 ***
-0.060	0.953	0.506 0.521 0.190	0.021	-0.579	0.567
0.464	0.652	0.145 0.106 0.096	0.050	-2.662	0.013 **
-1.454	0.173	7.440 7.000 2.170	-1.164	2.766	0.010 **
-4.077	0.002 ***	0.273 0.274 0.093	-0.140	7.625	<0.001 ***
-2.414	0.034 **	0.406 0.452 0.304	-0.235	3.985	<0.001 ***
		27			

する企業数（27社）よりかなり高いが，これらのグループの間に，監査意見，総資産利益率，および負債構成比率について差がなかったようである。

さらに日本のみで上場する企業と海外で重複上場する企業の間に，CARの差異（－0.004 vs. 0.003; p値: 0.054）が見られるに対して，日本でのみ上場する企業と日米双方で重複上場する企業の間に，CARの差異（－0.004 vs. 0.000; p

図表11-7　イベントに対する株式市場の反応：企業の上場市場の状況ごとに

イベント		グループI 日本のみ上場 (A)		グループII 米国市場上場 する企業 (B)		グループIII 非米国市場上場 する企業 (C)		グループIV 米国とその他の 市場で上場する企業 (D = B + C)	
		GRANK t値	p-値	GRANK t値	p-値	GRANK t値	p-値	GRANK t値	p-値
イベント1	(0, 1)	0.3851	0.7005	0.1661	0.8682	0.1859	0.8527	0.2239	0.8231
	(0, 2)	－0.1540	0.8777	－0.4706	0.6383	－0.2039	0.8386	－0.4436	0.6577
	(0, 3)	－0.7117	0.4773	－1.5426	0.1242	－0.6447	0.5197	－1.4401	0.1511
	(－1, 3)	－0.7289	0.4667	－1.8274	0.0688 *	－0.3550	0.7229	－1.4634	0.1446
イベント2	(0, 1)	0.2329	0.8160	0.2123	0.8321	0.2186	0.8271	0.2719	0.7859
	(0, 2)	－0.1501	0.8808	0.9719	0.3320	1.3006	0.1946	1.4211	0.1565
	(0, 3)	－1.0017	0.3175	0.8315	0.4065	1.0672	0.2869	1.1890	0.2356
	(－1, 3)	－1.2296	0.2200	1.2997	0.1949	0.3382	0.7355	1.0712	0.2851
イベント3	(0, 1)	0.3418	0.7328	－0.1096	0.9128	0.5679	0.5706	0.2665	0.7901
	(0, 2)	0.3117	0.7555	0.3225	0.7473	0.7858	0.4327	0.6926	0.4892
	(0, 3)	－0.7567	0.4500	0.2838	0.7768	0.1726	0.8631	0.2977	0.7662
	(－1, 3)	－0.3893	0.6974	0.4733	0.6364	0.4652	0.6422	0.6019	0.5478
イベント4	(0, 1)	0.1685	0.8663	0.3611	0.7183	－0.0109	0.9913	0.2346	0.8147
	(0, 2)	－0.9013	0.3683	1.0784	0.2819	－0.3489	0.7275	0.5076	0.6122
	(0, 3)	－1.2079	0.2282	0.9821	0.3270	0.3634	0.7166	0.8776	0.3810
	(－1, 3)	－1.0619	0.2893	1.2493	0.2127	0.1917	0.8482	0.9495	0.3433
イベント5	(0, 1)	0.1210	0.9038	0.2633	0.7925	0.1790	0.8581	0.2823	0.7779
	(0, 2)	－0.0845	0.9327	－0.3743	0.7085	－0.7064	0.4806	－0.6733	0.5014
	(0, 3)	0.6890	0.4914	－0.8663	0.3872	0.6130	0.5405	－0.2050	0.8377
	(－1, 3)	0.7400	0.4600	－1.5770	0.1161	－0.3400	0.7342	－1.2580	0.2096
イベント6	(0, 1)	0.1795	0.8577	0.0195	0.9844	0.1643	0.8696	0.1132	0.9100
	(0, 2)	－1.1615	0.2465	－1.6298	0.1044	1.0625	0.2890	－0.4427	0.6584
	(0, 3)	－1.9119	0.0570 *	－0.6356	0.5256	0.8309	0.4068	0.0807	0.9357
	(－1, 3)	－1.3237	0.1868	－0.4114	0.6811	1.1603	0.2471	0.4325	0.6657
観測値		891		15		12		27	

注：* は10％水準，**5％水準，*** は1％水準で統計的に有意。
出所：Frendy and Hu（2014, 220, Table 7）を参照に，筆者が作成。

値：0.427) が見られない。なお，CAR に関する結果はオリンパスに関わるイベントに対して，日本のみで上場する企業が比較的ネガティブな株式市場反応を起こしていたことをも示唆している。

図表 11-7 では，オリンパス監査人のレピュテーションに影響を与える 6 つのイベントに対して，企業の株式市場の上場の状況の相違によって，株式市場の反応が異なるか否かを GRANK-T 法のもとで分析した結果が示されている。**図表 11-6** と同様に，4 つのグループ（A, B, C, D）に分けて分析する。**図表 11-7** によれば，4 つのグループの間に，異常市場リターンの差異が存在しないようである。これは，**図表 11-5** の結果と一致している。さらに，**図表 11-6** および**図表 11-7** の結果を確認するため，次節で重回帰分析を用いて，企業特徴をコントロールした上で，市場反応の差異が存在するか否かを検証する。

4. クロス・セクション回帰モデルの分析結果

図表 11-8 では，CAR を従属変数とする式(14)のクロス・セクション回帰モデルからの分析結果を示している。パネル A は交差項のコントロール変数を考慮してなかった結果であり，パネル B は交差項のコントロール変数を考慮した結果である（式(14)を参照）。ここでの回帰分析とは，固定効果モデルを用いたものであり，不均一分散標準誤差によって修正したものである。加えて，CAR は Fama-French の 3 ファクターモデルにより計算されている。

CAR を従属変数とする重回帰分析（式(14)）の結果について，**図表 11-8** では，(1)すべてのイベント（カラム A），(2)FACTA から公表したニュースのイベント 1 と 2（カラム B），(3)オリンパスから公表したニュースのイベント 3 から 6（カラム C），(4)ネガティブなニュース報告に関わるイベント 1 から 5（カラム D），および(5)中立的なニュース報告に関わるイベント 6（カラム E），の 5 つのケース（横軸）に分け，それぞれの結果が示されている。

図表 11-8 からわかるように，パネル A と B の変数 *Olympus* の係数が統計的に有意でない。これはオリンパス監査人が監査を行った企業とそうでない企業との間に，市場反応の差異がないことを示唆している。

第Ⅱ部　実証的探究

図表 11-8　クロース・セクシ
パネル A（交差項

変数	CAR の平均―6 つのイベント (A)			CAR の平均―FACTA イベント (イベント 1-2) (B)		
	係数	t 値	Pr (>|t|)	係数	t 値	Pr (>|t|)
Olympus	0.0001	0.2100	0.8370	-0.0011	-0.9100	0.3644
Opinion	0.0007	0.5200	0.6020	0.0015	1.0400	0.3002
RoA	-0.0175	-0.7900	0.4280	-0.0154	-0.7300	0.4628
Assets	0.0009	1.6800	0.0940 *	0.0016	1.9500	0.0516 *
Leverage	0.0031	0.6600	0.5120	-0.0064	-1.4500	0.1484
FreeFloatRatio	-0.0005	-0.1400	0.8900	-0.0073	-1.0000	0.3195
Segments	-0.0005	-1.2700	0.2040	0.0005	1.2400	0.2139
ForeignShareholders	0.0067	0.8400	0.4030	0.0026	0.3100	0.7530
OverseasSales	0.0172	7.6900	0.0000 ***	0.0103	3.2700	0.0011 ***
CrossListing	-0.0012	-0.4800	0.6330	-0.0063	-2.6300	0.0087 ***
Observations		918			918	
Industry Fixed Effects		Included			Included	
Total Sum of Squares		0.1670			0.2990	
Residual Sum of Squares		0.1500			0.2830	
R-Squared		0.1010			0.0533	
Adj. R-Squared		0.0964			0.0510	
p-value		0.0000			0.0000	

パネル B（オリンパス・ダミーと企業の

変数	CAR の平均―6 つのイベント (A)			CAR の平均―FACTA イベント (イベント 1-2) (B)		
	係数	t 値	Pr (>|t|)	係数	t 値	Pr (>|t|)
Olympus	0.0002	0.3700	0.7107	-0.0008	-0.8200	0.4114
Opinion	0.0002	0.1700	0.8633	0.0012	0.8500	0.3939
RoA	-0.0188	-0.9900	0.3244	-0.0183	-0.9500	0.3446
Assets	0.0009	1.8900	0.0591 *	0.0016	2.2500	0.0247 **
Leverage	0.0034	0.7600	0.4486	-0.0069	-1.5600	0.1192
FreeFloatRatio	-0.0003	-0.0700	0.9480	-0.0074	-0.9500	0.3407
Segments	-0.0005	-1.3400	0.1800	0.0005	1.1300	0.2569
ForeignShareholders	0.0069	1.0000	0.3152	0.0014	0.1700	0.8618
OverseasSales	0.0170	8.0800	0.0000 ***	0.0104	3.3700	0.0008 ***
CrossListing	-0.0005	-0.2100	0.8303	-0.0065	-2.5000	0.0125 **
Olympus*Opinion	-0.0014	-0.6900	0.4880	-0.0022	-0.9900	0.3232
Olympus*RoA	-0.0480	-0.8900	0.3743	-0.1166	-2.3700	0.0181 **
Olympus*Assets	-0.0016	-1.0800	0.2823	0.0005	0.4100	0.6834
Olympus*Leverage	0.0155	2.0800	0.0383 **	0.0001	0.0100	0.9886
Olympus*FreeFloatRatio	-0.0145	-1.4800	0.1381	0.0070	0.4700	0.6358
Olympus*Segments	-0.0006	-1.1700	0.2436	-0.0001	-0.1800	0.8573
Olympus*ForeignShareholders	0.0113	0.6800	0.4990	-0.0030	-0.1800	0.8538
Olympus*OverseasSales	0.0144	3.0800	0.0021 ***	0.0140	2.7200	0.0066 ***
Olympus*CrossListing	-0.0001	-0.0200	0.9817	0.0028	0.4400	0.6592
Observations		918			918	
Industry Fixed Effects		Included			Included	
Adj. R-Squared		0.1200			0.0716	
p-value		0.0000			0.0000	

注：* は 10 ％水準，** 5 ％水準，*** は 1 ％水準で統計的に有意。
出所：Frendy and Hu（2014, 220, Table 8）を参照に，筆者が作成。

第11章　監査の質の提供側のインセンティブと市場の反応

ョン回帰モデルの分析結果
を含めない)

CAR の平均―オリンパスイベント (イベント 3-6) (C)			CAR の平均―ネガティブなニュース (イベント 1-5) (D)			CAR の平均―中立的なニュース (イベント 6) (E)		
係数	t値	Pr (>|t|)	係数	t値	Pr (>|t|)	係数	t値	Pr (>|t|)
0.0007	0.7800	0.4360	0.0001	0.1600	0.8700	0.0002	0.1100	0.9130
0.0003	0.1800	0.8590	0.0013	1.0600	0.2900	-0.0024	-0.6800	0.4950
-0.0186	-0.7400	0.4570	-0.0043	-0.2000	0.8400	-0.0835	-1.8400	0.0660 *
0.0005	0.8900	0.3730	0.0001	0.2700	0.7900	0.0048	3.1000	0.0020 ***
0.0078	1.2500	0.2100	0.0013	0.4000	0.6900	0.0117	0.7400	0.4580
0.0029	0.7200	0.4750	-0.0023	-0.5200	0.6000	0.0083	0.8500	0.3970
-0.0009	-2.0900	0.0370 **	-0.0003	-0.9400	0.3500	-0.0013	-1.3300	0.1840
0.0087	0.8600	0.3930	0.0091	1.3300	0.1900	-0.0056	-0.3200	0.7480
0.0207	7.3600	0.0000 ***	0.0141	6.4600	0.0000 ***	0.0328	4.4800	0.0000 ***
0.0014	0.3600	0.7180	-0.0003	-0.1500	0.8800	-0.0056	-0.6700	0.5010
918 Included			918 Included			918 Included		
0.2820			0.1540			1.2800		
0.2600			0.1440			1.1700		
0.0790			0.0692			0.0818		
0.0756			0.0662			0.0782		
0.0000			0.0000			0.0000		

特性を示す変数との交差項を含む)

CAR の平均―オリンパスイベント (イベント 3-6) (C)			CAR の平均―ネガティブなニュース (イベント 1-5) (D)			CAR の平均―中立的なニュース (イベント 6) (E)		
係数	t値	Pr (>|t|)	係数	t値	Pr (>|t|)	係数	t値	Pr (>|t|)
0.0007	0.8800	0.3780	0.0002	0.3300	0.7422	0.0001	0.0400	0.9690
-0.0002	-0.1200	0.9020	0.0009	0.6800	0.4939	-0.0030	-0.8200	0.4131
-0.0191	-0.8600	0.3890	-0.0060	-0.3400	0.7376	-0.0831	-1.8100	0.0703 *
0.0005	0.7600	0.4490	0.0001	0.1700	0.8625	0.0048	3.1500	0.0017 ***
0.0086	1.3700	0.1710	0.0017	0.5700	0.5712	0.0119	0.7400	0.4592
0.0033	0.7700	0.4410	-0.0021	-0.4600	0.6473	0.0091	0.9500	0.3417
-0.0009	-2.1900	0.0290 **	-0.0003	-1.0700	0.2847	-0.0011	-1.2300	0.2192
0.0096	1.0700	0.2860	0.0092	1.6100	0.1088	-0.0049	-0.3000	0.7605
0.0204	7.5100	0.0000 ***	0.0141	6.5800	0.0000 ***	0.0319	4.7100	0.0000 ***
0.0024	0.6200	0.5360	0.0002	0.1100	0.9114	-0.0042	-0.5100	0.6085
-0.0009	-0.4000	0.6930	-0.0033	-1.8000	0.0720 *	0.0085	1.3400	0.1809
-0.0137	-0.2000	0.8380	-0.0743	-1.7400	0.0816 *	0.0831	0.4700	0.6397
-0.0026	-1.4500	0.1460	-0.0013	-0.9600	0.3366	-0.0028	-1.0500	0.2930
0.0232	2.2100	0.0280 **	0.0125	2.0500	0.0404 **	0.0307	1.4300	0.1537
-0.0252	-2.1100	0.0350 **	-0.0094	-0.9500	0.3414	-0.0396	-1.7300	0.0837 *
-0.0008	-1.2200	0.2250	-0.0004	-0.7300	0.4635	-0.0015	-1.4200	0.1568
0.0184	0.9700	0.3300	0.0103	0.6400	0.5209	0.0159	0.4400	0.6624
0.0146	2.5500	0.0110 **	0.0139	3.0700	0.0022 ***	0.0171	1.3900	0.1649
-0.0016	-0.2100	0.8310	0.0024	0.5000	0.6161	-0.0128	-0.7700	0.4426
918 Included			918 Included			918 Included		
0.0955			0.0953			0.0898		
0.0000			0.0000			0.0000		

第Ⅱ部　実証的探究

　また，パネルBの変数 Olympus とその他の変数との交差項の有意性に注目すると，下記のような結果が得られる。ケース(1)：すべての6つのイベントのCAR（カラムA）については，変数 Olympus と変数 Leverage および OverseasSales の交差項が，ケース(2)：FACTAイベントのCAR（カラムB）については，変数 Olympus と変数 RoA および OverseasSales の交差項が，ケース(3)：オリンパスから公表したニュースのイベントのCAR（カラムC）については，変数 Olympus と変数 Leverage, FreeFloatRatio および OverseasSales の交差項が，ケース(4)：ネガティブなニュース報告に関わるイベントのCAR（カラムD）については，変数 Olympus と変数 Opinion, Assets, Leverage および OverseasSales の交差項が，ケース(5)：中立的なニュース報告に関わるイベントのCAR（カラムE）については，変数 Olympus と変数 OverseasSales の交差項が，CARに対して，統計的に有意な影響が認められた。加えて，どのケースにおいても，変数 Olympus と変数 CrossListing の交差項のCARに及ぼす影響の有意性が確認できなかった。

第5節　実証結果に対する解釈・ディスカッション

　図表11-5 および **11-8** で示したイベント・スタディーと回帰モデルの分析結果は，企業不正における監査人の潜在的な関与を疑うニュースの開示に対して，オリンパス監査人のレピュテーションに変化が見られなかったことを示している。つまり，本章における仮説1が棄却されないことがわかった。

　また，**図表11-5** におけるGRANK法のt統計量および **図表11-8** におけるオリンパスのダミー変数（Olympus）は，統計的に有意でなかったことから，本章における仮説2が棄却されないことがわかった。つまり，（関係する企業特性をコントロールした上）オリンパス監査人（新日本とあずさ）のレピュテーションに影響を与えるニュースに対して，オリンパス監査人が監査している企業とオリンパス監査人でない監査人が監査している企業におけるそれぞれの市場反応の程度に差異が認められなかった。

第11章　監査の質の提供側のインセンティブと市場の反応

　図表11-8のパネルAとパネルBにおける検証モデルの差は，*Olympus*と企業特性変数の交差項のコントロール変数を式(14)の重回帰モデルに変数として導入しているかどうかである。パネルBの*Olympus*と企業特性変数の交差項のコントロール変数の5つのケース（カラムA～E）における有意性に注目すると，ネガティブなニュース報告に関わるイベントのCAR（カラムD）については，その有意性がもっとも強い（9つの交差項のうち，4つの交差項の有意性が認められた）といえる。

　*Olympus×Opinion*および*Olympus×RoA*変数の有意性に注目すると，**図表11-8**のパネルBのカラムDにおいて，*Olympus×Opinion*および*Olympus×RoA*変数の係数の符号がマイナスで，10％の水準をもって統計的に有意であることがわかった。これは監査人のレピュテーションに対するネガティブなニュース報道に対して，オリンパス監査人が監査する企業のうち，無限定適正意見をもらった企業や高い総資産利益率の企業がよりネガティブなスピルオーバー効果を体験していることを示した。監査意見に関して問題がなく，良い経営成績の企業の投資家が，その企業の監査人にとって潜在的ネガティブ効果を持つ報道を目にしたとき，それまでの高い期待値に反転をつける形で，ネガティブな市場反応を起こしたことを示している。また，FACTAイベントのCAR（カラムB）についても，変数*Olympus*と変数*RoA*の交差項（*Olympus×RoA*）の係数がマイナスで，5％の有意水準をもって有意であった。発行部数が多い大規模な出版物における大衆の信頼と比べて相対的に小規模な経済雑誌FACTAにおける信頼が相対的に低いと思われるが，そのFACTAが出した報道に対して，高い利益力をもつ企業の投資家が，ネガティブなニュースに対して敏感に反応していることを示している。

　*Olympus×Leverage*および*Olympus×OverseasSales*変数の有意性に注目すると，**図表11-8**のパネルBのカラムA（すべてのイベント），カラムC（オリンパスから公表したニュースのイベント），カラムD（ネガティブなニュース報道に関わるイベント）において，*Olympus×Leverage*および*Olympus×OverseasSales*変数の係数がプラスで5％あるいは1％の有意水準をもって統計的に有

343

意であることがわかった。これらの変数の係数がプラスということは，オリンパス監査人が監査する企業で，高い負債構成比率や海外売上高比率を持つ企業が，ポジティブな市場反応を有していることを示している。負債構成比率の高い企業は証券市場による直接金融の資金調達の需要が低い。また，海外売上高比率の高い企業が国内の証券市場の動向による影響を受けにくいと考えられる。企業の監査人のレピュテーションに影響を与えるニュースの公開イベントに関して，そのイベント自体が監査人のレピュテーションにネガティブに影響を及ぼすとしても，直接金融による資金調達に依存せず，売上に関わる日本国内の市場依存度が低い企業は，むしろプラスの市場反応を有していることがわかった。

　$Olympus \times FreeFloatRatio$ 変数の有意性に注目すると，**図表 11-8** のパネル B のカラム C（オリンパスから公表したニュースのイベントの CAR）については，$Olympus \times FreeFloatRatio$ 変数の係数の符号がマイナスで，5% 統計的に有意であることがわかった。この結果は，オリンパスから公表された監査人のレピュテーションに影響を及ぼすニュースに対して，株の売買取引における流動性が高いと思われる企業がよりネガティブな市場反応を有していることを示した。株の売買取引における流動性の高い企業に対して，投資家が自らの株価の期待値にいち早く到達できるように影響力を行使しやすいと考えられる。一方，$Olympus \times FreeFloatRatio$ 変数の有意性に注目する場合におけるカラム B（FACTA のニュース公開に関わるイベント）においては，$Olympus \times FreeFloatRatio$ 変数の有意性が認められなかった。これは企業の監査人のレピュテーションに影響を与えるニュースについて，日本の投資者がより信頼度が高い情報源を参考にする傾向にあることを示唆している。

　いずれにしろ，**図表 11-8** のパネル B における $Olympus$ と企業特性変数の交差項変数の有意性がケースによって存在するが，注目すべきは，（**図表 11-5** からもわかるが，）オリンパス監査人による監査を受けた企業と受けていない企業の間に，市場反応の差異が見られなかったことである。

　また，企業の上場する場所と投資家の反応との間に，統計的有意な関係が存在しないこともわかった（**図表 11-7**）。これは，オリンパス監査人のレピュテ

第11章　監査の質の提供側のインセンティブと市場の反応

ーションに影響を与えるイベントに対して，日本の投資家は国内上場する企業と海外上場する企業との間に，監査保証に関わる差異が予測していないことを示唆している。東京証券取引所で上場している大多数の企業が国内のみ上場するケースになるが，国内上場企業と海外重複上場企業と比べると，監査人意見，利益率，および負債構成比率の差異が存在しないことがわかった。国内のみ上場している企業と比べると，海外重複上場している企業がより高い監査の質を要求することも予測できるが，企業特徴の類似性や数多くの国内のみ上場する企業の存在が，日本投資者による監査の質の期待にネガティブに影響を及ぼしている可能性がある。

図表11-8のカラムBにおけるイベント（イベント1と2）は小規模な金融雑誌であるFACTAがオリンパス不正についての記事を公開するイベントであった。その2か月後，主要な日本メディアはオリンパスの不正行為についての記事を載せ始めた。コラムBのイベント1と2における投資家の反応の薄さがFACTAの記事の影響力の少なさにあると推測されえる。また，FACTAの読者に限定したFACTAの記事の公開は，日本の投資家に対して，当該ニュースの周知を妨げている。さらに，FACTAの記事が小規模なメディア会社によるものであるため，一般的にその記事の情報はより信頼性が低いと考えられる。このように，FACTA読者のみその記事を目にすることやFACTAの影響力の小ささという2つの要因は，日本の投資家がイベント1と2に対する市場反応の無さにつながったと主張できよう。

本章で確認したオリンパスのレピュテーションに影響を及ぼす6つのイベントを2つに分けた場合，つまり，**図表11-8**からも確認できるが，イベント1から5まで（カラムD）のオリンパスに関連するネガティブなニュースの開示，およびイベント6（カラムE）の中立的なニュースの開示において，新日本とあずさのクライアント企業は市場反応上の損失を受けなかったことが観察された。日本の投資家は，オリンパスの事件において，監査人が必要な監査手続きを実行し，監査保証について妥当なレベルを達成したと認識しているようである。また，アングロ・アメリカン市場と比べると，日本の監査市場の特徴（た

とえば，監査人に対する法律上の処罰条項の少なさ）は日本の投資家が高い監査の質を期待していない可能性を示唆している。加えて，前述のように，日本の投資家が時には証拠が十分でなく信頼できないと関連ニュースを評価し，オリンパス監査人のレピュテーションに対する彼らの当初の期待を変更しないことも考えられる。

第6節 結　論

本章では，オリンパス事件に対して，オリンパス監査人の（潜在的な）関与を疑わせるニュースの監査人のレピュテーションに対する影響を分析している。本章は，カネボウ事件を取り扱うNumata and Takeda (2010) の結果を補強する形として，監査人に関連する会計不正に関わるニュースに対し，日本の投資家の反応を検証した。

イベント・スタディーと重回帰分析の研究方法を用いて，本章では，監査人のレピュテーションに影響するニュースの公開に，オリンパス監査人のレピュテーションに変化がなかったことが観察された。この実証結果は，監査人レピュテーションの毀損に関わるイベントに対して，市場反応が生じないことを示した先行研究（Barbera and Martinez 2006; Harris and Krishnan 2012; Nelson et al. 2008）の結果と首尾一貫している。

加えて，重回帰分析におけるオリンパス・ダミーと企業特性の交差項の変数に関わる実証結果から，下記4点がいえる。(1) ネガティブなニュース報道に対して，オリンパス監査人による監査を受ける企業においてより敏感な市場反応があり，またオリンパス監査人が監査する企業で特に無限定適正意見をもらった企業や高い総資産利益率の企業がよりネガティブな市場反応を有している。(2) 一般的に，オリンパス監査人が監査する企業で，高い負債構成比率や海外売上高比率を持つ企業が，市場反応を有していることを示している。(3) オリンパスによる正式な報道に対して，オリンパス監査人による監査を受ける企業で，市場流動性が高い企業ほど，ネガティブな市場反応が生じている。(4) オ

第11章　監査の質の提供側のインセンティブと市場の反応

リンパス監査人による監査を受ける企業の上場市場（たとえば，日本のみ上場と海外重複上場）とその投資家の反応との間に，統計的に有意な関係が確認できなかった。

　日本の投資家がオリンパス監査人のレピュテーションに影響を与えるニュースに対して，反応がなかった背景（理由）として以下の3つの要素が挙げられる。第1に，FACTAによるオリンパス不正に関する記事は，オリンパス監査人のレピュテーションに重大な影響を及ぼす内容のものであるが，FACTAの影響力の限定さや広範な投資家への伝達の難しさから，投資家の十分な注意を喚起できなかった。第2に，投資家がオリンパス事件に関わる監査のパフォーマンス（予測）に対して信頼できる十分な証拠を持ち合わせていなかった。

　第3に，詳細は，第2節の4を参照されたいが，日本市場における監査環境の特徴も重要な背景（理由）として挙げられる。たとえば，会計に関わる政策における強い政府による役割，公認会計士専門家による相対的に（政府と比べると）弱い役割，全体的に高い日本企業の財務レバレッジの状況，および訴訟リスクの低い監査に関わる環境である。これらの特徴はアングロ・アメリカン市場と比べて，日本の投資家が監査の質に対する期待が比較的低い可能性を示唆している。アングロ・アメリカンの投資家と比べて，日本の投資家が監査の質に対する低い期待を持っており，オリンパス監査人のレピュテーションに影響を与えるニュースに対して，日本の投資家が市場において強く反応しなかった可能性がある。

　一方，本章における中心的検討課題である「監査の質の提供側のインセンティブと市場の反応」を想起すれば，これまでの検討結果からは下記のようなことがいえる。主にレピュテーション・リスクしか存在しない日本市場において，オリンパス事件という監査の失敗の事例に対して，マイナスの市場の反応が検出できなかったことから，日本市場における監査の質の提供側による高質な監査の提供のインセンティブが，市場の反応という側面から見れば，十分でないといえる。

補章　監査の質の提供側のインセンティブ・能力である監査報酬と監査の質：訴訟リスクを踏まえて

第1節　はじめに

　補章の目的は，監査の質の提供側のインセンティブ・能力である監査報酬と監査の質との関連性を実証的に検証することである。直感的に，監査報酬は，監査の質の提供側のインセンティブ・能力と関係があると考えられる。たとえば，多くの報酬をクライアント企業からもらったのであれば，監査の提供側である監査人（監査法人）はよりよい監査の質を提供しようというインセンティブを持つかもしれないし，また，多くの報酬と対応した監査の時間を費やすことで，監査人（監査法人）の当該監査における能力を増大させることができるかもしれない。

　しかしながら，監査報酬が高ければ，監査の提供側のインセンティブや能力が単純に増えるという構造ではない。監査の提供側のインセンティブや能力は，訴訟リスクやレピュテーション・リスクが同一な環境においてのみ，監査報酬の増加に伴って，増加する可能性が高い。言い換えれば，訴訟リスクやレピュテーション・リスクと監査報酬の高低のコンビネーションは，監査の提供側のインセンティブや能力を決定するといえる。したがって，補章でテーマとする監査報酬は，これまでの第9章～第11章におけるテーマである監査法人の規模，監査法人の業種特化や訴訟リスクのような，監査の質の提供側のインセンティブ・能力に対して一定の方向に効用するものではないことから，「監査報酬と監査の質」を補章のテーマとして，取り扱うこととする（**図表8-1**）。

　本章は，訴訟リスクが高い環境と低い環境に分け，監査報酬に関わるリサー

第Ⅱ部　実証的探究

チ・デザインを構築することで，監査報酬と監査の質に関わる議論に寄与したい[1]。そのため，具体的には，訴訟リスクの高い環境にあると思われる米国と日本に重複上場する日本企業と，相対的に訴訟リスクの低い環境にあると思われる非日米重複上場の日本企業を対照する形で分析対象とし，監査報酬，利益調整（earnings management）[2]（その代理変数である裁量的発生高が監査の質の代理変数のひとつでもある。）を実証的に検証する。

　本章の研究における特長として，二つ挙げられる。第1に，訴訟リスクの視点から，監査報酬と利益調整との関連性を検討した点である。Porta et al.（1998）が各国の法的な環境に関する研究を行い，英米法（common-law）の国には投資家に対する法的な保護が一番強いことがわかった。また，その次に強いのがドイツとスカンジナビア系の大陸法（German and Scandinavian-civil-law）の国であり，フランス系の大陸法（French-civil-law）の国が一番弱いことも判明した。これらの結果に基づくと，英米法の国に属する米国は，ドイツとスカンジナビア系の大陸法の国に属する日本より強い訴訟環境にあると推測できる。Seetharaman et al.（2002）は，英米に重複上場する英国企業と非重複上場する英国企業を分析対象として，英国と米国二つの訴訟環境にある企業の監査報酬について分析をした。しかし，Seetharaman et al.（2002）研究の分析対象である英米両国が共に英米法の国に属されるため，訴訟環境の差異が大きくないと思われ，分析対象として取り扱う国について改善する余地があると考えられる。そこで，本章での分析対象は，訴訟環境の差異が大きな日本対米国とし，監査報酬と利益調整との関連性を検討する。

　また第2に，傾向スコア・マッチング法（第8章で既述したPSM方法である）を用いて，日米に重複上場する日本企業とそうでない日本企業のサンプル・ペ

---

(1) 本書の〈初出一覧〉では，すでに記述しているが，補章については，「Gu and Hu（2015）をベースに，加筆修正」である。したがって，基本的に，Gu and Hu（2015）をベースに，加筆修正をしているが，第Ⅱ部に構成上の目的（図表8-1）に沿った筆者の新たな洞察をも加えた。

(2) 利益調整の定義については，第9章の脚注16を参照されたい。

補章　監査の質の提供側のインセンティブ・能力である監査報酬と監査の質

アを検証データとして使用した点である。上記の2点は先行研究において見られなかった特長であり，本研究の貢献となりうるとも考えられる。

第2節　先行研究レビューと仮説の設定

1. 先行研究とその限界

　Simunic（1980）は訴訟リスクの違いにより，監査報酬が異なってくることを論証した。Simunic（1980）の研究を受け，1980年代から，訴訟リスクと監査報酬との関連性に関する研究が多く行われた（Francis 1984; Chung and Lindsay 1988; Chan, Ezzamel and Gwilliam 1993; Johnson, Walker and Westergaard 1995; Craswell and Francis 1999）。しかし，これらの研究の制限として，監査報酬のデータの蓄積の不足が挙げられる。

　一方，同一企業の異なる国での重複上場を対象サンプルとする「監査報酬」研究としては，Seetharaman et al.（2002）やChoi et al.（2009）が挙げられる。Seetharaman et al.（2002）は英米に重複上場する英国企業を対象として監査報酬について検証した。その検証結果によれば，英国監査法人は，非英米重複上場する英国企業より英米重複上場する英国企業のほうに高い監査報酬を要求することがわかった。Choi et al.（2009）は14ヵ国の重複上場企業を対象として分析を行い，重複上場国の訴訟リスクが高ければ高いほど，監査法人はより高額な監査報酬を要求する傾向にあることを明らかにした。このように，先行研究によれば，監査報酬は訴訟リスクによって影響される。監査報酬を分析対象とするときに，訴訟リスクを考慮する必要があると考えられる。

　また，監査報酬に関するもう一つの要因は利益調整リスク（earnings management risk）である。利益調整リスクは，経営者による利益調整のリスクを意味し，その代理変数として，たとえば，裁量的発生高や利益増加型裁量的発生高（income-increasing discretionary accruals）が挙げられる。Bedard and Johnstone（2004）は，監査法人（監査人）がクライアント企業の利益調整リスクの違いによって，監査時間と監査報酬を調整することができることを示した。

第Ⅱ部　実証的探究

　Abbott et al.（2006）は，監査報酬と利益減少型裁量的発生高（income-decreasing discretionary accruals）には負の関係があることを示した。彼らはまた，株価収益率が高い企業ほど監査報酬と利益増加型裁量的発生高との間における正の関係が強くなることを発見した。

　そこで，本章は，訴訟リスクのみならず，利益調整リスクと併せて二つの側面から監査報酬を検討する。

　一方，先行研究において，重複上場企業と非重複上場企業のサンプルに対するマッチング法については改善の余地があると考えられる。たとえば，Seetharaman et al.（2002）が企業の規模と所属する産業という2つの要素から，また，Choi et al.（2009）は国，年度および産業という3つの要素から，サンプルをマッチングした。しかし，彼らが用いたマッチング法は信頼性が高いとは言えない。近年の研究成果から，彼らが利用したマッチング法が，大監査法人と中小監査法人とのクライアント企業の特性をコントロールしていないことから，潜在的な選択的バイアス（selection bias）の問題が生じている可能性があるとの指摘がある（たとえば，星野 2009）。実際，Lawrence et al.（2011）では，上記の大監査法人と中小監査法人のクライアント企業の特性をコントロールするため，PSM法を使って検証した場合，コントロールする前に有意だった大監査法人と中小監査法人とのクライアント企業の裁量的発生高の差が有意でなくなった。潜在的な選択的バイアスの問題が生じにくいマッチング法の利用は，重要であると考えられる。

　他方，日本では監査報酬を題材とする研究は多数存在する。また，監査報酬と利益調整との関連性を示す実証的研究として，矢澤（2008；2011）や笠井（2009）が挙げられる。しかしながら，監査報酬と利益調整リスクという視点にプラスして訴訟リスクに関する研究が筆者の知る限りでは見当たらない。

　そこで，本章において，まず，第8章ですでに検討したより選択的バイアス問題が生じにくいPSM法を用いることとする。具体的には，日米に重複上場する日本企業とそうでない日本企業の差異をコントロールするため，PSM法を用いて，日米に重複上場する日本企業とそうでない日本企業のサンプル・ペ

アを使用する。次に仮説を検証するため，監査報酬を従属変数とする多変量回帰モデルを用いて，実証分析を行う。

このような検証プロセスを通じて，二つの問題に対して回答を得ることができると考える。第1に，米国で上場する日本企業とそうでない日本企業での監査報酬は統計的な差異があるか否かであり，第2に，監査法人が米国で上場する日本企業に対してより高い監査報酬を要求するか否かである。

2. 仮説の設定
(1) 監査報酬と訴訟リスクに関する仮説の設定

Simunic (1980) で示された監査報酬モデルは，監査報酬モデルの嚆矢ともいえる存在である。Simunic (1980) によれば，監査報酬は，大きく2つの側面によって，決定される。努力とリスクはそれである。つまり，監査報酬は，監査人（監査法人）が監査を行うに当たり努力をしている部分と，監査の失敗があったときに，投資者などによって「ビッグ・ポケット (big-pocket)」の役割が期待され，訴えられるリスク：訴訟リスクに対応する部分の2つの側面によって決定される。最初の側面の努力の部分で監査の質との関係を考慮すれば，努力すればするほど，監査の質が上がると想定できる。しかし，第2の側面である訴訟リスクが存在することから，訴訟リスクが高い場合も監査報酬が高くなり，監査報酬の上昇が単純に監査の質が良くなるというロジックにはならないことが明白的である。一方，第8章にも述べたように，訴訟リスクやレピュテーション・リスクは，監査の質に対して，関係がある。監査報酬と監査の質の関係については，訴訟リスクとの関係と絡み合い，論理的に一定の方向性にない。対して，上述のSimunic (1980) の監査報酬モデルによれば，監査報酬と訴訟リスクの関係は，論理的に正の方向性にあることがわかる。

Houston et al. (1999) は，クライアント企業にとって，会計方針が選択できる場合，監査法人側にとって訴訟リスクが高まることで監査報酬を多く要求したことを示した。Seetharaman et al. (2002) は米国での訴訟リスクが高いために，英国の監査法人が英米に重複上場する企業に対して，より高い監査報酬

第Ⅱ部　実証的探究

を要求することを明らかにした。さらに，Choi et al.（2009）は，監査法人が，非重複上場企業に比べて，高い訴訟リスクの環境における重複上場する企業に，より高い監査報酬を要求することを示した。これらの先行研究によって，以下の仮説を設定する。

　仮説1：（クライアント企業にとって）訴訟リスクが高い環境にいるほど監査
　　　　　報酬が高くなる。

(2)　監査報酬と利益調整リスクに関する仮説の設定

いくつかの実証研究は，監査報酬が利益調整リスクから影響を受けていることを示唆している。Bedard and Johnstone（2004）は，監査法人は監査を行う企業における利益調整のリスクの違いによって，監査時間と監査報酬を調整していることを示した。Alali（2011）では利益増加型裁量的発生高（利益調整リスクの代理変数）と監査報酬との間には正の関係が存在し，またその関係が最高財務責任者（CFO）のボーナスと利益増加型裁量的発生高との正の関係が強ければ強いほど，強くなることが分かった。これらの研究結果についての理由として，利益調整リスクについて高く予想されれば，監査人（監査法人）による監査に対する（予定）作業量が増え，監査報酬が高く見積もられる（要求される）シナリオが挙げられる。たとえば，レビューの範囲の拡大や企業側のスタッフに対する質問の増加など，作業量が増えることから，監査報酬も高くなると考えられる。そこで，以下の仮説を設定する。

　仮説2：（クライアント企業にとって）利益調整リスクが高い環境にいるほど
　　　　　監査報酬が高くなる。

なお本章では，利益調整リスクの指標として，裁量的発生高の絶対値を利用して仮説を検証する。ここでの裁量的発生高はKothari et al.（2005）で用いられたROA修正Jonesモデル[3]を利用して算定するものである。

補章　監査の質の提供側のインセンティブ・能力である監査報酬と監査の質

(3) 監査報酬，利益調整リスク，および訴訟リスクに関する仮説の設定

いくつかの先行研究は，利益調整と投資家保護との間には負の関係にあることを示した（Shen and Chih 2007; Cahan et al. 2008）。すなわち，（企業がおかれた外部環境の）投資者保護の程度が強ければ強いほど，（当該企業の）利益調整行動に抑制作用が増えることが推測されることである。Shima and Gordon（2011）では，米国などのアングロ・サクソンの国のほうが日本を含め多くの国より投資家保護の程度が強く，訴訟リスクの高い環境にあると示している。日米に重複上場する日本の上場企業は，米国の法律やSECの監督の規制対象であることから，非日米重複上場企業よりも，投資家保護に対する意識が強くならざるを得ないと推測できる。日米に重複上場する日本企業には，利益調整行動が抑制されていると考えられる。さらに，第2項(2)で仮説として立てた利益調整のリスクと監査報酬との関係は，訴訟リスクが高いか低いかの場合によって，変化するとも考えられる。そこで，以下の仮説を設定する。

仮説3：（クライアント企業にとって）訴訟リスクが高い環境にいるほど，利益調整のリスクと監査報酬の正の関係が弱くなる。

第3節　リサーチ・デザイン

1. サンプル・マッチングのプロセス

第8章第3節では，すでに本章で使う方法である傾向スコアマッチング（PSM）法を説明した。本節では，具体的に，PSM法を使って，日米に重複上場する日本企業とそうでない日本企業のサンプル・マッチング作りのステップについて，記述する。

注意すべき点は，傾向スコアの推定には共変量のみならず，目的変数にも影

---

(3) 第9章の脚注11を参照されたい。

第Ⅱ部　実証的探究

響を与えると思われる変数も同時に説明変数として投入すべきことである。共変量と説明変数は，Karolyi (1998)，De Medeiros et al. (2005) および Kung and Cheng (2012) を参考し，日米に重複上場する日本企業と非重複上場する日本企業との間に存在する企業の特性の差をコントロールするために設定した（(1)式の独立変数を参照）。また，従属変数が米国で上場しているか否かというダミー変数であり，(1)式のロジスティック回帰モデルによって米国上場の傾向スコアを推定する。

$$US_{i,t} = \beta_0 + \beta_1 DMART_{i,t} + \beta_2 FMART_{i,t} + \beta_3 STOCK_{i,t} + \beta_4 SALES_{i,t} \\ + \beta_5 PROFIT_{i,t} + \beta_6 LNTA_{i,t} + \beta_7 CURR_{i,t} + \beta_8 LEV_{i,t} \\ + Industry\_d + \varepsilon_{i,t} \quad (1)$$

ここで，US は米国に上場している日本の上場企業であれば1，そうでなければ0を示すダミー変数である。$DMART$ は期末発行済株式数に期末の株価を掛けた値に市場全体の時価総額を割算した値である。$FMART$ は海外売上高比率である。$STOCK$ は株価リターン（当期期末の株価と前期期末の株価の比率の自然対数値）である。$SALES$ は売上高の成長率である。$PROFIT$ は売上高営業利益率である。$LNTA$ は総資産の自然対数値である。$CURR$ は流動比率である。LEV は負債比率。Id は産業ダミーである。

なお，本章では，PSM法（傾向スコアの近いものをペアさせる理念）を実行するにあたり最近傍マッチング（nearest neighbor matching）法を利用する。最近傍マッチング方法では，すべての処理サンプル i に対して，次のような条件を満たす集合を $A_i(x) = \{j | \min_j \|x_i - x_j\|\}$ 対照群として選択する。

2. 重回帰モデル

第2節で設定した三つの仮説を検証するために，監査報酬の自然対数値を従属変数 LAF，また日米重複上場するか否かのダミー変数 US，裁量的発生高の絶対値 DA，変数 $US*DA$ およびその他のコントロール変数を独立変数とする

(2) 式の重回帰を行う。仮説1, 2, 3を確認するために, それぞれ, βの1, 2, 3の符号および有意性を確認することになる（式(2)を参照）。

$$LAF_{i,t} = \beta_0 + \beta_1 US_{i,t} + \beta_2 DA_{i,t} + \beta_3 US^*DA_{i,t} + \beta_4 ROA_{i,t} + \beta_5 CRATIO_{i,t}$$
$$+ \beta_6 ATURN_{i,t} + \beta_7 DE_{i,t} + \beta_8 LOSS_{i,t} + \beta_9 LNTA_{i,t} + \beta_{10} CURR_{i,t} \quad (2)$$
$$+ \beta_{11} LEV_{i,t} + Industry\_d + Year\_d + \varepsilon_{i,t}$$

ここで, LAFは監査報酬の自然対数値である。USは米国に上場している日本の上場企業であれば1そうでなければ0を示すダミー変数である。DAは「業績の影響をコントロールした裁量的発生高」（第3項(3)で詳述）の絶対値である。US^*DAはダミー変数USが変数DAを掛算した値である。ROAは総資産利益率（当期純利益／期首総資産）である。$DRATIO$は流動資産比率（流動資産／総資産）である。$ATURN$は総資産売上高比率（売上高／期首総資産）である。DEは長期負債割る期末総資産の値である。$LOSS$は当期純損失ダミー変数。$LNTA$は総資産の自然対数値である。$CURR$は流動比率である。LEVは負債比率である。Idは産業ダミーである。

3. 裁量的発生高の推定のために使う ROA 修正 Jones モデル

本章では, Kothari et al.（2005）が提案したROA修正Jonesモデル（式(3)）により裁量的発生高（残差ε）を推定し, そして,「業績の影響をコントロールした裁量的発生高」をも計算する。「業績の影響をコントロールした裁量的発生高」は,「ある値」を基準値にして, 裁量的発生高（残差ε）がその値からどれだけ離れているかを測定して得られる。ここでの「ある値」とは, その企業から最も近いROA（企業のパフォーマンスを表すことで）をもった企業の裁量的発生高を指している。

$$TA_{i,t} = \beta_0 + \beta_1(1/ASSETS_{i,t}) + \beta_2(\Delta SALES_{i,t} - \Delta REC_{i,t}) + \beta_3 PPE_{i,t} + \varepsilon_{i,t} \quad (3)$$

ここで, TAは税引後経常利益から営業キャッシュ・フローを控除すること

で求められる会計発生高である。$ASSETS$ は総資産である。$\Delta SALES$ は売上高の変動額である。ΔREC は売上債権の変動額である。PPE は償却性固定資産（ここでは有形固定資産）である。

なお，図表 Sub-1 では，各変量の定義がまとめられている。

4. サンプルの選択

本章で使用するデータベースは以下の通りである。財務データ，株価情報に関するデータが『NEEDS Financial QUEST』，監査人に関するデータが『eol 企業情報データベース』から，それぞれ取得している。

図表 Sub-2 では，サンプル選択のプロセスが示されている。パネル A からは，2005 年 3 月から 2013 年 3 月までの間の 3 月末決算上場企業の当初サンプルは延べ 21,095 企業・年であったことがわかる。またそのうち，銀行・証券・保険の業種に属する企業サンプルの除外や，分析に必要なデータが入手不可能のケースを考慮したら，本章で使用されるサンプルは，延べ 12,255 企業・年となった。パネル B からは，日本企業においては四種類の業種（機械，電気機器，輸送用機器，情報・通信業）しか米国で上場していないことがわかる。また年度ごとで見ると，全サンプルのうち，日米重複上場企業の割合が約 1% であることもわかる。

5. 基本統計量と各変数の相関係数

図表 Sub-3 には全サンプルと PSM サンプルの基本統計量が示されている。全サンプル（12,255）の中で，12,138 のサンプルが非重複上場，117 のサンプルが日米重複上場していることが示されている。一方，PSM サンプル（3,736）の中で，3,691 のサンプルが非重複上場，45 のサンプルが日米に重複上場していることが表されている。また各サンプルの LAF 変数に関する日米に重複上場するサンプルと非重複上場するサンプルの平均の差を見ると，日米に重複上場する企業に関する監査報酬と非重複上場する企業に関する監査報酬との間に，差が存在していることが示されている。

補章　監査の質の提供側のインセンティブ・能力である監査報酬と監査の質

図表 Sub-1　分析に使用する各変量の定義

	式（1）		式（2）		式（3）	
	変数名	定義	変数名	定義	変数名	定義
被説明変数	US	米国に上場している日本の上場企業であれば1そうでなければ0を示すダミー変数	LAF	監査報酬の自然対数値	TA	税引後経常利益から営業キャッシュ・フローを控除することで求められる会計発生高／期首総資産
説明変数			US	米国に上場している日本の上場企業であれば1そうでなければ0を示すダミー変数	ASSETS	期首総資産
			DA	「業績の影響をコントロールした」裁量的発生高の絶対値	ΔSALSE	売上高の変動額／期首総資産
			US*DA	ダミー変数 US が変数 DA を掛算した値	ΔREC	売上債権の変動額／期首総資産
					PPE	有形固定資産／期首総資産
コントロール変数	DMART	期末発行済株式数に期末の株価を掛けた値に市場全体の時価総額を割算した値	ROA	総資産利益率（当期純利益／期首総資産）		
	FMART	海外売上高比率	CRATIO	流動資産比率（流動資産／総資産）		
	STOCK	株価リターン（当期期末株価と前期期末株価の比率の自然対数値）	ATURN	総資産売上高比率（売上高／期首総資産）		
	SALES	売上成長率	DE	長期負債／期末総資産		
	PROFIT	売上高営業利益率	LOSS	当期純損失ダミー変数		
	LNTA	総資産の自然対数値	LNTA	総資産の自然対数値		
	CURR	流動比率	CURR	流動比率		
	LEV	負債比率	LEV	負債比率		

出所：Gu and Hu（2015, 131, Table 1）を参照に，筆者作成。

第Ⅱ部　実証的探究

図表 Sub-2　サンプル選択と詳細

パネルA：サンプル選択プロセス	
2005年から2013年の企業・年のサンプル数	21,095
（除外）銀行，証券，保険の業種に属する上場企業	-1,423
（除外）裁量的発生高の計算での情報が足りないサンプル数*	-5,226
（除外）財務情報が入手不可能のサンプル数	-2,191
全サンプル	12,255
（除外）傾向スコアマッチング方法によってペアできなかったサンプル数	-8,519
傾向スコアマッチングサンプル	3,736

*裁量発生高を測定するため，業種ごとで，企業・年のサンプル数は少なくとも20個要求される。

パネルB：業種，年度ごとのサンプル数および米国上場企業の割合

業種	米国上場（企業・年）	企業・年	業種ごとの米国上場企業の割合（％）	年度	米国上場（企業・年）	企業・年	年度ごとの米国上場企業の割合（％）
建設業	0	933	0.00	2005	13	1,255	1.04
食料品	0	536	0.00	2006	14	1,290	1.09
繊維製品	0	290	0.00	2007	14	1,337	1.05
パルプ・紙	0	121	0.00	2008	14	1,377	1.02
科学	0	1,110	0.00	2009	13	1,380	0.94
医薬品	0	239	0.00	2010	13	1,392	0.93
ガラス・土石製品	0	269	0.00	2011	13	1,407	0.92
鉄鋼	0	340	0.00	2012	12	1,423	0.84
非鉄金属	0	224	0.00	2013	11	1,394	0.79
金属製品	0	387	0.00	合計	117	12,255	0.95
機械	9	1,126	0.80				
電気機器	57	1,275	4.47				
輸送用機器	18	668	2.69				
精密機器	0	236	0.00				
その他製品	0	365	0.00				
陸運業	0	429	0.00				
倉庫・運輸関連業	0	268	0.00				
情報・通信業	33	742	4.45				
卸売業	0	1,276	0.00				
小売業	0	542	0.00				
不動産業	0	252	0.00				
サービス業	0	627	0.00				
合計	117	12,255	0.01				

出所：Gu and Hu（2015, 132, Table 2）を参照に，筆者作成。

補章　監査の質の提供側のインセンティブ・能力である監査報酬と監査の質

図表 Sub-3　基本統計量

	全サンプル						PSMサンプル					
	非日米重複上場企業		日米重複上場企業		平均値の差の検定 (t値)		非日米重複上場企業		日米重複上場企業		平均値の差の検定 (t値)	
変数名	平均値	標準偏差	平均値	標準偏差			平均値	標準偏差	平均値	標準偏差		
LAF	1.539	0.002	2.782	0.041	48.581 ***		1.558	0.005	2.404	0.048	-19.744 ***	
DA	0.472	0.001	0.433	0.003	0.564		0.049	0.001	0.049	0.006	0.029	
DMART	0.000	0.000	0.009	0.001	-71.098 ***		0.000	0.000	0.002	0.000	-9.893 ***	
FMART	0.162	0.002	0.457	0.029	-14.466 ***		0.289	0.004	0.401	0.049	-2.863 ***	
STOCK	-0.016	0.002	-0.055	0.028	2.086 **		-0.021	0.003	-0.063	0.052	1.314	
SALES	0.027	0.002	0.028	0.014	-0.069		0.033	0.005	0.056	0.034	-0.518	
PROFIT	0.242	0.001	0.326	0.013	-5.659 ***		0.255	0.002	0.305	0.016	-2.533 **	
LNTA	4.823	0.006	6.421	0.072	-27.492 ***		4.800	0.011	5.669	0.086	-8.971 ***	
CURR	1.913	0.014	1.896	0.115	0.121		2.255	0.027	2.285	0.242	-0.121	
LEV	0.528	0.002	0.503	0.017	1.226		0.491	0.004	0.480	0.026	0.356	
ROA	0.022	0.001	0.035	0.004	-2.156 **		0.024	0.001	0.044	0.009	-1.955 *	
CRATIO	0.546	0.002	0.467	0.012	4.775 ***		0.593	0.002	0.551	0.017	2.100 **	
ATURN	1.155	0.006	0.828	0.022	5.375 ***		1.035	0.008	0.896	0.043	2.037 **	
DE	0.162	0.001	0.197	0.010	-3.027 ***		0.145	0.002	0.152	0.013	-0.438	
LOSS	0.079	0.002	0.043	0.019	1.453		0.106	0.005	0.044	0.031	1.341	
No. Obs	12,138		117				3,691		45			
% of Total	99.0%		1.0%				98.8%		1.2%			

注：* は10％水準，** は 5 ％水準，*** は 1 ％水準で統計的に有意。
出所：Gu and Hu (2015, 134, Table 5) を参照に，筆者作成。

図表 Sub-4 では，各分析に利用する変数の相関係数を表している。PSM 法による分析に利用する変数の相関関係（パネル A）を見ると，ロジスティック回帰分析（式(1)）において多重共線性が懸念されるような高い相関係数が観察されないことがわかる。また仮説を検証するために重回帰モデルの分析（式(2)）に利用する変数の相関関係（パネル B）を見ると，$LNTA$ と LAF の相関係数が 0.72 であるが，その他の変数に関しては，多重共線性が懸念されるような高い相関係数は観察されないようである。

第 4 節　分析結果

図表 Sub-5 は，傾向スコアの推定回帰モデル（式(1)）の結果を表している。図表 Sub-5 からは，$DMART$, $FMART$, $SALES$, $LNTA$, $CURR$ と LEV の六つの変数が米国上場するか否かという従属変数に対して統計的に有意であることがわかる。つまり，企業の規模が大きく，当該企業の時価総額が市場全体の時価総額に占める割合・海外市場の売上高比率や売上成長率が高く，流動比率や負債比率が低い場合，日本の上場企業は，米国での上場を積極的に行う傾向にあることが図表 Sub-5 から読み取れる。

仮説 1, 2 および 3 に関わる重回帰モデル（式(2)）の推定結果は図表 Sub-6 において示されている。全サンプルでの US 変数の係数 0.747 と PSM サンプルでの US 係数 0.599 は，両方とも正で統計的に有意になっている。この推定結果は仮説 1 の予測と一致する。つまり，クライアント企業にとって，訴訟リスクが高い環境にいるほど監査報酬が高くなることが示唆されている。

次に，全サンプルでの DA 変数の係数 0.069 と PSM サンプルでの DA 変数の係数 0.092 は，両方とも正で統計的に有意である。この推定結果は仮説 2 の予測と一致する。つまり，クライアント企業にとって，利益調整リスクが高い環境にいるほど監査報酬が高くになることを示している。

最後に，全サンプルでの US^*DA 変数の係数 −1.234 と PSM サンプルでの US^*DA 変数の係数 −1.195 は，両方とも負で統計的に有意である。この推定

補章　監査の質の提供側のインセンティブ・能力である監査報酬と監査の質

図表 Sub-4　各分析に利用する変数の相関係数

パネルA：モデル1（式 (1)）に関する相関係数

	US	DMART	FMART	STOCK	SALES	PROFIT	LNTA	CURR	LEV
US	1								
DMART	0.540	1							
FMART	0.130	0.192	1						
STOCK	-0.019	0.004	-0.003	1					
SALES	0.001	0.008	0.001	0.035	1				
PROFIT	0.051	0.104	0.015	-0.022	0.075	1			
LNTA	0.241	0.476	0.293	0.040	-0.008	-0.027	1		
CURR	-0.002	-0.003	0.042	-0.026	0.075	0.108	-0.068	1	
LEV	-0.011	0.011	-0.079	0.066	0.159	-0.288	0.155	-0.267	1

パネルB：モデル2（式 (2)）に関する相関係数

	LAF	US	DA	ROA	CRATIO	ATURN	DE	LOSS	LNTA	CURR	LEV
LAF	1										
US	0.402	1									
DA	-0.042	-0.005	1								
ROA	0.043	0.020	-0.186	1							
CRATIO	-0.071	-0.043	0.105	0.075	1						
ATURN	-0.048	-0.049	0.043	0.116	0.324	1					
DE	0.178	0.027	-0.028	-0.177	-0.544	-0.212	1				
LOSS	-0.091	-0.013	0.108	-0.447	0.022	-0.100	0.026	1			
LNTA	0.720	0.241	-0.113	0.118	-0.162	-0.105	0.237	-0.194	1		
CURR	-0.050	-0.002	0.017	0.025	0.122	-0.094	-0.149	0.020	-0.068	1	
LEV	0.136	-0.011	0.057	-0.080	-0.051	0.299	0.552	-0.031	0.155	-0.267	1

出所：Gu and Hu (2015, 133, Table 3) を参照に，筆者作成。

第Ⅱ部　実証的探究

図表 Sub-5　傾向スコアの推定回帰モデル
（式(1)）の結果

U.S. listed	係数	標準偏差	z 値	
_cons	-14.078	2.115	-6.660	***
DMART	294.994	83.733	3.520	***
FMART	3.983	1.005	3.960	***
STOCK	-0.753	0.644	-1.170	
SALES	0.736	0.354	2.080	**
PROFIT	-1.944	1.293	-1.500	
LNTA	2.624	0.380	6.900	***
CURR	-0.464	0.146	-3.170	***
LEV	-5.017	1.189	-4.220	***
Industry_d		included		
likelihood		-207.256		
Pseudo R-squared		0.604		
No. Obs.		3,811		

注：* は 10 ％水準，** は 5 ％水準，*** は 1 ％水準で統計的に有意。
出所：Gu and Hu（2015, 134, Table 4）を参照に，筆者作成。

結果は仮説 3 の予測と一致する。つまり，訴訟リスクが高ければ高い環境であるほど，利益調整リスクと監査報酬の間の正の関係が弱くなることを示している。

第 5 節　頑健性検証

King et al.（2011）は CEM（coarsened exact matching）法が PSM 法と比べると傾向スコアの推定というステップを踏まないで，直接すべての共変量に対してマッチングを行う方法であるが，頑健性を持つマッチング方法であると主張している。また，DeFond, et al.（2014）は CEM 法が PSM 法と比べると，彼らのデータセットの場合，よりバランスがよいマッチングサンプルを提供で

補章　監査の質の提供側のインセンティブ・能力である監査報酬と監査の質

図表 Sub-6　監査報酬，利益調整リスクおよび訴訟リスクに関わる分析結果：重回帰モデル（式(2)）の推定結果

変数名	予測符号	被説明変数：LAF			
		全サンプル		PSM サンプル	
		係数	t 値	係数	t 値
_cons		-0.115	-4.930 ***	-0.222	-6.000 ***
US	+	0.747	26.200 ***	0.599	13.180 ***
DA	+	0.069	2.740 ***	0.092	1.770 *
US*DA	-	-1.324	-2.660 ***	-1.195	-1.700 *
ROA		-0.171	-5.500 ***	-0.274	-4.610 ***
CRATIO		0.104	6.730 ***	0.072	2.430 **
ATURN		0.014	3.730 ***	0.044	4.280 ***
DE		0.128	5.170 ***	0.154	3.170 ***
LOSS		0.031	4.250 ***	0.033	2.620 ***
LNTA		0.327	106.430 ***	0.335	60.960 ***
CURR		-0.001	-0.740	-0.003	-1.220
LEV		0.021	1.490	0.029	1.040
Industry_d		Included		Included	
Year_d		Included		Included	
Adj R-squared		0.601		0.579	
No. Obs.		12,255		3,736	

注：* は 10％水準，** は 5％水準，*** は 1％水準で統計的に有意。
出所：Gu and Hu（2015, 135, Table 6）を参照に，筆者作成。

きたとしている。一方，CEM 法のほうがデータの数がマッチング法の違いにより，少なくなるデメリットもあると考えられる。本書における第 9 章第 7 節でも頑健性検証のときに，CEM 法を用いたこともあった。本章では，CEM 法を用いて，頑健性検証を行うこととする。

具体的には，まず，CEM 法のもと，日米に重複上場する日本企業とそうでない日本企業のサンプル・ペアを確定する。次に，仮説 1，2 および 3 に関わる重回帰モデル（式(2)）の推定結果を CEM 法に基づくサンプルに適用し，頑健性検証を行う。

図表 Sub-7 は，仮説 1，2，3 に関する頑健性検証の結果を表している。注

第Ⅱ部　実証的探究

図表 Sub-7　頑健性検証結果：CEM 法の場合

	記述統計量						重回帰モデル (2) の推定結果			
	非日米重複上場		日米重複上場		平均値の差					
変数名	平均値	標準偏差	平均値	標準偏差	t 値		変数名	予測符号	係数	t 値
LAF	1.800	0.033	2.347	0.082	-6.987 ***		_cons		-2.263	-3.800 ***
DA	0.057	0.007	0.055	0.009	0.118		US	+	0.741	6.980 ***
DMART	0.000	0.000	0.001	0.000	-3.511 ***		DA	+	0.840	1.820 *
FMART	0.181	0.036	0.240	0.084	-0.695		US*DA	−	-3.368	-2.240 **
STOCK	-0.025	0.018	-0.011	0.396	-0.337		ROA		-1.083	-1.330
SALES	0.027	0.008	0.065	0.024	-1.881 *		CRATIO		-0.697	-2.000 **
PROFIT	0.322	0.012	0.295	0.026	0.971		ATURN		0.392	3.140 ***
LNTA	5.241	0.048	5.355	0.094	-1.072		DE		-0.734	-1.120
CURR	1.904	0.070	2.013	0.192	-0.640		LOSS		0.000	0.000 ***
LEV	0.458	0.013	0.450	0.025	0.298		LNTA		0.678	8.180 ***
ROA	0.047	0.004	0.060	0.009	-1.344		CURR		0.084	0.960
CRATIO	0.538	0.019	0.517	0.022	0.513		LEV		0.461	0.760
ATURN	1.172	0.053	0.973	0.052	1.805 *		Industry_d		Included	
DE	0.145	0.011	0.146	0.013	-0.052		Year_d		Included	
LOSS	0.000	0.000	0.000	0.000	-		Adj R-squared		0.626	
No. Obs	77		19				No. Obs.		96	
% of Total	80.2%		19.8%							

注：* は 10 ％水準，** は 5 ％水準，*** は 1 ％水準で統計的に有意。
出所：Gu and Hu (2015, 136, Table 7) を参照に，筆者作成。

補章　監査の質の提供側のインセンティブ・能力である監査報酬と監査の質

目すべき点は，US，DA，US*DA に関わる係数の符号と有意性である。それは，それぞれが以下のようになる。まず，CEM サンプルでの US 変数の係数 0.741 は，正で統計的に有意である。また DA 変数の係数 0.840 が正で統計的に有意である。さらに US*DA 変数の係数 -3.368 が負で統計的に有意である。これらの検証結果は仮説1，仮説2および仮説3を支持するものである。加えて，各サンプルについての自由度調整済みの決定係数 (adjusted R^2) を比べると（全サンプル 0.601，PSM サンプル 0.579，CEM サンプル 0.626），CEM 法には回帰式の説明力が良くなっていることが確認できている。一方，CEM サンプルは，非米国重複上場が77個と米国重複上場が19個で元となる全サンプル (12,255) や PSM サンプル (3,736) よりはるか少なくなっていることも確認できる。

なお，**図表 Sub-7** では CEM サンプルの基本統計量も要約している。CEM サンプル (96) の中で，77 のサンプルが非重複上場，19 のサンプルが日米に重複上場していることを意味する。また CEM サンプルの LAF 変数に関する日米重複上場するサンプルと非重複上場するサンプルの平均の差を見ると，日米重複上場する企業の監査報酬と非重複上場する企業の監査報酬との間に，差が存在することがわかる。

第6節　発見事項の要約と今後の課題

本章では，第8章第1節の分析視角に基づき，監査をする側の立場で，監査をするインセンティブや能力と関係がある監査報酬を取り上げ，分析対象とした。一方，監査報酬は，高ければ高いのであれば，監査の質も高いというものではなく，訴訟リスクの高低という環境要素にも依存する。そこで，本章は，訴訟リスクの高低の代理変数として，日米重複上場企業が置かれている環境と非日米重複上場企業が置かれている環境とに分けながら，監査報酬や利益調整（その代理変数の裁量的発生高が監査の質のひとつの代理変数である）について，実証的に検証した。

第Ⅱ部　実証的探究

　具体的には，まず，裁量的発生高の絶対値を用いて，利益調整リスクを代理し，また日米重複上場企業とそうでない日本企業が置かれている環境を用いて，それぞれ訴訟リスクの高い環境と低い環境を代理する。また，(1)訴訟リスクが高い環境にいるほど監査報酬が高くなる；(2)利益調整リスクが高い環境にいるほど監査報酬が高くなる；(3)訴訟リスクが高い環境にいるほど，利益調整リスクが監査報酬との正の関係は弱くなるという三つの仮説を設定した。そして，サンプル選択により生じるバイアスをコントロールするため，PSM法を用いて，2005年から2013年までの間に日米重複上場企業とそうでない日本企業のサンプル・ペアを確定し，仮説を検証するために，重回帰モデルを立て，検証した。

　実証研究の結果として，下記の4点がわかった。(1)日米に重複上場する企業に関する監査報酬と重複上場しない企業に関する監査報酬との間に，差があることが分かった。(2)企業の規模が大きく，当該企業の時価総額が市場全体の時価総額に占める割合・海外市場の売上高比率や売上成長率が高く，流動比率や負債比率が低い場合，日本の上場企業は，米国での上場を積極的に行う傾向にあることが分かった。(3)訴訟リスクが高いほど監査報酬が高くなる；利益調整リスクが高いほど監査報酬が高くなる；訴訟リスクが高い環境ほど，利益調整リスクと監査報酬との正の関係が弱くなるという3点（3つの仮説）が証明された。(4)最後に，頑健性のテストのためにCEM法による分析を行ったが，結果が主たる分析結果と同様である。

　本章では，利益調整リスクの代理変数として，裁量的発生高の絶対値を用いたが，その他の代理変数（利益平準化やベンチマーク達成を表すものなど）に関する検討は，今後の研究に委ねたい。

第III部

総括と展望

第 12 章　総括と展望

第 1 節　第 I 部の小括

　広範に利用し得る「監査の質」概念やその評価フレームワークについて，各国の規制当局や学界における議論や提案が近年において相次ぎ，活況を呈している。規制当局としての英国財務報告評議会 FRC の 2006 年のディスカッション・ペーパーを皮切りに，FRC (2008b), IOSCO (2009), IAASB (2011；2013b；2014a), PCAOB (2013；2015b) がそれぞれ「監査の質」に関する見解を示す冊子やコンサルテーション・レポートを世に送り出した。日本もその議論に参加し，IAASB (2013b) に対して，意見書を出している経緯があり（日本公認会計士協会 2013c），また 2015 年 5 月，IAASB が公表した 2014 年の「監査の質のフレームワーク」をモデルに修正編入という形で，監査基準委員会研究報告第 4 号「監査品質の枠組み」を公表した。

　一方，英米学界において，DeAngelo (1981) はもちろんのこと，近年の Francis (2011) および Knechel et al. (2013) の「監査の質」を中心概念とするレビュー論文の同一雑誌への相次ぐ発表は，英米社会における当該概念に対する関心の高さを示唆するものと捉えられよう。他方，日本の学界においても，「監査の質」に関する論文が数多く存在する（第 2 章を参照されたい）。さらに，日本において，カネボウ事件やオリンパス事件をきっかけに，監査や監査の質の重要性が再認識されたことは，いうまでもないことであろう。

　こうした国内・国際的な実務的ニーズに対応する学術的・政策的「監査の質」概念の定義への需要の高まりを背景に，第 I 部では，まず，「監査の質」

第Ⅲ部　総括と展望

図表12-1　第Ⅰ部の小括：グローバル時代における監査の質の概念，評価フレームワークと実証的測定

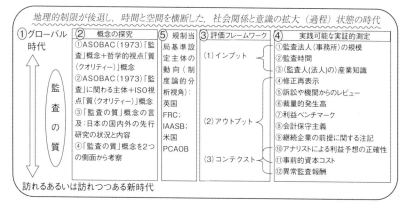

出所：筆者作成。

の概念を学者の論考を中心にしながら，規制当局のものも参考にし，「監査の質」の概念に対する分析を試みた。次に，規制当局や基準設定主体である英国FRC，IAASBおよび米国PCAOBにおける「監査の質」の探究の軌跡を制度論的分析視角の下での分析を試みた。そして，「監査の質」の評価フレームワークについて，学界や規制当局・基準設定主体のものを整理しながら，考察した。さらに，グローバル時代において実際の実証分析に使用可能な「監査の質」の測定方法を評価フレームワークの枠組みに当てはめながら提示・考察した。

図表12-1は，第Ⅰ部での考察の結果をまとめたものである。詳細は第Ⅰ部を参照されたいが，第Ⅰ部における考察・検討の結果について，**図表12-1**における①〜⑤の部分にしたがい，下記の5点を取り上げる。

1. 本書における「グローバル時代」という背景の学問的確認

グローバリゼーション概念の初期の論者の社会学者Robertsonおよび政治学者Giddens，また，最近10年ほどグローバリゼーションに関する書籍を世に出している社会学者WatersおよびグローバI研究学者Stegerの知見を集

第12章　総括と展望

約し，本書における関心事である「グローバル時代」を定義すると，「地理的制限が後退し，時間と空間を横断した，社会関係と意識の拡大（過程）状態の時代」であると定義でき，また，グローバル時代は次の新次元の時代であるということも大方のコンセンサスであるといえる（**図表 1-1** も参照されたい）。

2. グローバル時代における「監査の質」概念

グローバル時代に向けて「監査の質」の単一的な概念を考察する国内外の学者の議論が重要であるが，単一的な概念の提示は難しいと思われる。本書における「監査」の定義について，アメリカ会計学会の ASOBAC（1973）のものを利用しており，また「監査の質」概念の探究は第2章で行われたが，その結果について下記の4点が取り上げられる。

(1)　ASOBAC（1973）「監査」概念＋哲学的視点「質（クオリティー）」概念

ASOBAC（1973）の監査概念と哲学的論点から考える「質（クオリティー）」を結びつけ，「監査の質」概念を考えると，監査の質とは，「経済活動と経済事象についての主張と確立した規準との合致の程度…（中略）…体系的な過程」が「どのようか」，あるいは，どのように（市場・利害関係者に）「パーセプション」されるかについてのものであると理解され得る。

(2)　ASOBAC（1973）「監査」に関わる主体＋ISO 視点「質（クオリティー）」概念

ASOBAC（1973）の「監査」概念を所与として，ISO における「質（クオリティー）」の概念の内容をプラスして，「監査の質」概念を「「ASOBAC（1973）における監査」に関わる活動，プロセス，プロダクト，システム，参加者あるいはそれらの組み合わせという主体に存在している固有の特性の集まりが要求を満たしている程度」と定義できる。

(3)　「監査の質」概念の言及：日本の国内外の先行研究の状況と内容

「監査の質」をキーワードとする研究は，1990年代から増え始め，2000年代，特に2010年以降多く公表されるようになっており（**図表 2-4**；**図表 2-6**），当該テーマに関する各界からの関心度の高まりを示している。

「監査の質」概念の定義の困難性を主張するもの（Francis 2004; FRC 2007; IOSCO 2009; IAASB 2011; 伊藤 2012; Knechel et al. 2013; 浅野 2014; 住田 2015）もあるが，提示された「監査の質」概念は多様である。

日本の先行研究における「監査の質」概念の共通項を敢えてあげるとすれば，DeAngelo（1981），Watts and Zimmerman（1986），IAASB（2014a）であると考えられる。「監査の質（audit quality）」定義の仕方については，直接定義することを避け，「高質な監査（quality audit）」を定義することで，「監査の質」概念を間接的に定義する先行研究（Knechel et al. 2013; DeFond and Zhang 2014）が存在し，あるいは「監査の質」を構成するエレメントやコンポーネントを挙げることで「監査の質」概念を間接的に定義する先行研究（Watkins et al. 2004; IAASB 2013b）も存在する。また，先に「質」を定義し，その後「監査の質」の定義をする先行研究も存在する（堀江 2011）。

(4)　「監査の質」概念を2つの側面から考察

「監査の質」概念の内容について，**図表12-2**に示したような枠組みで考察を試みることができると考える。

具体的には，まず，哲学的視点で「質（クオリティー）」を「どのようか」（アリストテレス説）あるいは「パーセプションのアイデアを生むパワー」（ジ

図表12-2　「監査の質」概念の考察における2つの側面

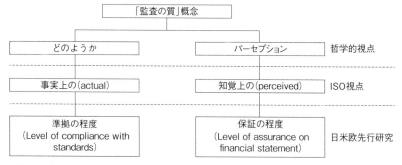

注：図表2-10の一部分である。
出所：筆者作成。

ョン・ロック説）と捉えることを所与とすれば，「「監査」の「質」」は，「どのようか」と「パーセプション（を生むパワー）」の両側面から捉えられる。

次に，(TQM視点を踏まえた) ISO視点で「質（クオリティー）」を「固有の特性の集まりが要求を満たしている程度」と捉えることを所与とすれば，「「監査」の「質」」は，「事実上の（actual）」「固有の特性の集まり」と「知覚上の（perceived）」「要求を満たしている程度」の両側面から捉えられる[1]。

さらに，(**図表12-2**に示しているが）上記の「「どのようか」と「事実上の」」対「「パーセプション」と「知覚上の」」の流れの中でASOBAC（1973）の「監査」概念を念頭に考察すると，「監査の質」概念をさらに「準拠の程度（level of compliance with standards）」と「保証の程度（level of assurance on financial statement）」の両側面から捉えられると考えられる[2]。

ここで注意しておかなければならないのは，上記の2つの流れは相対的な見方であり，必ずしもお互いに相容れない関係になく，むしろお互いに影響しあっている関係にあることである。たとえば，「準拠の程度」が高ければ，「保証の程度」も高い可能性が高いと考えられる。

3. グローバル時代における「監査の質」評価フレームワーク

規制当局として「監査の質」評価フレームワークについて最初の検討者として知られるFRCは，2008年のフレームワークにおいて，監査の質に対して，(1)監査法人内のカルチャー，(2)監査を行うパートナーとスタッフのスキルと個人の質，(3)監査のプロセスの有効性，(4)監査報告書の信頼性および有用性，および(5)監査人のコントロール外の要素，の5つのドライバーが影響していることを提示している（**図表6-1**）。またFrancis（2011）は，(1)監査のインプット，(2)監査のプロセス，(3)監査法人，(4)監査産業および監査市場，(5)（会計や監査

---

[1] 「監査の質」概念について，「事実上の」と「知覚上の」に分けて考えることについて，Watkins et al. (2004) および DeFond and Zhang (2014) からもヒントを得ている。

[2] 「監査の質」概念を「準拠の程度」と「保証の程度」に分けて考えることについて，Watkins et al. (2004) および Tritschler (2014) からもヒントを得ている。

と関係する）機関，および(6)監査のアウトプットの経済的帰結，の6つの要素を取り上げた。そして，Knechel et al. (2013) は，(1)インプット，(2)プロセス，(3)コンテクスト，および(4)アウトプット，の4つの要素が監査の質に対するインジケーターであるという（**図表6-2**）。さらに，IAASB (2014a) は，監査の質に対するエレメントとして，(1)「インプット」，(2)「プロセス」，(3)「アウトプット」，(4)「インタラクション」および(5)「コンテクスト」の5つを挙げている（**図表6-3**）。そして，DeFond and Zhang (2014) は(1)「インプット」，(2)「アウトプット」（**図表6-4**），PCAOB (2015b) は(1)監査専門家，(2)監査プロセス，(3)監査の結果（**図表6-5**）を挙げている。

　これらの提示や検討をまとめると，「監査の質」の評価フレームワークには，(1)「インプット・プロセス」，(2)「アウトプット」，および様々な要因に関わる相互作用を含む(3)「コンテクスト」の3つのエレメントが存在することが分かった（**図表6-6**）。

　加えて，「監査の質」の評価フレームワークの各側面の働きと「監査証拠論」（**図表6-7**）や「監査判断論」（**図表6-8**），「監査コミュニケーション」（**図表6-9**）「監査主体論」および「リスク・アプローチ」との関係についても第6章において，詳しい考察を試みた。

4.「監査の質」における実践可能な測定方法

　さらに，監査の質の評価フレームワークの検討に留まらず，実際その枠組みを使って，どのように実証分析に方向性を与えるのかについても，グローバル時代にふさわしいという視点を入れながら考察した。具体的には実際の実証研究で，「監査の質」を代理できる代理変数として利用できるものを先行研究から整理した結果，12個の測定方法を抽出することができ，その根拠および弱点について考察することができた（**図表7-1**）。12個の測定方法は，①監査法人（監査法人事務所）の規模，②監査時間，③（監査人（法人）の）産業に対する知識，④修正再表示，⑤監査人に対する訴訟や機関からのレビュー，⑥裁量的発生高，⑦利益ベンチマーク，⑧会計保守主義，⑨継続企業の前提に関する

注記，⑩アナリストによる利益予想の正確性，⑪事前的資本コスト，⑫異常監査報酬である。さらに，グローバル時代における監査の質の評価フレームワークの視点で考えると，①②③が「インプット」要因，④⑤⑥⑦⑧⑨⑩⑪の9つは「アウトプット」要因，①⑩⑪⑫は「コンテクスト」要因に関わる測定方法であると認識できる。これら12個の測定方法を提示することで，新時代における実証研究に弾みがつけられることを期待したい。

5．英国 FRC，IAASB および米国 PCAOB における監査の質の探究プロセス：制度論的分析視角から

本書において，制度論の2つの学派（旧制度派経済学（old institutional economics; OIE）と新制度派社会学（new institutional sociology; NIS））からそれぞれ Barley and Tolbert（1997），および Tolbert and Zucker（1996）分析フレームワークを取り上げ利用し，世界における主要な規制当局や基準設定主体である英国 FRC，米国 PCAOB と IAASB による「監査の質」に関する概念的検討の動向やその内容を分析した。

詳しくは，第3～5章を参照されたいが，結果として，Barley and Tolbert（1997）分析フレームワークに基づき，時間の流れの中における FRC，IAASB および PCAOB のそれぞれによる監査の質の探究プロセスは，「制度の領域」において，FRC の監査の質フレームワーク（2006b; 2008b），IAASB（2011; 2013b; 2014a）監査の質フレームワーク，そして，PCAOB スタッフによる DP（2013）およびインジケーターのコンセプト・リリース（2015）があると確認できる。また，当該制度の生成は，FRC，IAASB および PCAOB による多様な利害関係者との議論という「行動の領域」との間において，多くの組織内のミーティングを介して，相互作用を繰り返しながら行われた（**図表3-8；図表4-6；図表5-4**）。なお，組織内のミーティングは，Barley and Tolbert（1997）分析フレームワークの中の「ある特定の状況において特徴的な，観察可能で再帰的な行為や相互作用のパターン」である「スクリプト（script）」として捉えられる。

第Ⅲ部　総括と展望

また，FRC，IAASB および PCAOB のそれぞれによる監査の質の探究のプロセスは，いずれも Tolbert and Zucker（1996）分析フレームワークにおける「習慣化」から「対象化」に向かっている途中のプロセスにあることもわかった（**図表 3-9**；**図表 4-7**；**図表 5-5**）。

第 2 節　第Ⅱ部の小括

第Ⅱ部は，**図表 12-3** で示している実証的探究の分析視角（第 8 章第 1 節）の下で，第 9 章〜第 11 章および補章が展開されている。また，実証的探求の分析視角とは，監査の質を提供する監査人（監査法人）が，良い（比較的良くない）監査の質を提供するインセンティブあるいは能力をもっているが，そのインセンティブあるいは能力は実際提供される監査の質とどのような関係にあるかという分析視角である（**図表 12-3**）。

具体的に当該分析視角については第 8 章を参照されたいが，インセンティブ（Ⅰ）には，①訴訟リスク，②レビュテーション・リスク，③監査法人規模，④監査報酬という 4 つの項目，さらに，能力（Ⅱ）には，①監査報酬，②監査法人規模，③監査法人の業種特化という 3 つの項目から把握することができる。第Ⅱ部の実証的探求において，監査の質を提供する監査人（監査法人）のインセンティブ（Ⅰ）や能力（Ⅱ）に関わる「監査法人規模」に関しては第 9 章，

図表 12-3　第Ⅱ部における実証的探究の分析視角と第Ⅱ部の章との関係

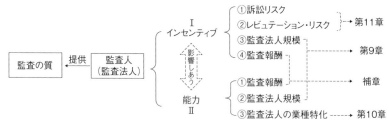

注：図表 8-1 を再掲したものである。
出所：筆者作成。

第12章　総括と展望

「監査報酬」に関しては補章，また能力（Ⅱ）の③「監査法人の業種特化」に関しては第10章，インセンティブ（Ⅰ）の①②である「訴訟リスク」や「レピュテーション・リスク」に関しては第11章でそれぞれ取り上げ，分析を進めた（**図表12-3**）。

第Ⅱ部における具体的な研究内容（調査結果に対する解釈を含む）について，**図表12-4**を参照されたいが，ここでは，実証分析の結果のみを列記しておく。

第9章においては，実証分析の結果について，4点が挙げられる。(1)裁量的発生高，利益ベンチマーク，事前的資本コスト，アナリストによる業績予想の正確性の4つの代理変数については，大監査法人と中小監査法人との間には監査の質に差が存在しない。(2)2007年以前と以降において，大監査法人と中小監査法人の間にある監査の質（6つの代理変数の全てにおいて）の差に関しては，変化が存在しない。(3)継続企業の前提に関する注記情報（GC注記）については中小監査法人のほうがGC注記をより積極的に行っていることが示されている。(4)大監査法人が異常監査報酬の側面から見る場合，より良い監査の質を提供していることが判明している。

第10章においては，実証分析の結果について，2点が挙げられる。(1)先行研究と同じように日本の監査市場においても業種特化している監査法人（ISA）の方が，そうでない監査法人（Non-ISA）よりも監査の質が高く，(2)相対的にISAの業種シェアが増した2008年以降は，ISAの監査の質の優位性が大きくなっている。

第11章においては，実証分析の結果について，2点が挙げられる。(1)監査人のレピュテーションに影響するニュースの公開によって，オリンパス監査人（あずさと新日本監査法人）のレピュテーションに変化がなかった。(2)重回帰分析におけるオリンパス・ダミーと企業特性の交差項の変数に関わる実証結果から，4点がいえる。①ネガティブなニュース報道に対して，オリンパス監査人による監査を受ける企業においてより敏感な市場反応があり，またオリンパス監査人が監査する企業で特に無限定適正意見をもらった企業や高い総資産利益率の企業がよりネガティブな市場反応を有している。②一般的に，オリンパス

第Ⅲ部 総括と展望

図表12-4 第Ⅱ部に

章	概要	仮説	特長	サンプルと年度・分析方法など
第9章	監査法人の規模と監査の質（6つの代理変数）との関係に関する分析	仮説1：日本の市場においては、大監査法人と中小監査法人との間には監査の質に差が存在しない。 仮説2：2007年以前と以降において、大監査法人と中小監査法人の間にある監査の質の差に関しては、変化が存在しない。	第1に、先行研究の英知を集合させ監査の質を測る代理変数を6つ：①裁量的発生高、②利益ベンチマーク、③事前的資本コスト、④アナリストによる利益予想の正確性、⑤継続企業の前提に関する注記情報、⑥異常監査報酬、を用いた。 第2に、日本企業を分析対象としているため、検証時における工夫として、日本企業の特徴をできるだけコントロールをしている点である。 第3に、Rubin (1985) に提案された傾向スコアを用いたIPW (Inverse Probability Weighting) 法を会計の実証領域で利用し、よりロバストな検証を試みたことである。	サンプルと年度： 日本上場企業；監査の質の代理変数によってサンプル数が異なる：①裁量的発生高（14,985個）、②利益ベンチマーク（14,985個）、③事前的資本コスト（6,190個）、④アナリストによる利益予想の正確性（11,956個）、⑤継続企業の前提に関する注記情報（12,661個）、⑥異常監査報酬（9,716個） ＜日経NEEDS Financial Quest, 日経NEEDS『企業基本ファイルⅡ 監査法人・監査意見＞ 2001～2011年度 分析方法： 仮説1については、傾向スコアを推定し、IPW法を利用する。仮説2については、2007年以前と以降におけるそれぞれの係数の差の検定。頑健性検証において、PSM法、CEM法など多数利用。
第10章	監査法人の業種特化（6つの代理変数）と監査の質（裁量的発生高の絶対値）との関係に関する分析	仮説1：業種特化している監査法人の方が、業種特化していない監査法人よりも監査の質が高い。 仮説2：2007年以降、業種特化した監査法人とそうでない監査法人とでは監査の質の差はより大きくなる。	第1に、近年重要な監査法人の業種特化・専門性の議論、また特に日本市場における監査法人の業種特化と監査の質の関係性の議論に関し、研究の蓄積に貢献できる。 第2に、日本独自の状況：2007年を境としてある産業においてトップ業種特化している監査法人の顧客の業界売上シェアが第2位の業種特化監査法人のと大きな乖離が生まれている状況下において、監査の質が向上しているか否かを検証することで、業種特化による監査の質の優位性に対してより強い証拠の提供を試みている。 第3に、Minutte-Meza (2013) が指摘した分析上の問題に対する対応を試みている。	サンプルと年度： 日本上場企業 12,765個 ＜日経NEEDS Financial Quest, 日経NEEDS『企業基本ファイルⅡ 監査法人・監査意見＞ 2001～2012年度 分析方法： 仮説1については、裁量的発生高の絶対値を従属変数とし、業種特化の6つの代理変数やコントロール変数を独立変数とする回帰分析。仮説2については、サブ・サンプル（2007年前と後）を用いて回帰分析。頑健性検証時には、IPW法を使用。

第 12 章　総括と展望

おける研究内容の要約

主な調査結果	調査結果に対する解釈等
(1) 裁量的発生高，利益ベンチマーク，事前的資本コスト，アナリストによる業績予想の正確性の4つの代理変数については，大監査法人と中小監査法人との間には監査の質に差が存在しない。 (2) 2007年以前と以降において，大監査法人と中小監査法人の間にある監査の質（6つの代理変数の全てのおいて）の差に関しては，変化が存在しない。 (3) GC注記については中小監査法人のほうがGC注記をより積極的に行っていることが示されている。 (4) 大監査法人が異常監査報酬の側面から見る場合，より良い監査の質を提供している。	(1) 第8章で提示した第Ⅱ部の分析視角の監査の質の提供側のインセンティブと能力の2つの側面から整理：インセンティブの側面：日本の環境は，①訴訟リスクが低いことから，最低限の監査の質を提供すれば足りるというインセンティブを提供してしまっている恐れ，②レピュテーション効果が十分に発揮できていない可能性があり，③監査サービス提供におけるマンパワーの絶対的な不足の状況である。 他方，監査の質の提供側の能力の側面：ローテーション制や会計士の流動性によって，監査の質の提供側の能力の側面における大監査法人と中小監査法人との差が縮まることができることも想定できる。 (2) 大監査法人対中小監査法人の監査の質における力のバランスが変わらなかったことを示唆する結果である。 (3) GC注記に関わる実証結果に対する解釈としても，第8章で提示した第Ⅱ部の分析視角の2つの側面から整理：能力の側面：中小監査法人は地方市場についてより知識を有しており，クライアントと親密な関係を築いているとすれば，クライアントの財務状態についてより詳しくなければならないGC注記の手続きを中小監査法人の方が適正に行うことができる可能性も考えられる。 また，インセンティブの側面：GCリスクが相対的に高い企業が中小監査法人に監査業務を依頼するしかない状況が想定でき，一方，これら監査業務を依頼された中小監査法人は，顧客を失うことを恐れながら，自らのレピュテーションを維持させるために，不適正意見の監査報告書を出すよりも，適正意見の監査報告書プラスGC注記にするというインセンティブを持つとも考えられる。
(1) 先行研究と同じように日本の監査市場においても業種特化している監査法人（ISA）の方が，そうでない監査法人（Non-ISA）よりも監査の質が高く， (2) 相対的にISAの業種シェアが増した2008年以降は，ISAの監査の質の優位性が大きくなっている。	(1) 監査市場の競争戦略において，ある産業のクライアントを獲得するため，監査法人はPorter（1985）のいう差別化戦略か低コスト化戦略をとり，その結果，業種特化による監査の質の向上が達成されているということである。 (2) 中央青山（みすず）監査法人の解体後，相対的にISAの業種シェアが増した2008年以降は，監査サービス市場の競争激化により，差別化戦略を選択した場合にせよ低コスト化戦略を選択した場合にせよ，各監査法人が各業種内のシェアを拡大させ，その結果として業種特化している監査法人の監査の質が高まったことが強く示唆されている。 (3) このような監査サービス市場の競争原理によって，クライアントは質の高い監査を享受できたり，規模の経済性により監査報酬の低減を期待できたりするなど，監査法人の業種特化が拡大することは監査法人・クライアント両者にとって望ましい状態であると考えられ，実務的にも非常に重要なインプリケーションであるとも考えられる。

第Ⅲ部 総括と展望

章	テーマ	仮説	貢献	方法
第11章	オリンパス事件における市場反応に関する分析	仮説1：オリンパス監査人のレピュテーションに影響を与えるニュースに対して，オリンパス監査人が担当している企業における異常株価リターンは発生しない。 仮説2：オリンパス監査人のレピュテーションに影響を与えるニュースに対して，オリンパスと関係ない監査人が監査している企業と関係ある監査人が監査している企業とでは，市場反応の程度に差異がない。	訴訟リスクが低く，主にレピュテーション・リスクしか存在しない市場において，会計スキャンダルのスピル・オーバー効果を確認できたことである。	サンプルと年度： 日本東証一部上場企業 918 個 ＜日経 NEEDS Financial Quest,日経 NEEDS『企業基本ファイルⅡ 監査法人・監査意見＞ 2011 年度 分析方法： イベント・スタディーに用いる GRANK テスト，および累積異常リターンを従属変数とし，オリンパス・ダミーやコントロール変数およびオリンパス・ダミーとコントロール変数の交差項を独立変数とする回帰分析。
補章	監査報酬と監査の質（裁量的発生高）との関連性に関する分析	仮説1：（クライアント企業にとって）訴訟リスクが高い環境にいるほど監査報酬が高くなる。 仮説2：（クライアント企業にとって）利益調整リスクが高い環境にいるほど監査報酬が高くなる。 仮説3：（クライアント企業にとって）訴訟リスクが高い環境にいるほど，利益調整のリスクと監査報酬の正の関係が弱くなる。	第1に，訴訟リスクの視点から，監査報酬と利益調整（監査の質）の関連性を検討した点である。 第2に，PSM 法を用いて，日米に重複上場する日本企業とそうでない日本企業のサンプル・ペアを検証データとして使用した点である。	サンプルと年度： 日本上場企業 12,255 個；PSM 法マッチングサンプル：3,736 個 ＜日経 NEEDS Financial Quest,日経 NEEDS『企業基本ファイルⅡ 監査法人・監査意見＞ 2005～2013 年度 分析方法： 米国上場ダミーを従属変数とする回帰で，まずマッチングサンプルを作る。次に，監査報酬の自然対数値を従属変数，米国上場ダミー・「業績の影響をコントロールした裁量的発生高」および上記2つの変数の交差項を検証変数，およびコントロール変数を独立変数とする回帰分析。

第 12 章　総括と展望

(1) 監査人のレピュテーションに影響するニュースの公開に，オリンパス監査人のレピュテーションに変化がなかった。
(2) 重回帰分析におけるオリンパス・ダミーと企業特性の交差項の変数に関わる実証結果から，4点がいえる。
　①ネガティブなニュース報道に対して，オリンパス監査人による監査を受ける企業においてより敏感な市場反応があり，またオリンパス監査人が監査する企業で特に無限定適正意見をもらった企業や高い総資産利益率の企業がよりネガティブな市場反応を有している。
　②一般的に，オリンパス監査人が監査する企業で，高いレバレッジや海外売上高比率を持つ企業が，市場反応を有している。
　③オリンパスによる正式な報道に対して，オリンパス監査人による監査を受ける企業で，市場流動性が高い企業ほど，ネガティブな市場反応が生じている。
　④オリンパス監査人による監査を受ける企業の上場市場（たとえば，日本のみ上場と海外重複上場）とその投資者の反応との間に，統計的に有意な関係が確認できなかった。

日本の投資者による反応がなかった背景（理由）：
(1) FACTA の影響力の限定度合いや広範な投資者への伝達の難しさから，投資者の十分な注意を喚起できなかった。
(2) 投資者がオリンパス事件に関わる監査のパフォーマンス（予測）に対して信頼できる十分な証拠を持ち合わせていなかった。
(3) 日本市場における監査環境の特徴も重要な背景（理由）として挙げられる。たとえば，会計に関わる政策における強い政府による役割，公認会計士専門家による相対的に（政府と比べると）弱い役割，全体的に高い日本企業の財務レバレッジの状況，および訴訟リスクの低い監査に関わる環境である。
(4) 主にレピュテーション・リスクしか存在しない日本市場において，オリンパス事件という監査の失敗の事例に対して，マイナスの市場の反応が検出できなかったことから，日本市場における監査の質の提供側による高質な監査の提供のインセンティブが，市場の反応という側面から見れば，十分でないといえる。

(1) 日米に重複上場する企業に関する監査報酬と重複上場していない企業に関する監査報酬との間に，差がある。
(2) 企業の規模が大きく，当該企業の時価総額が市場全体の時価総額に占める割合・海外市場の売上高比率や売上成長率が高く，流動比率や負債比率が低い場合，日本の上場企業は，米国での上場を積極的に行う傾向にある。
(3) 訴訟リスクが高いほど監査報酬が高くなる；利益調整リスクが高いほど監査報酬が高くなる；訴訟リスクが高い環境ほど，利益調整リスクと監査報酬との正の関係が弱くなるという3点（3つの仮説）が証明された。
(4) 頑健性のテストの CEM 法による分析結果が主たる分析結果と同様である。

監査人が監査する企業で，高い負債構成比率や海外売上高比率を持つ企業が，市場反応を有している。③オリンパスによる正式な報道に対して，オリンパス監査人による監査を受ける企業で，市場流動性が高い企業ほど，ネガティブな市場反応が生じている。④オリンパス監査人による監査を受ける企業の上場市場の状況（たとえば，日本のみ上場と海外重複上場）とその投資者の反応との間に，統計的に有意な関係が確認できなかった。

補章においては，実証分析の結果について，4点が挙げられる。(1)日米に重複上場する企業に関する監査報酬と重複上場しない企業に関する監査報酬との間に，差がある。(2)企業の規模が大きく，当該企業の時価総額が市場全体の時価総額に占める割合・海外市場の売上高比率や売上成長率が高く，流動比率や負債比率が低い場合，日本の上場企業は，米国での上場を積極的に行う傾向にある。(3)訴訟リスクが高いほど監査報酬が高くなる；利益調整リスクが高いほど監査報酬が高くなる；訴訟リスクが高い環境ほど，利益調整リスクと監査報酬との正の関係が弱くなるという3点（3つの仮説）が証明された。(4)頑健性のテストのCEM法による分析結果が主たる分析結果と同様である。

第3節　残された課題

以上のように，本書では『グローバル時代における監査の質の探究』という広大かつ深遠な研究課題に挑戦し，また「序」でも記述したように，「研究アプローチや研究内容の総合性」および「高度の実証研究に裏付けられている」という2つの特色を持たせることを目標に研究を行ったが，そのテーマの深遠さ故に生じる数々の課題について，将来における研究の取り組みが望まれる。

1. 第Ⅰ部の研究における残された課題

第2章では，「監査の質」概念を探究するため，哲学的視点やISO視点を借用したり，日米欧先行研究を精査した。しかしながら，第2章におけるロジックの下に先行研究の選定を行ったため，必ずしもすべての「監査の質」関係の

第12章 総括と展望

学界および実務界（規制当局等を含む）の先行研究を網羅できなかった可能性がある。この点は今後の研究に委ねたい。

第3章〜第5章では，「監査の質」概念やその評価フレームワークを提示した主体として，英国FRC，IAASBおよび米国PCAOBを取り上げ，その関連活動や関連公開物の分析を行ったが，共通課題として，各規制当局・基準設定主体におけるすべての「監査の質」関係の文書を網羅できなかった可能性が挙げられる。

第6章で提示した本書における「監査の質の評価フレームワーク」は絶対的なものでなく，また監査領域における重要な概念もそのほかにも存在しうることは今後の検討課題として取り上げられる。第7章では実際に利用された実践可能な監査の質の測定方法をまとめて，それと理論的にあり得る実証的測定方法との差について検討したが，監査の質の測定方法に関する「既存文献の限界および将来の研究の可能性」について更なる考察が望まれる。

2. 第Ⅱ部の研究における残された課題

第Ⅱ部における今後の課題として，統計的手法について，今後の一層の精緻化が挙げられる。第9・10・補章では傾向スコアというセミパラメトリックな手法を用いたが，この結果は共変量に大きく依存するものである。それぞれの章における共変量について先行研究を参考としたり，日本市場独自であると思われる変数を取り入れてみたが，それ以外の共変量への模索の余地が残されていると考えられる。いずれにせよ，今後共変量の選択を含めたよりロバストな統計的手法の模索が，会計・監査についての実証研究全体の課題であると考えられる。

併せて，第10章における今後の課題として，2点が挙げられる。第1に，差別化戦略をとった監査法人と，低コスト化戦略をとった監査法人の両者の間には，最終的に監査の質に差が生まれるのかどうかについての更なる検討が必要である。第2に，監査の質および監査法人の業種特化のそれぞれの代理変数に対する再検討が必要である。

第Ⅲ部　総括と展望

　第11章の課題として，今後も会計スキャンダルによる市場反応を確認していく必要があることが挙げられる。また補章では，利益調整リスクの代理変数として，裁量的発生高の絶対値を用いたが，その他の代理変数（利益平準化やベンチマーク達成を表すものなど）に関する検討は，今後の研究に委ねたい。

第4節　グローバル時代における監査の質の向上

　本書における研究成果に基づき，グローバル時代（グローバル社会・グローバル経済を含む）におけるいくつかの（日本の）監査の質に関わる環境的要素を含む実態を整理しながら（第4節第2項），その向上に向けて考えられる事項について考察を試みる。

1. 他国や国際的な規制当局・基準設定主体による検討結果の活用

　規制当局・基準設定主体である英国FRC，IAASBおよびPCAOBが公表した監査の質の評価フレームワークの中に，多くの実践的な監査の質向上策が含まれているという見方は，市場関係者においては可能であると考えられる[3]。特にFRC（2008b），IAASB（2014a）およびPCAOB（2015b）の評価フレームワークは，監査の質に影響する各項目（インジケーター）が多岐で詳細にあり，それをひとつひとつ確認（改善）していくだけでも，監査の質の向上に資することができると思われる。実際，日本公認会計士協会・監査基準委員会による，

---

[3]　FRCやIAASBのフレームワークの目的は，共通認識の醸成や関係者間の対話の促進等が掲げられていることもあるが（第3章および第4章を参照されたい），読み手の立場（たとえば投資家）によって，その中身を監査の質の要素として読み取れ，その要素を向上させることは，監査の質の向上策につながると考えられる側面もある。また，たとえば，PCAOBの2015年のフレームワークについては，まだコンセプト・リリースの段階であるが，「監査の質をどのように評価し，高質な監査をどのように獲得するかについて新しい洞察を提供する…（中略）…監査の質のインジケーターのコンテンツと可能な利用法の叩き台を公衆に提示（PCAOB 2015c）」とある。

IAASB(2014)監査の質フレームワークをもとにした監査基準委員会研究報告第4号「監査品質の枠組み」において,たとえば,第Ⅱ部の「監査品質に影響を及ぼす要因」には,多くの日本の環境における監査の質向上の実践的確認ポイントが示されている[4]。

2. 日本の監査の質に関わる環境的要素を含む実態の確認と監査の質の向上
(1) 法・規制の環境の概況:米国との相対的な比較を通じて

Porta et al.(1998)では各国の法的な環境に関する研究を行い,英米法(common-law)の国には投資家に対する法的な保護が一番強いことを指摘した。また,その次に強いのがドイツとスカンジナビア系の大陸法(German and Scandinavian-civil-law)の国であり,フランス系の大陸法(French-civil-law)の国が一番弱いことも判明した。これらの結果に基づくと,英米法の国に属する米国は,ドイツとスカンジナビア系の大陸法の国に属する日本より強い訴訟環境にあると推測できる。実際,近年の研究(たとえば,Shima and Gordon 2011)においても,日本は米国に比べて規制が厳しくない国と分類されている。日本がドイツ・スカンジナビア系の大陸法の国に属するひとつの歴史的な背景として,日本の19世紀末(1890年)に制定された商法は,ドイツの商法から影響を受けた(たとえば,山浦2008)ことが挙げられる。一方,周知のように,第二次世界大戦後,米国の法律は日本の法律に影響を与えた(たとえば,桜井2016)。また現在,日本の会社法(商法)では,債権者の保護が株主の保護と同様に重要視されている(Nobes and Parker 2012)と指摘されている。

Ball et al.(2000)によれば,日本を含む大陸法の国の特徴としては,政府規制機関が自主規制機関(日本の場合が日本公認会計士協会)より会計政策に影響を与える。米国では,エンロン事件までに,(自主規制機関である)米国公認会計士協会(AICPA),またエンロン事件後(政府規制機関である)PCAOBが監

---

[4] ただし,日本において,「監査品質の枠組み」は「研究報告」であり,法令・規定・基準を代替するものではないことに理解しておく必要がある。

査基準を制定する権限を持っているが,日本では(政府規制機関である)金融庁(FSA)に属される企業会計審議会(BAC)が日本監査基準を制定する。日本の公認会計士の規模,影響,および役割は,米国の公認会計士の組織に匹敵していない(Jinnai 1990)という指摘まであった。

(2) 日本資本市場の環境:訴訟リスクが低く,レピュテーション・リスクのみ存在

　前述したように,米国の属する英米法の国々は日本の属する大陸法の国々よりも投資者保護の度合いが強く(Porta et al. 1998),一般的にいう訴訟されるリスクが日本より高いと考えられる。ここでいう訴訟リスクは,経営者が株主等に訴訟されるリスクや監査人が経営者・株主等に訴訟されるリスク等を含む。実際,West(2001)によれば,日本の株主代表訴訟には,低勝率,訴訟における示談の少なさ,示談における賠償金額の低さ,および株価と訴訟との低関連性といった特徴が挙げられ,日本における訴訟リスクの低さの理由・背景を株主代表訴訟のケースを以って,Westが提示している。そのためか,監査領域における先行研究では,(日本の資本市場において企業の不正があったとしても,監査人を相手取り訴訟を行う)訴訟リスクが省略できるとの指摘まである(Skinner and Srinivasan 2012)。Yoshimi(2002)は日本人が監査人と公衆の間の期待ギャップを埋めるような監査を期待していないと主張した。日本における主な企業不正のケースについて,公衆は,不正を行った企業の監査人が,当該不正に連携責任があると考えていないようである(Yoshimi 2002, 533)。このような考えが,会計不正後の監査人に対する低い訴訟率につながっていると考えられる。

　監査のサービスを提供する監査人のインセンティブに対して,訴訟リスクとレピュテーション・リスクが影響を与えること(**図表 8-1**)を所与とすれば,日本の監査市場における監査の質の向上の施策を考察するときに,レピュテーション・リスク(たとえば,監査法人の「面子(メンツ)」を失うリスク)を主に考慮すればいいという状況にあると考えられる。

(3) 監査サービス産業の環境

＜マンパワーの不足：監査人の不足＞

　日本における上場企業一社あたりの監査業務の有資格者数が著しく低い傾向にある（たとえば，日本が13人であるのに対して，米国が85人；**図表8-2**）。日本における監査人の人数（公認会計士協会における有資格者数）は，時価総額および上場企業数の増加とともに増加しているが，上場企業一社あたり監査人が歴史的に見ても，非常に低い水準（10名以下）で推移していることがわかる（**図表8-3**）。日本では，たとえば，米国と比べて，上場企業一社あたりに少数の人数で監査を行っている可能性が高いようである。また，企業の経済活動を描写する財務諸表を監査する活動には，過不足なく十分な監査証拠を蓄積させる必要性がある。「蓄積される監査証拠の総量＝監査人人数（その監査人の能力）×一人当たり監査時間」という関係が成り立ち，一人当たり監査時間が有限であることを考えれば，日本の監査市場における監査の質の向上に対する考察には，監査人個人の（専門的）能力の向上に対する考察が重要であることが示唆されているようである。

＜監査サービス産業の競争激化の可能性＞

　日本の上場企業数は2007年の4,397社をピークに近年減少傾向にある（**図表8-5**）。これは，MBO（management buyout：経営陣買収）の増加およびIPO（initial public offering：新規株式公開）の減少（『日本経済新聞』2012年1月12日付け）や，親会社と子会社の同時上場の解消（伊藤 2014）の総合作用によるものであると理解できる。上場企業の数の減少は同時に，監査市場における顧客企業の減少を意味し，監査市場における競争を激しくさせる要因となる。この競争の激化は，ビッグ・フォーと連携する大監査法人の間のみならず，大監査法人と中小監査法人の間にも発生すると推測できる[5]。

---

(5) 実際，たとえば，2007年中央青山監査法人の解体で，監査法人を新たに探さなければならない当該監査法人が担当していた企業は，大監査法人のみならず，中小監査法人の顧客企業となったケースが相次いだ（盛田 2011）。もちろん，中小監査法人の顧客

図表 12-5　監査報酬の自然対数の 2005 〜 2013 年度の経年変化

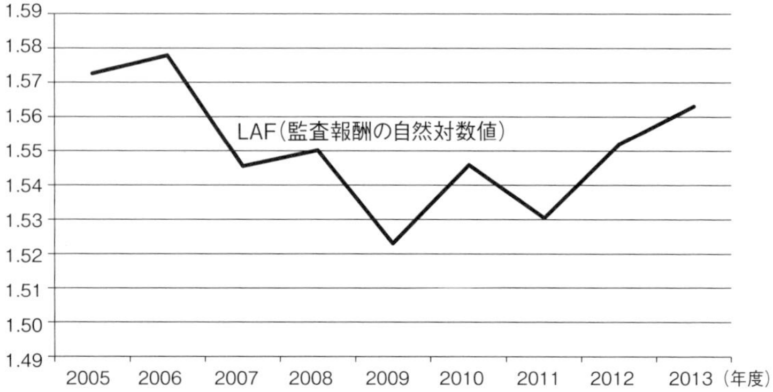

出所：筆者が補章におけるデータ・セットを用いて計算し，図表化した。

<監査報酬を低下させる圧力の存在の可能性>

第9章において，（日本企業 2001〜2011 年度の）異常監査報酬の平均が－0.020 であるが，Choi et al. (2010, 124)（米国企業 2000〜2003 年 9,815 企業年度）では 0 である。異常監査報酬が推定されるものであり（第9章），他の要素（たとえば物価等）が一定であれば平均が 0 近辺であると理論的に認識されれば，異常監査報酬の平均がマイナスであることは，監査報酬に対して低下させる圧力がかけられている可能性が示唆されている。また補章におけるデータでは LAF（監査報酬の自然対数値）の 2005〜2013 年度の経年変化は，**図表 12-5** において示すことができる。LAF については，2008 年秋の金融危機の影響がある時期があると思われるが，2005〜2013 年度において相対的に低下していく傾向（経年勾配：－0.003；t 値：－1.09）にあることがわかる。ただし，ここでは傾向がマイナスであるが統計的に有意ではなく，またたとえば，物価の変動などを考慮していない結果であることから，あくまでも，監査報酬を低下させ

企業になったケースには大監査法人によって，監査サービスの提供が拒否され，やむをえず中小監査法人を選んだケースも存在する（東 2007）と考えられる。

る圧力の存在の「可能性」を示している。

＜（契約あたり）監査時間の少なさに起因する監査の質の低下の可能性＞

ここでいう監査時間は，一つの監査契約や上場企業一社当たりにかかる監査時間の総和のことを意味する。上述の＜マンパワー不足＞項と関連するが，「蓄積される監査証拠の総量＝監査人人数（その監査人の能力）×一人当たり監査時間」という関係が成り立つのであれば，監査人の能力を一定として設定すると，蓄積される監査証拠の総量（一種の監査の質）は，監査人の人数と一人当たり監査時間の掛け算，つまり，一つの監査契約や上場企業一社当たりにかかる監査時間の総和に依存することになる。しかしながら，既述したように監査人の人数が統計的にたとえば米国と比べて少ないことから，その掛け算も当然ながら，米国と比べて低い可能性がある。

実際，監査の質のインプット要素の代表格でもある（契約あたり）監査時間の少なさに起因する監査の質の低下の可能性に対する憂慮の声が日増しに聞こえてくる。たとえば，町田（2012）は，日本市場においては監査時間が十分に投入されていないことを明らかにし，さらに監査時間の少なさの原因の1つとして，品質管理のために充てる時間の少なさを挙げるという問題提起を行った。これは伊藤（2004, 59）の調査結果（海外の監査時間数が日本のおおむね1.1～2.8倍）とも一致している。

＜監査サービスを受ける（需要する）クライアントの特徴：監査の質の需要側から見る場合＞

欧米諸国と比べると日本企業は，その15％が系列企業であり（第9章のデータにより），銀行借り入れへの依存度が高く，多くの現金や有価証券を持ち，ROAが低く，倒産しにくいことが監査の質の需要に影響を及ぼす特徴（第8章）として考えられる。銀行は，借入金の主な提供源として，日本企業のガバナンスに対して重要な役割が期待される。また，一般的に，アメリカの投資者と比べて，日本の株主は短期的な利益情報に注目しない傾向にあり（Nobes and Parker 2012），日本の上場企業の株を長期的な投資目的として保有される傾向にあるとも言われる。日本企業のこれらの特徴は，監査の質の需要と関係

があり[6]、また新しい情報の開示に対する市場反応とも関係があると考えられる（第8章および第11章を参照されたい）。

本書における第II部の日本のデータを国際的に比較する場合、監査の質に関わる日本企業の特徴について、下記のようなことが第9章におけるデータから読み取れる。

たとえば、監査の質の代理変数の一つであり、もっとも利用されている裁量的発生高の絶対値を「日本 対 米国」という視点で確認すると、第9章において示したデータの平均0.03（日本企業2001～2011年度）に対し、Lawrence et al.（2011）では0.1031（米国企業1988～2006年）である。また事前的資本コストは第9章における平均が0.145であり、Lawrence et al.（2011）の0.115より若干高い。アナリストによる利益予測の正確性の平均が-0.066であり、Lawrence et al.（2011, 277）の-0.012と比べると、その絶対値は若干高い。GC注記の平均は0.013（1.3%）であり、Francis and Yu（2009, 1532）の0.026（2.6%）より低い。異常監査報酬の平均が-0.020であり、Choi et al.（2010, 124）（米国企業2000～2003年9,815企業年度）が0である。

日本企業は米国企業と比べて、経営者による利益調整の実施の幅がより少なく（0.03＜0.103）、事前的資本コストが高く（0.145＞0.115）、アナリストによる利益の正確性が悪く（|-0.066|＞|-0.012|）、GC注記が少なく（1.3%＜2.6%）、監査報酬を低下させる圧力をかけようとする可能性（平均が-0.020であり、マイナスであること）が示されている。

3.「監査の質」に関わる環境的要素と人的要素の重要性

第6章で述べたように、監査の質を評価するのには、「インプット・プロセス」、「アウトプット」および「コンテクスト（環境的要素）」の3つの側面から

---

[6] たとえば、企業が多くの現金を手元にあるのであれば、投資家から資金調達するインセンティブが低く、監査の質を重要視しない傾向にあり、高質な監査の質を提供する監査法人を需要しない可能性がある。具体的には第8章を参照されたい。

できる。監査の質の「インプット・プロセス」要素で，日本における監査の質の向上という視点で考えるときに，一つ考えられるのは，前項で述べた監査契約あたりの監査時間を増加させることである。一方，監査時間（パートナー，マネジャーやスタッフの時間配分を含む）の決定は，監査報酬ともリンクしており，監査人（監査法人）と企業との交渉事項であるが，それ自体は，社会的情勢・商慣習などの環境的要素から影響を受ける。また，監査の質の「アウトプット」要素である監査報告書については，その様式や市場関係者に与えるインパクト等について，日本と他の先進国との間にあまり差がないと考えられる。そこで，以下において，日本における監査の質に関わる環境的要素，そして第6章における監査の質の評価フレームワーク内の各要素と関わり合う人的要素の重要性を監査の質の向上という視点から述べてみることにする。

第1に，高質な監査の質には，環境的要素が重要な役割を果たしていること，また，その環境的要素に適切に反応するか否かが高質な監査の質の実現へのカギの一つであると考えられる。環境的要素は，多様なものを含んでおり（たとえば，IAASB（2014a）における環境的要素），監査の質に直接的にあるいは間接的に影響する。これらの要素を改善していくことは，直接的・間接的に監査の質の改善に結びつくと考えられる。たとえば，情報システム，コーポレート・ガバナンス制度や監査規則そのものの改善は直接的に監査の質の改善を促すことになるだろう。加えて，高質な監査の質の実現には，広範な文化的要素・ビジネス実務や訴訟に関わる環境に対する高度な知見を持ち，適切な対応が求められることになろう。

また，前項で既述した日本の環境的要素の実態と関連して，監査の質の向上という視点で考察すると，下記のようなことがいえる。

日本市場は訴訟リスクが低く，レピュテーション・リスクのみ存在するという市場であるが，監査人が提供する監査の質を向上させるためには，理屈の上では訴訟リスクとレピュテーション・リスクをそれぞれ上げることが有効である[7]。しかしながら訴訟リスクが社会全体の歴史的背景の中，形成されてきたことを踏まえれば，レピュテーション・リスクを上げることのほうが早期に実

現しやすいかもしれない。たとえば,「監査人」が尊敬され魅力的な職業として社会的認知度の向上がなされるよう,行政・専門職機関による連携プレーが望まれる。

併せて,魅力的な職業となるためには,監査報酬の適切性水準への誘導も必要であると考えられる[8]。加えて,前項で述べた日本監査市場の競争激化の可能性については,うまく市場の競争原理を利用できれば,監査法人は競争下でより高い監査の質を提供するインセンティブを持つ可能性があり,結果的に監査の質の向上に役立つ可能性がある。ただし,過度な競争は,監査報酬の適切な水準の形成を阻害することもあり,市場関係者による注意深い見守りが必要であると考えられる。

また,前項の＜クライアントの特徴＞における数値の提示でわかるように,日本資本市場において米国と比べて,事前的資本コストが高く,アナリストによる利益予測の正確性の悪さが見受けられている。市場関係者全体の努力による市場の効率性の改善などを通じて行うこれらの改善は,監査の質の向上にむけてのステップとしても考えられる[9]。

第2に,高質な監査の質を実現するためのカギは,人的要素にあると考えられる。インプット・プロセス側面から捉える監査の質の作り手は,すべて監査人(監査事務所,監査法人)である。監査人の価値・倫理・態度・知識・技能・経験および監査時間がインプット要素であり,監査人が行う監査プロセスと質のコントロールの手続がプロセス要素である。また,監査人(監査法人)のア

---

(7) 監査人にとって,高質な監査を提供するインセンティブには,訴訟リスク,レピュテーション・リスク,監査法人の規模および監査報酬と関係があることを**図表8-1**において参照されたい。

(8) 監査報酬と監査人の提供する監査との関係や訴訟リスクとの関係について,たとえば,補章を参照されたい。

(9) 第2章での検討結果である「監査の質」についての理解は,「事実上の」と「知覚上の」ものに分けられ,市場における評価(ここでの事前的資本コストやアナリストによる利益予想の正確性)が「知覚上の」ものであるが,経営者の利益調整の幅が「事実上の」ものとして認識できる。

ウトプットは監査の質のアウトプット要素の大きな部分を占め，相互作用要素においては，監査人が主要な参加者である。環境的要素に至っては，魅力ある人材（attracting talent）である監査人が求められる[10]。その意味では，高質な監査の質を実現するために，監査人の力量を如何にして高められるかは重要な課題であると考えられる。実際，PCAOB（2015b）の監査の質フレームワークにおいて，監査の質のインジケーターの分類に「監査専門家（によるインプット）」，「監査プロセス」および「監査の結果」の3つの分類にしており，監査の質に関わる人的要素の重視が読み取れる。

一方，日本の現状として，すでに前項で述べたように，上場企業一社当たりの監査専門家のマンパワー不足が認識されている。「蓄積される監査証拠の総量（一種の監査の質）＝監査人人数（その監査人の能力）×一人当たり監査時間」という関係が成り立ち，一人当たり監査時間が有限であることを考えれば，日本の監査市場における監査の質の向上に対する考察には，監査人個人の（専門的）能力の向上に対する考察が重要であると同時に，市場に提供される監査人の人数も重要である。このことも，行政・専門職機関による連携プレーが望まれる。

他方，人的要素の側面から理解できる，日本特有で監査の質の向上に良い側面も前項＜クライアントの特徴＞において数字の上で明らかになっている。たとえば，（米国と比べる場合）日本企業の経営者による利益調整の実施幅の小ささ（0.03＜0.103）や監査人によるGC注記の少なさ（1.3％＜2.6％）[11]は，（経営者や監査人の）人的特徴（たとえば慎重さの度合い）とも関係があるように見受けられる。さらなる検証が必要であるが，日本人の人的要素は，比較的良い監査の質の提供に貢献している可能性を秘めているようにみえる。

---

(10) 「魅力ある人材」はIAASB（2014a）監査の質フレームワークにおける「環境的要素」の一つである。詳細は，たとえば，第4章第4節を参照されたい。

(11) 本書は，利益調整の実施幅が少ないほど，またGC注記が少ないほど，監査の質が高いというロジックに立っている。具体的には，第9章を参照されたい。併せて，脚注（9）も参照されたい。

参考文献[1]

青木英孝・宮島英昭. 2010.「日本企業における事業組織のガバナンス―企業の境界と二層のエージェンシー問題の視角から―」『RIETI Discussion Paper Series』10-J-057.

浅野信博. 2013.「監査情報利用の理論と実際：会計利益の品質と監査の品質の関係に注目して」『會計』183（4）：452-465.

浅野信博. 2014.「会計利益とキャッシュ・フローの相対的情報内容：監査の品質に注目した分析」『會計』186（2）：233-246.

浅野信博. 2015.「監査の品質は会計発生高のプライシングに影響を与えるか」『會計』188（4）：457-469.

東誠一郎. 2007.『将来予測情報の監査―ゴーイング・コンサーン情報等の分析―』同文舘出版.

阿部重夫. 2011a.「FACTAleaks―オリンパスへの公開質問状と宣戦布告」『FACTA ONLINE http://facta.co.jp/blog/archives/20110715001009.html（2013年6月7日アクセス）

阿部重夫. 2011b.「FACTAleaks―オリンパスへの第二公開質問状」『FACTA ONLINE』http://facta.co.jp/blog/archives/20110915001014.html（2013年6月7日アクセス）

アメリカ会計学会編．鳥羽至英訳. 1982.『アメリカ会計学会―基礎的監査概念』国元書房.

アリストテレス著・井上忠訳. 1971.『アリストテレス全集 1 分析論前書』岩波書店.

アリストテレス著・加藤信朗訳. 1971.『アリストテレス全集 1 分析論後書』岩波書店.

アリストテレス著・山本光雄訳. 1971.『アリストテレス全集 1 カテゴリー論 命題論』岩波書店.

アリストテレス著・中畑正志他訳. 2013.『アリストテレス全集 1 カテゴリー論 命題論』岩波書店.

A.V. ファイゲンバウム著・日立製作所訳. 1966.『総合的品質管理』日本科学技術連盟.

アンソニー・ギデンズ著・松尾精文・小幡正敏訳. 1993.『近代とはいかなる時代か？：モダニティの帰結』而立書房.

庵谷治男. 2013.「制度論的パースペクティブに基づく管理会計研究の可能性」『早稲田商學』438：473-506.

五十嵐則夫. 2014.「監査委員会の役割及び監査委員会と独立監査人とのコミュニケーショ

---

[1] 本書の参考文献の書式は、雑誌『会計プログレス』の規定を参考にしている。また、第2章におけるAppendix2-1およびAppendix2-2の文献が文中に示されていない場合には、ここの参考文献に記載していないこともある。必要に応じて、Appendix2-1およびAppendix2-2を参照されたい。

ン―米国に焦点を当てて―（下）」『月刊監査役』626：44-63.
五十嵐則夫・浦崎直浩・町田祥弘．2011．「―企業情報開示システムの最適設計―第 4 編 IFRS 導入と監査のあり方」『RIETI Discussion Paper Series』11-J-016.
伊藤邦雄．2014．『新・現代会計入門』日本経済新聞出版社．
伊東俊太郎・村上陽一郎共編・赤平清蔵訳．1989．『科学の名著．第 2 期 8　ボイル：形相と質の起源』朝日出版社．
伊藤大義．2004．「時事解説　日本公認会計士協会　監査時間の国際比較調査結果と分析について」『企業会計』56（12）：1714-1719.
伊藤公一．2011．「ステークホルダー別監査品質モデル」『甲南経営研究』52（3）：81-104.
伊藤公一．2012．「監査品質の構成要素と統治責任者の役割」『甲南経営研究』53（3）：97-119.
伊藤公一．2014．「信用財としての監査の品質と監査人の戦略的行動」『甲南経営研究』54（3-4）：81-105.
伊藤公一．2015．「監査品質と監査人の経営者に対する批判的態度」『甲南経営研究』55（3）：67-88.
猪熊浩子．2013．「ゴーイング・コンサーン開示に関する監査人の判断構造―倒産予測モデルとの関係から―」『産業経理』72（4）：60-77.
猪熊浩子．2015．『グローバリゼーションと会計・監査』同文舘出版．
祝迫得夫．2010．「マクロの企業貯蓄と近年の日本企業の資金調達の動向」『経済研究』61（1）：18-32.
伊豫田隆俊．2003．『制度としての監査システム：監査の経済的機能と役割』同文舘出版．
伊豫田隆俊・松本祥尚・林隆敏．2013．『ベーシック監査論（六訂版）』同文舘出版．
伊豫田隆俊・松本祥尚・林隆敏．2015．『ベーシック監査論（七訂版）』同文舘出版．
岩本武和 他．2012．『グローバル・エコノミー』有斐閣アルマ．
W. リチャード スコット著・河野昭三・板橋慶明訳．1998．『制度と組織』税務経理協会．
牛田徳子．1991．『アリストテレス哲学の研究』創文社．
薄井彰．2007．「監査の品質とコーポレート・ガバナンス―新規公開市場の実証的証拠―」『現代監査』17：50-54.
浦崎直浩．2007．「会計基準のコンバージェンスとその論点」『国際会計研究学会年報』2007：5-13.
江澤修司著・三浦洋監修・KPMG あずさ監査法人編．2014．『英国の新会計制度：在英日系企業における IFRS ベースの決算実務』中央経済社．
及川拓也．2014．「強制的な監査人の交代と監査の質：中央青山・みすずの元クライアントのケース」『千葉商大論叢』51（2）：27-40.
岡野英生．2015．「イギリス法における会計監査役の対第三者責任について」『名経法学』36：1-26.

岡部滋．2012．「監査の品質向上に向けて」『経理研究』55：73-82．
沖野光二．2012．「英国財務報告制度の将来像の新たな展開：英国 ASB 財務報告公開草案（草案 FRS 100, 101 and 102）を手掛かりとして」『国際会計研究学会年報』2011 年度（2）：75-91．
奥田真也・高原利栄子・鈴木健嗣．2007．「IPO 企業におけるコーポレート・ガバナンス構造の決定要因」『年報経営分析研究』23：43-50．
奥田真也・佐々木隆志・中島真澄・中村亮介．2012．「内部統制システムと監査の質の決定要因」『企業会計』64（10）：102-108．
奥村雅史．2014．『利益情報の訂正と株式市場』中央経済社．
音川和久．2009．『投資家行動の実証分析：マーケット・マイクロストラクチャーに基づく会計学研究』中央経済社．
オリンパス．2011．「第三者委員会調査報告書」．
オリンパス．2012．「監査役等責任調査委員会の調査報告書」．
笠井直樹．2009．「監査人の受け取る報酬と会計発生高の質との関係」『六甲台論集』56（1）：17-31．
笠井直樹．2011．「監査人の継続監査年数と財務諸表監査の質との関係」『Working Paper Series, Shiga University』145．
加藤達彦．2003．「監査人の損害賠償責任と監査の品質」『明大商學論叢』85（4）：21-44．
加藤達彦．2006．「リスク・アプローチの問題点」『現代監査』16：55-62．
加藤達彦．2007．「監査の品質と監査人の独立性―資本主義のガバナンス機能の観点から」『明大商学論叢』89(2)：339-357．
加藤正浩．2005．「イギリスにおける会計規制」『龍谷大学経営学論集』45（1）：13-22．
加藤正浩．2011．「イギリスにおける勅許会計士による財務諸表監査の制度」『社会科学研究年報』42：1-13．
加藤正浩．2012．「イギリスにおける監査規則」『龍谷大学経営学論集』52（1）：31-43．
加藤諒・仙場胡丹．2016．「監査法人の業種特化と監査の質に関する実証分析」『Keio-IES Discussion Paper Series, Institute for Economics Studies, Keio University』DP2016-014．
蟹江章．2012．「解題深書　監査の品質と懐疑主義」『企業会計』64（10）：89-93．
監査人・監査報酬問題研究会．2013．『2013 年度版上場企業監査人・監査報酬白書』日本公認会計士協会出版局．
企業会計審議会．2002．「監査基準の改訂に関する意見書」．
企業会計審議会．2005a．「監査基準の改訂に関する意見書」．
企業会計審議会．2005b．「監査に関する品質管理基準の設定に係る意見書」．
北川教央・後藤雅敏．2008．「業績の影響をコントロールした裁量的発生高の有効性に関する検証」『神戸大学大学院経営学研究科ディスカッション・ペーパー』47．
北爪佐知子．2013．「図書館のグローバリゼーション」『香散見草』45：1-3．

参考文献

北原貞輔・能見時助．1991．『TQC から TQM へ』有斐閣．
木下厳．2013．「グローバル時代のテレワーク」『日本テレワーク学会誌』11（1）：6-14．
金融庁．2006．「公開会社会計監督委員会（PCAOB）の概要」http://www.fsa.go.jp/singi/singi_kinyu/kounin/siryou/20060623/03.pdf（2016 年 01 月 12 日アクセス）．
久米均．2005a．『品質管理』岩波書店．
久米均．2005b．『品質経営入門』日科技連出版社．
経済調査協会．2003a．『年報"系列の研究"店頭会社・製造業編』．
経済調査協会．2003b．『年報"系列の研究"店頭会社・第 3 次産業編』．
「国際監査・保証基準審議会 Arnold Schilder 議長に訊く―国際監査・保証基準審議会の最新動向」『会計・監査ジャーナル』690：9-18．2013．
古賀智敏．1990．『情報監査論』同文舘出版．
古賀智敏．2011．『グローバル財務会計』森山書店．
古賀智敏・五十嵐則夫．1999．『会計基準のグローバル化戦略』森山書店．
胡丹．2008．「中国における証券市場の発展と会計基準のグローバル化」『経済科学』56（1）：1-12．
胡丹．2014a．「グローバル時代における会計・監査研究の行方〜Cross-Country 研究に注目して〜」『国際会計研究学会年報』34：5-21．
胡丹．2014b．「IAASB 監査品質のフレームワーク（2014）の概要と形成〜高質な監査品質に向けて〜」『経済科学』62（2）：1-7．
胡丹．2015．「中国における中小企業会計 2014 についての一考察」『経済科学』62（3）：55-63．
齋藤靖．2014．「組織研究におけるメカニズム・アプローチの展開(1)米国における議論と課題」『西南学院大学商学論集』60（4）：87-118．
齊野純子．2006．『イギリス会計基準設定の研究』同文舘出版．
齊野純子．2014．「IFRS を基軸とするイギリス会計規制の概観」『關西大學商學論集』59（3）：41-55．
酒井絢美．2013．「監査人の保守性と監査人交代―被監査企業の財務報告数値の観点から―」『現代監査』23：143-154．
佐久間義浩．2011．「日本の監査市場における寡占状況の分析」『會計』179（3）：376-390．
桜井久勝．2016．『財務会計講義（第 17 版）』中央経済社．
櫻田貴道．2003．「組織論における制度学派の理論構造」『経済論叢』（京都大学）172（3：214-229）．
佐藤郁哉・山田真茂留．2004．『制度と文化：組織を動かす見えない力』日本経済新聞社．
白田佳子．2003．『企業倒産予知モデル』中央経済社．
「上場企業が大幅減」『日本経済新聞朝刊』2012 年 1 月 12 日日付．
JETRO．2011．「英国会社法改正（The Company Act 2006）」『ユーロトレンド』．

ジョン・ロック著・加藤卯一郎訳．1940．『人間悟性論』岩波書店．
ジョン・ロック著・大槻春彦訳．1972．『人間知性論』岩波書店．
菅野泰夫．2014．「英国コーポレートガバナンス・コード改訂の最新動向：2014年9月改訂版とコンサルテーション・ドキュメントの紹介（特集「稼ぐ力」とコーポレート・ガバナンス）」『大和総研調査季報』16：40-53.
須田一幸・首藤昭信．2004．「経営者の利益予想と裁量的会計行動」『ディスクロージャー戦略と効果』森山書店．
須田一幸・山本達司・乙政正太．2007．『会計操作―その実態と識別法、株価への影響』ダイヤモンド社．
スティーヴン・ルークス著・中島吉弘訳．1995．『現代権力論批判』未来社．
住田清芽．2014．「監査を取り巻く最近の動き」『KPMG Insight』6：1-6.
住田清芽．2015．「社会の期待に応える「監査品質」とは何か（特集 会計監査の心得）」『企業会計』67（6）：812-819.
首藤昭信．2000．「日本企業の利益調整行動」『産業経理』60（1）：128-139.
首藤昭信．2010．『日本企業の利益調整：理論と実証』中央経済社．
関口智和．2014a．「国際監査・保証基準審議会（IAASB）会議報告（第53回会議）」『会計・監査ジャーナル』702：19-20.
関口智和．2014b．「国際監査・保証基準審議会（IAASB）会議報告（第54回会議）」『会計・監査ジャーナル』704：26-28.
仙場胡丹．2016．「PCAOBと監査の質～AQIプロジェクトを中心に～」『同志社商学』67（4）：333-348.
孫銀植．2008．「イギリス会計制度の現状」『大阪産業大学経営論集』10（1）：33-47.
髙田知実．2006．「訴訟リスクと監査人の保守的態度」『六甲台論集』53（1）：23-42.
髙田知実．2014．「監査事務所の業種特化が利益属性に及ぼす影響に関する考察」『會計』186（3）：335-347.
滝田輝己．1999．「監査の品質向上と処方箋」『税経通信』54（15）：109-117.
田中弘．1993．『イギリスの会計制度』中央経済社．
鳥羽至英．1983．『監査証拠論』国元書房．
鳥羽至英．2000．『財務諸表監査の基礎理論』国元書房．
鳥羽至英・秋月信二・永見尊・福川裕徳．2015．『財務諸表監査』国元書房．
デイヴィッド・フィリップス著・新田功訳．2011．『クオリティ・オブ・ライフ：概念・政策・実践』出版研．
ティム ブーテェ・ウォルター マットリ著・小形健介訳．2013．『国際ルールの形成メカニズム：IASB/ISO/IEC』長崎県立大学経済学部学術研究会．
徳賀芳弘．2009．「グローバリゼーションと財務会計研究の継承と発展」『會計』175（1）：1-11.

参考文献

富田知嗣．1995．「監査人・被監査会社の規模と監査品質の逓減」『オイコノミカ』31（2・3・4）：135-153．
友杉芳正．2009．『新版 スタンダード監査論』中央経済社．
内藤文雄．1995．『監査判断形成論』中央経済社．
内藤文雄．2013．「会計監査研究の貢献・限界と監査・保証業務への展望」『會計』183（1）：23-37．
中野誠．2014．「企業財務とリスク」『日本経済新聞朝刊』2014年3月20日～3月31日日付．
中村輝夫．2012．「監査の品質とは何か」『経理研究』55：49-61．
西川清之．2013．「グローバリゼーションと企業行動：雇用の視点から」『龍谷大学経営学論集』52（4）：29-49．
日本公認会計士協会．2013a．品質管理基準委員会報告書第1号「監査事務所における品質管理」．
日本公認会計士協会．2013b．監査基準委員会報告書220「監査業務における品質管理」．
日本公認会計士協会．2013c．「国際監査・保証基準審議会（IAASB）コンサルテーション・ペーパー「監査品質のフレームワーク」に対する意見について」．
日本内部監査協会．2010．「内部監査品質評価ガイド」．
野本悌之助．1952．『監査通論』国元書房．
早川有紀．2011．「制度変化をめぐる新制度論の理論的発展：James Mahoney and Kathleen Thelen（2010）Explaining Institutional Change を手がかりに」『相関社会科学』21：77-83．
林隆敏・町田祥弘．2013．「特別論攷 ゴーイング・コンサーン監査に関する実証的研究(2)日本市場におけるゴーイング・コンサーン情報への投資者の反応」『税経通信』68（4）：153-167．
林琢也．2015．「監査品質に影響を及ぼす要因とは？ 監基研「監査品質の枠組み」（案）の概要（連続特集 改正会社法の要点詳解【会計監査編】）」『旬刊経理情報』（1412）：18-21．
平賀正剛．2010．「発展途上国会計研究への新制度論的視座の導入」『経営管理研究所紀要』17：87-98．
廣川朝海．2012．「監査法人における監査の品質向上への取組み」『経理研究』55：96-108．
福川裕徳．2012．『監査判断の実証分析』国元書房．
福川裕徳．2014．「監査人の専門知識に関するフレームワーク：組織の知識と個人の知識」『経理研究』57：503-512．
福川裕徳．2015．「監査法人内の人的ネットワークと職業的懐疑心」『會計』187（2）：224-236．
藤田信夫．2014．「英国スチュワードシップ・コードの理論と実践：Approved persons と域外適用ならびに監査等委員会と非業務執行取締役，米国の忠実義務の規範化概念と英国会社法の一般的義務等の接点」『千葉商大論叢』52（1）：75-144．
藤原英賢．2011．「監査法人の規模と監査報酬の関係」『現代監査』21：159-168．

藤原英賢. 2012a.「監査人の専門性と継続企業の前提に関する監査判断の関係」『追手門経営論集』18（2）：53-71.
藤原英賢. 2012b.「我が国監査法人の専門性の測定」『追手門経営論集』18（2）：27-52.
藤原英賢. 2013.「監査報酬の決定に対する監査人の専門性の影響」『追手門経済・経営研究』20: 11-21.
B・ガイ・ピータース著・土屋光芳訳. 2007.『新制度論』芦書房.
星野崇宏. 2009.『調査観察データの統計科学―因果推論・選択バイアス・データ融合』岩波書店.
堀江正之. 2011.「監査品質の意義と構造―外部監査と内部監査との比較検討を通じて」『會計』180（2）：179-191.
本間美奈子・中村信男. 2009.「イギリス 2006 年会社法(6)」『比較法学』43（2）：305-343.
本間美奈子・中村信男. 2010.「イギリス 2006 年会社法(8)」『比較法学』43（2）：233-272.
益田安良. 2011.「経済のグローバル化の実相とその背景」『グローバル・エコノミー入門』勁草書房：249-258.
町田祥弘. 2012.「監査時間の国際比較に基づく監査の品質の分析」『會計』181（3）：354-367.
町田祥弘. 2013.「会計監査の質：不正への対応の視点から」『會計』183（3）：333-347.
町田祥弘. 2016.「質を高めろとはいうけれど…じっくり語ろう監査のはなし（第 1 回）監査の品質って何ですか？：連載の開始にあたって」『企業会計』68（4）：508-511.
町田祥弘・松本祥尚・林隆敏. 2012.「「わが国における監査報酬等に関するアンケート調査」の結果（概要）について」『会計・監査ジャーナル：日本公認会計士協会機関誌』24（4）：15-20.
松浦康雄. 2012.「監査の品質向上への取り組み：監査人として」『経理研究』55：109-121.
松本祥尚. 2004.「ディスクロージャーと監査情報の品質」『ディスクロージャー戦略と効果』森山書店.
松本祥尚. 2009.「高リスク財務諸表項目の監査の品質管理」『現代社会と会計』3：23-34.
宮本京子. 2006.「監査品質の低下に結びつく潜在的要因と監査人による機能不全行動」『上智經濟論集』51（1・2）：35-46.
メアリー　ウォルトン著・石川馨監訳. 1987.『デミング式経営：QC 経営の原点に何を学ぶか』プレジデント社.
盛田良久. 2011.「監査市場の実態分析」63（5）：737-742.
盛田良久・蟹江章・長吉眞一編著. 2013.『監査論：スタンダードテキスト第 3 版』中央経済社.
盛山和夫. 1995.『制度論の構図』創文社.
矢澤憲一. 2004.「監査人の交代が会計政策に与える影響」『一橋論叢』132（5）：726-746.
矢澤憲一. 2008.「監査報酬と利益の質―専門性・独立性低下仮説の検証」『會計』174（3）：

参考文献

397-410.
矢澤憲一. 2010.「Big4 と監査の質―監査コスト仮説と保守的会計選好仮説の検証」『青山経営論集』44（4）：167-181.
矢澤憲一. 2011.「コーポレート・ガバナンス，監査報酬，利益管理の関連性」『会計プログレス』（12）：28-44.
山浦久司. 2008.『会計監査論（第 5 版）』中央経済社.
山口友作. 2013.「監査事務所の規模がアナリスト予想の正確性に及ぼす影響」『現代監査』23：155-165.
山崎尚志・與三野禎倫. 2011.「内部統制報告および監査と株式市場の評価」『神戸大学大学院経営学研究科ディスカッション・ペーパー』32.
山本達司・加藤英明. 2011.「新規株式公開をめぐる会計操作と株式市場の反応」『行動経済学』4：101-104.
由井浩. 2011.『日米英企業の品質管理史：高品質企業経営の原点』中央経済社.
結城秀彦. 2012.「監査人の取り組む監査の品質：誰にとっての監査の品質か，監査の利用者の視点から（特集 監査の品質向上）」『経理研究』55：83-95.
姚俊. 2013.『グローバル化時代におけるリスク会計の探求』千倉書房.
横山和夫. 2013.『引当金会計制度論：日本における引当金会計制度の史的変遷』森山書店.
吉田栄介・福島一矩・妹尾剛好. 2015.「わが国管理会計の実態調査（第 4 回）東証一部とその他上場企業との比較：調査概要と原価計算編」『企業会計』67（4）：600-605.
吉田和生. 2006.「わが国における監査の質と報告利益管理の分析」『財務情報の信頼性に関する研究（日本会計研究学会特別委員会・最終報告書）』：385-398.
吉見宏. 2008.「不正事例と監査の品質管理」『經濟學研究』58（3）：509-513.
吉見宏. 2010.「監査の品質管理の構造と不正事例―財務諸表監査と内部監査の対比を中心として」『監査研究』36（8）：1-7.
善積康夫. 2000.「イギリスの会計制度」『千葉大学社会文化科学研究科研究プロジェクト報告書』29：25-32.
ロバート　M．パーシグ著・五十嵐美克・兒玉光弘訳. 1990.『禅とオートバイ修理技術：価値の探求』めるくまーる.
若林公美. 2009.『包括利益の実証研究』中央経済社.
脇田良一. 2010.「特別講演　監査の品質管理と公的規制」『現代監査』20：3-17.
脇田良一. 2012.「公認会計士監査の信頼性の向上のために」『経済研究』145：151-166.
Abbott, L. J., S. Parker, and G. F. Peters. 2006. Earnings management, litigation risk, and asymmetric audit fee responses. *Auditing: A Journal of Practice and Theory* 25（1）：85-98.
Ackrill, J. L. 1963. *Aristotle's Categories and De Interpretatione*. Clarendon Press.
Ajward, A. R. 2010. The earnings quality status of contemporary Big-4 affiliated auditors

amidst ChuoAoyama crisis.『商学研究科紀要』71：263-284.

Akhigbe, A., J. Madura, and A. D. Martin. 2005. Accounting contagion: the case of Enron. *Journal of Economics and Finance* 29 (2)：187-202.

Alali, F. 2011. Audit fees and discretionary accruals: Compensation structure effect. *Managerial Auditing Journal* 26 (2)：90-113.

Aldhizer III, G. R., J. Miller, and J. Moraglio. 1995. Common attributes of quality audits. *Journal of Accountancy* 179 (1)：61-66.

American Accounting Association (AAA). 1973. A *Statement of Basic Auditing Concepts*.

Antle. R., and B. Nalebuff. 1991. Conservatism and auditor-client negotiations. *Journal of Accounting Research* 29 (Supplement)：31-54.

Armitage, J. 2012. A very honourable defeat: Ex-Olympus boss walks away. *The Independent*. London.

Asthana, S. C., S. Balsam, and J. Krishnan. 2010. Corporate governance, audit firm reputation, auditor switches, and client stock price reactions: The Andersen experience. *International Journal of Auditing* 14 (3)：274-293.

Asthana, S. C., and J. P. Boone. 2012. Abnormal audit fee and audit quality. *Auditing: A Journal of Practice & Theory* 31 (3)：1-22.

Autore, D. M., R. S. Billingsley, and M. I. Schneller. 2009. Information uncertainty and auditor reputation. *Journal of Banking & Finance* 33 (2)：183-192.

Bank, J. 1992. *The Essence of Total Quality Management*. London：Prentice Hall.

Ball, R. 2009. Market and political/regulatory perspectives on the recent accounting scandals. *Journal of Accounting Research* 47 (2)：277-323.

Ball, R., S. P. Kothari, and A. Robin. 2000. The effect of international institutional factors on properties of accounting earnings. *Journal of Accounting and Economics* 29 (1)：1-51.

Balsam, S., J. Krishnan, and J. S. Yang. 2003. Auditor industry specialization and earnings quality. *Auditing: A Journal of Practice & Theory* 22 (2)：71-97.

Barbera, C. F., and M. C. P. Martinez. 2006. The stock market reaction to the Enron-Andersen affair in Spain. *International Journal of Auditing* 10 (1)：67-85.

Barley, S. R., and P. S. Tolbert. 1997. Institutionalization and structuration: Studying the links between action and institution. *Organization studies* 18 (1)：93-117.

Bealer, G. 1982. *Quality and Concept*. New York: Oxford University Press.

Bedard, J. C., and K. M. Johnstone. 2004. Earnings manipulation risk, corporate governance risk, and auditors' planning and pricing decisions. *The Accounting Review* 79 (2)：277-304.

Berger, P. L., and T. Luckmann. 1966. *The Social Construction of Reality*. New York: Doubleday.

参考文献

Barton, J. 2005. Who cares about auditor reputation? *Contemporary Accounting Research* 22（3）：549-586.

Becker, C. L., M. L. Defond, J. Jiambalvo, and K. R. Subramanyam. 1998. The effect of audit quality on earnings management. *Contemporary Accounting Research* 15（1）：1-24.

Behn, B., J. H. Choi, and T. Kang. 2008. Audit quality and properties of analyst earnings forecasts. *The Accounting Review* 83（2）：327-359.

Berg, G. D. 2011. An application of kernel-based versus one-to-one propensity score matching for a nonexperimental causal study: Example from a disease management program evaluation. *Applied Economics Letters* 18（5）：439-447.

Blankley, A. I., D. N. Hurtt, and J. E. MacGregor. 2012. Abnormal audit fees and restatements. *Auditing: A Journal of Practice & Theory* 31（1）：79-96.

Boehmer, E., J. Masumeci, and A. B. Poulsen. 1991. Event-study methodology under conditions of event-induced variance. *Journal of Financial Economics* 30（2）：253-272.

Brown, S. J., and J. B. Warner. 1980. Measuring security price performance. *Journal of Financial Economics* 8（3）：205-258.

Brown, S. J., and J. B. Warner. 1985. Using daily stock returns: The case of event studies. *Journal of Financial Economics* 14（1）：3-31.

Burgstahler, D., and I. Dichev. 1997. Earnings management to avoid earnings decreases and losses. *Journal of Accounting and Economics* 24（1）：99-126.

Butler, M., A. Leone, and M. Willenborg. 2004. An empirical analysis of auditor reporting and its association with abnormal accruals. *Journal of Accounting and Economics* 37（2）：139-165.

Cahan, S. F., D. C. Jeter, and V. Naiker. 2011. Are all industry specialist auditors the same? Auditing: *A Journal of Practice & Theory* 30（4）：191-222.

Cahan, S. F., G. Liu., and J. Sun. 2008. Investor protection, income smoothing, and earnings informativeness. *Journal of International Accounting Research* 7（1）：1-24.

Caramanis, C., and C. Lennox. 2008. Audit effort and earnings management. *Journal of Accounting and Economics* 45（1）：16-138.

Carcello, J. V., and A. L. Nagy. 2002. Auditor industry specialization and fraudulent financial reporting. *In Symposium on Auditing Problems*.

Carcello, J. V., and A. L. Nagy. 2004. Audit firm tenure and fraudulent financial reporting. *Auditing: A Journal of Practice and Theory* 23（2）：55-69.

Carey, P., and R. Simnett. 2006. Audit partner tenure and audit quality. *The Accounting Review* 81（3）：653-676.

Carson, E., N. Fargher, M. Geiger, C. Lennox, K. Raghunandan, and M. Willekens. 2013. Auditor reporting on going-concern uncertainty: A research synthesis. *Auditing: A Journal* of Practice & Theory 32 (Supplement 1) : 353-384.

Cenker, W., and A. L. Nagy. 2008. Auditor resignations and auditor industry specialization. Accounting Horizons 22 (3) : 279-295.

Chan, P., M. Ezzamel, and D. Gwilliam. 1993. Determinants of audit fees for quoted UK companies. Journal of Business Finance and Accounting (20) (6) : 765-786.

Chaney, P. K., D. C. Jeter, and L. Shivakumar. 2004. Self-selection of auditors and audit pricing in private firms. The Accounting Review 79 (1) : 51-72.

Chaney, P. K., and K. L. Philipich. 2002. Shredded reputation: The cost of audit failure. Journal of Accounting Research 40 (4) : 1221-1245.

Chin, C., and H. Chi. 2009. Reducing restatements with increased industry expertise. Contemporary Accounting Research 26 (3) : 729-765.

Choi, J. H., C. Kim, J. Kim, and Y. Zang. 2010. Audit office size, audit quality, and audit pricing. Auditing: A Journal of Practice & Theory 29 (1) : 73-97.

Choi, J. H., J. B. Kim, X. H. Liu, and D. A. Simunic. 2009. Cross-listing audit fee premiums: Theory and evidence. The Accounting Review 84 (5) : 1429-1463.

Chung, D. and W. D. Lindsy. 1988. The pricing of audit services: the Canadian perspective. Contemporary Accounting Research 5 (1) : 19-46.

Cook, J. M. 1987. Two years of progress in financial accounting and reporting. Journal of Accountancy 163 (6) : 96-108.

Cooke, T. E. 1992. The impact of size, stock market listing and industry type on disclosure in the annual reports of Japanese listed corporations. Accounting and Business Research 22 (87) : 229-237.

Cooke, T. E. 1996. The influence of the Keiretsu on Japanese corporate disclosure. Journal of International Financial Management & Accounting 7 (3) : 191-214.

Copley, P. A., and M. S. Doucet. 1993. The impact of competition on the quality of governmental audits. Auditing. A Journal of Practice & Theory 12 (1) : 88.

Corrado, C. J. 1989. A nonparametric test for abnormal security-price performance in event studies. Journal of Financial Economics 23 (2) : 385-395.

Corrado, C. J., and T. L. Zivney. 1992. The specification and power of the sign test in event study hypothesis tests using daily stock returns. Journal of Financial and Quantitative Analysis 27 (3) : 465-478.

Chowdhury, Subir. 2005. *The Ice Cream Maker: An Inspiring Tale About Making Quality The Key Ingredient in Everything You Do*. New York: Doubleday, Random House.

Craswell, A., J. Francis, and S. Taylor. 1995. Auditor brand name reputations and industry specializations. Journal of Accounting and Economics 20 (3) : 297-322.

Craswell, A. T., and J. R. Francis. 1999. Pricing initial audit engagements: A test of competing theories. *The Accounting Review* 74 (2): 201-216.

Crosby, P. B. 1979. *Quality is Free*. New York: McGraw-Hill.

Danos, P., and J. W. Eichenseher. 1982. Audit industry dynamics: Factors affecting changes in client-industry market shares. *Journal of Accounting Research* 20 (2): 604-616.

DeAngelo, L. E. 1981. Auditor size and audit quality. *Journal of Accounting and Economics* 3 (3): 183-199.

Dechow, P., R. Sloan, and A. Sweeney. 1995. Detecting earnings management. *Accounting Review* 70 (2): 193-225.

Dechow, P. M. 1994. Accounting earnings and cash flows as measures of firm performance: The role of accounting accruals. *Journal of Accounting and Economics* 18 (1): 3-42.

Dechow, P. M. and D. J. Skinner. 2000. Earnings management: Reconciling the views of accounting academics practitioners, and regulators. *Accounting Horizons* 14 (2): 235-250.

Dechow, P. M., and I. D. Dichev. 2002. The quality of accruals and earnings: The role of accrual estimation errors. *The Accounting Review* 77 (S-1): 35-59.

Dee, C. C., A. Lulseged., and T. Zhang. 2011. Client stock market reaction to PCAOB sanctions against a Big 4 auditor. *Contemporary Accounting Research* 28 (1): 263-291.

Defond, M. L. 1992. The association between changes in client firm agency costs and auditor switching. *Auditing. A Journal of Practice & Theory* 11 (1): 16-31.

DeFond, M., and J. Zhang. 2014. A review of archival auditing research. *Journal of Accounting and Economics* 58 (2-3): 275-326.

DeFond, M, D. H. Erkens, and J. Zhang. 2014. Do Client Characteristics Really Drive the Big N Effect? New evidence from propensity score matching. *Management Science*. Forthcoming.

DeFond, M., K. Raghunandan, and K. R. Subramanyam. 2002. Do non-audit service fees impair auditor independence? Evidence from going concern audit opinions. *Journal of Accounting Research* 40 (4): 1247-1274.

De Medeiros, O. R., and C. S. B. Tiberio. 2005. Factors influencing Brazilian firms in their decision to list on foreign stock exchanges. *Working Paper*.

Dopuch, N., and D. A. Simunic. 1980. The nature of competition in the auditing profession: A descriptive and normative view. *Regulation and the Accounting Profession*. New York: Lifetime Learning; 77-94.

Dunn, K. A., and B. W. Mayhew. 2004. Audit firm industry specialization and client disclosure quality. *Review of Accounting Studies* 9 (1): 35-58.

Dyck, A., A. Morse, and L. Zingales. 2010. Who blows the whistle on corporate fraud? *The Journal of Finance* 65 (6): 2213-2253.

Dye, R. A. 1993. Auditing standards, legal liability, and auditor wealth. *Journal of political*

Economy 101 (5): 887-914.

Eshleman, J. D., and P. Guo. 2014. Do Big 4 auditors provide higher audit quality after controlling for the endogenous choice of auditor? *Auditing. A Journal of Practice & Theory* 33 (4): 197-219.

Estes, Ralph. 1982. T*he Auditor's Report and Investor Behavior.* Lexington, Mass: Lexington Books.

Fama, E. F., and K. R. French. 1993. Common risk factors in the returns on stocks and bonds. *Journal of Financial Economics* 33 (1): 3-56.

Fama, E. F., and K. R. French. 1996. Multifactor explanations of asset pricing anomalies. *The Journal of Finance* 51 (1): 55-84.

Fang, F., M. Gao, and Hu Dan Semba. 2016. Executive ability, industry competition and executive pay: An empirical analysis of Chinese listed companies. *The Economic Science* 63 (3): 19-28.

Feigenbaum, A. V. 1983. *Total Quality Control.* New York: McGraw-Hill.

Financial Accounting Standards Board (FASB). Statement of Financial Accounting Concepts No. 8. *Conceptual Framework for Financial Reporting.*

Financial Reporting Council (FRC). 2005. *Financial Reporting Council Annual Report.* London.

Financial Reporting Council (FRC). 2006a. *Financial Reporting Council Annual Report.* London.

Financial Reporting Council (FRC). 2006b. *Promoting Audit Quality.* London.

Financial Reporting Council (FRC). 2007. *Promoting Audit Quality.* London.

Financial Reporting Council (FRC). 2008a. *Financial Reporting Council Annual Report.* London.

Financial Reporting Council (FRC). 2008b. *The Audit Quality Framework.* London.

Financial Reporting Council (FRC). 2008c. *The Audit Quality Framework.* London.

Financial Reporting Council (FRC). 2012. *Future Structure and Regulatory Procedures.* London.

Financial Reporting Council (FRC). 2013. *Annual Report and Accounts.* London.

Financial Reporting Council (FRC). 2014. *The FRC and its Regulatory Approach.* London.

Financial Reporting Council (FRC). 2015a. *Who We are and What We Do.* London.

Financial Reporting Council (FRC). 2015b. *Audit Quality Review.* https://www.frc.org.uk/Our-Work/Conduct/Audit-Quality-Review.aspx (retrieved 2015.02.24). London.

Financial Reporting Council (FRC). 2015c. *Annual Report and Accounts.* London.

Financial Reporting Council (FRC). 2015d. *Audit Choice.* https://www.frc.org.uk/Our-Work/our-key-activities/audit-and-assurance/Audit-Choice.aspx (retrieved 2015.09.12).

London.

Financial Reporting Council (FRC). 2015e. *FRC structure.* https://www.frc.org.uk/About-the-FRC/FRC-structure.aspx (retrieved 2015.08.21). London.

Financial Reporting Council (FRC). 2015f. *Publishes Feedback on Audit Quality Framework.* https://www.frc.org.uk/News-and-Events/FRC-Press/Press/2008/October/FRC-publishes-feedback-on-Audit-Quality-Framework.aspx (retrieved 2015.02.24). London.

Firth, M. 1990. Auditor reputation: The impact of critical reports issued by government inspectors. *The RAND Journal of Economics* 21 (3): 374-387.

Fogarty, T. J. 1992. Financial accounting standard setting as an institutionalized action field: constraints, opportunities and dilemmas. *Journal of Accounting and Public Policy* 11 (4): 331-355.

Francis, J. R. 1984. The effect of audit firm size on audit prices: A study of the Australian market. *Journal of Accounting and Economics* 6 (2): 135-151.

Francis, J. R. 2004. What do we know about audit quality? *The British Accounting Review* 36 (4): 345-368.

Francis, J. R. 2011. A framework for understanding and researching *audit quality*. *Auditing: A Journal of Practice & Theory* 30 (2): 125-152.

Francis, J. R., E. L. Maydew, and H. C. Sparks. 1996. Earnings management opportunities, auditor quality, and external monitoring. *Working paper.* University of Missouri at Columbia.

Francis, J. R., E. L. Maydew, and H. C. Sparks, 1999. The role of big 6 auditors in the credible reporting of accruals. *Auditing: A Journal of Practice & Theory* 18 (2): 17-34.

Francis, J. R., K. Reichelt, and D. Wang. 2005. The pricing of national and city-specific reputations for industry expertise in the U. S. audit market. *The Accounting Review* 80 (1): 113-136.

Francis, J. R., and M. Yu. 2009. Big 4 office size and audit quality. *The Accounting Review* 84 (5): 1521-1552.

Francis, J., P. Michas, and S. Seavey. 2013. Does market concentration harm the quality of audited earnings?: Evidence from audit markets in 42 countries. *Contemporary Accounting Research* 30 (1): 325-355.

Frendy and Dan Hu. 2014. Japanese stock market reaction to announcements of news affecting auditors' reputation: The case of the Olympus fraud. *Journal of Contemporary Accounting and Economics* 10 (3): 206-224.

Fukuyama, F. 1995. *Trust: The Social Virtues and the Creation of Prosperity.* London: Hamish Hamilton.

Ghosh, A., and D. Moon. 2005. Auditor tenure and perceptions of audit quality. *The Ac-

counting Review 80 (2) : 585-612.
Giddens, A. 1979. *Central Problems in Social Theory*. Berkeley, CA: University of California Press.
Giddens, A. 1990. *The Consequences of Modernity*. Cambridge: Polity.
Giroux, C. 2004. *Detecting Earnings Management*. John Wiley & Sons, Inc.
Goodman, Nelson 1990. *A study of qualities*. New York: Garland Pub.
Government Accountability Office (GAO). 2003. *Public Accounting Firms: Required Study on the Potential Effects of Mandatory Audit Firm Rotation*. GAO Report No. 04-216. Washington, DC: Government Printing Office.
Gramling, A. A., and D. N. Stone. 2001. Audit firm industry expertise: A review and synthesis of the archival literature. *Journal of Accounting Literature* 20 : 1-29.
Gu, J., and D. Hu. 2015a. Audit fees, earnings management, and litigation risk: Evidence from Japanese firms cross-listed on U.S. markets. *Academy of Accounting and Financial Studies Journal* 19 (3) : 125-140.
Gu, J., and D. Hu. 2015b. The incentive of earnings management in China from profit benchmarks perspective. *Academy of Accounting and Financial Studies Journal*. 19 (1): 171-185.
Gu, J., and Hu Dan Semba. 2016. Can overseas investment improve earnings quality? *The Journal of Developing Area*s 50 (5) : 27-40.
Gul, F. A., S. Y. K. Fung, and B. Jaggi. 2009. Earnings quality: Some evidence on the role of auditor tenure and auditors' industry expertise. *Journal of Accounting and Economics* 47 (3) : 265-287.
Gunny, K., and T. Zhang. 2011. PCAOB inspection reports and audit quality. *Journal of accounting and public policy* 32 (2) : 136-160.
Guo, S. and M. Fraser. 2010. *Propensity Score Analysis: Statistical Methods and Applications*. Thousand Oaks, CA: SAGE Publications, Inc.
Guo, S. Y., and, M. W. Fraser. 2009. *Propensity Score Analysis: Statistical Methods and Applications 12th ed*. SAGE Publications, Inc.
Hamilton, J. 2011. IAASB launches audit quality project with emphasis on corporate governance. *PCAOB Reporter* 9 (3) : 9.
Harris, E. E., and J. Krishnan. 2012. The impact of tarnished auditor reputation on nonprofit income. *International Journal of Auditing* 16 (2) : 130-146.
Heckman, J. J., H. Ichimura., and P. Todd. 1997. Matching as an econometric evaluation estimator: Evidence from evaluating a job training programme. *The review of economic studies* 64 (4) : 605-654.
Heninger, W. G. 2001. The association between auditor litigation and abnormal accruals.

参考文献

The Accounting Review 76（1）：111-126.
Hillison, W., and C. Pacini. 2004. Auditor reputation and the insurance hypothesis: The information content of disclosures of financial distress of a major accounting firm. *Journal of Managerial Issues* 16（1）：65-86.
Ho, Samuel K. M. 1994. Is the ISO 9000 series for total quality management?. *International Journal of Quality & Reliability Management* 11（9）：74-89.
Hoitash, R., A. Markelevich, and C. Barragato. 2007. Auditor fees and audit guality. *Managerial Auditing Journal* 22（8）：761-786.
Houston, R.W., M. F. Peters, and J. H. Pratt. 1999. The audit risk model, business risk and audit planning decisions. *The Accounting Review* 74（3）：281-298.
Hribar, P., T. Kravet., and R. Wilson. 2014. A new measure of accounting quality. *Review of Accounting Studies* 19（1）：506-538.
Hu, Dan. 2015a. Audit quality and measurement: Towards a comprehensive understanding. *Academy of Accounting and Financial Studies Journal* 19（1）：209-222.
Hu, Dan. 2015b. Abnormal audit fees and auditor size in the Japanese audit market. *Academy of Accounting and Financial Studies Journal* 19（3）：141-152.
Hu, Dan and Ryo Kato. 2014. Auditor size as a measure for audit quality: A Japanese study. *Economic Reserch Center Discussion Paper* No. E：14-7.
Hu, Dan and Ryo Kato. 2015. Accruals-based audit quality in the Japanese audit market. *Academy of Accounting and Financial Studies Journal* 19（1）：186-197.
Hu, Dan and H. Zheng. 2015. Does ownership structure affect the degree of corporate financial distress in China? *Journal of Accounting in Emerging Economies* 5（1）：35-50.
Huang, R. D., and H. Li. 2009. Does the market dole out collective punishment? An empirical analysis of industry, geography, and Arthur Andersen's reputation. *Journal of Banking & Finance* 33（7）：1255-1265.
Huberman, G., and T. Regev. 2001. Contagious speculation and a cure for cancer: A nonevent that made stock prices soar. *The Journal of Finance* 56（1）：387-396.
Hunt, V. D. 1993. *Managing for Quality: Integrating Quality and Business Strategy*. Homewood, II: Business One Irwin.
International Auditing and Assurance Standards Board（IAASB）. 2003. *Interim Terms of Reference*.（日本公認会計士協会国際委員会訳. 2003.『IAASB の活動の責任範囲（暫定）』）.
International Auditing and Assurance Standards Board（IAASB）. 2008. *Strategy and Work Program, 2009-2011*. New York.
International Auditing and Assurance Standards Board（IAASB）. 2010. *2009 Annual Report*. New York.
International Auditing and Assurance Standards Board（IAASB）. 2011. *Audit quality. An*

IAASB Perspective. New York.

International Auditing and Assurance Standards Board (IAASB). 2012. *IAASB Strategy and Work Program, 2012-2014*. New York.

International Auditing and Assurance Standards Board (IAASB). 2013a. *Prof. Arnold Schilder Reappointed to Chair the International Auditing and Assurance Standards Board from 2015 to 2017*. New York.

International Auditing and Assurance Standards Board (IAASB). 2013b. *A Framework for Audit Quality*. New York.

International Auditing and Assurance Standards Board (IAASB). 2013c. *At a Glance*. New York.

International Auditing and Assurance Standards Board (IAASB). 2014a. *A Framework for Audit Quality: Key Elements that Create an Environment for Audit Quality*. New York.

International Auditing and Assurance Standards Board (IAASB). 2014b. *At a Glance: A Framework for Audit Quality*. New York.

International Auditing and Assurance Standards Board (IAASB). 2014c. *Feedback Statement: A Framework for Audit Quality: Key Elements that Create an Environment for Audit Quality*. New York.

International Federation of Accountants (IFAC). 2008. *Financial Reporting Supply Chain: Current Perspectives and Directions*. New York.

Interational Organization for Standardization (ISO). 2009. *Discover ISO: The ISO Brand*. http://www.nexus.ao/RS/ISO/www.iso.org/iso/about/discover-iso_the-iso-brand.htm (retrived 2014.08.09).

International Organization of Securities Commissions (IOSCO). 2009. *Consultation report: transparency of firms that audit public companies*. Madrid, Spain.

Jinnai, Y. 1990. The function of accounting: A Japanese perspective. *Accounting, Auditing & Accountability Journal* 3 (2): 8-23.

Jones, J. 1991. Earnings management during import relief investigations. *Journal of Accounting Research* 29 (2): 193-228.

Johnson, E. N., K. B. Walker, and E. Westergaard. 1995. Supplier concentration and pricing of audit services in New Zealand. *Auditing: A Journal of Practice and Theory* 14 (2): 74-89.

Juran, J. M., and F. M. Gryna. 1970. *Quality Planning and Analysis from product development through usage*. Bombay: TATA McGraw-Hill.

Karolyi, G. A. 1998. Why do companies list shares abroad?: A survey of the evidence and its managerial implications. *Financial Markets, Institutions & Instruments* 7 (1): 1-60.

Kasznik, R. 1999. On the association between voluntary disclosure and earnings management. *Journal of Accounting Research* 137（1）：57-81.

Khurana, I. K., and K. K. Raman. 2004. Litigation risk and the financial reporting credibility of Big 4 versus non-Big 4 audits: Evidence from Anglo-American countries. *The Accounting Review* 79（2）：473-495.

King, G., R. Nielsen, C. Coberley, J. E. Pope, and A. Wells. 2011. Comparative effectiveness of matching methods for causal inference. *Working Paper*.

Kinney, JR, W. R., Z.-V. Palmrose, and S. Scholtz. 2004. Auditor independence, non-audit services, and restatements: Was the U.S. government right? *Journal of Accounting Research* 42（3）：561-588.

Kling, R. W. 1988. Building an institutionalist theory of regulation. *Journal of Economic Issues* 22（1）：197-209.

Knechel, W. R. 2009. Audit lessons from the economic crisis: Rethinking audit quality. *Inaugural Lecture*, Maastricht University on September 2009.

Knechel, W. R., G. V. Krishnan, M. Pevzner, L. B. Shefchik, and U. K. Velury. 2013. Audit quality: Insights from the academic literature. *Auditing: A Journal of Practice & Theory* 32（Supplement 1）：385-421.

Kolari, J. W., and S. Pynnonen. 2011. Nonparametric rank tests for event studies. *Journal of Empirical Finance* 18（5）：953-971.

Konishi, T. 2010. Fraud by certified public accountants in Japan and the United States. *Asian Journal of Criminology* 5（2）：99-107.

Kothari, S. P. 2001. Capital markets research in accounting. *Journal of Accounting and Economics* 31（1-3）：105-231.

Kothari, S. P., A. J. Leone, and C. E. Wasley. 2005. Performance matched discretionary accrual measures. *Journal of Accounting & Economics* 39（1）：163-197.

Kothari, S. P., and J. Warner. 2007. The econometrics of event studies. In *Handbooks of Corporate Finance: Empirical Corporate Finance*. Amsterdam: Elsevier/North-Holland.

Krahel, J. P., and W. R. Titera. 2015. Consequences of big data and formalization on accounting and auditing standards. *Accounting Horizons* 29（2）：409-422.

Krishnan, G. V. 2003a. Audit quality and the pricing of discretionary accruals. *Auditing: A Journal of Practice & Theory* 22（1）：109-126.

Krishnan, G. V. 2003b. Does Big 6 auditor industry expertise constrain earnings management? *Accounting Horizons* 17（supplement）：1-16.

Krishnan, J. and P. C. Schauer. 2001. Differences in quality among audit firms. *Journal of Accountancy* 192（1）：85.

Krishnamurthy, S., J. Zhou, and N. Zhou. 2006. Auditor reputation, auditor independence, and the stock-market impact of Andersen's indictment on its client firms. *Contemporary*

Accounting Research 23 (2): 465-490.

Kung, F., and C. Cheng. 2012. The determinants of overseas listing decisions: Evidence from Chinese H-share companies. *Asian Business & Management* 11 (5): 591-613.

Kwon, S. Y., C. Y. Lem, and P. Tan. 2007. Legal systems and earnings quality: The role of auditor industry specialization. *Auditing: A Journal of Practice & Theory* 26 (2): 25-55.

Kyodo News Service. 2011a. Olympus dismisses Woodford as president, demotes him to director. *Japan Economic Newswire*. Tokyo.

Kyodo News Service. 2011b. Ousted Olympus president had called for chairman's resignation. *Japan Economic Newswire*. Tokyo.

Kyodo News Service. 2011c. FOCUS: Olympus mired in ex-CEO's accusations of questionable payments. *Japan Economic Newswire*. Tokyo.

Lawrence, A., M. Minutti-Meza, and P. Zhang. 2011. Can big 4 versus non-big 4 differences in audit-quality proxies be attributed to client characteristics? *The Accounting Review* 86 (1): 259-286.

Lee, C. W. J., C. Liu, and T. Wang. 1999. The 150-hour rule. *Journal of accounting and economics* 27 (2): 203-228.

Lewis, C. I. 1929. *Mind and the World Order: Outline of a Theory of Knowledge*. New York: Courier Corporation.

Lennox, C. 1999. Are large auditors more accurate than small auditors? *Accounting and Business Research* 29 (3): 217-227.

Li, K. and N. Prabhala. 2007. *Handbook of Corporate Finance: Empirical Corporate Finance*, edited by B. E. Eckso. Amsterdam, The Netherlands: Elsevier Science B.V.

Linthicum, C., A. L. Reitenga, and J. M. Sanchez. 2010. Social responsibility and corporate reputation: The case of the Arthur Andersen Enron audit failure. *Journal of Accounting and Public Policy* 29 (2): 160-176.

Lim, C. Y., and H. T. Tan. 2008. Non-audit service fees and audit quality: The impact of auditor specialization. *Journal of Accounting Research* 46 (1): 199-246.

Locke, John 1975. *An Essay Concerning Human Understanding*. Oxford: Clarendon Press.

Lorsch, J. W., S. Srinivasan, and K. Durante. 2012. *Case Study - Olympus (A)*. Harvard Busiess School.

Louis, H. 2005. Acquirers' abnormal returns and the non-Big 4 auditor clientele effect. *Journal of Accounting and Economics* 40 (1-3): 75-99.

Lu, T. 2006. Does opinion shopping impair auditor independence and audit quality? *Journal of Accounting Research* 44 (3): 561-583.

Lunceford, J. K., and M. Davidian. 2004. Stratification and weighting via the propensity score in estimation of causal treatment effects: a comparative study. *Statistics in medi-

cine 23 (19):2937-2960.

MacKinlay, A. C. 1997. Event studies in economics and finance. *Journal of Economic Literature* 35 (1):13-39.

March, J. G., and J. P. Olsen. 1989. *Rediscovering Institutions : The Organizational Basis of Politics.* New York: Free Press.

Mautz, R. K. 1958. The nature and reliability of audit evidence. *Journal of Accountancy* (May): 40-47.

Mayhew, B. W., and M. S. Wilkins. 2003. Audit firm industry specialization as a differentiation strategy: Evidence from fees charged to firms going public. *Auditing: A Journal of Practice & Theory* 22 (2):33-52.

McAdam, Rodney. 2004. Influencing the future of TQM: internal and external driving factors. *International Journal of Quality & Reliability Management* 21 (1):51-71.

McConnell Jr, D. K., and G. Y. Banks. 1998. A common peer review problem. *Journal of Accountancy* 185 (6):39-44.

McNichols, M., 2002. Discussion of the quality of accruals and earnings: The role of accrual estimation errors. *The Accounting Review* 77 (Supplement):61-69.

Menon, K., and D. D. Williams. 1994. The insurance hypothesis and market prices. *The Accounting Review* 69 (2):327-342.

Meyer, J. W., and B. Rowan. 1977. Institutionalized organizations: Formal structure as myth and ceremony. *American Journal of Sociology* 83 (2):340-363.

Miller, G. S. 2006. The press as a watchdog for accounting fraud. *Journal of Accounting Research* 44 (5):1001-1033.

Minutti-Meza, M. 2013. Does auditor industry specialization improve audit quality?. *Journal of Accounting Research* 51 (4):779-817.

Modell, S. 2006. Institutional and negotiated order perspectives on cost allocations: the case of the Swedish university sector. *European Accounting Review* 15 (2):219-251.

Nakamoto, M. 2012. Foreign CEOs face challenges in Japan. *Financial Times.* Tokyo.

Neal, T. L., and R. R. Riley. 2004. Auditor industry specialist research design. *Auditing: A Journal of Practice & Theory* 23 (2):169-177.

Nelson, K. K., R. A. Price, and B. R. Rountree. 2008. The market reaction to Arthur Andersen's role in the Enron scandal: Loss of reputation or confounding effects?. *Journal of Accounting and Economics* 46 (2-3):279-293.

Nobes, C., and R. Parker. 2012. *Comparative International Accounting 12th Edition.* Harlow: Pearson Education Limited.

Non-Director Management Liability Investigation Committee. 2012. *Investigation Report.* Tokyo: Olympus Corporation.

Numata, S., and F. Takeda. 2010. Stock market reactions to audit failure in Japan: The case of Kanebo and ChuoAoyama. *The International Journal of Accounting* 45 (2) : 175-199.

O'Keefe, T. B., D. A. Simunic, and M. Stein. 1994. The production of audit services: Evidence from a major public accounting firm. *Journal of Accounting Research* 32 (2) : 241-261.

Olympus. 2011a. *Company Response to Media Reports*. Tokyo: Olympus Corporation.

Olympus. 2011b. *Notice Concerning Further Requests from Shareholder for Filing of Legal Action*. Tokyo: Olympus Corporation.

Olympus. 2012. *Annual Report 2012*. Olympus Corporation.

Owhoso, V. E., W. F. Messier, and J. G. Lynch. 2002. Error detection by industry-specialized teams during sequential audit review. *Journal of Accounting Research* 40 (3) : 883-900.

Pacini, C., and W. Hillison. 2003. Client-firm market reaction to regulatory action against a major accounting firm. *Journal of Economics and Finance* 27 (3) : 279-299.

Pae, S., and S. W. Yoo. 2001. Strategic interaction in auditing: An analysis of auditors' legal liability, internal control system quality, and audit effort. *The Accounting Review* 76 (3): 333-356.

Palmrose, Z-V. 1988. An analysis of auditor litigation and audit service quality. *The Accounting Review* 63 (1) : 55-73.

Peasnell, K. V., P. F. Pope and S. Young. 2000. Detecting earnings management using cross-sectional abnormal accruals models. *Accounting and Business Research* 30 (4) : 313-326.

Pagano, M., O. Randl, A. A. Röell, J. Zechner. 2001. What Makes Stock Exchanges Succeed? Evidence from Cross-Listing Decisions. *European Economic Review* 45 (4-6) : 770-782.

Pinkowitz, L., R. Stulz, and R.Williamson. 2006. Does the contribution of corporate cash holdings and dividends to firm value depend on governance? A cross-country analysis. *The Journal of Finance* 61 (6) : 2725-2751.

Piot, C. 2005. Auditor reputation and model of governance: A comparison of France, Germany and Canada. *International Journal of Auditing* 9 (1) : 21-44.

Pirsig, Robert. 1984. *Zen and the Art of Motorcycle Maintenance: An Inquiry into Values*. New York: Morrow.

Pittman, J. A., and S. Fortin. 2004. Auditor choice and the cost of debt capital for newly public firms. *Journal of accounting and economics* 37 (1) : 113-136.

Porta, R. L., F. Lopez-de-Silanes, A. Shleifer, and R. W. Vishny. 1998. Law and Finance. *Journal of Political Economy* 106 (6) : 1113-1155.

Porter, M. E. 1985. *Competitive Advantage: Creating and Sustaining Superior Performance*. New York: Free Press.

Powell, T. C. 1995. Total quality management as competitive advantage: A review and empirical study. *Strategic Management Journal* 16 (1) : 15-37.

参考文献

Prawitt, D. F., N. Y. Sharp, and D. A. Wood. 2012. Internal audit outsourcing and the risk of misleading or fraudulent financial reporting: Did Sarbanes-Oxley get it wrong? *Contemporary Accounting Research* 29 (4): 1109-1136.

Public Company Accounting Oversight Board (PCAOB). 2011. *The Watchdog That Didn't Bark.* https://pcaobus.org/News/Events/Documents/03162011_IAGMeeting/The_Watchdog_That_Didnt_Bark.pdf (retrived 2016.06.02). Washington.

Public Company Accounting Oversight Board (PCAOB). 2012. *Public Company Accounting Oversight Board Strategic Plan: Improving the Relevance and Quality of the Audit for the Protection and Benefit of Investors 2012-2016.* Washington.

Public Company Accounting Oversight Board (PCAOB). 2013. *Standing Advisory Group Meeting: Discussion-Audit Quality Indicators.* Washington.

Public Company Accounting Oversight Board (PCAOB). 2015a. http://pcaobus.org/Pages/default.aspx (retrived 2016.01.12). Washington.

Public Company Accounting Oversight Board (PCAOB). 2015b. *Concept Release on Audit Quality Indicators.* Washington.

Public Company Accounting Oversight Board (PCAOB). 2015c. PCAOB seeks public comment on indicators that may improve understanding of audit quality. http://pcaobus.org/News/Releases/Pages/06302015_AQI.aspx (retrived 2015.09.26). Washington.

Rauterkus, S. Y., and K. Song. 2005. Auditor's reputation and equity offerings: The case of Arthur Andersen. *Financial Management* 34 (4): 121-135.

Reichelt, K. J. and D. Wang. 2010. National and office-specific measures of auditor industry expertise and effects on audit quality. *Journal of Accounting Research* 48 (3): 647-686.

Reynolds, L. 1981. Foundations of an institutional theory of regulation. *Journal of Economic Issue*s 15 (3): 641-656.

Reynolds, J. K. and J. R. Francis. 2000. Does size matter? The influence of large clients on office-level auditor reporting decisions. *Journal of Accounting and Economics* 30 (3): 375-400.

Ribeiro, J. A., and R. W. Scapens. 2006. Institutional theories in management accounting change: contributions, issues and paths for development. *Qualitative research in accounting & management* 3 (2): 94-111.

Robertson, R. 1992. *Globalization.* London: Sage.

Romanus, R. N., J. J. Maher, and D. M. Fleming. 2008. Auditor industry specialization, auditor changes, and accounting restatements. *Accounting Horizons* 22 (4): 389-413.

Rosenbaum, P. R. and D. B. Rubin. 1983. The central role of the propensity score in observational studies for causal effects. *Biometrika* 70 (1): 41-55.

Ross, J. E. 1993. *Total Quality Management: Text, Cases and Readings.* Delray Beach. FL:

St. Lucie Press.
Rubin, D. B. 1985. The use of propensity scores in applied bayesian inference. *Bayesian Statistics* (2) : 463-472.
Sakagami, M., H. Yoshimi, and H. Okano. 1999. Japanese accounting profession in transition. *Accounting, Auditing & Accountability Journal* 12 (3) : 340-357.
Sangster, A. 2015. You cannot judge a book by its cover: The problems with journal rankings. *Accounting Education* 24 (3) : 175-186.
Schwartz, R. 1997. Legal regimes, audit quality and investment. *The Accounting Review* 72 (3) : 385-406.
Scott, W. R. 1987. The adolescence of institutional theory. *Administrative science quarterly* 32 (4) : 493-511.
Scott, W. R. 1995. *Institutions and Organizations*. Thousand Oaks, CA: Sage.
Scott, W. R. 2014. *Institutions and Organizations: Ideas, Interests, and Identities*. Sage Publications.
Seetharaman, A., F. A. Gul, and S. G. Lynn, 2002. Litigation risk and audit fees: Evidence from UK firms cross-listed on U.S. markets. *Journal of Accounting and Economics* 33 (1) : 91-115.
Semba, H. D. and R. Kato. 2016. Does Big N Matter for Audit Quality? Evidence from Japan. *The Asian Review of Accounting*. Forthcoming.
Shannon, C. E. 1971. *The Mathematical Theory of Communication*. Urbana: University of Illinois Press.
Shen, C. H., and H. L. Chih. 2007. Earnings Management and Corporate Governance in Asia's Emerging Markets. *Corporate Governance: An International Review* 15 (5) : 999-1021.
Shima, K. M., and E. A. Gordon. 2011. IFRS and the regulatory environment: The case of U.S. investor allocation choice. *Journal of Accounting and Public Policy* 30 (5) : 481-500.
Simunic, D. A. 1980. The pricing of audit services: Theory and evidence. *Journal of Accounting Research* 18 (1) : 161-190.
Sirois, L.-P., and D. A. Simunic. 2011. Auditor size and audit quality revisited: The importance of audit technology. *Working Paper*, University of British Columbia.
Skinner, D. J. and S. Srinivasan. 2012. Audit quality and auditor reputation: Evidence from Japan. *The Accounting Review* 87 (5) : 1737-1765.
Smith, Robin. 2000. *Aristotle's Logic*. The Stanford Encyclopedia of Philosophy.
Steger, M. B. 2009. *Globalization: A Very Short Introduction*. New York: OXFORD University Press.
Sun, Hongyi. 1999. The patterns of implementing TQM versus ISO 9000 at the beginning of

the 1990s. *International Journal of Quality & Reliability Management* 16 (3): 201-215.
Suzuki, S., and R. W. Wright. 1985. Financial structure and bankruptcy risk in Japanese companies. *Journal of International Business Studies* 16 (1): 97-110.
Tanimura, J. K., and M. G. Okamoto. 2013. Reputational penalties in Japan: Evidence from corporate scandals. *Asian Economic Journal* 27 (1): 39-57.
Taylor, W. A. 1995. Senior executives and ISO 9000: attitudes, behaviours and commitment. *International Journal of Quality & Reliability Management* 12 (4): 40-57.
Tepalagul, N., and L. Lin. 2015. Auditor independence and audit quality: A literature review. *Journal of Accounting, Auditing and Finance* 30 (1): 101-121.
The U. S. Treasury Department. 2008. *Advisory Committee on the Auditing Profession.*
Third Party Committee. 2011a. *Investigation Report.* Tokyo: Olympus Corporation.
Third Party Committee. 2011b. *Investigation Report Summary.* Tokyo: Olympus Corporation.
Tie, R. 1999. Concerns over auditing quality complicate the future of accounting. *Journal of Accountancy* 188 (6): 14-15.
Titman, S., and B. Trueman. 1986. Information quality and the valuation of new issues. *Journal of Accounting and Economics* 8 (2): 159-172.
Tobin, L. M. 1990. The new quality landscape: Total Quality Management. *Journal of System Management* 41 (11): 10-14.
Tolbert, P. S. and L. G. Zucker. 1996. The institutionalization of institutional theory. In S. Clegg, C. Hardy and W. Nord (Eds.), *Handbook of Organization Studies.* London: SAGE: 175-190.
Tolbert, P. S., and L. G. Zucker. 1999. The institutionalization of institutional theory. *Studying Organization. Theory & Method.* London, Thousand Oaks, New Delhi: 169-184.
Tritschler, Jonas. 2014. *Audit Quality: Association between Published Reporting Errors and Audit Firm Characteristics.* Springer Gabler.
Tucker, J. W. 2010. Selection bias and econometric remedies in accounting and finance research. *Journal of Accounting Literature* 29 (winter): 31-57.
Vasarhelyi, M. A., A. Kogan, and B. M. Tuttle. 2015. Big data in accounting: An overview. *Accounting Horizons* 29 (2): 381-396.
Wallace, W. A. 1980. *The Economic Role of the Audit in Free and Regulated Markets.* Auditing monographs (千代田邦夫他訳. 1991.『ウォーレスの監査論：自由市場と規制市場における監査の経済的役割』同文舘出版).
Walton, M. 1986. *The Deming Management Method.* New York: Pedigree.
Waters, Malcolm. 2001. *Globalization.* London Routledge.
Watkins, A. L., W. Hillison, and S. E. Morecroft. 2004. Audit quality: A synthesis of theory

and empirical evidence. *Journal of Accounting Literature* 23 : 153-193.

Watts, R. L., and, J. L. Zimmerman. 1986. Positive Accounting Theory.（須田一幸訳. 1991.『実証論理としての会計学』白桃書房）.

Weber, J., M. Willenborg, and J. Zhang. 2008. Does auditor reputation matter? The case of KPMG Germany and ComROAD AG. *Journal of Accounting Research* 46（4）: 941-972.

Weinstein, G. W. 1987. *The Bottom Line*. New York.（渡辺政宏訳. 1991.『アメリカ会計士事情』日本経済新聞社）.

West, M. D. 2001. Why shareholders sue: The evidence from Japan. *The Journal of Legal Studies* 30（2）: 351-382.

Witcher, B. J. 1990. Total marketing: Total quality and the marketing concept. *The Quarterly Review of Marketing* 15（2）: 1-6.

Wolferen, K. V. 1989. *The Enigma of Japanese Power*. London: MacMillan.

Wong, N., Y. and A. C. Ahuvia. 1998. Personal taste and family face Luxury consumption in Confucian and western societies. *Psychology & Marketing* 15（5）: 423-441.

Yamazaki, S. 1999. A Japanese way for 2000 beyond the bubble crash. *Pacific Accounting Review* 11（1/2）: 189-192.

Yoshimi, H. 2002. Auditing changes in Japan: From the minor to the major. *Critical Perspectives on Accounting* 13（4）: 533-544.

Zucker, L. G. 1977. The role of institutionalization in cultural persistence. *American Sociological Review* 42（5）: 726-743.

主要索引

A〜Z

accruals-generating potential　294
AICPA（American Institute of Certified Public Accountants：米国公認会計士協会）　314
AQI プロジェクト　142-143, 151
BAC（企業会計審議会）　314
Barley and Tolbert（1997）分析フレームワーク　77
big-pocket　224, 227, 353
Big4　201, 214, 228, 272, 279
CAPM の β 値　243
CEM（coarsened exact matching）　266, 364
CFO 修正 Jones モデル　230, 263
CPAAOB（公認会計士・監査審査会）　8
Dechow and Dichev（2002）モデル　230
DeFond and Zhang（2014）　168
FACTA　318
Fama-French の 3 ファクターモデル（Fama-French three factor model）　323-324
FRC（英国財務報告評議会）　81
FRC 監査の質（評価）フレームワーク　87, 94, 162
FRC 体制　82
FRC-ASB 体制　82
FSA（日本の金融庁）　314
GC 注記　273
GC リスク　273
GRANK（nonparametric generalized rank：ノン・パラメトリックの一般順位）　322
IAASB（The International Auditing and Assurance Standards Board：国際監査・保証基準審議会）　114
IAASB 監査の質フレームワーク　121, 124
IAASB 評価フレームワーク　166
IOSCO（International Organization of Securities Commissions：証券監督者国際機構）　10
IPW（Inverse Probability Weighting：傾向スコアの逆数を用いた重みづけ）　207, 217, 234, 302, 304
IPO（initial public offering：新規株式公開）　206, 389
ISO（International Organization for Standardization：国際標準化機構）　375
Jones モデル　262
MBO（management buyout：経営陣買収）　389
McNichols（2002）モデル　230
PCAOB（Public Company Accounting Oversight. Board：米国公開会社会計監督委員会）　141-142
PCAOB 評価フレームワーク　168
PSM（propensity score matching：傾向スコア・マッチング）　208, 234, 262, 285, 350, 355
RMM（risk of material misstatement：重要な虚偽表示のリスク）　179
ROA（Return On Assets：総資産利益率）　207, 243
ROA 修正 Jones モデル　230, 262, 354
Tolbert and Zucker（1996）分析フレームワーク　79
TQM（Total Quality Management：総合的品質管理）　375

ア 行

アナリストによる利益予想の正確性　188, 215, 218, 232
異常監査報酬（abnormal audit fees）　188, 215, 218, 233, 274
イベント・ウィンドウ　323

イベント・ディー　318
因果効果　209, 212, 300
インジケーターのプロジェクト（AQI：audit quality indicator）　142-143, 151
売上増加率　243
英国財務報告評議会（FRC）　81
英米法（common-law）　350
オリンパス　215, 271, 315

カ　行

カーネル・ベース・マッチング　211
海外売上高比率　205, 243
海外進出　254
会計操作（accounting manipulation）　231
会計発生高（accruals; total accruals）　229, 292
会計保守主義　187
カネボウ　215, 270, 279
株価の累積異常リターン（cumulative abnormal return：CAR）　325
環境的要素　392
監査概念　17
監査基準委員会研究報告第4号「監査品質の枠組み」　140, 371, 387
監査コスト　284
監査コミュニケーション　175
監査サービス産業の競争　389
監査時間　186, 389
監査主体論　177
監査証拠論　172
監査人（監査法人）の業種特化（anditor industry specialization）　198, 277
監査人に対する訴訟や関係機関からのレビュー　187
監査人や監査法人の産業に対する知識　186
監査提供側のインセンティブ　197
監査提供側の能力　197
監査に関する品質管理基準の設定に係る意見書　229
監査の質　32, 40, 52, 54, 56, 131, 373, 374, 392

監査の質測定方法　184, 376
監査の質に対する市場の認識　188
監査の質のインジケーター　152
監査の質の人的要素　192, 392
監査の質の提供側のインセンティブと能力（competency）　197
監査の質の（評価）フレームワーク　146, 161-162, 171, 183, 375
監査の定義　17, 131
監査判断論　172-173
監査報酬　197, 349, 378, 390
監査報酬モデル　234, 353
監査法人（の）規模（auditor size）　186, 197, 213, 378
監査法人の業種特化（auditor industry specialization）（の測定方法）　198, 290, 378
監査法人の専門性　280
監査リスク・モデル　178
間接金融　205
企業会計審議会（BAC）　314
企業の競争戦略　283
規模の経済性　284
キャッシュリッチ　204
業績の影響をコントロールした裁量的発生高　357
経営陣買収（MBO）　389
共分散分析手法　208
グローバリゼーション（globalization）　4
グローバル時代　7, 372
傾向スコア（propensity score）　209, 301, 355, 362
傾向スコア・マッチング（PSM）　208, 262, 285, 350, 355
傾向スコアの逆数を用いた重みづけ（Inverse Probability Weighting：IPW）　207, 303
継続企業の前提に関する注記（情報）　188, 215, 218, 233
系列　206, 243
公開会社会計監督委員会（PCAOB）　141-142
高質な監査（quality audit）　374, 393

主要索引

高質な監査の質　393
交絡イベント（confounding event）　323
効率的市場仮説（efficient market hypothesis）　311
国際監査・保証基準審議会（The International Auditing and Assurance Standards Board：IAASB）　114
国際標準化機構（International Organization for Standardization：ISO）　375
固定効果モデル（fixed effect model）　327
公認会計士・監査審査会（CPAAOB）　8
コモン・サポート問題（common support problem）　211
固有リスク　178
コンテクスト要素　191
コントロール・サンプル　211

サ　行

裁量的発生高（discretional accruals）　187，215，218，229
差別化戦略　283，304
市場反応　314
事前的資本コスト（ex ante cost-of-capital）　188，215，218，232
質（クオリティー）概念　20-21，28
証券監督者国際機構（IOSCO）　10
修正 Jones モデル　230，262，292
修正再表示　187
上場会社監査事務所登録制度　228
上場企業数　203
重要な虚偽表示のリスク（RMM：risk of material misstatement）　179
新 FRC 体制　82
新規株式公開（IPO）　206，389
スピアマン　296
スピルオーバー効果（spillover effect）　311
制度（institutions）　75
制度論（institutional theory）　76，377
セミパラメトリック　209，301
選択的バイアス（selection bias）　352
総資産回転率　243

総資産利益率（ROA）　207，243
総資産に占める営業キャッシュ・フロー　243
総資産に対する現金の割合　243
訴訟リスク（litigation risk）　197，204，225，350，378，388
総合的品質管理（TQM）　375

タ　行

大監査法人の監査の質の優位性　223
大陸法（civil-law）　350
多重共線性　362
中央青山（みすず）監査法人の解体　305
直接金融　205
低コスト化戦略　283，304
ドイツとスカンジナビア系の大陸法（German and Scandinavian-civil-law）　350
倒産　205
倒産確率　254
投資者保護　355
統制リスク　178

ナ　行

日米重複上場　350，356，358
日本企業の特徴　204，392
日本の監査市場　199
日本の金融庁（FSA）　314
ノン・パラメトリックの一般化順位検定（non-parametric generalized rank（GRANK）test）　322

ハ　行

ピアソン　296
ビッグ・スリー　228，272
ビッグ・フォー（Big4）　201，214，228，272，279
ビッグ・ポケット（big-pocket）　224，227，353
人的要素　392
負債構成比率　328
負債比率　243

423

浮動株比率（free float ratio） 328
プロビット回帰 210
米国公認会計士協会（AICPA） 314
米国公開会社会計監査委員会 PCAOB 141-142
保険仮説（insurance hypothesis） 310
保守的な株価反応（conservative market reaction） 312

マ 行

面子（メンツ） 204, 215, 225, 309

ラ 行

利益減少型裁量的発生高（income-decreasing discretionary accruals） 352
利益調整（earnings management） 231, 392
利益調整リスク（earnings management risk） 351, 384
利益の質の測定方法 187
利益ベンチマーク 187, 215, 218, 231
リスク・アプローチ 178
流動比率 243
累積異常リターン（cumulative abnormal return：CAR） 325
レピュテーション・リスク（reputation risk） 197, 204, 378, 388
レピュテーションの毀損（reputation loss） 198, 312
レピュテーション仮説（reputation hypothesis） 310
ローテーション制 271
ロジスティック回帰 210

【著者紹介】

仙場 胡丹（せんば・ふだん）

名古屋大学大学院経済学研究科准教授

[著者略歴]
1999 年　広島県立大学（現 県立広島大学）経営学部卒業
2004 年　神戸大学大学院経営学研究科博士後期課程修了
　　　　神戸大学より博士（経営学）の学位を取得
2004 年　早稲田大学アジア太平洋研究センター助手
2006 年　事業創造大学院大学助教授
2007 年　名古屋大学大学院経済学研究科准教授（現在に至る）
2012 ～ 2013 年 イリノイ大学（University of Illinois at Urbana-Champaign）
　　　　客員研究員

[主要論文]
Does Big N matter for audit quality? Evidence from Japan. *Asian Review of Accounting* (forthcoming)（共著）
Can overseas investment improve earnings quality? *The Journal of Developing Areas* 50 (5): 27-40. 2016.（共著）
Japanese stock market reaction to announcements of news affecting auditors' reputation: The case of the Olympus fraud. *Journal of Contemporary Accounting and Economics* 10 (3): 206-224. 2014.（共著）
「グローバル時代における会計・監査研究の行方〜 Cross-Country 研究に注目して〜」『国際会計研究学会　年報』34: 5-21. 2014.
「日本における減損会計に関する実証分析」『会計プログレス』13: 43-58. 2012.（共著）
「国際会計基準に基づく財務情報の価値関連性—上海証券取引所で上場した企業からの実証的証拠—」『会計プログレス』4: 71-84. 2003.

グローバル時代における監査の質の探究

2016 年 11 月 18 日　　初版第 1 刷発行
2017 年　4 月 27 日　　　　第 2 刷発行

著　者　　仙場胡丹（Semba, HU Dan）
発行者　　千倉成示
発行所　　株式会社 千倉書房
　　　　　〒 104-0031　東京都中央区京橋 2-4-12
　　　　　TEL 03-3273-3931 ／ FAX 03-3273-7668
　　　　　http://www.chikura.co.jp/

印刷・製本　藤原印刷株式会社

© Semba, HU Dan 2016 Printed in Japan
ISBN 978-4-8051-1103-1　C3034

[JCOPY]〈(社)出版者著作権管理機構 委託出版物〉

本書のコピー、スキャン、デジタル化など無断複写は著作権法上での例外を除き禁じられています。複写される場合は、そのつど事前に、(社)出版者著作権管理機構（電話 03-3513-6969、FAX 03-3513-6979、e-mail : info@jcopy.or.jp）の許諾を得てください。また、本書を代行業者などの第三者に依頼してスキャンやデジタル化することは、たとえ個人や家庭内での利用であっても一切認められておりません。